2013 中国经济社会发展形势与对策

——国务院研究室调研成果选

2013 ZHONGGUO JINGJI SHEHUI FAZHAN XINGSHI YU DUICE
GUOWUYUAN YANJIUSHI DIAOYAN CHENGGUO XUAN

宁吉喆◎主编

中国言实出版社

图书在版编目(CIP)数据

2013 中国经济社会发展形势与对策:国务院研究室调研成果选/宁吉喆主编. —北京:中国言实出版社,2013.10

ISBN 978-7-5171-0214-4

Ⅰ.①2… Ⅱ.①宁… Ⅲ.①中国经济-经济发展-调查研究-2013Ⅳ.①F124

中国版本图书馆 CIP 数据核字(2013)第 241861 号

责任编辑: 郭江妮

出版发行 中国言实出版社

地　址:北京市朝阳区北苑路 180 号加利大厦 5 号楼 105 室

邮　编:100101

电　话:64966714(发行部)　51147960(邮　购)

64924853(总编室)　64963107(三编部)

网　址:www.zgyscbs.cn

E-mail:zgyscbs@263.net

经　　销 新华书店

印　　刷 河北省三河市祥达印装厂

版　　次 2013 年 10 月第 1 版　2013 年 10 月第 1 次印刷

规　　格 710 毫米×1000 毫米　1/16　25.75 印张

字　　数 400 千字

定　　价 60.00 元　ISBN 978-7-5171-0214-4

《2013 中国经济社会发展形势与对策》
编委会

创新求实　与时俱进
努力提高决策咨询工作水平

宁吉喆

2013年是全面贯彻落实党的十八大精神的开局之年,是实施“十二五”规划承前启后的关键一年。新一届政府组成后,面对复杂严峻的国际形势和经济下行压力加大的国内形势,坚持稳中求进的工作总基调,统筹稳增长、调结构、促改革,保持定力,站稳脚跟,创新调控和管理方式,为微观经济运行提供了稳定的宏观环境;同时,精准发力,深处着力,加大体制改革和结构调整力度,出台了一系列既利当前、又惠长远的政策。这些举措,调动人民群众就业创业的积极性,激发了市场的活力和发展的内生动力,促进了经济稳中有进、稳中提质。前三季度统计数据表明,经济运行呈现稳中向好的趋势,市场和社会预期稳定向好。这是党中央、国务院坚强领导的结果,是各地区各部门和广大人民群众共同努力的结果。

今年以来,国务院研究室全体干部认真贯彻党中央、国务院的决策部署，紧紧围绕我国经济社会发展中的重大问题、热点问题、难点问题，深入实际开展调查研究，形成了一批较有价值的研究成果，提出了一些颇有见地的意见和建议。其中有些成果得到国务院领导同志的重视和批示，对相关决策发挥了重要作用。现在，我们将这些成果汇集出版，对过去几个月决策咨询工作作一个总结，也为下一步深入研究经济社会发展问题提供参考。

当前，我国已进入全面建成小康社会决定性阶段，加快转变经济发展方式处于关键时期，深化改革开放步入攻坚时期，所面临的机遇和挑战前所未有，要研究解决的问题重要而复杂。国务院研究室是承担综合性政策研究和决策咨询任务、为国务院主要领导服务的国务院办事机构。我们要深入学习和贯彻落实党的十八大精神，坚持解放思想、实事求是、与时俱进、求真务实，坚持理论联系实际、从群众中来、到群众中去，准确认识和把握世情、国情、社情的深刻变化，着力增强分析问题、解决问题的能力，努力发挥好决策参谋助手作用。

第一，增强做好决策咨询工作的责任感、使命感和紧迫感。决策咨询就是给领导机关出谋划策，帮领导机关“运筹帷幄”，责任大，任务重。国际金融危机爆发以来，各国经济社会发展决策都面临前所未有的复杂形势，既考验着领导人的智慧和魄力，也考验着决策咨询机构分析和解决问题的能力。在国际上，“智库”已经成为软实力的一个重要方面，在很多重大政策制定过程中都发挥了重要作用，日益受到各界高度关注。我国仍然处于发展的重要战略机遇期，保持经济社会持续健康发展的有利条件和积极因素很多。同时，国际环境仍然错综复杂，国内发展中不平衡、不协调、不可持续矛盾突出，各种新情况新问题不断涌现。人民群众对科学决策的期待以及决策咨询的要求也越来越高。我们必须坚持对党和国家负责、对人民和历史负责，坚持围绕中心、服务大局，进一步加强调查研究，及时发现问题，科学分析问题，有效解决问题。

第二，增强做好决策咨询工作的针对性、全局性和前瞻性。社会现象纷繁复杂，政府工作千头万绪，决策咨询工作必须坚持提纲挈领，力求实现纲举目张。首先，找准问题，有的放矢。要积极投身于火热的社会生活中，深入一线去体验和观察，问需于民，问计于民，及时发现和解决广大民众反映最为突出的问题。增强政治敏感性和时事洞察力，有针对性地开展调查研究，牵住“牛鼻子”，从平常生活中发现重大问题，从复杂现象中找出主要矛盾，未雨绸缪，防患未然。其次，通晓全局，心中有数。现在，国际问题与国内问题交织，长期问题与短期问题并存，经济问题与社会问题同在。“不谋全局者，不足以谋一域。”要站在国家和人民利益的高度，善于从战略视野、全球眼光和历史角度观察问题，大处着眼、小处着手，避免一叶障目、以偏概全，始终把调研的重点放在中心任务上。再次，把握趋势，谋划长远。要立足当前、着眼长远，围绕重点领域，坚持跟踪分析，广泛搜集资料和数据，把握分析模式和方法，准备好充足的“枪支弹药”，力争透过现象看本质，发现事物趋势性变化的特征，努力拿出高质量的调研报告，提出有价值的政策主张和建议，增强决策的前瞻性、预见性。

第三，增强做好决策咨询工作的学习能力、思考能力和写作能力。“博观而约取，厚积而薄发。”良好的综合素质是做好决策咨询工作的必要条件。一是注重加强学习。中国特色社会主义理论体系是指导政策研究和决策咨询工作的重要基础，我们要反复学习、深刻领会，并贯穿到日常工作中。信息网络的快速发展，既把世界拉得更平，也把知识更新速度拉得更快，我们要适应时代发展需要，瞄准理论前沿，不断加强专业理论知识的学习，积极拓展知识面，优化知识结构。决策咨询工作的政策性很强，既要找准问题的症结，又要提出解决问题的建设性意见。因此，特别要注重“吃透”相关政策及其演变情况，确保政策建议有足够分量，对实际工作具有较强的指导性和可操作性。二是学会深入思考。要坚持以改革创新精神推进决策咨询工作，敢于打破僵化落后的思想禁锢，敢于打破束缚改革发展的条条框框，“不唯书、不唯上、只唯实”。不断创新思维模式，辩证地、多视角分析问题，力争不偏不倚、客观公正地看待情况和信息，发掘出问题的本质特征和内在规律。善于借助外脑，学会召开各种座谈会、研讨会，以及个别走访、集体谈话等调研工作的方式方法，从而获得真实而鲜活的素材。善于归纳总结和加工提炼，既能对海量信息进行精挑细选、去粗取精，又能对各种材料合理浓缩、升华立意。三是提高写作能力。决策咨询报告及建议，主要是提供给工作繁忙、时间宝贵的领导同志参阅。这要求我们的研究成果在内容和形式上都能力求创新，做到说理充分、论证确凿，突出重点、言简意赅，精雕细琢、生动灵活，力求用精短的篇幅来传达丰富的信息和准确的内涵。“读书破万卷，下笔如有神。”要多从古今中外名著经典中汲取营养精华，坚持多写多练，提高语言表现力。对调研报告中的数据资料、文字表达，要反复校对和打磨，力求精益求精、一丝不苟。

“铁肩担道义，妙手著文章。”在新形势下做好决策咨询工作，责任重大、使命光荣，同时难度很高、充满挑战。我们要紧密团结在以习近平同志为总书记的党中央周围，高举中国特色社会主义伟大旗帜，勤于实践，深于思考，勇于创新，善于求实，不断提高决策咨询与调查研究工作水平，为我国改革开放和现代化建设伟大事业贡献更多聪明才智！

目录 CONTENTS

二、毫不放松地巩固农业基础地位

四、加快经济结构调整升级

五、持续提高社会事业发展水平

六、进一步深化改革扩大开放

一、牢牢把握稳中求进总基调

当前经济形势分析和政策建议

肖炎舜　匡小红　潘国俊　高振宇　李江冰

4月份的经济数据公布后，我们做了一些初步的分析。总的看，当前经济形势稳中有忧的特征没有改变，经济运行中趋稳的基础在增强，但存在的风险不可忽视。下一步要坚持稳中求进的方针，稳定经济政策，扩大有效需求，释放改革红利，防范风险隐患，促进今年经济社会发展预期目标的实现。现将有关情况和看法报告如下。

一、经济运行中的积极因素有所增强，但存在的风险不可忽视

从一些经济指标看，经济运行趋稳的基础在增强。

一是消费增速有所回升。4月份社会消费品零售总额同比名义增长12.8%，比上月提高0.2个百分点，比1—2月提高0.5个百分点；与去年同期相比，名义速度下降1.3个百分点，但扣除价格因素后实际增长11.8%，反而提高1.1个百分点。

二是投资保持较快增长。1—4月份全国固定资产投资同比增长20.6%，增速比一季度小幅回落0.3个百分点，但比去年同期提高0.4个百分点。

三是外贸进出口好于市场预期。4月份进出口同比增长15.7%，其中出口增长14.7%，比上月分别提高3.6和4.7个百分点，比上年同期分别大幅提高13和9.8个百分点。同时，贸易顺差同比小幅收窄1.7%，贸易平衡状况有所改善。

四是工业生产平稳运行。4月份规模以上工业增加值同比实际增长

9.3%，比上月回升 0.4 个百分点，与上年同期持平；经过季节因素调整，月度环比增长 0.87%，为去年 6 月以来最高。特别是对市场反应较快的东部地区工业增加值同比增长 8.9%，比上月和去年同期分别提高 0.9 和 0.7 个百分点。产品销售有所改善，4 月份工业企业产品销售率达到 98.5%，比上月和去年同期分别提高 1.7 和 0.4 个百分点。

五是物价总体保持稳定。4 月份全国居民消费者价格总水平同比上涨 2.4%，比上月小幅提高 0.3 个百分点，但比去年同期明显回落 1 个百分点，稳定处于调控目标区间。今年 4 月份气候异常变化影响鲜菜生产和供应，导致当月鲜菜价格出现罕见的环比上涨，成为推动 CPI 上涨的主要原因。

但经济运行中的一些风险也有加大的苗头。

一是经济下行压力仍然较大。4 月份工业生产者出厂价格指数同比下降 2.6%，降幅比上月扩大 0.7 个百分点，表明市场需求仍然不旺。作为先行指标的制造业采购经理指数 4 月份为 50.6%，比上月回落 0.3 个百分点；非制造业商务活动指数为 54.5%，比上月和去年同期分别回落 1.1 和 1.6 个百分点，表明非制造业持续较快增长的基础也不稳固。

二是财政收支压力有所加大。4 月份全国财政收入增长 6.1%，其中中央财政收入同比下降 2.2%，连续两个月出现下降；全国财政支出同比增长 18%，其中中央财政本级支出增长 10.5%，财政收支矛盾进一步上升。同时，地方政府融资平台陆续迎来偿债高峰，局部区域和个别项目贷款按期偿还压力不容忽视。

三是金融领域问题进一步显现。4 月末，M2 存量已达 103.26 万亿元，同比增长 16.1%，高于 13% 的预期目标。前 4 个月社会融资规模达到 7.91 万亿元，比上年同期多 3.06 万亿元，金融机构同业和表外资产继续快速增长。国际“热钱”流入势头强劲，新增外汇占款同比持续大幅增长，一季度累计高达 1.2 万亿元，同比增加 3.2 倍。人民币汇率升值步伐加快，一季度实际有效汇率升值 3.52%，今年以来对美元升值约 1.5%，其中 4 月份以来升值近 1.2%。

四是产能过剩矛盾还在加剧。工业行业普遍存在产能过剩，钢铁、水泥、电解铝、平板玻璃、船舶等传统行业的产能利用率都在 75% 以下，光伏、风电设备等新兴产业产能过剩也很严重，一些严重过剩产业的产能仍在扩张。

五是就业压力值得关注。4 月份，国家统计局反映的 31 个大城市城镇调查失业率为 5.04%，比上月和一季度都出现小幅上升。今年全国普通高校毕业生规模达到建国以来最高的 699 万人，各方面普遍反映大学生就业形势严峻程度甚于往年。有调查认为截至 4 月末，北京、广东等地大学生就业签约率仍不足 30%，大学生就业忧虑情绪较浓，并在向社会蔓延。

二、国际经济形势仍然错综复杂

今年以来，国际经济形势错综复杂，经济复苏基础仍然比较脆弱。一季度经济形势有所改善，世界银行、国际货币基金组织等普遍预计今年经济增长情况要好于 2012 年。进入二季度后，数据指标好坏不一，既有一些积极变化，也有让人们担忧加大的因素。总的看，全球经济增长情况可能没有年初预期的那么好。

一是全球经济增长信心下降。4 月份，全球制造业采购经理指数下滑至 50.5，分项指标均环比下降；服务业采购经理指数降至 52.1，创近 10 个月以来的最低水平。国际货币基金组织将今年全球经济增长预期下调 0.2 个百分点至 3.3%，但仍略高于 2012 年 3.2% 的水平。

二是美国经济温和复苏态势扑朔迷离。一季度 GDP 环比年化增长率为 2.5%；就业市场持续改善，4 月份失业率降至 7.5%。美联储指出，美国楼市进一步走强，居民支出和企业固定投资增加，信贷需求升温，银行业抗风险能力增强。但是 4 月份美国供应管理学会（ISM）公布的制造业和非制造业采购经理指数分别下滑至 50.7 和 53.1，低于预期；密歇根大学消费者信心指数初值也降至 72.3，创 2012 年 7 月以来新低。特别是美国债务上限问题就像悬在头上的达摩克利斯之剑，财政政策的不确定性仍可能拖累经济增长。

三是欧元区经济下行风险加大。欧元区失业率持续攀升、3 月份创下 12.1% 的历史新高，制造业采购经理指数 4 月份下跌至 46.7、已连续 21 个月处于荣枯线之下。欧盟委员会 5 月初发布报告指出，欧盟和欧元区今年经济衰退情况可能较年初预期的更糟;5 月 13 日,欧洲央行将欧元区经济增长预期从零增长下调至 -0.4%。欧洲反财政紧缩的呼声不断升温。欧洲央行 5 月 2 日下调基准利率至 0.5% 的历史最低水平。

四是日本经济出现好转迹象。安倍政府自去年底上台以来实施一系列激进的财政货币政策,特别是今年 4 月初,日本央行宣布提前实施原定于明年才实行的激进"量化和质化宽松货币政策"。主要受经济刺激政策影响,日本内需有所扩张,3 月份,家庭消费者信心指数升至 44.8,是 2007 年 5 月以来最高值;家庭支出按年率增长 5.2%,为连续第三个月上升。制造业扩张加快,4 月份制造业采购经理指数经季节调整后升至 51.1,创 2012 年 3 月以来的最高值。日本央行持续上调全年经济增长预期,在 4 月底公布的半年度经济与通胀预期报告提出,本财年 GDP 预期增长 2.9%。

五是发达经济体宽松货币政策的负面溢出效应加大。在美日欧竞相加码实施宽松货币政策后,印度、澳大利亚、韩国、波兰纷纷跟进降息。资本无序流动风险上升,国际金融市场震荡加剧,主要货币汇率和大宗商品价格大幅波动,日元兑美元目前已经突破 1:100 的关口、今年已累计下跌 16%,全球货币竞争性贬值苗头出现,新西兰、瑞典等国已明确表示干预本币升值;国际黄金价格"高台跳水",4 月 15 日创出 20 世纪 80 年代以来的最大单日跌幅;原油价格先降后升。最近美欧日股市强势上扬,道琼斯工业平均指数、标普 500 指数,德国 DAX 指数均创历史新高,大多认为这更多是宽松货币政策引发的"虚火"。

六是国际贸易摩擦和投资风险增加。4 月初,世界贸易组织将今年全球贸易增速预期从 4.5% 大幅下调至 3.3%,并警告保护主义有抬头之势,但仍好于 2012 年贸易 2% 的增长。

三、保持宏观经济政策基本稳定的政策建议

当前的经济走势和市场的反应说明,我们稳政策、稳预期、稳增长的做法是正确的、有效的。下一步要保持宏观经济政策的稳定性和连续性,继续给市场主体以稳定的预期,把现有的政策用好用到位,把一些改革措施落实到位,着力激发经济活力,同时加强跟踪、做好预案,防患于未然。

一是稳住积极财政政策,提高政策效率。在财政收支矛盾加大的情况

下，要更加重视处理好财政支持经济发展与防范财政完不成预算任务风险之间的关系。一方面要“保收”。加强税收征管，做到应收尽收，尽量不开新的减免税口子，坚决制止和纠正越权或变相减免税收，确保完成预算任务，把财政赤字控制在全国人大批准的限额内。同时要落实好已经出台的减轻企业负担的政策措施，坚决防止收“过头税”和“过头费”。另一方面要“保支”和“节支”并举。保持必要的财政支出强度，把握政府投资预算下达进度，特别是民生等一些重点支出该保的要保，继续释放财政政策“积极”的信号。牢固树立过紧日子和苦日子的思想，严格控制一般性支出，坚决制止大手大脚和铺张浪费行为。

二是用好稳健货币政策，更好满足实体经济资金需求。在货币存量较大、广义货币增速偏高的情况下，需要适当控制货币信贷增速。但在全球货币条件宽松、国内实体经济增长动力偏弱和“稳增长”的大背景下，无论在货币信贷数量控制还是在调控工具的选择上，都要给人稳健而不是紧缩的感觉。要通过公开市场操作等更灵活的货币政策工具运用，把好流动性总闸门，使货币信贷及社会融资规模保持在合理水平。同时，强化金融资源优化配置，更加有效支持实体经济特别是中小企业。加强地方政府融资平台、影子银行等方面风险管理，守住不发生系统性、区域性金融风险的底线。

三是把长期和短期、需求侧和供给侧结合起来，有针对性地扩大有效需求。从消费来讲，要着力解决一些群众反映强烈的产品质量问题，针对一些服务消费供给不足的问题，积极培育网络消费、信息消费、文化消费、新型科技产品等新的消费点，提升旅游、养老等服务水平，以高质量的产品和服务以及新的产品和服务供给创造和扩大消费需求。从投资来讲，在严格禁止产能严重过剩行业新增投资的同时，要引导各类投资主体在城乡基础设施、保障性住房、环保产业、中西部铁路、养老等领域加大投资力度。

四是把中央部署的各项改革落到实处，释放经济内在活力。特别要加快转变政府职能，把下放和取消行政审批事项的工作尽快落实到位，有效激发市场和社会的活力，形成“稳增长”的自主动力。在财政预算制度、金融体制、投融资体制、国有企业、价格体制改革等方面，都要抓紧制定周密细致的工作方案，努力取得突破性进展。

五是认真做好政策预案。“凡事预则立，不预则废。”当前经济运行中的不确定性和不稳定性因素较多，必须做好相关政策预案。特别是要针对可能出现的经济增速滑出底线、就业压力超出可承受范围、物价上涨超出预期目标、财政收入完不成预算、系统性金融风险暴露等问题，积极研究准备相关预案，做到有备无患。

2013 年 5 月 17 日

通过稳总量调结构促改革缓解增速下行压力

——关于经济走势的分析判断及建议

郭克莎

最近,我国经济数据走弱引起了有关方面的担忧和议论,国内证券机构迅速调低了对经济复苏趋势的预期,国际机构也相继下调了对我国今年经济增速的预测数。如何看待我国经济的走势,增速回落是短期性波动还是趋势性下行?当前需要采取哪些应对措施,如何更好地把短期政策与中长期政策结合起来?这些问题都值得深入研究。

一、上半年经济增速波动下行的主要原因

今年以来,我国经济增速没能延续去年四季度的回升态势,而是转为疲弱下行。一季度GDP同比增长7.7%,分别比去年一季度和四季度回落0.4和0.2个百分点;1—5月,工业增加值同比增长9.4%,比去年同期回落1.3个百分点。

根据经济运行的基本规律,增速短期波动主要是由需求波动引起的,我们可从构成总需求的几个方面来分析。

从净出口看,今年以来出口增长明显强于去年同期。1—5月,出口总值同比增长13.5%,比上年同期高出4.8个百分点,贸易顺差808.7亿美元,比上年同期多出439.1亿美元。即使扣除“香港套利贸易”的影响,净出口对经济增长的作用也好于去年同期。一季度,净出口拉动经济增长1.1

个百分点，比去年同期高出 1. 8 个百分点。因此，导致经济增速向下波动的原因不在于外需，而在于内需方面。

从最终消费看，今年以来消费需求的拉动作用弱于去年同期。1—5 月，社会消费品零售总额同比增长 12. 6%，比上年同期下降 1. 9 个百分点；扣除价格因素影响，增速仍有所回落。一季度，最终消费拉动经济增长 4. 3 个百分点，比上年同期下降 2. 1 个百分点；其中，居民消费、政府消费对经济增长的作用比上年同期下降 1. 3 和 0. 8 个百分点。

从投资需求看，在 GDP 核算体系中，投资或资本形成分为两块：固定资本形成和存货投资。今年以来固定资产投资增速相对高于去年同期，1—5 月累计增长 20. 4%，比上年同期高出 0. 3 个百分点；扣除价格因素影响，高出幅度更大一些。但存货投资下降幅度及影响加大，抵消了固定资本形成增长的作用。一季度，资本形成总额拉动经济增长 2. 3 个百分点，比上年同期下降 0. 1 个百分点；其中，固定资本形成总额拉动经济增长 3. 7 个百分点，比上年同期增加 0. 6 个百分点，而存货投资拉低经济增长 1. 4 个百分点，负作用比上年同期扩大 0. 7 个百分点。

由此可见，上半年经济增速波动下行的主要导因是消费需求和存货投资的影响。从消费波动看，今年以来落实中央“八项规定”、限制公费开支等，这是好事，但短期对政府消费有影响。去年政府消费占 GDP 的比重为 13. 5%，如果政府消费增速回落 5%，对 GDP 增速的影响可达 0. 7 个百分点；同时，由于部分政府消费是由国有或民营企业“埋单”的，控制政府消费也影响到一些相关的居民消费。

从存货投资波动看，主要是工业生产者价格（PPI）持续下滑，企业需要不断去库存，以降低对经营成本的影响。1—5 月，工业生产者出厂价格同比降幅由 1. 6% 扩大到 2. 9%，购入价格同比降幅由 1. 9% 扩大到 3. 0%；4、5 月份，出厂价格和购进价格环比降幅均达到 0. 6%，折算为年率降幅达 7. 4%。一些出厂价格降幅过大的基础工业企业，不仅加大去库存化力度，而且采取限产保价的措施。这是导致工业增速波动下行的最重要原因。

二、今明两年我国经济增速下行的压力仍较大

我国经济正处于一个新周期的起点，复苏基础尚不牢固，内生增长动力

不足。在深化改革、调整结构等中长期战略取得成效之前,我们将经历一个艰难的转型期,这个期间的主要风险,就是经济增速持续波动下行。其中,国内需求增速的波动,是引起经济增速下行的根本性原因,影响因素主要来自以下三个方面:

一是产业结构性偏差的影响。由于生产结构与需求结构存在较大偏差,使需求难以实现稳定增长。在消费领域,工业消费品的生产比重和供给能力很大,而市场对一般工业消费品的需求,大部分已经趋于饱和,包括汽车、家电、家具、服装等耐用消费品和日用消费品,市场需求的增长空间都在逐步缩小,加上前几年家电、汽车下乡和以旧换新等刺激政策,使部分需求提前释放,导致消费品需求增速面临回落的趋势;而另一方面,在居民消费结构升级中迅速增长的服务消费需求、以及高端和品牌消费等需求,国内生产结构却难以形成有效的供给,市场需求得不到满足。生产领域也存在类似情况,一般生产资料明显过剩,高新技术产品不能满足需求。这种结构性偏差,使国内需求尤其是居民消费需求的实现受到较大制约,将引起消费增速的逐步下行。

二是地方发展动能减弱的影响。改革开放以来尤其是1990年代以来,我国经济的快速发展很大程度上是由地方政府推动的,地方经济、投资在全国发展中的作用持续上升。目前在全国固定资产投资规模中,地方项目占比超过了94%,中央项目的比重已下降到不足6%。但是,未来一段时间,地方政府推动经济发展的手段在减少、动能在减弱,特别是上项目、扩投资的发展方式越来越受到资金来源的约束。主要表现是:地方财政收入增速下滑,保障和改善民生的压力加大;过度依靠土地出让收入的格局,受到房地产市场波动的冲击;特别是,地方政府性融资平台受到控制,已有的政府性债务逐步进入还本付息高峰期,其他五花八门的融资渠道,也将日益受到金融调控的限制。以上情况将使地方政府的资金状况越来越紧张,推动经济发展的空间越来越受到制约。由此带来的突出影响是,全国固定资产投资的增速将面临持续性下行的趋势。

三是房地产市场波动的影响。我国城市房地产市场连续多年高速扩张,市场成交量和价格轮番上涨,对经济发展起了较大拉动作用,也引发了突出的经济和社会问题。今年以来房地产市场销售、价格和投资均明显好于去年同期,但这种局面已经到了不可持续的地步。房地产价格过快上涨增加城镇化的成本,不利于农民工市民化、城市化水平提高和居民消费结构升级,还导致社会资源过度流入房地产领域,影响实体经济发展和产业调整升级。由于大多数城市的房地产市场已积累了相当大的风险,未来一段时间,在调控政策持续以至加强的条件下,市场波动调整将是一个大概率趋势。这将对投资、消费和相关产业需求带来较大影响。

以上几个方面引起的内需增速下行,都是短期内难以缓解的突出问题。在内需不足的情况下,外需仍处于波动状态,依然是影响经济增长的不稳定因素。

当前,世界经济复苏进程仍举步维艰,发达国家中经济走势最好的美国,内生增长动力不足,经济复苏缓慢且波动;欧洲尤其是欧元区经济仍徘徊在衰退的边缘,走上复苏进程尚需时日;日本经济依靠本币大幅贬值拉动的短期增长,很难有可持续性。在发达国家经济低迷的影响下,新兴市场和发展中经济增速波动,全球贸易和投资形势难以好转。最近,一些国际机构在下调今年全球经济增速预测的同时,上调了对明年全球增长的预期。但是,明年世界经济走势仍存在诸多不稳定、不确定性因素,如美国 QE 政策退出、欧洲经济复苏乏力、日本经济走势反复等。特别是,在经济复苏初期阶段,国际贸易保护主义盛行,发达国家大打货币战,都将对我国外需环境、出口增长带来较大冲击。

当内需增速下行和外需波动交织在一起时,我国经济增速有可能出现大幅下滑。初步预计,如果对经济走势不采取调控措施,今年 GDP 增速可能下降到 7.5% 以下,明年一些季度的 GDP 增速可能跌破 7% 。这将加大经济运行的不稳定性,对推进改革、转型发展带来不利影响。

三、采取综合性手段,努力稳定经济增速

总的看,要高度重视经济增速趋势性下行的风险,加强对经济走势的预测分析,深入研究经济运行中的重大不稳定、不确定性因素,以着力扩大内需、稳定外需和转型发展为主线,更好地把短期宏观调控与中长期发展战略结合起来,把总量政策、结构政策和改革政策结合起来,在稳增长的基础上促进经济持续健康发展。

第一，发挥好总量政策对扩大内需的积极作用。在世界各国都在实施扩张政策的形势下，我国的积极财政政策和稳健货币政策的组合结果应当是中性偏扩张的，而不能是中性偏紧缩的。要抓住重点，在防控风险的基础上，加大财税、金融政策对扩大内需的支持力度。

一是适当扩大中央项目投资。中央项目投资去年负增长0.6%，今年1—5月同比只增长7.1%。在地方项目投资缺乏资金来源的条件下，增加中央项目投资是稳定投资增速的重要途径。我国在生态环保、铁路等基础设施方面有很大的投资需求和空间，应抓住新周期起点经济比较低迷的时机，积极拓展投融资渠道，扩大这方面的投资规模。加快推进“十二五”重大项目建设，进一步完善政策和机制，支持引导民间资本参与重大项目投资建设。

二是切实用好积极财政政策。经济增速对财政收入的影响有放大效应，增加财政收入的根本出路是运用财税手段促进经济增长。应落实好结构性减税政策，扩大“营改增”税改范围。继续研究实施运用财政补贴促进热点和大宗消费的政策、以及财政贴息推动企业技术改造的措施。

三是把握好货币政策的力度和节奏。保持货币信贷稳定增长，满足实体经济发展、产业调整升级的合理资金需求。在物价涨幅回落、通胀预期减弱的情况下，可考虑推出结构性或不对称降息的政策，减轻产业政策支持的重点行业、困难企业的资金成本压力。同时推进利率市场化进程，加强利率机制对不同产业和企业资金需求的调节作用。

四是研究规范地方融资平台的可行办法。针对地方政府性债务负担加重、不规范融资盛行带来的风险，要抓紧研究缓解矛盾的可行政策措施。引导银行等金融机构采取合理处置办法，对有发展前景的项目给予必要资金支持，防止建设过程资金链断裂，造成一批半拉子工程和银行呆坏账。

第二，增强结构政策对经济增长的带动效应。推进经济结构战略性调整的政策属于中长期政策，实施这个政策既需要以当前经济运行为基础，又要有利于带动短期的经济增长。重点包括：

一是推进新型城镇化。我国的城镇化总体上落后于工业化，现在要转向以新型城镇化反哺或支持新型工业化的阶段。新型城镇化短期可以拉动投资和消费需求，中长期有利于提高最终消费率及其对经济增长的贡献。

二是推进产业结构调整升级。主要是加快发展服务业、战略性新兴产业,加快产业升级和产品优化,缓解结构性偏差对需求增长的制约。要加强产业政策的导向性,发挥市场机制的调节作用。特别是,要抓紧扭转长期以来支持工业化、限制服务业的政策体系,消除服务业发展的体制障碍。

三是推进产能过剩行业调整优化。应通过并购重组、转产分流、盘活搞活等多种方式,加快产能过剩行业的存量调整,减轻工业产能过剩对PPI和库存变化的影响,缩短影响工业和经济增长的周期。

第三,加大改革政策对转型发展的促进力度。深化改革是一项事关经济全局的根本性政策,短期有利于搞活经济和稳增长,中长期有利于提高经济效率和促进持续健康发展。推进改革既要加强系统性,又要突出重点。

市场化改革对经济转型发展的促进作用,包括放松政府行政管制、培育完善市场机制、优化市场微观主体、发展市场中介机构等内容。现在我们已迈出放开审批权的第一步,下面还要推进价格、金融等体制改革,加强市场机制的调节功能,特别重要的是,要推进市场微观主体的再造。

鉴于目前中央和地方投资都受到资金来源的制约,而货币供应的存量和增量已经很大,各级政府的债务总规模和比例也已较高,需要把国有产权制度改革放到更加重要的位置。主要设想是:有计划有步骤地出售一批产能过剩行业的国有产权,盘活国有资本存量,把由此获得的资金投向环保、铁路等需要政府大规模投资的领域。这既有利于国有资产的优化配置和保值增值,也有利于政府提高稳增长、调结构的能力。为了更好地释放改革红利,避免引起短期波动,可选取部分央企和地方进行改革试点,积累经验,积极稳妥地推进国有企业和资产布局的战略性调整。

2013年6月25日

关于当前货币信贷总量增长的分析和建议

沈晓晖　李继尊　冯晓岚

当前,社会上对我国货币信贷增长的议论较多,各方面都很关注。对此,我们进行了专题研究。

一、从今年以来各项金融指标看,货币信贷增长比较快。一是 M2 增速快。4 月末 M2 余额达到 103.3 万亿元,同比增长 16.1%。2012 年末 M2 与 GDP 之比为 188%,创历史新高。二是信贷规模快速扩大。1-4 月人民币贷款增加 3.55 万亿元,比去年同期多增 4056 亿元。三是社会融资总量偏大,1-4 月达到 7.91 万亿元,比去年同期多 3.06 万亿元。

二、货币信贷增长与主要经济运行指标不匹配。具体表现为"货币信贷加快、经济增速放缓"。一是一季度 GDP 同比增长 7.7%,比去年同期 8.1% 的增幅收窄了 0.4 个百分点。二是一季度 CPI 上涨 2.4%,涨幅比去年同期回落 1.4 个百分点。按照费雪的货币数量公式,在货币流通速度不发生大变化的情况下,货币供应量增长与名义 GDP 增长大体一致。而今年一季度的 M2 增长速度比 GDP 与 CPI 的增速之和高出 5.6 个百分点,比 2012 年全年的这一数值高出 2.2 个百分点。当然,历史上也曾有过两者增速不相一致的时期。如 2003 年、2005 年和 2009 年(见图 1)。人民银行实证分析表明,M2 增速总体上先行于 GDP 增速变化,时差大约 1—3 个季度。此外,还有商业银行为完成业绩考核,季末存款"冲时点"等因素的影响。

三、多出的货币极有可能流向资产市场和地方融资平台。从理论上说,货币需求主要来自三个动机,一是满足实体经济的交易动机,二是满足预防不时之需的动机,三是满足投机获利的动机。较短时期内,在经济结构不发生重大变化的情况下,实体经济对资金的需求比较稳定。在近年来房地产业高利润、汇率升值造成人民币资产价值重估等效应的作用下,超过实体经济需求的货币供给很可能流向房地产等资产市场。今年4月份,全国70个大中城市中有66个城市新建商品住宅价格同比、环比均上涨,其中广州市同比涨幅高达13.7%。

另一个流向可能是地方融资平台。地方融资平台贷款正处于偿债高峰期,2013—2015年到期债务占地方政府债务总额的28.1%。不少地方融资平台达不到银监会规定的新增平台贷款条件,转而通过信托、理财、债券、基金等渠道大量融资。还有的通过债务展期、"借新还旧"等方式维持存续债务。

四、"影子银行"可能是货币流出银行体系的重要渠道。为规避监管,近年来各种"影子银行"迅速膨胀。据瑞士信贷估算,2012年中国"影子银行"规模增至22.8万亿元,还有的估计超过30万亿元。主要形式:一是银行信贷资产类理财产品,包括:信托贷款类理财产品(见图2)、信托受益权类理财产品(见图3、4)、委托贷款类理财产品、特定资产收益权理财产品(见图5)、委托债权投资类理财产品(见图6)和资金池类理财产品(见图7)等。二是银银合作类理财产品,包括:同业代付、票据业务合作、受益权信托买入返售及"内保外贷"等。三是银行和其他金融中介共同发起的理财产品。此外,企业之间相互拆借、民间借贷更加活跃,企业通过中介委托贷款,未进入银行体系的境外融资等,也创造了大量的流动性。

五、从深层次看,我国货币信贷增长较快的原因是多方面的。一是我国正处在货币化进程当中,土地、房地产等过去非市场交易的产品陆续进入市场且交易规模不断扩大,对货币的交易需求急剧增加,M2与GDP的比值一直处于上升态势(见表1)。二是我国特殊的金融结构决定了M2数量比较大。我国居民储蓄率高达50%左右,为银行贷款提供了充裕的货币供给。直接融资比重偏低,间接融资比重过高,商业银行实际上承担了将储蓄转化为投资的功能。三是我国正处在工业化、城镇化快速推进的阶段,重化工、基础设施等资金密集型产业加快发展,资本产出比显著上升,单位GDP需要更多的资金来拉动。据测算,全社会固定资产投资增长率和 GDP 增长率的比例从 1995 年的 1.1∶1 上升到 2012 年的 2.4∶1。四是持续多年的国际收支“双顺差”造成外汇占款大幅增长,增加了基础货币的投放,也在一定程度上推高了 M2。五是为应对危机,超常规扩大信贷规模,助推了 M2 增长。这也是我们刺激经济付出的成本。

六、完善金融调控,保持货币信贷合理增长。一是鉴于当前国际国内经济形势比较复杂,应继续实行稳健的货币政策,更多使用公开市场操作等调控手段,做好预调微调。在调控方式上,逐步从货币信贷等数量调控工具转向利率等价格调控工具。这是因为随着金融创新加快和市场化程度提高,人民币贷款在社会融资规模中的比重已经从 2008 年的 72% 下降到 2012 年的 52%,信贷规模、窗口指导等数量调控的效果大大减弱。二是在调控目标上,在关注居民消费价格(CPI)的同时,也应当观察资产价格的变化。目前,一些国家也开始将资产价格作为货币政策的参考目标。三是加强宏观审慎管理,形成货币政策和监管政策在“逆周期”调节中的合力。信贷规模与货币供应量紧密相关,如果二者协调不好,会使调控的效果大打折扣。四是积极稳妥推进利率、汇率改革和资本项目可兑换,更大程度发挥市场配置资金的基础性作用。五是抓紧研究对“影子银行”、金融控股公司等的监管办法。

2013 年 5 月 30 日

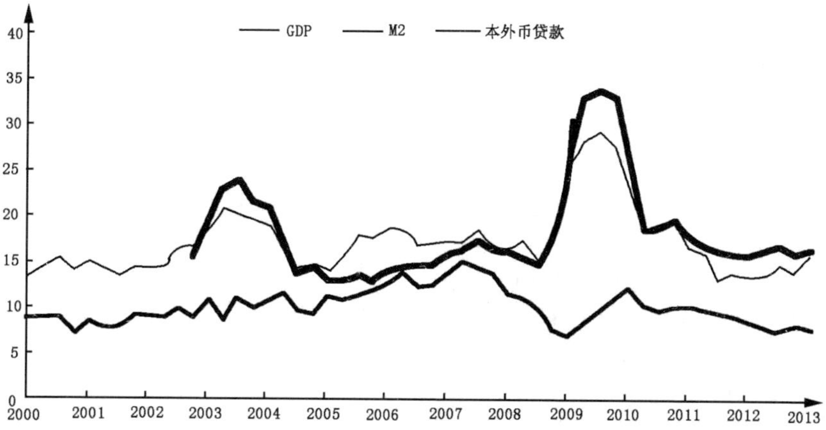

图 1　2000 年到 2013 年一季度 GDP、M2 和人民币贷款的增长速度

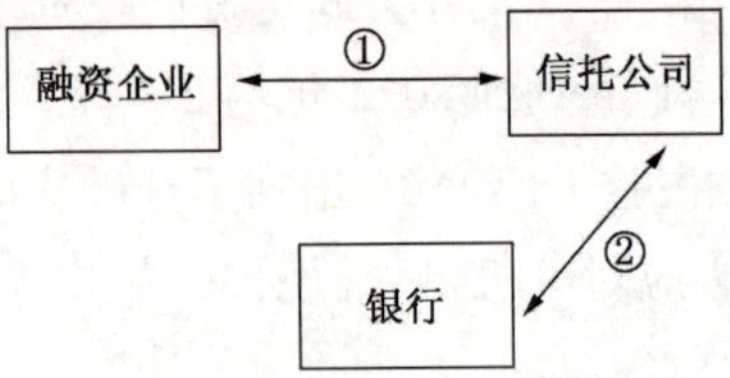

图 2　信托贷款类理财产品

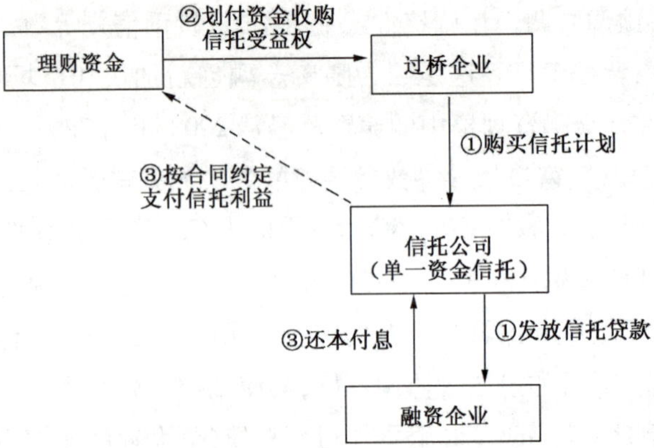

图 3　信托受益权类理财产品的“过桥”模式

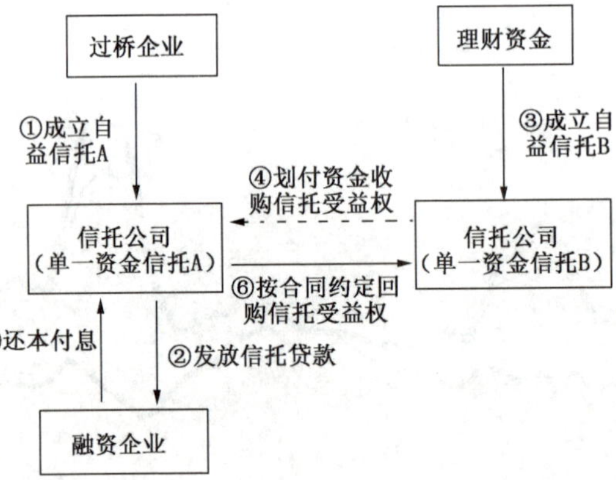

图 4　信托受益权类理财产品的“双信托”模式

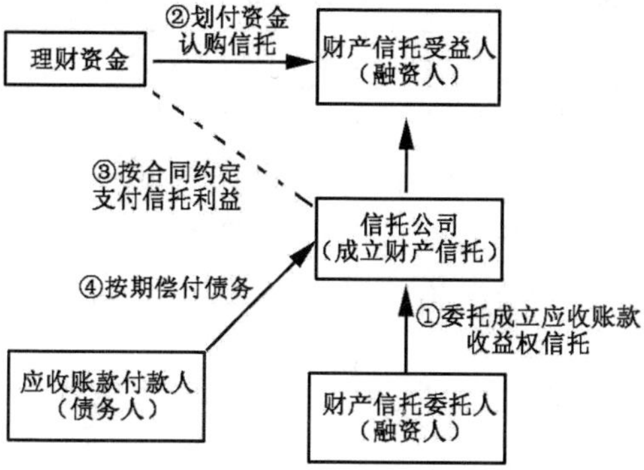

图5 特定资产收益权理财产品

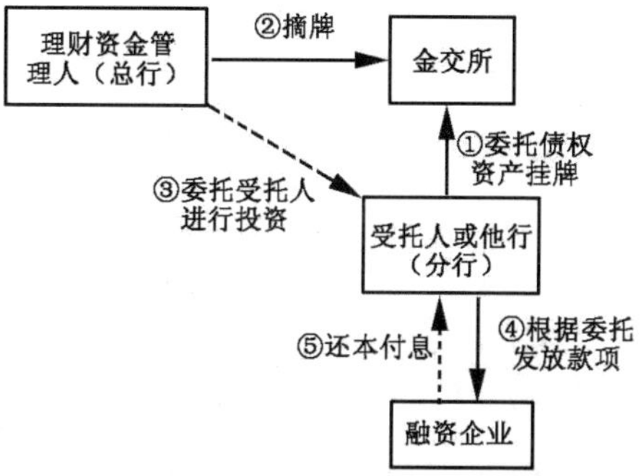

图6 委托债权投资类理财产品

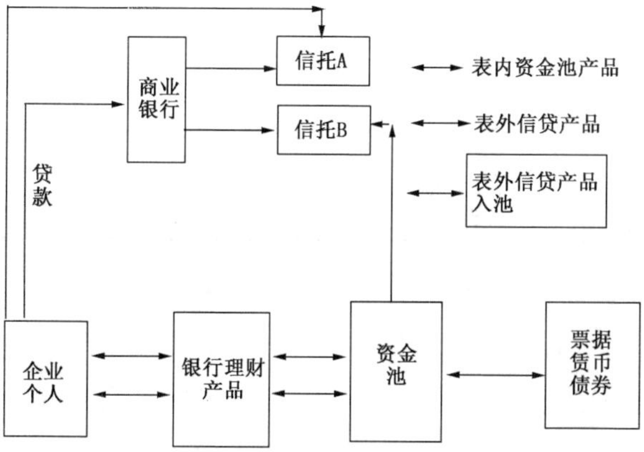

图7 资金池类理财产品

（感谢社科院曾刚教授提供上述图表）

表1　1990－2012 年我国 M2 与 GDP 的比值

年　　份	货币和准货币（M2）	国内生产总值	M2/GDP
1990	15293.4	18667.8	0.82
1991	19349.9	21781.5	0.89
1992	25402.2	26923.5	0.94
1993	34879.8	35333.9	0.99
1994	46923.5	48197.9	0.97
1995	60750.5	60793.7	1.00
1996	76094.9	71176.6	1.07
1997	90995.3	78973.0	1.15
1998	104498.5	84402.3	1.24
1999	119897.9	89677.1	1.34
2000	134610.3	99214.6	1.36
2001	158301.9	109655.2	1.44
2002	185007.0	120332.7	1.54
2003	221222.8	135822.8	1.63
2004	254107.0	159878.3	1.59
2005	298755.7	184937.4	1.62
2006	345603.6	216314.4	1.60
2007	403442.2	265810.3	1.52
2008	475166.6	314045.4	1.51
2009	606225.0	340902.8	1.78
2010	725851.8	401512.8	1.81
2011	851590.9	472881.6	1.80
2012	974148.8	519322.0	1.88

有效防范和化解经济运行中的五大风险

肖炎舜　匡小红　潘国俊　高振宇

今年以来,我国经济运行总体平稳,但稳中有忧。一些长期问题在短期凸显,结构性矛盾与周期性问题相互交织,国际国内因素相互影响,经济运行中的风险隐患呈现进一步积聚的特点。保持经济平稳增长,加快转型升级,必须高度重视防范和化解经济下行、通货膨胀、财政、金融、房地产市场等风险。

一、关于经济下行风险

一季度 GDP 增长 7.7%,比上年同期和第四季度分别回落 0.4 和 0.2 个百分点,略低于各方预期,引发对我国经济前景的一些担忧。应当说,这个速度本身并不低,但下降会不会成为趋势,必须认真研究。同时,一些指标不一致的情况比较明显。比如,运输量、用电量增速明显下滑,制造业投资、消费增速下降,财政收入增幅大幅下滑,东部地区增速回升、中西部地区增速反而下滑等,都表明当前经济形势较为严峻。

透过现象看本质,这些数据背后反映了一定的规律性。一是我国潜在增长率出现阶段性下调;二是世界经济尚未摆脱低迷状态;三是我国经济结构不合理、市场机制不完善,经济增长的内在动力不强。

当前和今后一个时期,我国经济增速大幅反弹的可能性不大,经济增长处在“中速”水平可能会成为常态。从短期看,今年全年经济增长应该能够完成预期目标,但也要防止滑出预期目标区间;从中长期看,要防止经济增速台阶下得过大,把速度稳定在合理水平。要重点关注以下影响经济增长的因素。

1. 外需可能延续低速增长态势。这是影响我国经济增长的最大不确定因素。一是世界经济复苏乏力导致国际需求不旺。发达国家增长动力缺失、主权债务高企的局面短期不会根本改观,世界经济延续弱势复苏态势,国际市场需求短期难有明显改变。二是国际贸易环境急剧恶化。美欧各国集中打压我光伏、通信等战略性新兴产业,新兴经济体与我产业竞争上升,国外针对我的贸易摩擦频繁。同时,美国主导的跨太平洋伙伴关系协议(TPP)和美欧之间的跨大西洋贸易和投资伙伴关系协定(TTIP)都在抓紧准备,试图以此重塑国际经贸规则,对我影响不可低估。三是要素成本上升导致我国发展的传统比较优势减弱,人民币汇率升值削弱了我国商品价格优势。同时,新的竞争优势还没有形成,稳定和扩大国际市场份额的难度在增大。

2. 内需增长动力不足。从消费看,一些消费热点产品经过前几年的快速增长后,逐步进入平稳增长期,新的消费热点尚未形成。从投资看,近年全社会固定资产投资增速出现了阶段性回调,2012 年增长 20.3%,比上年回落 3.3 个百分点,为近 10 年最低水平。未来可能继续维持这一态势。一是制造业投资增速可能持续较低。今年一季度,制造业投资增长 18.7%,同比回落 6.1 个百分点,低于同期固定资产投资增速 2.2 个百分点,也大大低于 2004—2012 年制造业投资 31.5% 的平均增速。受产能过剩和效益回落影响,未来制造业投资可能维持相对较低增速。二是近期房地产投资增速出现一定幅度波动,回调的可能性有所加大。三是基础设施投资增速难以维持。一季度基础设施投资增长 26.9%,同比提高 29 个百分点(去年同期为下降 2.1%)。但目前地方融资平台债务负担总体较重、偿债能力受限,地方政府推动基础设施投资保持较快增长的能力不足。同时,最近发生的 H7N9 禽流感、刚刚发生的四川雅安地震,都可能影响内需增长及其对经济的拉动作用。

3. 低端产能过剩和高端供给不足并存。钢铁、电解铝、水泥、平板玻璃、船舶等行业普遍面临严重产能过剩,有的还在持续加剧。比如目前我国炼钢能力超过9亿吨,产能利用率只有72%;水泥产能接近30亿吨,已经明显超过2015年25亿吨的需求预期目标。同时,我国在不少高端产品和生产环节供给能力不足问题还较明显,比如工作母机、特殊材料等仍需要通过大量进口满足国内市场需求。

4. 人口老龄化制约总供给能力扩张。截至2012年底,我国60周岁及以上人口占总人口的14.3%,65周岁及以上占9.4%,老龄化特征已经比较明显。一方面,人口老龄化将导致劳动力供给增速下降甚至负增长,劳动力供求关系趋紧,基于人口数量的"人口红利"逐渐消失。另一方面,人口老龄化还将导致储蓄率和投资率下降,资本存量增速放缓,形成导致经济潜在增长率下降的重要因素。

促进经济稳定增长的建议:

第一,确保今年经济增长不滑出预期目标区间。综合各方观点,目前我国潜在增长率仍处于7% ~8%左右。今年我国经济增长预期目标是7.5%,我们要努力实现这个目标,既与潜在增长率一致,也体现我们宏观调控的能力,这对稳定市场信心还是必要的。要保持宏观经济政策的连续性和稳定性,稳定市场预期。从需求侧和供给侧两方面着手促进消费稳定增长。扩大有效投资,加强城市道路、轨道交通、地下管网、污水处理等建设,支持发展环保产业,加大对连片特困地区扶贫攻坚的力度等。

第二,合理确定经济增长预期目标和引导好社会预期。如果经济增长率过快、过急下落,即使速度是合理的,也可能引起经济和社会震荡。为避免这种情况发生,宏观调控应力求使经济增长率下移成为一个渐进的过程。比如在一定时期之内保持在7%以上波动,最终使7%左右的增速常态化。

第三,着力提高经济增长的质量和效益。7%左右的经济增速并不算低,关键是要有质量和效益,能够满足增加就业和居民收入的需要,能够实现企业效益和财政收入较快增长,能够减轻对能源资源和环境压力,提高增长的稳定性和可持续性。要推进工业化和信息化深度融合,促进产业层次加快从中低端向中高端攀升,从而获取更大利润和效益增长空间。城镇化是城乡结构转换的重要依托,既有利于扩大需求,也有利于增加供给,要坚持走新型城镇化道路,提升城镇化质量。

二、关于通货膨胀风险

当前我国物价运行总体平稳，一季度 CPI 同比上涨 2.4%，涨幅比去年同期和全年分别回落 1.4 和 0.2 个百分点，PPI 同比下降 1.7%，与去年全年平均水平持平，降幅同比扩大 1.8 个百分点。但推动物价上涨的因素仍然较多，物价未来走势具有很大不确定性。

从短期来看，今年物价稳定的基础并不牢固，要防止物价形势逆转。一是春季农业生产面临威胁，对全年产量可能造成较大影响。东北地区春涝较重，西南西北局部地区持续干旱，小麦主产区病虫害威胁大，极端天气情况发生的概率增多，这些都将影响全年粮食产量增长。二是畜禽产品后期价格上涨压力较大。生猪价格下跌较快，猪粮比价明显低于 6∶1 的盈亏平衡点，生猪生产萎缩不可避免，按照生猪生产周期，到今年四季度猪肉供应量将有较多减少，又恰逢猪肉消费高峰，价格可能会快速上涨。当前部分地区出现的 H7N9 禽流感事件还在持续，已经对家禽养殖业造成很大冲击，预计禽流感事件平息后，禽类产品消费将逐步恢复，但生产的恢复需要一段时期，禽蛋价格可能会明显上涨。三是翘尾因素对二、三季度的物价影响要大一些。全年翘尾因素对 CPI 的影响约为 1 个百分点，四个季度分别约为 0.9%、1.3%、1.2% 和 0.85%。四是各地发展热情较高将助推 CPI 上涨。五是输入性通胀压力不可低估。目前美联储每月购买 400 亿美元机构抵押贷款支持证券和 450 亿美元长期国债，并不再设定总规模和到期时间；欧央行推出在二级市场无限量购买三年期以内欧元区主权债券的直接货币交易计划（OMT）；日本央行将资产购买规模扩大至 101 万亿日元，宣布自 2014 年起每月购入 13 万亿日元金融资产，继续采取零利率，直至实现 2% 的“物价稳定上涨目标”。这些将进一步加剧全球流动性泛滥，对我国的溢出效应明显增大。

从长期看，一些推动物价上涨的因素具有刚性。一是农产品价格趋势性上涨压力较大。我国粮食供求始终处于紧平衡状态，尽管我国粮食实现“九连增”，但粮食消费刚性增长更快，供求偏紧特别是结构性不足问题更为突出。2012 年我国粮食进口达到 8025 万吨，创历史新高。二是货币信贷扩张的滞后影响。货币信贷存量比较大，如果未来经济企稳回升态势得以巩固,企业和居民投机活动趋于活跃,可能导致货币流通速度加快。三是生产要素成本上升趋势难以逆转。土地、劳动力、能源资源等生产要素成本持续上升,逐步累积传递到商品价格上。去年底,全国主要监测城市地价总水平为3129元/平方米,较2008年上涨26.7%。去年有25个省份调整最低工资标准,平均增幅为20.2%;今年以来已有13个省份上调该标准,平均上涨16.9%。

保持价格稳定的建议:

第一,管好货币条件。引导货币信贷和社会融资规模平稳适度增长,保持合理的市场流动性。

第二,保障市场稳定供应。扎实推进农业生产,努力夺取粮食再丰收。我国每年粮食损失浪费量近1200亿斤,要狠抓粮食节约以缓解供求矛盾。清理取消一批不合理收费项目,降低商品流通成本。采取措施缓解生猪生产和市场价格的周期性波动,防止大起大落。

第三,积极稳妥推进价格改革。抓住有利时机完善成品油价格形成机制和电煤市场化改革,推进居民用气、用水、用电价格改革,适时扩大资源税从价计征范围。完善社会救助和保障标准与物价上涨挂钩的联动机制,保障低收入群体基本生活水平。

第四,加强价格监管。加强价格监督检查,严厉查处操纵价格、价格欺诈等行为。做好价格的监测预警,及时发布价格信息,防止媒体过度炒作,正确引导社会舆论,稳定社会预期。

三、关于财政风险

一季度,全国公共财政收入增长6.9%,增幅比去年同期回落7.8个百分点,其中中央财政收入下降0.2%,增值税、消费税、个人所得税等大部分主体税种低速增长。财政收入占GDP比重下降的问题在分税制改革前曾经长期困扰我们,一季度的情况是不是这个问题的再现?对当前和今后一个时期的财政风险,有三个方面要仔细研判。

1. 今年预算完不成的风险。今年一季度财政收入完成预算的进度是25.3%,与时间进度大体一致,一季度财政收入增速大幅下降,有基数较高、税收征管、工作日减少等特殊因素,预计今年预算任务可以完成,但必须付出艰苦努力。对二季度以后制约财政收入增长的因素不容忽视。一是如果工业生产和销售增速继续回落,工业生产者出厂价格指数降幅进一步扩大,将影响增值税增长;二是去年二季度汇算清缴上年企业所得税较多,基数较高,今年汇算清缴收入受去年企业效益明显下滑影响,增长情况不容乐观;三是一般贸易进口增速较低,进口的国际大宗商品价格回落,影响进口环节税收增长;四是扩大营改增试点范围等税制改革,下调或免征部分商品进口环节税收等,减轻企业负担,相应减少税收收入;五是随着国五条细则的实施,房地产交易量高速增长的态势难以持续,房地产相关税收增速将明显放缓。从这些因素看,今年财政困难状况将会持续,即使财政收入速度会上来,也不可掉以轻心。

2. 今后几年赤字率突破3%的风险。这要从财政收入和支出两个方面进行测算。从财政收入看,2002年以来的数据表明,在经济快速增长时财政收入增长更快;相反在经济增速下降时,财政收入增速下降也更快。比如,2007年GDP名义增速高达25.4%,财政收入增速高达32.4%,比上年增速快10个百分点;2009年和2012年,GDP名义增速分别为8.6%和9.8%,财政收入增速分别下降到11.7%和12.8%,增速比上年分别下降7.8和12.2个百分点。2008—2012年GDP名义年均增长14.3%,比2003—2007年下降2.9个百分点,财政收入年均增速由22.1%下降到18%,下降4.1个百分点。今后一个时期,如果经济增速下降到"中速"水平,预计财政收入增长与经济增速保持基本同步。如果今后五年经济每年增长7%,物价上涨3%,则全国财政收入年均增速在10%左右。预计2013—2017年财政收入分别为12.7万亿元、13.9万亿元、15.3万亿元、16.9万亿元、18.5万亿元。

对财政支出增长有两种假设:一是财政支出与财政收入同步增长。从历史上看,2003年以来的10年里,财政收入年均增长20%,财政支出年均增长19%,其中有7年财政支出增速慢于财政收入增速。今后一个时期,如果财政收入增速明显下降,财政支出增速也会随之下降,但各方面支出压力较大,可以把财政支出与财政收入增速保持同步作为一个基本考虑。按此测算,2013—2017年财政支出每年增长10%。这样,赤字率将维持在2.3%的水平,低于3%的警戒线。但赤字规模会较快扩张,2013—2017年分别为

1.3 万亿元、1.4 万亿元、1.6 万亿元、1.7 万亿元和 1.9 万亿元，五年将增长 46.4%，对各方面的影响也不可小视。

二是财政支出略快于财政收入增长。考虑到农业、教育、卫生、科技等法定支出增速能上难下，社会保障与就业、保障性住房、节能环保等社会事业要持续加大财力投入，财政支出，快于财政收入也是有可能的。如果 2013—2017 年全国财政支出年均增长 12% 左右，财政收支缺口将逐步加大，赤字率将持续攀升，分别为 2.3%、2.7%、3.2%、3.6% 和 4.1%，2015 年开始超出 3% 的警戒线水平。把财政支出增速从过去十年平均 19% 降到今后的 12%，是要付出很大的努力的，所以这样的状况也是有可能出现的。

3. 政府性债务的偿债风险。截至 2012 年底，我国中央财政国债余额 7.76 万亿元，地方政府性债务余额仍在上升，如果再考虑国有金融机构改革成本、铁道部门债务以及一些隐性债务等，债务负担率将进一步提升。

尤其要注意的是，部分地方政府性债务规模大、风险高，处置不好有可能成为我国经济运行中的最大风险点。从债务资金投向看，主要是社会效益大但经济效益小的基础设施等项目，盈利能力较弱，缺乏稳定的现金流入。从还款资金来源看，主要依靠土地出让净收益，“卖地还债”的模式难以为继。目前绝大部分地方政府没有建立长期偿债机制，一些地方已经出现债务到期后难以偿还的现象，大都通过借新还旧、展期逾期等方式来延续债务。

防范财政风险的建议：

第一，谨慎出台新的减税政策。在财政收支压力凸显的情况下，无论是今年还是今后几年，都要少开新的减免税口子。

第二，严格控制财政支出和着力优化支出结构。政府部门自身要有过“苦日子”的准备，坚决做到政府性楼堂馆所不新建，财政供养人员只减不增，公费接待、公费出国、公费购车只减不增，努力节约行政经费。在保重点的同时，从严控制一般性支出，对一些项目支出实施零增长甚至负增长，通过支出结构优化，真正把钱用在刀刃上，减轻财政支出压力。

第三，通过改革完善预算管理制度挖潜力。通过加强预算管理，提高财政资金使用效益，在更好履行职能的前提下，减少对财政资金的需求。改革完善预算编制和执行制度，将所有预算外资金全部纳入预算管理，增强预算的权威性。

第四,防范和化解地方政府性债务风险。警惕地方新一轮投资热潮引发大规模举借新债,从严控制地方政府新增债务。探索赋予地方政府适当举债权,形成规范的地方政府举债融资机制。整合债务管理职能,实施归口管理,逐步克服地方债多头管理、各自为政的问题。

四、关于金融风险

我国金融体系风险总体上仍然可控,但是风险确实也在积累。惠誉近日下调我国长期本币发行人的评级,反映了一种市场担忧。几个问题要高度关注:

1. 不良贷款上升的问题。商业银行不良贷款连续六个季度反弹。3月末,商业银行不良贷款余额5243亿元,比年初增加341亿元,不良贷款率为0.99%,比年初上升0.01个百分点;银行业不良贷款余额11042亿元,比年初增加326亿元。从地域和行业看,钢贸、光伏等行业信用风险在一些东部沿海地区和中部省份仍在继续显现,不良贷款继续增加;从企业类型看,不良贷款有从中小微企业向大中型企业扩散的苗头。

2. 关于M2过百万亿元的问题。今年3月末,广义货币M2达到103.61万亿元,同比增长15.7%,分别比上月末和上年末高0.5个和1.9个百分点,M2与GDP比例接近190%。M2与GDP比例偏高,与我国处于货币化进程中有关,也与我国储蓄率较高、融资结构中银行占主导、国际收支持续双顺差、银行经营粗放等因素有关。日本的储蓄率和融资结构与我国情况相似,目前这一比例为239%,高于我国。加上各国货币供应统计口径的差异,我国与那些以直接融资为主的国家没有完全的可比性。由于季末考核的原因,存在部分存款短期回流的情况,也一定程度上增加了M2的水分(有机构估算约有2万亿元)。国际金融危机爆发以来,我国通货膨胀率远低于其他新兴经济体。所以,货币超发的结论并不能完全成立。要深入研究,准确判断,不能过于夸大这个问题,造成不必要的市场恐慌。当然,也应看到货币供应量与物价、资产价格的相关性,保持货币环境的稳定,稳定通胀预期。特别需要重视的是,金融资源配置存在的结构性问题。一方面,银行体系不缺钱,部分资金可能在金融体系"体内循环"或空转,另一方面,实体经济“贫血”的状况依然存在。

3. 关于影子银行。影子银行是各国利率市场化过程中的必然产物，是绕开利率管制的一种手段。问题在于可能存在监管盲区、有关交易缺乏透明度。目前金融调控部门和金融监管部门已经采取了一些措施。有专家认为，我国影子银行的风险不在规模而在速度，3 年时间内发展到目前规模，速度过快，加大了市场风险，监管也很难跟上市场创新的步伐。同时，影子银行与银行体系有着藕断丝连的关系，风险交叉和传染性不断增强，不仅可能在不同金融行业和市场间传递和扩散，还会与实体经济领域风险交织。无论是银行贷款还是影子银行，资金的重要投向是房地产、地方融资平台等领域。一些国家的教训表明，金融风险与房地产泡沫紧密相联，必须充分认识房地产泡沫的长期风险，促进房地产市场稳定健康发展；在地方融资平台方面，尤其要防范“换届效应 + 旧的增长模式 + 新的融资方式”可能导致的金融风险。与成熟市场机构投资者为主的情况不同，我国以理财产品为代表的银行表外业务，更多面向个人投资者，如果权责不明晰，一旦出大的问题将会影响社会稳定。

4. 关于实体经济负债水平与金融风险的关系。有研究机构提出“5—30 规则”，即大型经济体的金融危机发生的前 5 年内，以 GDP 为基准的杠杆率（该机构用的指标是国内信贷/GDP）通常会上升 30%。其意思是发生金融危机的国家一般都有杠杆率大幅提高的情况，但杠杆率提高未必一定会带来金融危机。该机构也提示中国爆发金融危机的风险正在升级。建议将其视为一家之言、一种警示并且有效应对。近几年，伴随着新兴经济体经济普遍快速增长，企业的杠杆率普遍提高。根据 IMF 的数据，2007—2012 年，包括土耳其、中国、巴西、印度在内的新兴经济体，非金融部门负债股本比（debt—to—equity）普遍大幅提高，其中土耳其增幅最大，增长了约 40 个百分点。高债务除了带来本金偿付的压力外，也意味着较大的还息压力，导致货币对于投资及经济的促进作用“打折扣”。

防范金融风险的政策建议：

第一，把握好稳健货币政策的“度”。兼顾促进经济增长、稳定物价和防范金融风险三者之间平衡，保持货币信贷和社会融资规模合理适度增长。当前货币存量已经很大，要控制 M2 增速。

第二,要把防风险摆在更加重要的位置。深入跟踪分析重点领域的风险状况,督导金融机构遵循商业原则稳健经营,强化资本约束,加强公司治理和内控管理,避免过度增加杠杆以及各种市场风险、道德风险;强化影子银行、交叉性金融产品以及跨行业、跨境金融风险的监测评估,守住不发生系统性、区域性金融风险的底线。

第三,深化金融领域改革。健全促进实体经济发展的现代金融体系,不断改进和创新金融服务,更好服务经济社会大局。优化金融资源配置,进一步提高直接融资比重,降低实体经济融资成本。稳步推进利率、汇率市场化改革,提升金融市场的深度和广度。

第四,加强货币政策、金融监管政策与财政政策、产业政策之间的协调配合。厘清政府、市场及市场主体和社会的边界,各司其职、形成合力,促进金融与实体经济良性循环。

五、关于房地产市场波动风险

去年四季度以来,房地产市场再次出现快速上扬。具体表现为:市场成交量持续放大,部分城市需求激增;房价出现快速上涨,部分城市涨幅较大;房地产投资增速加快,开发资金增速大幅上升。目前,随着"国五条"以及各地实施细则陆续出台和逐步落实,房地产市场由量价齐升转为观望僵持,住房交易量特别是二手房交易大幅下滑,但价格仍未出现明显松动,调控效果仍然有待观察。房地产市场问题是长期积累的问题,当前和今后一个时期波动风险仍然较大。

1. 从短期来看,部分热点城市供不应求导致房价继续大幅上涨的风险不容忽视。今年3月份北京、上海、广州、深圳住房交易量均明显反弹,同时价格较快上涨,新建商品住房价格同比分别上涨11.2%、7.8%、11.2%和9.1%,二手住宅价格同比分别上涨9.1%、7.2%、7.5%和6.2%。在这些特大城市和大城市,人口规模大、外来人口多、收入增长快,对住房的自住性、改善性需求增长非常旺盛,同时住房供给特别是中心城区新增住房供给增长较慢,住房供求关系仍然较为紧张,房价面临较大上涨压力。如果"国五条"之后没有新的、更具有针对性的调控政策出台,这些城市的房地产市场在经过一段时期观望僵持之后,刚性购房需求将重新逐步扩张,房价很可能由小幅回落转为稳定和回升，一线城市的市场回暖可能向二、三线城市蔓延，带动多数城市房地产市场量价反弹，个别城市房价可能重新出现较大幅度上涨。

2. 从中长期看，房地产市场泡沫快速积聚和破裂风险值得重视。近年我国房价总体呈现上涨态势，不少城市房价涨幅明显快于居民收入增速。值得关注的是，一方面，我国住房资源占有不平衡可能掩盖了真实的住房供求关系。我国城镇住房总量已经不小，但住房占有不均衡问题突出，一些家庭拥有多套住房，不少并未形成有效供给，同时很多家庭买不起房。另一方面，一些中小城市出现供过于求迹象。一些中小城市对外来人口的吸纳能力有限，但住房供给持续增加，供求矛盾相对缓和，甚至供过于求，房地产交易有价无市，有的还存在大面积空置。这种情况下，如果房价持续快速上涨导致泡沫过度积聚，一旦市场预期发生逆转，很可能首先在中小城市引发房价大幅回调，并向大中城市扩散，引发较大范围住房抛售和价格回落，并导致风险向金融领域传导，严重影响经济健康发展。

防范和化解房地产市场风险的政策建议：

第一，根据不同地区特点加强分类指导。房地产市场区域性特征明显，各地市场状况往往冷热不均，未来调控应强化区分对待，坚持分类指导，避免一刀切。强化地方政府在房地产市场调控中的责任，并注重在中央各部门之间、中央和地方之间形成调控合力。

第二，坚持需求和供给双向调控。一方面，坚持抑制投机投资性需求方向不变，进一步完善限购、限贷和差别化税收政策，严控投机投资性需求利用任何名目入市购房、炒房，继续支持合理自住性需求特别是购买首套住房需求；另一方面，切实增加供求矛盾紧张地区的住房建设用地供应，对增加土地供给确有困难的城市可以适当提高建筑容积率，督促企业加快土地开发进度。

第三，加快制度建设。一是加快推进个人住房信息系统建设，力争到“十二五”期末，所有地级以上城市实现联网。二是加强房地产税收政策调节力度。特别要建立健全房地产保有环节的税收制度，实现优化资源配置、增加财政收入、调节房价的多重目标。建议在总结上海、重庆两市房产税试点经验的基础上，完善相关政策措施，抓紧扩大房产税试点范围。三是编制住房发展规划。通过规划明确住房建设目标、思路、实现途径和措施等,对稳定市场预期、促进房地产市场健康发展发挥积极作用。四是加强法制建设。将实践证明行之有效的、能够长期实行的调控政策上升到法律制度层面,增强调控政策稳定性。

2013 年 4 月 27 日

经济增长总体稳定　下行隐忧依然存在

——一季度经济形势分析之一

肖炎舜　高振宇

今年以来,我国经济延续了去年四季度逐步企稳的态势,总体保持平稳运行。但经济企稳基础还不牢固,各种不确定、不稳定因素依然较多,经济下行的风险不容低估。要更加注重正确处理稳增长、控通胀和防风险的关系,进一步加强和改善宏观调控,继续把稳增长放在重要位置,同时加大结构调整和改革工作力度,促进经济转型升级,为经济持续健康发展打下更好基础。

一、经济增长的稳定性进一步增强

今年以来,我国经济开局良好,预计一季度经济增速与去年四季度基本相当,二季度有望继续保持这一态势。

(一)内需增速同比小幅放缓。一是消费增速有所回调。1—2 月社会消费品零售总额同比增长 12.3%,增速比去年同期回落 2.4 个百分点。其中,价格回落拉低社会消费品零售总额名义增速 2 个百分点;限上企业(单位)餐饮收入由去年同期增长 14% 转为下降 3.3%,拉低消费增速约 0.7 个百分点,不少意见认为这主要是严控公款消费的结果。二是投资增速总体平稳。1—2 月固定资产投资同比增长 21.2%,比去年同期低 0.3 个百分点,但比去年四季度提高 0.4 个百分点。其中,房地产开发投资增速好于市场预期,基础设施投资增速显著回升。

(二)进出口增速明显回升。今年一季度,我国进出口总值累计同比增长13.4%，其中出口增长18.4%，进口增长8.4%，均显著高于去年同期和全年水平；贸易顺差433.1亿美元，大幅高于去年同期的2.2亿美元。

（三）工业生产基本平稳。1—2月规模以上工业增加值同比增长9.9%，增速比去年四季度回落0.1个百分点。一些指标显示工业回升动力还在积蓄。从企业效益看，规模以上工业企业利润继续恢复性增长，1—2月同比增长17.2%；从各行业情况看，工业结构有所改善，高新技术产业增加值增速比规模以上工业高出4个百分点；从各地情况来看，东部地区1—2月规模以上工业增加值同比增长9.9%，比去年同期和四季度分别加快2.1和1个百分点，中、西部地区同比分别增长10.2%和9.4%，比去年同期和四季度都有所减缓，但保持在合理水平。

（四）一些预期指标呈现向好态势。中国制造业采购经理指数（PMI）连续6个月处于荣枯线以上，3月份为50.9%，比2月提高0.8个百分点。中国人民银行5000户工业企业问卷调查结果显示，今年一季度企业家信心指数和市场需求指数分别为68%和52.4%，比去年四季度提升7.6个和1.4个百分点。

二、经济下行隐忧依然存在

（一）内需增长动力不足。从消费看，一些消费热点产品经过前几年的快速增长后，逐步进入平稳增长期，新的消费热点尚未形成。从投资看，一是制造业投资去年8月份以来持续回落，今年1—2月同比仅增长17%，低于固定资产投资平均增速4.2个百分点。二是房地产投资受“国五条”等调控政策影响，增速出现一定幅度回调的可能性加大。三是基础设施投资增长受地方融资平台融资约束有所加强。

（二）出口增长面临较大不确定性。世界经济延续弱势复苏态势，国际市场需求短期难有明显改观。人民币实际有效汇率自去年9月至今升值接近6%，削弱我国出口商品价格优势。美欧各国采取各种保护主义手段集中打压我光伏、通信等战略性新兴产业，新兴经济体与我产业竞争加剧。

（三）产能过剩矛盾较为突出。工业行业普遍存在产能过剩，一些新兴产业盲目发展现象也较为严重。地方换届后，各地加快发展热情高涨，一些地方已经调高经济增长目标，“大干快上”的投资冲动可能导致一些行业产能过剩矛盾进一步加剧。

（四）企业生产经营仍然比较困难。很多方面反映，企业普遍存在的刚性成本上升、资金紧张、税费负担较重、产品价格回落等问题仍在延续，特别是小型微型企业面临的困难更加突出。

（五）财政金融风险隐患值得关注。一是财政收支压力有所加大。1—2月全国财政收入增长7.2%、支出增长15.7%，财政收入增速放缓和财政支出增长较快之间的矛盾趋增。二是地方政府债务偿还压力增大。今年地方政府融资平台面临贷款到期高峰，局部区域和个别项目贷款按期偿还压力不容忽视。三是金融领域风险点增加。近年金融机构同业和表外资产风险积聚，可能会在经济增速放缓时有所暴露。国际资本流动加快，1月份金融机构新增外汇占款6837亿元，是去年同期的4.8倍，对资产价格和实体经济影响值得高度关注。

三、几点政策建议

总的讲，要坚持稳中求进的工作总基调，以提高经济增长质量和效益为中心，正确处理稳增长、控通胀、防风险的关系，保持稳增长的政策力度，加大经济结构调整和改革工作力度，促进经济转型升级，为经济持续健康发展积累新的动力。

第一，保持宏观调控政策的连续性和稳定性。积极的财政政策要进一步把重点放在“放水养鱼”和加强对关键领域的支持。继续落实和完善结构性减税政策，重点推进营业税改征增值税试点工作。落实好支持小微企业发展的各项财税政策。加强财政对扩大国内需求、经济结构调整、保障改善民生等方面的支持力度。稳健的货币政策要把握好促进经济增长、稳定物价和防范金融风险之间的平衡。完善宏观审慎政策框架，合理运用各种流动性管理工具，调节好银行体系流动性，保持货币信贷总量合理增长，保持适度的社会融资规模。发挥好差别准备金动态调整机制的逆周期调节功能，引导商业银行稳健经营，抑制信贷行为顺周期加大经济波动。稳步推进利率市场化改革，强化价格型传导和调控。

第二，进一步增强内需对经济增长的支撑作用。更加注重从体制机制、环境条件等方面激发消费增长潜力，多渠道增加中低收入者收入，加强流通基础设施和流通网络建设，大力发展电子商务特别是网络购物，积极培育消费新增长点,增强消费对经济增长的基础作用。继续发挥投资的关键作用,特别要通过简政放权、降低民间资本投资准入门槛等措施,激发各类市场主体活力和动力。同时,严格控制“两高”项目投资和落后产能盲目扩张,避免“换届效应”、“大干快上”等加剧产能过剩和资源浪费。

第三,完善稳定外贸增长的各项政策。认真实施促进外贸稳定增长的各项政策措施。深挖海关、质检等贸易便利化潜力,尽快研究制定规范进出口环节收费的工作方案。促进加工贸易转型升级和梯度转移,实施开拓新兴市场的促进政策。大力发展服务贸易,落实新一轮服务外包促进政策。保持人民币汇率相对稳定,推动汇率风险管理工具创新。妥善应对光伏、电信设备等贸易摩擦大要案。

第四,注重防控各种风险隐患。坚持分类管理、区别对待、逐步化解,积极妥善处理地方政府性债务问题,力争平稳度过债务偿还高峰期,并加快建立健全规范的地方政府举债融资机制。严守不发生区域性和系统性金融风险的底线,加强防范金融机构同业和表外资产风险,引导商业银行审慎、规范推进表外业务创新。加强跨境资本流动监测和监管。

第五,加快推进经济结构调整。抓紧制定实施化解产能过剩工作方案,充分利用市场环境趋紧、资源环境约束强化的倒逼机制,通过健全法律法规标准等手段,充分发挥产业政策、规划和行业准入标准的作用,加强各种政策协同配合,严格控制新增产能,调整优化现有产能。加快推动技术改造和淘汰落后,切实抓好重点行业企业兼并重组。加快实施创新驱动战略,鼓励各地因地制宜发展战略性新兴产业。完善服务业发展政策措施,加快发展生产性服务业。

第六,积极稳妥推进城镇化。加快破除制约城镇化发展的体制机制障碍,挖掘城镇化的巨大潜力。加强规划和政策指引,推动城镇体系合理布局,促进大中小城市和小城镇因地制宜、协调发展。加强城镇化的产业支撑,搞好基础设施建设,集约利用土地,推进绿色低碳发展。加快解决城市内部二元结构问题,加快棚户区改造,有计划、有步骤地将有条件的农民工转为市民。

2013 年 4 月 9 日

(高振宇执笔,肖炎舜参与讨论和修改)

CPI 短期上升压力不大
一些涨价因素不容忽视

——一季度经济形势分析之二

肖炎舜　李江冰

当前我国物价运行总体稳定,短期内 CPI(居民消费价格指数)上涨压力不大,但涨价因素仍不容忽视,未来走势还有不确定性。总体看,如果没有大的冲击发生,全年应能实现 3.5% 左右的物价目标。

一、当前 CPI 水平总体稳定

今年 1—2 月份,CPI 同比上涨 2.6%,较去年同期回落 1.3 个百分点,低于过去 3 年同期平均水平 1 个百分点。其中,2 月当月 CPI 同比上涨 3.2%、涨幅是 2012 年 5 月以来最高值,环比上涨 1.1%、涨幅是 2012 年 2 月以来最高值,引起社会高度关注。我们经过分析后认为,2 月份物价跳高有特殊性和暂时性,当前物价稳定的形势并未改变,3 月份 CPI 会有所回落。

(一)2 月份 CPI 上涨主要是受春节因素影响、食品价格推动。一方面,春节错月、对比基期差异,拉低 1 月份同比涨幅的同时,抬高了 2 月份的同比涨幅。从 2008—2012 年历史数据看,春节所在月份 CPI 环比涨幅都较高,平均上涨 1.5%。今年 2 月是春节,价格环比也明显上涨。但去年春节在 1 月,去年 2 月的价格水平从 1 月高位回落,对比基数低了。另一方面,节日消费量增加、冬季雾霾天气影响交通运输等因素拉动食品价格上涨,而食品价格在 CPI 的权重约为 1/3,其变动影响较大。2 月食品价格同比上涨

6.0%、环比上涨 2.7%，影响 CPI 同比上涨约 1.98 个百分点、环比上涨约 0.89 个百分点，鲜果、鲜菜、水产品、肉禽及其制品等四类食品价格上涨对 CPI 环比涨幅的影响逾七成。

（二）去年价格前高后低也有一些影响。据相关部门测算，2 月份 CPI 同比 3.2% 的涨幅中，翘尾因素影响 1.1 个百分点，新涨价因素约为 2.1 个百分点。

（三）短期内 CPI 上涨压力不大。一是春节过后，水果、蔬菜以及多数水产品价格均有下跌，3 月，农业部发布的农产品批发价格总指数同比指数从上月的 105.6 降至 96.9，环比指数从 101.7 降至 92.7。二是猪肉价格连续回落。1 月中旬以来，生猪出场价格跌幅累计已逾 22%，猪粮比价明显低于 6:1 的盈亏平衡点。三是 PPI（工业生产者出厂价格指数）对 CPI 的传导压力较小。PPI 自 2012 年 3 月以来持续为负，今年 2 月同比下降 1.6%；工业生产者购进价格 2012 年 4 月以来持续为负，2 月同比下降 1.9%。四是从 2008—2012 年历史数据看，春节所在月份次月的 CPI 环比均有所下降，平均下降 0.3%。从今年情况看，3 月份汇丰制造业 PMI 指数中购进价格和出厂价格指数分别为 48.9% 和 48.3%，较上月的 53.8% 和 51% 明显回落；中国物流与采购联合会发布的 3 月份制造，PMI 指数中，主要原材料购进价格指数也下降 4.9 个百分点至 50.6%。

二、推动 CPI 上行的因素仍不容忽视

当前物价稳定的基础并不牢固，涨价因素还很多，既有短期的、偶然性的因素，也有长期的、趋势性的因素；既有相对可控的国内因素，也有难以调控的国际因素，这些因素相互叠加、作用，致使未来 CPI 走势仍有不确定性。

第一，多类价格指数呈现回升势头。一是 CPI 同比涨幅从 2011 年 7 月 6.5% 的高位持续回落，2012 年 10 月降到 1.7%，此后开始回升；环比则从 2012 年 11 月起出现正增长，且涨幅在扩大。二是 PPI 和工业生产者购进价格的同比负增长幅度从 2012 年 9 月起逐步收窄；近两个月环比出现上涨，2 月份环比涨幅均为 0.2%。三是非食品 CPI 今年 2 月同比上涨 1.9%，是 2011 年 12 月以来的最高值；环比上涨 0.2%，是近 5 年来的同期最高值。其中，服务类价格上涨较为突出，家庭服务及加工维修服务价格头两个月同

比上涨达 9%，2 月当月同比上涨 10.9%。居住类价格上涨也较明显，住房租金 2 月同比增长 2.7%、环比增长 0.5%。这与去年底以来房地产市场再度升温有关。中国指数研究院发布报告称，全国 100 个城市（新建）住宅平均价格自 2012 年 6 月以来连续 10 个月环比上涨，涨幅超过 15%。

第二，输入性通胀压力不可低估。去年以来，主要发达经济体宽松货币政策不断加码。美联储目前每月购买 400 亿美元机构抵押贷款支持证券和 450 亿美元长期国债，并不再设定总规模和到期时间。欧央行推出在二级市场无限量购买三年期以内欧元区主权债券的直接货币交易计划（OMT），前提是成员国符合条件并提出救助申请。日本央行将资产购买规模扩大至 101 万亿日元，宣布自 2014 年起每月购入 13 万亿日元金融资产，继续采取零利率，直至实现 2% 的“物价稳定上涨目标”。全球流动性泛滥，投资者风险溢价降低，会加剧跨境资本流动的波动性、推升国际大宗商品价格，我国可能面临较大的输入性通胀压力。

第三，农产品价格趋于上行。尽管我国粮食实现“九连增”，但粮食消费刚性增长，加上极端天气等影响，粮食供求仍处于紧平衡，结构性不足现象更突出。2012 年，我国粮食（包括谷物、大豆等）进口量达到 8025 万吨，创下历史新高；大豆对外依存度超过 80%。今年头两个月我国大豆进口的平均价格同比上涨近 20%。人工、农资等生产综合成本上升推动农产品价格趋势性上涨。今年对猪肉价格后期反弹压力不能掉以轻心，近期出现的 H7N9 禽流感对物价尤其是农产品价格影响也存在不确定性。

第四，货币信贷扩张的滞后影响逐步显现。通胀本质上是一种货币现象。物价易被货币推涨、难被货币下拉。今年 1、2 月份我国广义货币 M2 分别增长 15.9%、15.2%，超出全年 13% 左右的目标增速；2 月底广义货币 M2 接近 100 万亿元；社会融资规模头两个月为 3.61 万亿元，为历史同期最高水平。社会上对货币超发等议论不断，通胀预期仍然较强。

第五，要素成本上升推动 CPI 结构性上涨。土地、劳动力等要素成本持续上升，累积效应日益凸显。去年底，全国主要监测城市地价总水平为 3129 元/平方米，较 2008 年上涨 26.7%。去年有 25 个省份调整最低工资标准，平均增幅为 20.2%；今年已有 13 个省份上调该标准，平均上涨 16.9%。工业化、城镇化进程以及价格改革等拉升能源原材料、运输等价格。今年 2

月,铁路货运价格上调约13%。

三、政策建议

物价问题涉及民生,关系全局,影响稳定。要多措并举,做好全年的控通胀工作。

(一)管好物价上涨的货币条件。要保持稳健货币政策的连续性和稳定性,增强前瞻性、针对性和灵活性。综合交替使用各种政策工具,引导货币信贷及社会融资规模平稳适度增长,保持合理的市场流动性。优化金融资源配置,降低实体经济融资成本。稳步推进利率市场化和人民币汇率形成机制改革,加强对跨境资本流动的监控。

(二)切实保障市场供应。扎实推进春季农业生产,努力夺取夏粮丰收。狠抓粮食节约。据有关部门测算,我国每年粮食损失浪费量近1200亿斤。进一步搞活流通,降低流通成本。加强对H7N9禽流感病毒的监测和防控。密切关注生猪价格变化,实施好调控预案,缓解生猪生产和市场价格的周期性波动,防止大起大落。尽快建立稳定蔬菜价格的长效机制。

(三)积极稳妥推进价格改革。抓住物价总体稳定的有利时机,相机抉择,把握好力度和节奏,实施电煤市场化改革,完善成品油价格形成机制,推进天然气价格改革,调整公共产品价格。考虑出台相应的补贴措施,保障城市低收入群体基本生活水平。

(四)加强价格监管。加强价格监督检查,对操纵价格、价格欺诈等行为予以严厉查处。做好价格的监测预警,及时发布价格信息,防止媒体过度炒作,正确引导社会舆论。准确研判物价形势,做好政策储备和应对预案。

(五)统筹做好影响物价稳定的相关工作。落实房地产市场调控各项政策,继续抓好保障性安居工程建设管理。坚持劳动报酬增长与劳动生产率增长相适应,合理上调最低工资标准。各地不宜盲目攀比增长速度,要坚持科学发展,着力提高增长的质量效益。

2013年4月9日

(李江冰执笔,肖炎舜参与讨论和修改)

对外贸易持续较快增长基础仍不稳固

——一季度经济形势分析之三

王检贵

为深入分析一季度进出口形势,我们在京召开有关部门和专家学者座谈会,分赴苏、沪、浙、粤、闽五省调研。总体看,今年进出口运行开局良好,这是外部市场回暖的反映,也与去年同期基数较低有关,一些地方出口异常增长值得关注;我们判断进出口复苏之路依然艰难曲折,二季度出口增速可能明显回落,全年可能呈现前高后低的走势;当前进出口工作应处理好稳增长、调结构、促平衡三者之间的关系,在保持外贸政策基本稳定的同时,抓住国务院机构改革的契机,着力深化进口和对外投资管理体制改革。

一、进出口运行指标明显分化,表明一季度外贸增长仍是恢复性、季节性和结构性的

一是出口增速明显高于进口。一季度,进出口总额 9746.7 亿美元,增长 13.4%。其中,出口增长 18.4%,进口增长 8.4%,两者相差 10 个百分点。受此影响,一季度贸易顺差达 431 亿美元,同比增加 424 亿美元。

二是加工贸易出口增速大幅低于一般贸易。受劳动力等生产要素成本持续攀升的影响,我国加工贸易出口占比持续下降,由 2005 年的 55% 降至 2012 年的 42%。今年一季度,加工贸易出口仅增长 3.9%,明显低于一般贸易出口 16.6% 的增速,占我国出口总值的比重进一步降至 40%。

三是中西部地区出口增速普遍高于沿海地区。一季度,贵州、甘肃、安

徽、宁夏、江西、云南、四川七省出口分别增长179.4%、105%、98%、97.9%、92.5%、68%、59.6%。值得注意的是,沿海外贸大省出口形势也明显分化。一般贸易占比高的省份出口形势较好,如福建、浙江出口分别增长21.2%和11.7%;加工贸易占比高的省份出口状况不佳,如上海、江苏、山东出口仅分别增长2.8%、3%和3.6%。

四是对传统市场出口表现总体不及新兴市场。一季度,美、欧、日三大市场对我国出口增长的贡献率仅为5%,而对南非、东盟、俄罗斯出口增速分别达35.5%、28%和19.6%。由于发达国家经济复苏进程不一致,一季度我国对传统市场的出口也涨跌互现。其中,对美国、英国的出口缓慢复苏,分别增长7%和9%,而对日韩和欧元区国家出口形势严峻,对日、韩、德、法四个重要贸易伙伴出口分别增长-3.6%、0.9%、-7%和-6.7%。

五是民营企业出口增速显著高于外资企业和国有企业。一季度,民营企业出口增长51%,外资和国有企业出口分别增长3.6%和-1.3%。民营企业在出口总额中所占比重,由去年同期32.6%飙升至41.5%。前两个月,浙江全省36072家小微企业出口总额增长59.7%。

二、进出口不具备全面持续快速增长的条件,二季度出口增速可能明显回落

调研中感到,沿海外贸大省都对进出口形势持谨慎态度,一致认为全年出口将呈现前高后低的走势。主要理由是:

(一)一季度部分地方进出口运行情况异常,出口快速增长中含有“水分”。今年一季度,内地对港出口1056亿美元,增长74.2%。其中,广东对港出口增长93.7%,占内地对港出口增量的9成。据查,出口香港的货物主要是体积小、价值高的集成电路、黄金首饰。这些产品在深圳几大保税区与香港之间反复进出口,创造“真实”的贸易背景,将香港廉价的美元或人民币带入,用于投资境内收益较高的银行理财产品,获取境内外息差。前两个月,这种异常情况主要发生在深圳等地。进入3月以后,福建、山东、云南对港出口增幅也都超过100%。如果剔除这种异常情况,一季度深圳出口将由68.8%下降为3%左右;如果剔除深圳的出口,一季度广东出口增速将由34.3%下降为5.6%,全国出口增速由18.4%下降为11%。

（二）订单回暖呈现低水平、慢节奏和局部性特征，企业生产经营依然捉襟见肘。从订单总量看，虽然近几个月全国出口新订单指数持续增长，但仍处于50%的荣枯平衡线上下，说明订单持平或略有增长的企业占多数，大幅增长的不多。从市场看，企业反映美国客商的订单较快增长；欧洲客商的订单仍然很少；日本客商的订单有所回暖，但受日元大幅贬值和中日政治氛围的影响，企业接单十分谨慎；印度、巴西、南非等新兴经济体的订单不如预期。从产品看，中低档日用消费品订单有所回暖，这主要得益于美欧客商加速补库存；工程机械等资本品和高新技术产品订单增长缓慢，美国苹果公司主要产品的订单萎缩；造船、光伏企业仍度日如年。从周期看，主要以短单、小单为主，越来越多订单只给生产企业一个月甚至一周的时间，企业组织生产的难度加大。从价格看，合同价格仍处在下降通道之中。3月份出口商品价格同比下跌1%，环比下跌1.3%，表明市场需求不旺，企业为争夺订单竞相压价。

（三）出口成本上涨压力继续增加，缺乏自主品牌与核心技术的企业举步维艰。最为突出的依然是招工难、用工贵。4月1日，上海市第20次调高最低工资，月工资由1450元增至1620元。广东最低月工资也上调至1550元，增长19.2%。加上社会保险和加班补贴，人工成本至少为2400元/月，否则很难招到工人。广东东莞华坚鞋业集团有2万工人，每月支付工资达5500万元，一季度生产线开工80%，依然亏损1000多万元。与此同时，汇率升值再度袭扰出口企业。今年以来，人民币对主要币种都保持升值态势，特别是对日元、英镑升值幅度高达9.2%和6.4%，让出口企业无所适从。

三、政策建议

综合地方和企业的建议，我们认为当前外贸工作还要继续坚持稳增长，同时要把更大精力转向调结构和促平衡。

“稳增长”的核心在于保持进出口政策基本稳定，有针对性地解决企业面临的困难。主要建议：一是保持人民币汇率基本稳定，同时引导金融机构提供更多汇率避险产品。二是抓紧落实大型成套设备出口融资保险专项安排，允许商业保险公司开展出口短期信用险业务。三是规范进出口环节收费。去年相关部门已开展相关检查，应尽快制订规范收费的工作方案。四是稳定出口退税政策。目前不宜调低出口退税率,否则将严重挫伤企业开拓国际市场的信心,大批小微企业将陷入经营困境。要加强退税监管,既保证及时足额退税,又严厉打击日益猖獗的骗退税问题。

“调结构”的关键是在开拓新兴市场、培育自主品牌、发展服务贸易等方面出台新举措,为我国出口长期稳定发展增添新的动力。在开拓新兴市场方面,企业希望落实好中国—东盟等自由贸易协定,加快与非洲、拉美、西亚、中亚、东欧等新兴市场商谈贸易投资协定,在消除障碍、降低风险、金融支持和规范秩序等方面形成系统促进政策。在培育自主品牌方面,企业希望尽快出台保护国内品牌的政策,纠正国内大型商场竞相吸引国外名牌、排斥国内品牌的做法。比如明确要求商场为国内品牌提供一定比例的摊位,并且设定合理的扣点和收费。在发展服务贸易方面,地方建议扩大金融、电信、物流、教育、医疗、文化等领域对外开放,释放服务业的发展潜力;研究制定鼓励服务出口的财税政策和新一轮服务外包政策。

“促平衡”的主要途径是扩进口而不是压出口,是鼓励对外投资而不是限制利用外资。建议抓住国务院机构改革和转变职能的契机,深化进口和对外投资体制改革,根本改变奖出限进、宽出严进的涉外经济管理体制。在扩大进口方面,建议清理进口环节的不合理限制,降低进口环节交易成本;调减自动进口许可商品管理目录,大力推进网上申领;科学制订进口企业从事大宗商品国内流通经营的资质,支持国内流通企业参与大宗商品国际贸易。在扩大对外投资方面,建议:一是取消对境外投资的项目审批和企业审批,实行事后备案制;二是对涉及外交关系等少数领域的投资,可要求事前备案,但要理顺管理体制,解决多头管理、重复审批的问题;三是政府主要作用是制定法律法规和加强服务保障,各项支持政策可由半官方机构及非政府组织参与实施,一些竞标和收购项目的协调可交给行业协会;四是重视事后监管,定期跟踪境外投资企业的经营状况。

2013年4月9日

冷静对待财政收支压力
积极推进财税体制改革

——一季度经济形势分析之四

肖炎舜　潘国俊

今年以来,我国财政收入特别是中央财政收入增速下降,在一定程度上是经济运行基本面和结构性减税效应的反映,但受税收征管等特殊因素影响较大。我们分析,只要今年经济保持平稳增长态势,经过各方面努力,是能够完成预算目标的。我们建议,不要因财政收入增速一时下滑而乱了阵脚,要保持积极财政政策的连续性和稳定性,在已经确定的赤字和债务目标范围内,执行好既定的稳增长、控通胀、防风险财政政策措施。同时,不失时机稳步推进预算制度、财政体制、税收制度等领域改革,完善公共财政体系,促进经济发展方式转变,为打造我国经济"升级版"提供有力的财力保障和财税体制基础。

一、一季度财政收入形势较为严峻,但全年有望完成预算目标

今年以来,我国财政收入增速明显放缓。1—2 月,全国财政收入增长 7.2%,比上年同期回落近 6 个百分点。其中,中央财政增长 1.6%,比上年同期回落 9.7 个百分点。3 月份财政收入估计还难以走出低迷状态。经济是财政的基础。当前我国经济延续了去年 9 月份以来缓中趋稳的态势,预计今年经济运行的稳定性好于去年。只要经济不出现大幅下滑,今年大部分税种收入增速将与经济增长基本同步,一些税种还会因去年结构性减税、

同期基数较低，而恢复较快增长。我们预测，全年财政收入增幅将呈现“前低后高”走势，有望实现增长 8% 的预算目标。

从企业所得税看，今年前 2 个月，全国规模以上工业企业实现利润同比增长 17. 2%，比上年同期高 22. 4 个百分点；财政部统计的国有及国有控股企业实现利润同比增长 9. 7%，正在走出上年全年负增长的低迷状态。未来 3 个季度，企业利润同比有可能继续较快增长，带动企业所得税增速平稳提升。

从个人所得税收入看，按照过去几年规律，在没有政策调整情况下，增速很快。去年受提高工薪所得减除费用标准、调整税率结构等影响，全年下降3. 9%。今年这些因素消失，居民收入的稳步上升将带动个人所得税收入较快增长。

从营业税看，随着经济逐步企稳，交通运输业、建筑业、金融保险业、邮电通信业、文化体育业等行业营业收入会保持一定增速。同时，去年提高营业税起征点，这一政策性减收因素导致去年基数较低，今年营业税收入增速有望平稳。

从增值税看，预计全年工业增加值不会像去年那样波动起伏，增速有可能保持平稳；今年前 2 个月，工业生产者出厂价格指数和购进价格指数同比跌幅在收窄、环比在上涨，预计两个价格指数同比降幅有望继续收窄。

从进口环节税收看，今年前 2 个月大幅下降，成为拉低财政收入的主要因素。除一般贸易进口负增长外，主要与税收征管因素有关：2012 年初清缴 2011 年末收入导致 2012 年初收入基数高；2012 年底加快清缴当年收入导致今年前 2 个月缺少清缴收入，两头挤压，今年前 2 个月收入下降。随着我国经济企稳回升，一般贸易进口增速有望由负转正，进口环节税收将逐步扭转大幅下降趋势。

从税制改革看，扩大资源税从价计征范围，将部分过度消耗资源、污染环境的产品纳入消费税征收范围等，也将增加部分税收收入。

从去年情况看，中央财政收入增速也有高有低，其中 8 月和 9 月曾经分别增长 -6. 7% 和 -2. 4%，但全年中央财政收入增长 9. 4%，全国财政收入增长 12. 8%，都超过年初预算目标。

总的看，我国经济企稳的基础还不稳固，国际经济复苏仍然乏力，加上扩大营改增试点、下调或免征部分商品进口环节税收、加强征管增收空间缩小等多重因素影响，财政收入继续高速增长也很困难，与经济增长基本同步可能成为常态。

二、加快推进财税体制改革，增强积极财政政策实施效果

考虑当前经济形势和财政运行特点，实施积极财政政策重在落实好已有的各项政策措施，避免政策加码造成财政收支压力过大。要把实施积极财政政策与推进财税体制改革更加紧密地结合起来，力争在税收、预算、财政体制等领域改革迈出新的步伐，为激发经济活力营造良好环境。

（一）结合结构性减税与改革完善税制，为各类市场主体营造良好的发展环境。一是将现有的结构性减税政策落实到位，坚决防止收取“过头税”和“过头费”。二是谨慎出台新的减税政策。税收的首要功能是筹集财政收入。当前财政收支压力进一步凸显，不宜再开新的减免税口子。三是有序推进税制改革。稳步推进营改增试点，择机实施资源税从价计征扩围和消费税扩围，改革房地产税收制度，进一步清理取消不合理、不合法的收费项目。

（二）改革完善预算管理制度，提高财政资金使用效益。一是继续大力推进财政预算决算公开。只有将财政数据公诸于众，促进“看不见的政府”向“看得见的政府”转变，社会才能有效监督政府。要进一步扩大公开范围，细化公开内容，延伸公开的政府层级，扎实提高财政透明度。二是改革完善预算编制和执行制度。切实改进预算编制方法，细化预算编制，减少预算代编。增强预算的权威性，促使各级政府和部门严格按照预算使用财政资金。同时，在财政资金投向上，坚决做到政府性楼堂馆所不新建，财政供养人员只减不增，公费接待、公费出国、公费购车只减不增。加大政策执行力度，尽快将政府部门所有收支纳入预算。三是把改革中央财年制度作为预算改革的突破口。我国财政年度采用日历年制，但全国人大会议在每年 3 月中旬才结束，相当于每年近 1/4 的时间没有预算。一些发达国家为了与预算审批通过时间相匹配，设定的财年与日历年度并不一致，如美国联邦为 10 月 1 日到次年 9 月 30 日，加拿大联邦为 4 月 1 日到次年 3 月 31 日。建议将我国中央财年改为 4 月 1 日至次年 3 月 31 日，向社会释放预算执行要尊重人大

决议、预算法治化的信号。

（三）改革完善分税制财政体制，为各级政府更好履行职责提供财力保障。把理顺政府间事权放到首要位置，适度上收养老、教育、医疗等支出责任，这将有利于完善社会保障制度，便于人口流动，推动城镇化进程，还可以缓解地方政府财政压力。优化转移支付结构，大幅度整合、削减专项转移支付，加大一般性转移支付规模和比重，增强地方政府财力安排的自主性和灵活性。

（四）加快预算支出执行进度，达到财政资金“早投入早见效”的目的。今年前 2 个月财政支出进度偏慢，仅完成全年预算的 11.6%，远低于时间进度，收大于支 6000 多亿元。当前我国经济企稳基础还不稳固，应加快预算支出进度，将预算已经确定的资金尽快、尽早拨付到相关领域和项目，满足相应的资金需求，以拉动投资和消费，推动经济稳定增长。

（五）加强地方政府性债务管理，防范财政风险。目前一些地方债务负担较重，存在局部偿债风险；偿债资金主要依赖土地出让收入，在偿债高峰期、房地产调控导致土地出让收益下滑双重挤压下，“卖地还债”模式难以持续；部分地方融资平台公司管理不规范，“混借、混用、混还”，不利于落实还债责任。要继续严格制止地方政府违法违规融资行为。坚持疏堵结合，建立地方政府举债融资新机制，探索赋予地方政府适当的举债权，实现财政可持续发展。

2013 年 4 月 9 日

（潘国俊执笔，肖炎舜参与讨论和修改）

把握好货币政策的"度"

——一季度经济形势分析之五

匡小红

当前金融形势总体平稳,各项指标保持在正常合理区间。同时,在国际国内复杂形势下,主要经济体宏观政策外溢效应和国内经济运行状况在金融领域的反应相互叠加,加大了金融风险防范任务和金融调控的难度。建议继续实施好稳健的货币政策,把握好政策的"度",兼顾促进经济增长、稳定物价和防范金融风险之间的平衡,为实现全年经济社会发展目标发挥积极作用。

一、当前金融运行情况和主要特点

货币供应量增速明显回落,仍高于预期目标。M2 同比增速在 1 月份创下 2011 年 4 月以来的新高 15.9% 后,2 月份出现回落。2 月末 M2 余额 99.86 万亿元,同比增长 15.2%,比上月末回落 0.7 个百分点,比上年同期高 2.2 个百分点,仍高于 13% 的预期目标。

人民币贷款投放进度总体正常。1—2 月人民币贷款增加 1.69 万亿元,同比多增 2433 亿元。预计 3 月份新增人民币贷款 1 万亿元左右,一季度新增人民币贷款 2.6 万亿左右,如全年人民币贷款增量按 9 万亿元掌握,贷款投放进度为 30%,与近年进度大体持平。

人民币贷款以外的其他各类融资较为活跃。1—2 月社会融资规模 3.61万亿元,为历史同期最高水平,比上年同期多 1.59 万亿元。人民币贷款以外的其他各类融资在社会融资规模中占比达到53%，信托贷款、委托贷款、外币贷款、企业债券都增加较多，社会所需要的资金来源越来越多元化。

企业新增中长期贷款明显上升。2 月份，新增的 6200 亿元人民币贷款中，非金融企业及其他部门的中长期贷款增加 2826 亿元，占比上升到 46%，创两年内新高。这一定程度上显示企业长期投资意愿增强，有利于经济进一步回升。个人住房贷款也大幅多增。

银行体系流动性总体充裕，市场利率小幅上升。金融机构超额准备金率保持在 2.0% 以上。2 月份货币市场利率水平较上月有所上升，同业拆借加权平均利率和债券回购平均利率分别为 2.77% 和 2.89%，分别比 1 月份上升 50 和 64 个基点。

货币政策“中性”操作明显，央行净回笼资金压力加大。1 月份商业银行代客结售汇顺差大幅上升至 926 亿美元，创十年来新高；2 月份顺差 322 亿美元，仍保持在较高位置。银行代客结售汇与外汇占款存在高度正相关关系。1 月份新增外汇占款达 6836 亿元，创单月增量的历史新高。为对冲市场流动性，一季度公开市场净回笼 7060 亿元，是去年重启逆回购以来连续三季度净投放总量的一半。

人民币汇率创新高。前三个月，人民币对美元升值 0.26%；1—2 月，人民币实际有效汇率升值 3.26%。4 月 2 日，人民币对美元中间价和即期汇率均创新高，即期市场突破 6.2。境外远期市场和境内即期市场走势一致，香港 12 个月的人民币 NDF 市场人民币对美元汇率重现升值趋势。

出现上述情况和特点有多方面原因。一是出口强劲，贸易顺差同比大幅增加，大大高于市场预期。二是中国经济企稳回升吸引资金流入，美元延续强势地位，人民币存在升值预期，私人部门持汇意愿不断降低。三是主要经济体实施新一轮量化宽松货币政策，全球流动性宽松，对我国产生溢出效应。四是随着经济回升和企业投资意愿上升，金融机构放贷和融资的意愿上升。同时，金融机构存在“早放贷早受益”的思想，普遍希望加快贷款投放进度。五是地方换届后，投资上项目的劲头很大，对融资的需求很大。去年底积累的部分项目的信贷需求集中释放，也带来影响。六是近来房地产市场回暖，房地产开发和居民刚性需求释放在金融领域得到反映。

二、值得关注的新情况和新风险

当前金融体系运行总体正常平稳，不至于有现实的系统性金融风险，但一些新情况新问题值得高度关注。

产能过剩行业隐含的银行信贷风险暴露。3月20日，无锡尚德实施破产重整，包括工行、农行、中行在内的8家中资银行和1家外资银行，作为债权银行，对无锡尚德的本外币授信余额71亿元，将不可避免地受到损失。当前产能过剩矛盾进一步凸显，企业普遍负债水平高、利率负担重，如何化解钢贸、船舶、光伏等领域潜在和已经暴露的金融风险，需要积极应对，并认真总结经验教训。

银行业利润增速下降、资本补充压力上升。从公布的2012年年报看，银行利润规模再创新高，但增速下滑、不良贷款余额上升。目前主要银行资本充足率都达到监管标准，但随着信贷进一步扩张，会增加资本消耗，加上今年1月1日开始实施中国版巴塞尔协议Ⅲ(新资本管理办法)，要求2018年底前达标，主要银行都面临一定的资本补充压力。同时，随着利率市场化的推进、净息差的降低，银行经营同质化、发展方式粗放的模式面临挑战。

资金流入和套利行为增加。在主要经济体货币政策宽松和国内利率相对高位的情形下，目前出现了较大规模的金融套利行为。有机构反映，一种方式是，有资质的贸易企业以其贸易背景申请美元贷款，得到美元存款后结汇成人民币，购买理财产品，获得利差收益和升值收益。从过去的经验看，在人民币升值预期下，境外资金和套利资金会借道经常项目和资本项目的多种渠道流入。

央行金融调控难度加大。由于贸易顺差大幅上升、资金流入增多，人民币升值预期形成，稳定汇率的呼声再起，导致央行被迫干预外汇市场。央行在稳定外需、稳定人民币汇率与推进汇率市场化改革、增加汇率弹性之间，在稳增长、稳物价、促进国际收支平衡之间存在"两难"选择。

表外业务、影子银行的风险及监管政策的影响值得关注。2012年理财产品规模7.2万亿。随着监管部门进一步规范交叉性金融产品、影子银行业务，将对这些业务的存量和增量带来影响，银行面临腾挪表内外业务、收缩理财业务、增加资本的压力，对基建、房地产等领域融资的后续影响还要进一步观察。

地方政府债务水平上升。根据有关资料，地方政府融资平台贷款2012年较2011年有所增长。地方政府的负债水平可能还在上升，除通过已有或新设平台进行贷款外，还在通过信托、债券、集资等渠道融资。今年是还债高峰年，经济增速放缓、房地产调控不放松的背景下，地方政府的偿债能力将受到影响，不排除一些地方的债务风险会暴露。

三、政策建议

当前经济金融形势十分复杂，有些趋势还看不准，在地方政府、企业和个人等不同群体之间也有不同的诉求、期待和评判，货币政策工具的效果显现有一定时滞，政策“度”的把握尤为重要。

第一，继续实施好稳健的货币政策。兼顾好促进经济增长、稳定物价和防范金融风险三者之间平衡，调节好银行体系流动性，保持货币信贷和社会融资规模合理适度增长。当前货币存量已经很大，要引导金融机构优化信贷结构，进一步提高直接融资比重。

第二，密切关注风险点。既不能造成不必要的资金链断裂、引发风险传染和扩散，也要积极稳妥防范化解风险。高度关注并认真跟踪重点领域的风险状况，强化表外业务、影子银行和跨市场、交叉性金融产品，以及跨行业、跨境金融风险的监测评估，守住不发生系统性、区域性金融风险的底线。

第三，不失时机地推进金融领域改革。按照政府工作报告和国务院第一次全体会议的要求，稳步推进利率、汇率市场化改革，加快建立存款保险制度，促进中小金融机构发展。

第四，提高服务实体经济的能力。金融业本质上是服务业，服务质量是决定行业发展的关键。目前我国金融业服务意识普遍比较薄弱，与全球最赚钱的银行相比并不是服务最好的银行；与实体经济经营困难相比，日子也比较好过。金融业要不断改进和创新金融服务，更好地服务国家经济社会大局，这反过来也将使金融发展更可持续。

2013年4月9日

完善市场调控政策　化解房价上涨压力

——一季度经济形势分析之六

郭克莎

最近几个月，房地产市场量价齐升，部分热点城市房价大幅上涨，再度引起全社会的关注。国务院加强房地产市场调控的“国五条”出台后，房地产市场往哪里走，房价过快上涨能否得到遏制，如何落实和完善房地产市场调控政策，需要进行深入研究。

一、去年四季度以来房地产市场快速反弹

（一）市场成交量持续放大，部分城市需求激增。去年四季度全国商品房销售面积和销售额同比、环比均大幅增长，今年以来商品房销售增速进一步大幅放大，重点城市房地产市场出现火爆局面。1—2 月，全国商品住宅销售面积和销售额同比分别增长 55.2% 和 87.2%；住建部监测的 40 个重点城市，新建商品住房同比增长 100.2%，二手住房成交面积同比增长 164.0%。

（二）房价出现快速上涨，部分城市涨幅较大。2012 年以来，受房地产市场成交量变化的影响，房价经历了由回落、平稳到上涨、加快上涨的过程。今年 2 月份，在 70 个大中城市中，新建商品住宅价格同比上涨的城市达到 62 个，最高涨幅为 8.2%，环比上涨的城市达到 66 个，最高涨幅为 3.1%；二手住宅价格同比上涨的城市达到 49 个，最高涨幅为 6.7%，环比上涨的城市达到 66 个，最高涨幅为 2.2%。据住建部监测数据，2012 年 10 月份以来，

90 个重点城市新建商品住房价格指数同比涨幅持续扩大，今年 1 月和 2 月份，分别有 4 个和 6 个城市房价同比涨幅超过 20%，有 19 个和 7 个城市房价环比涨幅超过 3%。热点城市的购房群体对房价快速上涨的趋势反应十分强烈。

（三）房地产投资增速加快，开发资金增速大幅上升。在房地产市场成交量价齐升的拉动下，大量资金又迅速流入房地产领域，房地产开发投资的增速明显加快。今年 1—2 月，房地产投资同比增长 22.8%，增速比去年全年提高 6.6 个百分点，已超过当期固定资产投资增速；其中住宅投资同比增长 23.4%，增速比去年全年提高 12 个百分点。

二、下一阶段房地产市场走势分析判断

未来一段时间房地产市场的走势，主要取决于两个方面：一是各地区落实“国五条”的力度，特别是能否严格按照住房交易所得征收 20% 的所得税；二是中央是否出台新的调控措施，尤其是房产税改革能否继续推进。初步判断，今年房地产市场可能出现以下阶段性走势。

一是二、三季度房地产市场可能再度进入观望僵持阶段。现在市场普遍预期地方政府不会下大力气打压本地房地产市场，担心对房产交易收入征收 20% 所得税的政策难以真正落实。目前部分城市出台的实施细则，基本上符合甚至低于市场预期。如果多数地区实施细则含糊不清，对中央调控措施落实不力，市场观望僵持时间可能较短。在这一阶段，住房市场成交量萎缩，非刚性需求暂时退出市场；房价过快上涨的势头得到遏制，进入上下两难、小幅波动阶段；区域性市场出现较大分化，部分近期热炒过度的二、三线城市成交量和价格明显回落。

二是四季度以后房地产市场还可能出现新的反弹。如果地方政府没有严格落实“国五条”尤其是交易所得税征收政策，中央政府也没有出台新的住房信贷、税收政策特别是推进房产税改革，房地产市场的观望僵持时间不会太长。这个阶段的主要特点是：部分热点城市的刚性购房需求逐步扩张，含有投资性特点的改善性需求重新入市；房价由小幅回落转为稳定和回升，进一步拉动各类购房需求放大；一线城市的市场回暖向二、三线城市蔓延，带动多数城市房地产市场量、价反弹。

我国房地产市场之所以离不开政策的调控，一旦政策不给力或政策效应被消化，市场就会出现量价齐升的局面，主要原因在于：一是在城市化较快推进和人口大量流动过程中，很多城市特别是一线热点城市的住房自住性、改善性需求依然较大；二是近年居民收入较快增长，社会流动性过多，物价逐年上涨，而股市低迷、社会投资渠道少；三是在房产税制度尚未建立的条件下，住房的持有成本几乎为零，购房投资的升值空间很大；四是去年以来我国经济增速下行，一些地方政府出现试图放松房地产调控的倾向或行为，导致社会普遍认为中央难以加大房地产调控力度；五是房地产商加强营销策略和市场炒作，极力宣扬“房价只涨不跌”、“房价越调越高”，强化了社会资金购房炒房的氛围，加大了房价上涨的压力。

如果房地产市场再度进入观望僵持状态，房地产投资增速可能重新波动下行。一旦房地产市场在低迷一段时间后出现反弹，需求再度集中释放，而供给又没能及时跟上，部分热点城市的供求矛盾可能加剧，房价上涨的压力将进一步加大。

三、促进房地产市场稳定健康发展的政策建议

房价过快上涨加大了中低收入家庭的购房压力，还会拉动市场房租持续性上涨，增加社会流动人口的居住支出负担，带来日益突出的社会经济问题；房地产市场过度扩张会导致资金过度流入，影响实体经济的资金供给，对结构调整和产业升级带来冲击，不利于社会资源的有效配置。因此，即使面对稳定经济增长的压力，也要坚定不移地推进房地产市场调控，促进房价理性回归。未来一段时间，要切实抓好“国五条”的落实工作，并把短期调控政策与中长期制度建设结合起来，进一步完善调控房地产市场的政策措施，加快建立符合中国国情的住房制度和促进房地产市场健康发展的长效机制。主要建议是：

第一，进一步落实好限购、限贷的差别化政策。要借助“国五条”的影响力，督促各地严格执行中央的调控政策，加快出台有效的实施细则，使地方政府真正对调控房价、稳定市场负起责任，把各项政策措施落实到位。重要的是，坚决严控投资投机性需求利用任何名目入市购房、炒房，继续支持合理自住性需求尤其是购买首套住房需求，从严查处违反限购、限贷政策行

为,严厉打击开发商、中介和媒体的虚假炒作、哄抬房价行为。

第二,加大房地产税收政策的调控力度。一是继续推进房产税改革试点。抓紧总结上海、重庆两市房产税试点的经验,完善相关政策措施,发挥示范效应。从我国现阶段国情出发,积极借鉴国际经验,深入研究适合居民住房和收入特点、有利于调控投资投机需求的房产税政策。抓住适当时机扩大房产税试点范围,加大住房保有环节税制的调控力度。二是加强对房地产交易和所得的税收调节。落实现有房地产市场税收调控政策,要抓好个人住房转让、交易过程的税收征管。特别是,要围绕征收20%住房转让所得税政策,进一步完善相关政策措施。按照现行《个人所得税法》规定,对个人住房转让征收个人所得税,转让收入减原值和合理费用后适用20%的税率;无原值凭证的,按转让收入的1%—3%征税。针对部分城市不愿意实施20%的所得税、以及实践中缺乏原购房凭证等制约,可考虑也对住房转让的总收入征税,把税率提高到5%—10%,并与净收入的20%税率同时适用。对于房价上涨50%—100%的住房转让来说,两种税率可大体趋同。以此防范炒房者的高额收入规避个人所得税收征管,增强住房交易所得税对炒房行为的抑制作用,迫使部分存量房尤其是空置房投入市场,缓和市场供求矛盾。同时,加大对"阴阳合同"等违法违规行为的查处和惩罚力度。

第三,运用经济手段推动开发商降价促销。针对市场低迷期开发商资金链运行可能出现的问题,可以把信贷支持作为引导开发商降价或打折促销的一个重要筹码,对于降价或打折销售新建商品住房的,在同等条件下优先给予新的开发贷款支持。还可以把是否降价或打折销售新建住房,作为开发商参与土地招拍挂的一个基本条件,凡是涨价销售新建商品住房的,原则上都不能参与新的土地招拍挂活动。同时,有关部门在审批开发商建设规划、发放商品房预售证件等过程中,也要把降价或打折销售住房的内容,作为一项必要的参考依据。

第四,增加住房用地供应和降低土地出让价格。这是增加普通商品房供给、调节市场供求关系、抑制房价持续上涨的重要环节。中央有关部门既要积极增加城市特别是热点城市的住房用地供给,支持各地保障房、商品房开发建设;又要引导各地适当降低土地招拍挂的底价,搞活土地流通市场,促进房价合理回归。同时,还可以把降低土地出让价格与要求开发商降低新建商品房价格、增加保障性住房配建数量、加快土地开发和房屋建设进度等结合起来，进一步完善土地招拍挂制度，规范土地市场竞争机制，抑制“地王”现象的产生和地产泡沫的累积。

第五，积极调整完善现有商品房预售制度。目前我国期房占全部商品房销售的比例高达75%以上，在房地产市场和价格波动的条件下，商品房预售制度既有其内在弊端和风险，也有一定灵活调节市场供求的功能，应进一步发挥其合理作用，限制其负面影响。针对商品房预售时间较长、交房期不稳定的问题，管理部门要明确规定商品房销售的期限，把期房的交房时限缩短到1年以内，以此减少或推迟开发商的期房预售时间，促进其加快建设和竣工周期。这既可增加未来一段时间的商品房供给，增强宏观上对市场供求走势的预测性、调控力；又可加大开发商的资金压力，迫使其合理定价和报价；还可加强对预售款的监管，减少房价变化带来的风险。

第六，加强正确舆论导向和规范媒体行为。房地产市场和价格的变动，反映了各方面利益格局的调整变化，社会舆论和媒体有不同声音是很自然的。但必须形成一种与中央调控房地产市场方向一致的主流声音，促进相关政策措施贯彻落实。加强舆论导向，就是要把当前房价过高的事实、影响和未来房地产泡沫破裂的危害讲清楚，明确中央坚持调控房价政策的必要性、重要性。规范媒体行为，就是要加大有关监管力度，促进媒体严格自律，如实报道各地房地产市场和价格变动的情况，防范和打击虚假新闻。要强化有关媒体的社会责任和法律责任，对于一些受不良开发商收买利用的媒体机构和个人，以及造成严重负面影响的违法违规报道，要加强查处、及时披露。

2013年4月9日

当前农业发展中的四个问题不容忽视

——一季度经济形势分析之七

郭　玮　方松海　李攀辉

当前,我国农业农村经济运行平稳。主要表现在:农业生产平稳,夏粮面积略增,苗情长势较好;农民持续增收,家庭经营收入和工资性收入继续保持增长;农产品市场供应充足,主要粮食品种、蔬菜、水果等价格基本稳定。农业农村好形势,为促进经济持续健康发展和社会大局稳定提供了好的基础,但必须看到,农业发展中也存在一些风险,处理不好也会带来较大影响。当前看,最突出的是 4 个方面。

一是东北地区的低温、春涝等灾害,对全年粮食产量可能造成较大影响。2012 年秋季东北大部分地区降水异常偏多,冬春季节又遇较大雪量,农田积雪厚。一段时期,气温比常年明显偏低,造成土壤化冻慢,化冻后土壤水分过多,春涝严重,不少地方无法整地播种,严重影响春耕工作的开展。据农业部农情调度,东北四省区有 1.1 亿亩耕地面临春涝威胁。东北地区农时至少推迟 1 周左右。而春播推迟 1 周,东北的粮食产量可能要减少 150 亿斤。东北地区粮食生产的重要制约是无霜期,近些年早霜来得晚是东北粮食增产的重要因素。由于多年早霜较晚,东北地区玉米等作物的越区种植增多,2013 年春季作物生育期减少 1 周,如果再赶上早霜提前,作物生育期两头积压,东北粮食生产将可能遭受重创,粮食产量减少数百亿斤甚至更多都有可能。东北粮食产量占全国的 1/4,近 10 年东北粮食增产量占到全国粮食增产量的 41%。东北地区粮食出现问题,将对全国粮食供需平衡带来很大影响。

另外，据国家防总办公室统计，截至 4 月 2 日，全国耕地受旱面积 1. 1 亿亩，其中作物受旱面积 5234 万亩，有 661 万人、424 万头大牲畜因旱饮水困难，特别是西南和东北部分地区旱情较重，也应引起重视。3 月份西北地区东部、华北西部、黄淮海西北部降水量偏少 5 成以上，陕西中南部、河南西北部等地出现不同程度旱情，对小麦等生产不利。云南北部、四川南部等地持续晴热少雨，旱情发展较快，小春作物生育期缩短，产量受到较大影响。

二是生猪价格跌幅较大，影响生猪生产稳定，进而可能对年末物价稳定带来较大影响。2011 年 9 月份以后，生猪价格就出现较长期的下滑，到 2012 年 10 月份开始回升，但春节后又快速下跌，仅仅 1 个多月便下跌 20% 以上。这是 2003 年以来我国生猪 3 个亏损期中，价格下跌最快的一次。到 2013 年 3 月第 3 周，全国集贸市场猪肉价格同比下降 7. 9%，而活猪价格同比下跌 12. 4%。猪粮比已经跌破 6∶1 的盈亏平衡点，湖北等地甚至跌到 5. 5∶1 以下。养猪行业再次出现大规模亏损。由于猪肉的消费连续低迷，猪肉价格还将进一步走低，生猪生产萎缩不可避免。目前仔猪价格同比下降 18. 5%，母猪存栏环比下降。未来一两个月，如果母猪存栏下降过快，按照猪的生产周期，到 2013 年第四季度时，猪肉的供应量将会有较多减少，到时又恰逢猪肉季节性消费高峰，价格可能会快速上涨，并对物价总水平造成较大影响。如何避免以往那种“过山车”式的“猪周期”再次发生，是对我们调控水平的考验。

三是牛羊生产发展缓慢，牛羊肉价格将继续保持快速上涨的态势。从较长时期来看，多数农产品价格都有涨有跌。但 10 多年来，我国牛羊肉价格除了每年春节后有季节性的稳定或极小的回调外，一直保持上涨势头。2013 年 3 月份，牛肉价格又比上年同期上涨 36%，羊肉价格上涨 22%。目前的牛羊肉价格水平已经是 2004 年的 3 倍以上。牛羊肉价格上涨，一方面是因为人们生活水平提高后，牛羊肉的消费需求增长较快，另一方面是牛羊生产发展跟不上。由于投资大、生产周期长、风险多，再加上劳动成本、饲料成本上升较快，农牧民生产积极性不高，牛羊的存栏量还有一定下降。今后一个时期，牛羊肉需求上涨的态势不会改变，而牛羊生产短期内也不可能出现明显恢复，因此，2013 年牛羊肉价格将继续保持较快增长态势，对群众生活特别是部分民族地区群众生活带来影响。

四是禽流感事件有可能冲击养禽业，下半年禽肉、禽蛋等的价格可能会上涨。近日，上海、安徽、江苏、浙江等地相继出现人感染 H7N9 禽流感，并发生多起死亡病例。春节以后，鸡蛋等禽类产品价格已经出现了下行势头，如果禽流感事件进一步扩大，很可能造成禽类产品消费大幅下降，给本来就利润微薄的养禽业带来严重打击。预计在禽流感事件平息后，禽类产品的消费会恢复，但生产的恢复往往会有一定的滞后，在此期间禽肉、禽蛋的价格可能会有较明显的上涨。

上述四个方面，除了牛羊肉价格继续上涨比较确定外，其他的三个方面都是潜在的风险，但其影响不能忽视。特别是，如果东北等地粮食出现较多减产，粮食价格尤其是玉米价格就可能大幅上涨，这将推升饲料价格，增加养殖业成本，给肉蛋奶价格上涨火上浇油。养殖业恢复，将增加饲料的需求；粮食减产，将减少饲料的供给。几个因素之间相互影响、相互推动，具加叠加、放大效应，形势会更加复杂。极端而言，如果上述四方面问题相互碰头，特别是四个问题同时发生，出现"四碰头"，将可能出现粮食涨价、猪肉涨价、牛羊肉涨价、鸡肉涨价、鸡蛋涨价，甚至食品价格全面上涨的局面。食品价格在 CPI 中的权重约占 1/3，食品价格变化对 CPI 变动有举足轻重的作用。如果食品价格出现较大范围上涨，控通胀将面临严峻挑战。

我们必须深刻认识 2013 年农产品市场运行的复杂性和潜在问题的严重性，看到农业平稳发展中基础脆弱的一面，采取切实措施防范风险。

第一，加大东北等地农业防灾减灾力度。要认真研究东北地区低温、春涝应对措施，以抢农时为重点，加强技术指导，组织好农机调度，搞好相关服务，春耕开始后要加快农机作业进度。对积雪较厚的地块，要指导农民提早耙耢，加快融雪散墒；对涝情严重的地块，采取挖排水沟、泵站强排等方式，抢排积水。进一步扩大大棚集中育秧规模，提高水稻秧苗质量。根据农时推迟的实际，指导农民选用适宜的中早熟品种，并在播前进行包衣浸种。针对西南云南、四川和西北陕西、甘肃等地的较重旱情，建议进一步增加特大抗旱补助经费和综合抗旱资金，并提早拨付农村饮水安全、灌区改造配套、病险水库除险加固、农田水利重点县建设等工程项目资金，支持当地加强水利设施建设，购置抗旱机械设备，推广节水高效农业技术模式。针对北方冬小麦主产区旱情持续发展，建议研究给予灌溉补贴，降低农户灌溉成本，调动农户灌溉积极性，确保受旱麦田得到及时灌溉，打牢夏粮丰收基础。

第二，防止生猪价格持续大幅下滑。针对当前生猪养殖出现亏损，建议尽快启动《缓解生猪市场价格周期性波动调控预案》，适当增加一定数量的中央和地方冻猪肉储备，释放明确的政策信号，稳定养殖收益预期，避免出现大规模宰杀母猪现象，保护生产能力。同时，畜牧兽医部门应加强对养殖户的服务，帮助和引导养殖户搞好疫病防控、调整生产规模、优化猪群结构、降低养殖成本、提高养殖效率，积极应对和度过市场低迷期，增强发展后劲。

第三，加快发展肉牛肉羊产业。目前国家专项用于扶持肉牛肉羊产业发展的政策不多，仅有良种补贴、标准化规模养殖场建设补助等，且总量较小、标准偏低。建议扩大肉牛肉羊良种补贴规模，支持健全肉牛肉羊良种繁育体系，提高良种覆盖率。增加标准化规模养殖场建设补助资金，并采取贷款贴息等优惠措施，促进提高规模养殖水平。研究实施能繁母牛母羊补贴，鼓励开展母牛母羊养殖，稳定母牛母羊发展基础。建立肉牛肉羊养殖或调出大县奖励政策，鼓励地方发展肉牛肉羊产业。将肉牛肉羊纳入农业保险保费补贴范围，降低肉牛肉羊养殖风险。推广玉米秸秆综合利用技术，加强优良草种育栽技术研发，支持扩大苜蓿种植，提高饲草饲料供给能力。抓紧研究出台《全国牛羊肉产业发展规划》，为肉牛肉羊产业发展提供长期宏观指导。

第四，妥善处理和有效遏制H7N9禽流感疫情，努力减少对养殖业影响。加强疫情监测，指导养禽户加大防疫力度，防止疫病发生。一旦养殖业中出现疫情，要果断扑杀，做好无害化处理，坚决防范疫情扩散。做好相关宣传工作，消除不必要的恐慌心理，引导消费者科学消费、理性消费，保持市场稳定。

2013年4月9日

全球经济复苏进程变数多 对我机遇和挑战并存

——一季度经济形势分析之八

沈晓晖　李继尊　史德信　冯晓岚

2013 年以来,全球经济复苏态势有所增强,但风险和变数仍然较多,对我国经济金融会产生多方面影响,加大宏观调控的难度。我宜未雨绸缪,积极应对。

一、主要经济体表现喜中有忧

美国经济基本面回暖。突出表现在就业市场持续好转,3 月份失业率降至 7.6%,为 4 年多来的最低点。制造业采购经理人指数(PMI)、耐用品生产订单、房地产市场、消费者信心等主要经济指标继续改善。

欧元区经济仍徘徊在衰退边缘。欧元区 GDP 已连续 5 个季度下降,2 月份失业率升至 12%,其中 25 岁以下年轻人失业率达 23.9%。PMI、工业产出等经济指标未见好转。

日本经济出现积极迹象。PMI 由 1 月份 47.4、2 月份 48.5 上升到 3 月份 50.4。2013 年前两个月家庭消费者信心指数连续快速上升。2 月份失业率为 4.3%,已连续 10 个月低于 4.5%。

新兴经济体继续较快增长。国际货币基金组织(IMF)预测,新兴和发展中经济体 2013 年经济增长率将达到 5.5%,高于 2012 年的 5.1%,也高于发达经济体的 1.4%。

从主要国际组织的预测看,对2013年全球经济增长的乐观情绪上升。据IMF预测,2013年的全球经济增速将达到3.5%,高于2012年的3.2%。世界银行预测,2013年全球实际GDP增长将达到2.4%,高于2012年的2.3%。

二、影响全球经济复苏的风险隐患不容低估

(一)欧债危机仍是最大挑战。一是塞浦路斯救助问题还有不确定性,3月25日塞议会与欧洲"三驾马车"达成的协议,需要欧洲稳定机制4月中下旬讨论通过。二是斯洛文尼亚不良贷款快速上升,可能会步塞后尘。三是意大利2月大选导致国内政治陷入僵局,加大了经济不确定性。四是德国政府出于9月大选需要,在危机救助问题上立场趋于强硬,要求重债国承担更大责任,可能加剧欧洲内部分化。五是在经济低迷和高失业的情况下,欧元区各成员国围绕增长与整顿的争执会更加激烈。

(二)主要发达经济体央行集体"放水",虽能短期内刺激经济,但也有很大的负面影响。2013年1月,美国推出新一轮量化宽松货币政策,在每月增加购买400亿美元机构抵押贷款支持证券基础上,再增加购买450亿美元长期国债,预计2013年底美联储资产负债表规模将再增1万亿美元,达到4.2万亿美元。日本央行计划2013年净购买36万亿日元,2014年起每月购入13万亿日元。英国国内要求加大量化宽松力度的呼声也很高。

这种"打激素"的方式,可能会造成全球流动性过剩、通胀压力积累等后遗症,对新兴经济体带来负面的溢出效应。2月份发展中国家GPI同比上涨5.3%,其中印度上涨10.9%,土耳其、越南均上涨7%。

(三)美国财政问题已由"悬崖"变成"缓坡",但还会不断引发争执,冲击市场信心。这个问题已高度政治化。美国两党对于控制联邦债务规模的认识是一致的,分歧在于:民主党希望向富人增税,共和党则希望大幅减少医疗等福利开支。其背后是不同利益集团的博弈。近期还有两个时间节点:一是国会须在4月15日前通过2014财年预算案;二是5月19日前再次授权政府提高债务上限。这可能会对美国及全球金融市场造成一定的影响。

(四)中东、东亚等地区的紧张形势,也是影响全球经济复苏的不确定因素。特别是叙利亚内战升级,伊朗核问题持续发酵,伊拉克、阿富汗暴力

袭击事件不断，这些都可能危及全球石油供应，推高油价。朝鲜半岛局势恶化、缅甸种族矛盾等，也需要高度关注。

三、应对建议

当前，困扰世界经济复苏的最大问题仍是总需求不足，各国围绕外需的博弈日益激烈。我国外贸依存度达47%，对外直接投资存量5000多亿美元，国内外经济相互依存日益加深，外部环境对我影响越来越大。特别是这场危机以来，我国经济表现良好，顺差规模大，外汇储备多，主要发达国家从不同方面向我施压，要求承担更大的国际责任。一是继续利用全球再平衡、人民币汇率、知识产权、气候变化等问题，要求我进一步扩大内需，开放市场，减少顺差。二是针对我国的贸易和投资保护措施增多，经贸摩擦加剧。2013年一季度，涉华反倾销、反补贴案件22起，同比增长22.2%。三是美国等推动跨太平洋伙伴关系协议（TPP）、跨大西洋贸易和投资伙伴关系协定（TTIP）等谈判，企图从规则、秩序等方面将我边缘化，挤压我发展空间。为此建议：

（一）继续密切跟踪国际经济特别是美欧日等主要经济体走势。从目前掌握的情况看，有些经济指标还不稳定，说明当前经济复苏还很脆弱，不排除再次出现反复的可能。要见微知著，准确研判，根据外部形势的变化，合理把握宏观调控的力度和节奏。

（二）防止出口出现大的波动。虽然2013年一季度出口增速比较快，但从3月初上海华交会的出口成交和参会客商情况看，下一步走势不容乐观。特别要密切关注欧元区经济对我出口的不利影响。

（三）认真做好二十国集团（G20）峰会、中美战略与经济对话等多双边对话筹备工作。特别是中、美、俄等国政府刚刚换届，许多工作需要及早衔接沟通。对于全球再平衡、人民币汇率等焦点问题，要深入研究，妥善应对。

（四）坚决反对各种形式的保护主义。现行的多边贸易体制对我总体是有利的，要维护这一体制，力推贸易和投资自由化便利化。同时，积极应对贸易摩擦，维护我企业利益。

2013年4月9日

国家高新技术产业开发区保持良好发展势头

——一季度经济形势分析之九

侯万军　苑衍刚

国家高新技术产业开发区(以下简称国家高新区)人才智力荟萃,创新资源富集,是实施创新驱动发展战略的先行区,更是深化科技体制改革的试验区。建设好国家高新区,是打造中国经济升级版的紧迫任务和必然选择。最近,我们对国家高新区一季度发展和创新情况进行了初步调研,现整理如下。

一、高新区总体呈现又好又快发展态势

全国共有国家高新区105家,区内企业6.6万家,从业人员1200万人,总产值超过5万亿元,可以说是十分天下有其一。营业总收入达16.7万亿元,其中过千亿元的高新区54家,销售收入过亿的企业有1万多家,华为、中兴、联想、阿里巴巴、百度、腾讯等已成长为全球知名大企业。高新区设立20多年来,保持了年均40%以上的高速增长,近年来受国际金融危机影响增速有所下降,但仍在18%左右。2013年一季度,国家高新区继续保持了良好的发展态势。

一是大多数国家高新区保持两位数增长,中西部发展势头强劲。初步预计,一季度国家高新区可望实现15%以上的增长速度,略低于2012年水平。其中,天津高新区营业总收入同比增长42.3%,中关村自主创新示范区

工业增加值增长 22%，厦门、珠海、济南、中山高新区分别增长 20%、19%、15%、15%。随着基础条件改善和发展环境优化，中西部高新区成为新亮点。重庆高新区工业增加值增长 40%，成都 28%，西安 30%，乌鲁木齐 157%，昌吉 30%，宁夏 18%，桂林、安阳 16%，益阳 30%。

二是科技型中小企业大量涌现，创新创业日趋活跃。仅 2012 年，中关村新成立科技型中小企业 4200 多家，新增过亿企业 150 多家，10 亿元以上企业 48 家；其中，小米科技成立仅两年半，2012 年销售收入就达 126 亿元，预计 2013 年将再翻一番。中关村还出现了许多以创新工场、天使汇等为代表的新型企业，产生了一批"投资 + 孵化"的创业模式，投资案例和金额均占全国的 1/3 左右。天津高新区科技型中小企业已 6000 多家，其中产值亿元以上的小巨人企业 285 家，产值增长年均超过 35%。西安高新区平均每天新注册中小科技企业 7 家。

三是创新要素加速集聚，产业集群特征明显。各地高新区在技术交易、人才引进、金融投资、中介服务、产业配套等方面取得很大进展，有力促进了产业集聚发展。如中关村的移动互联网产业集群、武汉东湖的光电子信息产业集群、深圳的通讯产业集群、张江的生物医药集群、杭州的电子商务集群、长沙及大连的文化创意产业集群等都显示出强劲的发展势头，产生了巨大的拉动效应。

二、高新区有条件成为打造中国经济升级版的领头羊

一是高新区已成为稳增长的重要支柱。105 家国家高新区对全国经济增长的贡献率超过 20 %；其中，产值占全国的近 1/10，工业增加值占全国的 1/7，投资占全国的 1/20，出口占全国的 1/6。区内工业增加值率、企业净利润率、每平方公里投资强度等指标均高于全国平均水平一倍以上。二是高新区创新要素最富集、最活跃。高新区是各类人才和高效、科研院所、国家级实验室、工程研究中心和跨国公司研发机构等最为密集的区域，具有一批成熟的科技孵化器、技术转移机构、公共服务和投融资平台。2011 年，高新区企业研发投入是全国平均水平的 3.25 倍。当年获授权专利发明 2.9 万件，占全国企业的一半以上，每万名从业人员拥有发明专利 97 件，接近全球专利产出最高的地区。三是高新区的辐射和带动作用越来越大。现在，沿

海和内地新的技术、设备和产品大多来自高新区，如中关村技术交易成果中有80%应用到全国各地。

三、当前高新区发展存在的主要问题

调研中我们发现，国家高新区发展也面临不少问题和挑战，许多问题具有普遍性，需要引起高度重视。

一是少数传统外向型高新区增速大幅下滑。受产业结构单一、对外依存度高等因素，1—2月苏州高新区出口下降16%，利润下降50%；无锡高新区工业增加值下滑20%，柳州、新余下滑30%。长三角和珠三角的高新区工业增加值率和净利润率低于全国高新区平均值。

二是有些鼓励创新的政策措施没有落实到位。比如，国内企业的创新产品在销售过程面临事实上的不公平待遇。宝钢生产的核电蒸汽管，与三家外国企业产品在国内市场上竞争，外国产品可以享受多项免税而国内企业却不能。如何构建鼓励国内创新的关税税收政策和公平待遇政策，值得深入研究。再如，中关村鼓励科技创新和成果转化的“1+6”政策①中，关于“利用财政性资金形成的科技成果处置权和收益权由项目承担单位所有”的政策，深受科技人员欢迎，但与事业单位国有资产管理相关规定抵触，迄今没有得到有效落实，其他相关政策落实中也存在不少问题。再如，风电、光伏等新能源产品的补贴政策受并网难、市场小等制约，也难以全部落到企业身上。还有，现行高新技术企业认定办法不尽合理。现有所得税优惠政策仅对某些领域符合认定条件的高新技术企业实施，传统行业的高新技术产品则享受不到。事实上传统产业也有巨大创新和增值空间，而按领域认定的所谓高新技术产业也有大量低技术高消耗企业。

三是对科技型中小企业扶持力度还不够。虽然近年来出台了一些扶持政策，但还远远不能满足实际需要。比如，仅有小型微利企业减半征收企业所得税政策延长到2015年底并扩大范围；国家扶持资金方面，仅有中小企

① 2010年12月国务院批复同意中关村鼓励科技创新和产业化的系列先行先试改革政策。“1”指支持搭建首都创新资源平台，“6”包括：中央级事业单位科技成果处置权和收益权改革、税收优惠、股权激励、科研经费分配管理改革、高新技术企业认定、建设全国场外交易市场等6项试点政策。

业专项资金约 140 亿元，中小企业发展基金 30 亿元。

四是创新“软环境”和综合配套体系亟待完善。一些高新区把过多的精力放在铺大摊子、上大项目、引进大企业等标志性工程上，而在改善管理、加强服务方面相对滞后，技术和产权市场不完善，生产性服务业不配套。对创新产品的审批环节多、时间长等等。

四、几点建议

保持高新区的好势头，使其成为打造中国经济升级版的领头羊，不仅有利于当前稳增长，而且对我国经济的长远发展意义重大。就目前而言，应重点抓好以下工作：

（一）落实好已出台的政策措施。落实普惠性的研发投入支持政策，对企业按研发投入和创新能力等实行财税优惠，而不是按所属行业和领域区分。细化研发及相关支出加计抵扣、加速折旧、对企业培训职工提供补贴或减免税等政策。对研发等生产性服务业，在营改增后进一步降低增值税率。加大对创新型中小企业财税支持，如提高增值税和营业税起征点、降低税率，对一定规模以下的科技型小微企业直接减免各类税费，或将小微企业减半征收所得税政策常态化。进一步增加中小企业扶持专项资金。尽快扩大中关村“1 +6”政策的实施范围，责成相关部门完善配套实施细则，中关村经验成熟后在上海张江、武汉东湖等推开，然后在各高新区的全国全面推行。

（二）进一步完善现有的政策措施。清理生产销售和进口等环节财税优惠政策，对具有自主知识产权、自主品牌和核心技术的产品加大出口退税力度。发挥好政府采购的作用，对国内企业产品达到国际企业同等水平的，政府和军队应优先采购，对相应进口产品免除税收优惠和相关补贴。完善补贴政策，对国家支持的战略性新兴产业等，财政补贴要尽可能补需求方而不是供给方，这有利于扶优汰劣。鼓励地方加大对中小企业的支持力度，撬动更多社会资金。

（三）改善中小企业投融资环境。加快建立存款保险制度，为发展中小金融机构创造条件，在科技型中小企业密集的地方适当放宽中小金融机构准入条件。实行知识产权质押、供应链、科技保险、债券等多种融资方式，发展壮大天使基金、风投基金等创业风险投资。加快建立技术等产权交易市场。

（四）加快国家高新区自身改革步伐。目前国家高新区普遍面临转型升级的任务，发展不平衡的问题日益突出，少数高新区出现生存危机，如不加快改革步伐，就容易失去其存在的意义。应增强紧迫感，结合贯彻 2012 年 9 月颁布的中央 6 号文件（《关于深化科技体制改革加快国家创新体系建设的意见》），加快高新区自身的改革步伐，特别要从体制机制方面先行先试，尽快实现新突破。

2013 年 4 月 11 日

扩大消费需要进一步完善相关政策

——一季度经济形势分析之十

刘应杰　王　飞

近期,我们对当前我国消费形势进行分析,总体判断是:当前消费增长放缓,后期会呈现稳中略升态势,但发展后劲不足,需要进一步采取扩大消费的政策措施。

一、我国消费增长有所放缓

2013 年以来消费增长略有回调。1—3 月,社会消费品零售总额 55451 亿元,同比增长 12%,这是 2005 年以来的最低值,比 2012 年同期回落 2.3 个百分点,比 2012 年全年和 12 月份分别减缓 1.9 个和 2.8 个百分点。其中,餐饮收入同比仅增长 8.5%,而限上企业餐饮收入同比下降 2.6%。

初步分析,消费回落除了价格因素外,餐饮业消费减缓拉低消费增速 0.7 个百分点;商品零售表现稳中偏弱,社会集团消费、预付卡消费、烟酒等高档商品消费出现回落;新的流通方式对传统方式形成一定压力,由于网购价格偏低,增长较快,分流了部分传统消费,对销售额造成一定影响。

二、未来消费将呈现稳中略升走势

我国消费处在稳定发展时期,随着居民收入的增长、社会保障体系的进一步完善、鼓励消费政策的实施和消费环境的改善,城乡居民消费会保持一个增长的态势。电子商务、网络购物、居民住房、旅游、养老等方面的消费潜力很大，会成为消费的增长点。随着餐饮高端企业主动向大众化经营方向调整，餐饮消费将逐步恢复原有增长趋势，但这种调整短期内不会很快到位。消费还受到不少因素的制约，住行等消费升级进展平缓，汽车消费延续低速增长态势，电子产品消费增幅出现放缓势头。

总体上看，近期消费者信心指数趋升，预示消费增长有望保持稳定甚至出现小幅回升。预计上半年消费增长有望达到13%左右，全年可与2012年持平并略有上升。

三、进一步实施扩大消费的政策建议

2013年坚持稳中求进的工作总基调，以提高发展的质量和效益为中心，积极促进经济企稳向好。为此，必须进一步扩大内需，充分发挥消费对稳增长的最终拉动作用。

第一，提高城乡居民消费能力。主要是合理增加城乡居民收入；加快出台深化收入分配制度改革具体实施办法；继续提高企业退休人员养老金，提高低保补助标准，稳步提高最低工资标准。同时，要结合政府机构改革和职能转变，减少各种管理收费，切实减轻不合理负担，把减负作为增收的一项重要内容让群众得到实惠。

第二，出台鼓励节能产品消费的政策措施。加大节能产品惠民工程实施力度；研究制定节能型家电、新能源汽车等消费鼓励政策，加大老旧汽车报废更新补贴力度；对居民用太阳能和光伏发电实施补贴政策；支持发展节能绿色建筑。

第三，加快发展普通住房消费。从规划、土地、信贷、税收等多方面，支持和鼓励自住和改善性住房需求；增加普通商品房供应，加快保障房建设，满足居民合理住房需求。

第四，促进电子商务和网络购物健康发展。目前我国电子商务快速发展，网络购物成本低、实时性、无地域限制的优势不断显现。与此同时，网购消费还不规范，存在着安全隐患等不少制约因素。扩大消费，要把电子商务和网络购物作为一个新的消费增长点，加大支持力度，促进其健康发展。一是加快制定规范性管理制度，创造网购的安全环境。如完善域名安全保障机制、加强企业网络安全防护体系、提升网民辨别网络安全诚信能力，加大对网络购物领域侵权和制售假冒伪劣商品行为的打击力度。二是规范在线支付手段,保障消费者金融安全。三是健全网购配送和售后服务环节,促进物流快递行业规范发展,保护消费者权益。

第五,支持和鼓励旅游消费。我国已进入大众化旅游的阶段,旅游消费正处在快速发展时期。旅游消费增长对扩大消费发挥着越来越大的作用。要按照国家规定,落实带薪休假制度。同时,建议恢复"五一"长假。多年来的经验表明,"黄金周"能够形成一个消费旺季,有利于拉动消费增长。通过一年实行三个"黄金周",可以起到释放消费需求的作用。为避免出现"黄金周"人流过度集中的问题,可以考虑实行"错峰调节",如企业可以在"五一"、"十一"前后灵活安排休假时间。

第六,进一步改善消费环境。消费环境不佳,是制约消费的重要因素。要下大力气治理流通环节乱收费行为,研究取消所有一级公路和经营性二级公路收费政策,降低流通费用;进一步加强食品安全工作,加强商品质量监管;积极促进信用消费,推进消费便利化。

2013 年 4 月 12 日

稳增长需发挥投资的关键作用

——一季度经济形势分析之十一

刘应杰　王　飞

近期我们邀请国家发改委、商务部、住建部、统计局等部门的同志，对当前我国投资形势进行分析，并对未来走势作出预测，对下一步工作提出政策建议。总体判断是：当前投资保持较快增长态势，后期还可能小幅回升，但基础还不稳固，需要采取进一步稳定投资的政策措施。

一、当前投资保持增长态势

2013 年以来，我国投资保持较快增长的态势。1—3 月，全国固定资产投资 58092 亿元，同比增长 20.9%，比 2012 年全年加快 0.3 个百分点，与 2012 年同期持平。其中民间投资前两个月同比增长 24.6%，增速比 2012 年全年回落 0.2 个百分点；民间投资占固定资产投资的比重为 61.4%。

投资呈现“两快一慢”的特点：一是基础设施投资增长较快，前两个月增长 22.2%，比 2012 年全年加快 8.9 个百分点。这主要是由于国家投资项目加快进度，国家预算内资金到位增长 35.3%。水利、环境和公共设施投资增长 36%。二是房地产开发投资增长较快，一季度同比增长 20.2%，比 2012 年全年加快 4 个百分点。主要是房价上涨，房地产出现购销两旺，带动投资增长，但 3 月份开始出现放缓。三是制造业投资增长较慢，前两个月投资增长 17%，比 2012 年全年放缓 5 个百分点，主要是产能过剩抑制了一些行业的投资增长。

二、未来投资呈现企稳回升走势

从投资总体情况看，市场需求有所企稳，投资信心有所恢复。2013年是实施“十二五”规划的第三年，从以往的经验看，中间一年投资增长都相对比较快。加上2013年是十八大之后的开局之年，各地换届之后“投资效应”将会得到显现。

同时也要看到，基础设施投资面临后劲不足问题，产能过剩对制造业投资有抑制作用，房地产投资在“国五条”实施后可能出现放缓，不确定性较大。民间投资活力短期内难以获得充分释放。这些都会对投资带来影响。

综合判断，投资总体企稳并会有小幅回升，但回升的基础并不稳固。预计全年投资增长有望呈现基本平稳的态势。

三、进一步采取稳定投资的政策措施

2013年要实现稳增长的目标，必须进一步稳定投资，充分发挥投资的关键作用，采取有针对性的政策措施。

*第一，支持和鼓励民间投资发展。*结合政府机构改革和职能转变，减少投资审批项目，放宽民间资本的投资领域，鼓励进入能源、交通、电信、水利、市政设施、金融等现代服务业、教育医疗等社会事业领域，进一步解决民间投资面临的困难和问题，创造公平的投资环境。

*第二，加快国家“十二五”规划投资项目进度。*国家投资在全社会投资中具有重要的带动作用。要加快2013年中央预算内投资计划的下达执行；推进国家重点在建续建项目建设；新开工一批“十二五”规划重大项目。

*第三，实施一些既能拉动投资、又可以扩大消费的重大项目。*我国涉及民生方面的一些需求巨大，加大这方面的投资可以起到一举多得、事半功倍的作用。要加大对民生和公共服务领域投资力度：加快推进棚户区改造；研究实施城市旧城改造和农村危旧房改建工程；加快城市公共交通和停车场建设；加大养老服务设施建设；推进旅游休闲度假设施建设。

*第四，加大生态环保投资力度。*加强环境基础设施建设，不失时机发展节能环保产业，这既不会带来重复建设，又能够形成新的经济增长点。环境基础设施建设方面，我们过去欠账较多，如城市垃圾处理、污水处理设施建

设都是迫切的任务。据测算,“十二五”时期我国环保投资需求约3.4万亿元,仅垃圾和污水处理设施投资就需要近7000亿元。节能环保产业发展空间很大,“十二五”时期我国节能环保产业产值年均增长15%以上,到2015年将达到4.5万亿元。要与加强环境保护、推进污染治理相结合,加大环保投资力度,并采取优惠政策措施支持民间资本进入环保领域,推动我国环保产业发展。

第五,建立多元化融资方式,解决政府投资资金难题。目前,地方政府性债务负担较重,长期以来以地方融资平台为主体、以土地储备作为抵押支持、以银行信贷作为主要资金来源的地方政府融资模式需要转型和进一步规范。要改革地方政府投融资体制机制,建立规范的地方政府举债融资机制,妥善处理债务偿还和在建项目后续融资问题。

2013年4月12日

工业经济平稳回升
持续向好基础尚不巩固

——一季度经济形势分析之十二

张　泰　卫新华

一、工业经济整体运行平稳

今年工业生产整体上保持平稳回升势头。1—3 月，规模以上工业增加值同比增长 9.5%，增速同比回落 1.9 个百分点，比去年 12 月回落 0.8 个百分点。影响一季度增速回落有一个特殊因素，即 2012 年是闰年，今年 2 月份同比少 1 个工作日，扣除这个因素后，一季度工业实际增速还会略提高一些。

——分地区看，东部地区回升态势进一步巩固，成为拉动工业经济增长的主要力量。前两个月，东部地区规模以上工业增加值同比增长 9.9%，同比加快 2.1 个百分点，比去年 12 月加快 0.5 个百分点。中西部地区则由于去年同期基数较高，工业增长速度出现较大幅度放缓。前两个月，中、西部工业增加值分别增长 10.2% 和 9.4%，同比分别回落 7.4 和 7.2 个百分点。

——分行业看，重工业对工业增长的贡献度进一步提高。1—3 月，重工业同比增长 9.8%，高出轻工业 1.1 个百分点，是拉动工业增速回升的主要力量。

企业订单和效益情况向好。3 月份中国制造业采购经理指数（PMI）为 50.9%，已经连续 6 个月保持在 50% 以上。重要生产资料价格稳中略升。2

月份，工业生产者出厂价格和购进价格同比分别下降1.6%和1.9%，但环比均上涨0.2%，已经连续两个月环比上涨。工业企业经营状况明显改善。前两个月，规模以上工业企业实现利润7092亿元，同比增长17.2%，去年同期则为下降5.2%。亏损企业亏损额同比下降11.6%，去年同期则为增长82.8%。企业应收账款同比增长16%，比去年同期回落4.5个百分点；产成品库存增长7.5%，同比回落9.8个百分点。

二、持续向好的基础尚不巩固

今年工业经济平稳开局，但运行基础不够稳固。

第一，国际国内需求不足。一是国内市场有效需求不足。受近几年多数制造业行业产能大幅增加，部分行业产能明显过剩，企业盈利状况不佳等因素的影响，制造业投资回落较快，投资意愿不强，今年前两个月增速同比回落7.7个百分点，其中民间投资回落幅度更大，制造业投资短期难以出现大幅度回升。主要能源原材料库存增加也反映出国内有效需求不足。今年钢材价格小幅回升，企业经营状况有所好转，但库存逐月攀升。3月末，全国主要钢材市场五种钢材（中板、冷轧薄板、热轧薄板、线材和螺纹钢）社会库存量比上年末增加了1005万吨，增幅达84.6%；钢铁企业库存也在增加，据中国钢铁工业协会统计，3月上旬钢铁企业库存为1285万吨，比年初的974万吨增长了31.9%。煤炭库存处于高位，3月末全社会煤炭库存2.92亿吨，大大超过合理库存量。其中煤炭企业库存7800万吨，增长37.8%；重点发电企业存煤7394万吨，下降3.6%；主要港口存煤4826万吨，增长31.5%。今年以来，电解铝价格环比持续下降，水泥、平板玻璃价格一直低迷，3月以来钢材、煤炭价格也呈回落走势。

二是出口快速回升难以持续。目前我国外贸出口波动性较大，1—3月外贸出口同比增长18.4%，但3月份当月出口仅增长10%，增幅大幅回落。从出口交货值来看，情况更不乐观。1—3月，规模以上工业出口交货值增长6.8%，增速比去年第四季度明显回落，其中3月份当月仅增长4.8%，机械等部分行业出口生产下滑。

第二，产业结构调整任务艰巨。我国工业经济发展中长期存在的结构性矛盾，如盲目重复投资、产业结构趋同、产业集中度不高、创新能力不强等,在增长速度放缓的背景下更趋激化。目前我国制造业产能过剩问题十分严重,除钢铁、电解铝、水泥、平板玻璃、船舶等传统行业外,新兴产业中的多晶硅、风电设备等已经出现了明显的产能过剩,其他如新材料行业等的生产能力也在迅速扩张。目前不少地区"开发区热"、"工业区热"继续升温,地方政府竞相出台土地、投资、税收等方面的优惠政策,扩大招商引资,鼓励企业投资,成为新一轮生产能力无序扩张的重要推动力。同时,我国传统制造业技术创新能力和市场竞争力不强,在国内市场受到进口品牌的冲击,汽车、农机、机床以及一部分高档消费品等高端市场基本被国外品牌占领;"走出去"又受到贸易保护主义的挤压,不少企业实施海外并购、拓展海外市场、开发国外资源等都会遇到各种障碍。

此外,目前工业企业各类成本上升较快,效益水平不高,生产经营总体还比较艰难,小型微型企业尤其困难。2 月份我国中型和小型制造业企业采购经理指数分别为 48.8% 和 46%,均位于 50% 的临界点以下,并且连续两个月出现下降,3 月份有所回升,但小企业 PMI 仍未达到 50%。

三、政策建议

我们认为,确保今年工业经济稳定运行,关键是要促进需求稳定增长,保持适度国内投资规模,规范政府投资行为,拓宽社会资本投资领域;抓紧落实收入分配改革意见,提升居民消费水平,改善消费环境;支持企业开拓和扩大新兴市场出口,积极通过"走出去"带动贸易出口。同时,要充分利用市场倒逼机制,把主要精力和资源用在推动工业领域加快转变发展方式,促进转型升级,提升创新能力,增强市场竞争力,为工业经济持续健康发展奠定雄厚基础。我们建议:

1. *积极化解过剩产能*。目前我国制造业规模居世界第一,如果不下决心化解严重生产能力过剩,不下决心解决推动生产能力盲目无序扩张的体制机制问题,我国工业经济乃至国民经济发展都会受到严重制约。要充分发挥产业政策、规划和行业准入标准的作用,加强产业政策与财税、金融、土地、环保、安全等政策的协同配合,形成推动化解产能过剩的政策合力。进一步推进政府职能转变,深化行政审批制度改革,坚持以市场为导向,加强投资引导,落实企业投资自主权。全面清理地方政府招商引资政策,严禁利用土地、税收、补贴等优惠政策吸引投资进入产能过剩领域，着力消除政府部门对企业投资的不当干预。

2. 加快推进工业转型升级。加快提升传统产业，以扩大内需市场为导向，推进传统产业由贴牌生产向自主研发、自主品牌、自主营销方向发展。以重大技术突破为支撑、重大发展需求为导向，加快培育战略性新兴产业，形成新的经济增长点。加快推进企业技术改造，加大节能减排、淘汰落后、兼并重组和质量品牌建设等工作力度，推动工业绿色循环低碳发展。鼓励和支持企业发挥创新主体作用，加强研发和攻关，力争在一些关键技术、共性技术领域取得突破。将产业升级与东中西部之间的产业转移结合起来，以新型工业化示范基地、产业转移示范区等建设为重点，形成区域之间合理分工、优势互补的工业发展格局。

3. 优化工业经济运行环境。加快推进财税体制改革、能源资源价格改革等重点领域和关键环节改革，提高要素配置效率，增强市场活力。特别是要着力优化中小企业发展环境，加大结构性减税力度，扩大中小企业减征所得税对象和应税所得额范围，进一步减轻企业税费负担。逐步放宽金融市场准入门槛，落实民间资本创办村镇银行、股份制金融机构政策，发展直接融资市场，拓展融资渠道，营造实体经济和中小企业发展的良好环境。

2013 年 4 月 15 日

今后几年保持经济适度增长就能稳定就业

邓文奎　孙慧峰

在我国经济进入中速增长期的背景下，就业能否保持稳定？我们分析了近些年来经济增长与就业的关系，劳动生产率、产业结构与就业的关系，根据有关数据计算了今后几年城镇新增劳动力就业需求。经测算，本届政府未来五年，经济增速平均 6.5% 就可以保持就业形势稳定。

一、从经济增长与就业的关系看，由于国内生产总值规模不断增大，在经济增速趋缓的情况下，也能带来更多的城镇新增就业

近十年来，我国城镇新增就业每年都在 1000 万人以上，最高时超过 1300 万人。近年来经济增速趋缓，但城镇新增就业仍然保持较高水平。经济增长与城镇新增就业总体情况见下表（表 1）。

表 1　2003—2012 年经济增长与城镇新增就业情况

年份	国内生产总值（万亿元）	国内生产总值增速（%）	国内生产总值增量（万亿元）	城镇新增就业（万人）	国内生产总值每增长 1% 带动新增就业（万人）
2003	13.6	10.0	1.6	1071	107.1
2004	16.0	10.1	2.4	1063	105.2
2005	18.5	11.3	2.5	1096	97
2006	21.6	12.7	3.1	1241	97.7
2007	26.6	14.2	5.0	1323	93.2
2008	31.4	9.6	4.8	1150	119.8
2009	34.1	9.2	2.7	1219	132.5

续表

年份	国内生产总值（万亿元）	国内生产总值增速（%）	国内生产总值增量（万亿元）	城镇新增就业（万人）	国内生产总值每增长1%带动新增就业（万人）
2010	40.1	10.4	6.0	1365	131.3
2011	47.2	9.2	7.1	1227	133.4
2012	51.9	7.8	4.7	1188	152.3

数据来源:《中国统计年鉴》以及我们根据统计年鉴的计算

从表1看,2003—2007年,我国国内生产总值年均增速11.7%,年均增加2.92万亿元,城镇新增就业年均1158.8万人;2008—2012年,国内生产总值年均增速9.24%,年均增加5万亿元,城镇新增就业年均达1229.8万人。前后两个五年相比,国内生产总值年均增速降低了2.46个百分点,但由于国内生产总值基数增大,增加的绝对量比以前多2万亿元,城镇新增就业每年多增71万人。如果不考虑其他因素,由于国内生产规模扩大,2012年国内生产总值每增长1%所带动的城镇新增就业,比以往任何年份都高。

二、从劳动生产率、产业结构与就业的关系看,由于第二产业、服务业快速发展,在劳动生产率不断提高的情况下,城镇新增就业不减反增

近几年,我国劳动生产率保持了较快的增长(见表2)。2003年每个就业人员创造的国内生产总值是17489元(2000年价格),2011年增加到44996元(2005年价格),一直保持每年10%左右的增速。其中,2007年增速最快,达13.6%,2009年最低,为8.8%。

表2　2003—2011年劳动生产率变化情况

年份	劳动生产率		国内生产总值每增长1万亿元带动新增就业（万人）	第二产业增长速度（%）	服务业增长速度（%）
	元/人	增速（%）			
2003	17489	9.3	669.4	12.7	9.5
2004	19116	9.3	442.9	11.1	10.1
2005	21169	10.7	438.4	12.1	12.2
2006	27792	12.2	400.3	13.4	14.1
2007	31584	13.6	264.6	15.1	16.0
2008	34516	9.3	239.6	9.9	10.4

续表

年份	劳动生产率		国内生产总值每增长 1 万亿元带动新增就业(万人)	第二产业增长速度(%)	服务业增长速度(%)
	元/人	增速(%)			
2009	37565	8.8	451.5	9.9	9.6
2010	41338	10.0	227.5	12.3	9.8
2011	44996	8.8	172.8	10.3	9.4

数据来源:《中国统计年鉴》以及我们根据统计年鉴的计算

从表 2 可以看出,随着劳动生产率逐步提高,生产等量国内生产总值所容纳的就业数量逐渐减少。但是由于我国第二产业、服务业快速发展,总的看,城镇新增就业还是不断增加的。表 2 数据表明,与劳动生产率增速相比,第二产业、服务业增速更快,第二产业平均增速达 11.9%,服务业平均增速达 11.2%。第二产业、服务业快速发展,使得在劳动生产率提高的情况下,城镇新增就业仍然不断增加。

表 3　2003—2011 年三次产业就业占比变化情况(%)

年份	第一产业	第二产业	服务业
2003	49.1	21.6	29.3
2004	46.9	22.5	30.6
2005	44.8	23.8	31.4
2006	42.6	25.2	32.2
2007	40.8	26.8	32.4
2008	39.6	27.2	33.2
2009	38.1	27.8	34.1
2010	36.7	28.7	34.6
2011	34.8	29.5	35.7

数据来源:《中国统计年鉴》

从表 3 反映的产业就业结构变化看,2003—2011 年,我国第一产业就业占全国就业的比例从 49.1% 下降到 34.8%,降低了 14.3 个百分点;第二产业和服务业就业比例持续上升,从占 21.6%、29.3% 上升到 29.5%、35.7%,分别上升了 7.9 个和 6.4 个百分点。第二产业就业人员增加略快于服务业。总的看,我国劳动力在服务业就业的比例还比较低,不仅与发达国家差距很大，与我国的现实需求差距也很大，这是今后我国扩大就业的一个重要方向。

三、近年来我国失业率总体上保持就业形势稳定允许的水平；实现更充分的就业，重点是解决结构性失业问题，不需要提高经济增速

我国的失业率有两个来源：一个是人力资源和社会保障部通过城镇失业人员登记得到的城镇登记失业率，最近三年都是4.1%。另一个是国家统计局通过抽样调查得到的城镇调查失业率。国家统计局的城镇调查失业率略高于城镇登记失业率，主要是抽样范围包括了进入城镇的农民工和城镇失业而未登记人员。

失业可以分解为两方面原因：一是自然失业（摩擦性失业和结构性失业），如新毕业大学生、部分农民工等，他们不是没有就业岗位，而是与岗位不匹配或暂时没匹配上，造成临时性失业。二是因经济周期性波动造成的失业。据研究，我国现阶段失业人员的结构中，约74%是自然失业，即摩擦性失业和结构性失业，只有26%是因缺少岗位而失业。这说明，在不提高经济增速的情况下，减少结构性失业，就可以降低失业率。国际上通常把自然失业率作为衡量充分就业指标，即失业率下降到自然失业水平时，就算是实现了充分就业。但一般认为，充分就业会弱化就业市场竞争，不利于提高劳动力素质和优化劳动力结构。国家统计局测算的我国的自然失业率，总的看比西方国家偏高一些，例如美国为3%，其主要原因是我国就业人员如农民工流动性大、转换岗位过于频繁。

四、未来几年，经济增速平均6.5%，就可以保证就业形势基本稳定，满足城镇新增劳动力的就业需求

我国就业问题主要集中在城镇。据国家统计局预测，综合考虑城镇化、农村劳动力转移、劳动力自然成长和劳动参与率等因素，2013—2017年我国城镇年均新增劳动力为906万人，再加上失业人员存量，城镇每年需要安置就业的劳动力约为2800多万人。

从近些年情况看，城镇失业率控制在4%～5%，就可以确保就业形势基本稳定。我们把未来几年的城镇失业率目标值设定为4.7%，按照2008年

以来我国经济每增长 1 个百分点带动新增就业数量平均为 133.9 万人测算,2013—2017 年,平均每年需要新增就业岗位 873 万个,创造这些就业岗位需要的经济增速平均为 6.5%(见表 5)。

表 5　2013—2017 年城镇新增劳动力和就业形势预测

年份	城镇劳动力总量(万人)	城镇失业率目标值(%)	城镇失业人口(万人)	需要新增的就业岗位(万个)	需要保持的经济增速(%)
2013	40174	4.7	1888	1049	7.8
2014	41218	4.7	1937	995	7.4
2015	42168	4.7	1982	905	6.8
2016	42979	4.7	2020	773	5.8
2017	43651	4.7	2052	640	4.8
平均	42038	4.7	1976	873	6.5

数据来源:国家统计局预测数据和我们的计算。

根据以上测算和分析,我们建议:

第一,确保今明两年经济增速在 7%—8%。今明两年我国城镇就业压力仍然较大,分别需要新增就业岗位 1049 万个和 995 万个,要求经济增速分别保持 7.8% 和 7.4%。2015 年需要保持 6.8%。2016、2017 两年,由于城镇新增就业需求减少,对经济增速的要求分别下降到 5.8% 和 4.8%。

第二,大力发展服务业,特别是生活服务业。服务业是就业的最大容器。从过去十年看,我国服务业就业人员的占比平均每年提高 0.8 个百分点,如果能够继续保持这样的增长,将有利于就业稳定。发展服务业的重点是生活服务业,现在这方面缺口很大,远远不能满足人民群众需求,例如:社区服务、养老服务、育婴服务、家政服务、医疗服务、护理服务、美容美发、物流快递、零售(包括电商)等,从发达国家看,这些都是很大的产业,而且都是劳动密集型产业。发展这些产业,不仅可以创造更多就业岗位,还可以改善人民生活,提高人民生活质量。

第三,解决失业问题重点是减少结构性失业。结构性失业的重点人群是高校毕业生和进城农民工。要加强针对大学生就业服务,通过加快产业升级创造更多适合他们就业的岗位,鼓励他们自主创业、灵活就业、到城乡基层和中小企业就业。加强针对农民工的职业培训,增强培训的针对性、适用性,提高他们的整体素质和就业创业能力。

第四,进一步完善失业率指标。目前我国使用的城镇登记失业率指标有一定的局限性,没有把农村转移劳动力包括进来,也会遗漏没有主动登记的失业人员。而调查失业率指标采用国际通行标准,方法更加科学,能更好地反映就业形势,也便于进行国际比较。因此,我们建议尽快完善调查失业率指标,将其作为今后判断就业形势和制定宏观政策的重要依据。

2013 年 4 月 17 日

二、毫不放松地巩固农业基础地位

对当前稳定鲜活农产品价格的几点建议

李攀辉

去年入冬以来,我国农产品价格总体呈普遍上涨态势,特别是蔬菜、肉类等鲜活农产品价格上涨尤为突出。据国家统计局数据,去年12月份全国蔬菜价格环比上涨17.5%,个别省份环比涨幅接近40%;肉禽及其制品价格环比上涨2.4%,其中猪肉环比上涨3.9%,牛肉环比上涨3.0%,羊肉环比上涨1.5%。进入2013年以后,这一趋势仍在持续。据农业部数据,今年1月上旬全国“菜篮子”产品批发价格指数比去年12月上涨6.0%。继“蒜你狠”、“豆你玩”、“姜你军”等之后,“猪坚强”、“牛魔王”、“羊贵妃”再度成为社会热议。

初步分析,近期蔬菜、肉类等鲜活农产品价格上涨的主导因素各有不同。蔬菜价格主要是季节性上涨。蔬菜生产受天气影响较大,价格变化季节性明显,一般每年6、7月份处于谷底,国庆节后开始回升,并于当年底和次年春节前后达到顶峰,3、4月份后再逐步下降。据农业部历史数据,多数年份12月份蔬菜价格要比11月份高20%左右。去年11月份以来,我国大部分地区发生了明显的低温雨雪冰冻天气,有的地区气温甚至创下历史新低,进一步助推了蔬菜价格上扬。总体上看,近期的蔬菜价格上涨仍处在季节性波动范围之内,符合常年规律。猪肉价格主要是恢复性上涨。据国家发展改革委监测,猪肉零售价格在2011年9月份达到近年来的峰值(每斤17.6元)后持续走低,一直到去年7月份才开始缓慢回升,目前的价格水平(2013年1月11日为每斤15.7元)同比仍低4.3%,比历史峰值仍低10.8%。近期的价格上涨,既是对过去猪肉价格较长时间下滑的补偿,同时也是随着气候转冷、春节临近，猪肉消费增加、需求回升拉动的结果。牛羊肉价格主要是供求缺口不断扩大所致。由于前几年饲料、人工、运输等费用不断上涨，养殖成本大幅增加，导致不少散养户加快退出，与此同时，规模养殖发展缓慢，造成肉牛肉羊养殖数量不断下降。这是牛羊肉价格自2011年以来持续攀升的主要原因。尽管去年国家加大了对牛羊肉生产的扶持力度，但由于肉牛肉羊受繁育率低、饲养周期长等因素影响，供给短期内难以有较大增加，加之城乡居民有冬季食用牛羊肉的传统，推动近期牛羊肉价格不断走高。

综合判断，随着春节日益临近，农产品消费将进入节日高峰，预计今后一两个月，蔬菜、肉类等鲜活农产品价格仍将高位运行，局部地区、个别品种甚至可能进一步上涨。由于农产品是城乡居民消费必需品，农产品价格对其他产品价格具有较强的传导和带动作用，对CPI运行具有直接影响（据国家统计局测算，去年12月份食品价格上涨对CPI同比总涨幅的贡献率达到54.8%）。因此，必须高度重视做好鲜活农产品产销工作，确保生产稳定、价格合理，防止市场大幅波动。为此，我们建议：

第一，搞活市场流通。一是加快降低流通费用政策措施落实步伐。去年12月26日国务院常务会议已经研究确定了10项政策措施，当务之急是相关部门要抓紧制定出台配套的具体实施细则和操作办法，让这些降低农产品流通成本的政策措施尽快发挥应有效力。二是严格执行绿色通道政策。交通运输部门要确保对所有整车合法运输鲜活农产品的车辆全部免收通行费，加大道路积水积雪清扫力度，确保道路畅通安全，及时发布交通状况信息，指导运销商户选择合理路线，防止由于交通阻断而影响农产品运销。三是加强铁路运力综合调度。铁路部门要结合春节前后客运流量增大的实际，科学分配运力，对土豆、洋葱等相对耐储存的鲜活农产品运输车皮需求要给予充分保障。四是适当减免批发市场收费。借鉴北京等地的做法，建议从现在起到3月底，大城市鲜活农产品批发市场暂时免收进场费，对批发市场因此造成的减收由所在地方财政予以适当补助。五是提高农产品流通效率。农业、商务等有关部门要采取供需见面会、网络对接会等多种方式，支持“南菜北运”等鲜活农产品跨区域大范围流通，鼓励发展“农超对接”、“农企对接”、“农校对接”等流通方式，努力减少中间环节，稳定购销渠道,并针对冬季鲜活农产品特别是蔬菜易受冻、难储存、损耗大的情况,指导运销商户通过加盖棉被、覆盖草帘等保温措施,减少中间运输损耗。

第二,改善市场调控。一是适当增加储备投放。近期,一些地方在农产品价格普遍上涨的背景下,为保证本地后期市场供应而加大了农产品收储力度,这反而在一定程度上加剧了价格上涨压力。当前,有关部门应指导地方针对市场运行状况,科学用好储备,春节前要增加农副产品储备投放,充分发挥储备的吞吐作用,切实防止局部地区出现脱销断档、价格短时间内急剧大幅上涨,坚决避免逆向调节从而陷入“价格越涨——收储越多——价格再涨”的怪圈。二是研究牛羊肉进口问题。针对牛羊肉供求偏紧的局面,建议适当增加牛羊肉进口数量,缓解市场供应压力。三是加强市场流通监管。发展改革、工商、商务等部门要严厉打击囤积居奇、哄抬物价等违法违规行为,维护正常交易秩序,确保生产经营活动顺利进行。四是搞好产销信息服务。农业、商务、发展改革等部门要加强农产品产销信息监测预警分析,提早发现苗头性问题。加大信息发布力度,及时向社会提供生产进度、预计产量、产品种类、上市时间等信息,为市场主体提供有效的决策依据。

第三,发放临时补贴。随着近些年城乡居民收入较快增长和恩格尔系数不断降低,社会对农产品价格上涨的承受能力在逐步提高,价格上涨主要是对城乡低收入群体特别是困难群众的生活影响较大。一是确保养老金、低保金提早足额到位。日前国务院常务会议已经决定继续提高企业退休人员基本养老金水平,不少地方也已明确提高城乡最低生活保障对象补助水平。可考虑在提高标准的同时,将1月份和2月份的养老金、低保金一并于春节前发放到有关人员。二是研究对困难群众发放物价上涨临时专项补贴。对困难群众尤其是对受灾户、特困户、低保户、五保户和残疾人等特殊困难群众,各地要针对物价上涨情况,结合实际发放一次性临时专项补贴,并加大救助力度,做好慰问工作,确保困难群众安全过冬,确保困难群众基本生活不因农产品价格上涨而受大的影响。

第四,加强生产服务。当前,我国大部分地区气温低于常年同期,不利于蔬菜生长发育和畜禽繁殖饲养。一是积极应对低温天气。各地要有针对性采取措施,发动农业技术推广机构、农民专业合作社、产业化龙头企业、专业服务协会和公司等各类组织,为农民提供生产技术指导服务。北方蔬菜产区重在加固温室大棚，搞好保温供暖；南方蔬菜产区重在采取覆盖保苗、排水除雪等措施，防止露地蔬菜受冻减产；畜禽养殖重在做好牲畜防寒保暖和幼仔畜保育，加强冬季易发的腹泻病等动物疫病防控，牧区还要做好草料储备调运。同时，要做好防灾救灾的各项准备工作，提早制定应急预案，落实各种救灾物资，尽可能减轻灾害影响。二是研究出台支持生产发展政策。着眼于增加春节前后的蔬菜市场供应，采取措施鼓励农民增加豆芽、大棚速生蔬菜等生产。三是发挥农业保险作用。对因灾害天气受损的各类农业设施，凡已参加农业保险且符合理赔条件的，要督促保险机构尽快兑付赔偿资金，支持农民修复受损设施，保护生产能力。四是加强气象服务。气象部门要加强天气监测分析，及时发布动态信息，加强为农服务。

第五，正确引导舆论。据农业部对 580 个蔬菜重点县监测，去年 11 月底蔬菜在田面积同比增长 2.3%；同时，生猪存栏尤其是能繁母猪存栏仍处高位，牛羊肉生产也在逐步恢复之中。如果后期不发生极端异常天气或重大动物疫病，农产品市场供应是有保障的。近年来，我国农产品生产成本增加很快，比如 2006—2011 年，蔬菜总成本年均增长 18.6%，其中雇工工价年均增长 14.2%、化肥费用年均增长 15.2%、机械作业费年均增长 21.1%，所以农产品价格有一定上涨是十分正常的。因此，相关部门要加强舆论引导，合理引导社会各方预期，正确对待农产品价格变化，增强对农产品价格适度上涨合理性的认识，提高对农产品价格上涨的容忍度，防止个别媒体过度渲染炒作，切实避免因局部地区、个别品种出现较大幅度上涨而引发全社会恐慌采购从而加剧物价上涨压力，为稳定农产品市场运行营造良好的外部氛围和舆论环境。

2013 年 1 月 14 日

农产品价格"破顶"后市场调控应有新思路

叶兴庆

李克强总理在国务院机构职能转变动员电视电话会议上的讲话中明确指出，对"农产品供给出现大的波动怎么办"等问题，"要超前谋划应变的调控预案"，并将此视作必须管住管好的宏观调控事项。值得注意的是，近年来部分农产品的国内价格接近甚至超过国际市场价格这一"天花板"，可称之为"破顶"。这给如何有效调控国内农产品市场带来严峻挑战。最近一个时期，棉花、食糖市场调控相继陷入尴尬局面，给我们发出明确警示：在国内农产品价格超过国际市场价格成为常态后，传统的托市收购方式会带来新的矛盾和风险，迫切需要有新的调控思路。

一、国内农产品价格超过国际市场价格已是大势所趋

随着国内生产成本的上升、供求关系的趋紧，近年来主要大宗农产品的国内价格快速上升，逐步逼近甚至超过国际市场价格。

（一）农产品价格跑赢了国内其他主要价格。2001 年加入 WTO 以来，我国对外贸易快速发展，大量农村劳动力转向沿海地区的出口加工行业，分享对外开放的红利。与此同时，这也带来农业生产成本快速上升。在成本上升和供求趋紧的共同作用下，我国农产品价格快速上涨，并大大领先于其他主要价格的上涨速度。2012 年与 2001 年相比，我国农产品生产价格（农民首次出售农产品价格）累计上涨 111.4%，居民消费价格（CPI）累计上涨 32.7%，商品零售价格累计上涨 23.6%，农业生产资料价格累计上涨

89.3%，工业生产者出厂价格（PPI）累计上涨31.5%，工业生产者购进价格累计上涨63.4%，固定资产投资价格累计上涨37.6%。这表明，我国已走出工农产品价格“剪刀差”局面，农产品对工业品的比价步入长期上升通道，农产品相对其他产品越来越贵。

（二）国内农产品价格跑赢了国际市场农产品价格。进入本世纪以来，除2007年年初至2008年上半年、2010年下半年至2012年上半年经历过两次涨跌急转外，国际市场农产品价格总体基本稳定，呈长期上涨趋势。据联合国粮农组织监测，以2002—2004年平均指数为100，2012年全球食物价格指数为141.5。据国家统计局数据，同样以2002—2004年平均指数为100，2012年我国农产品生产价格指数为197.2，食物价格指数为184.1。这表明，最近10年我国农产品价格上涨速度明显快于国际市场农产品价格上涨速度，国内农产品相对国际市场越来越贵。

（三）部分农产品价格已顶破“天花板”。在WTO框架下，国际市场价格是国内农产品价格上涨的“天花板”，当国内农产品价格超过国际市场价格后，进口量的增加会将两者拉平。加入WTO以来的一个时期内，我国主要农产品的国内价格低于国际市场价格。这为阻挡国外农产品涌入国内市场提供了一道“防火墙”，也为国内农产品价格上涨预留了空间。但随着国内农产品价格快速上涨和人民币逐步升值，国内外价差越来越小，越来越多的农产品、特别是土地密集型农产品的国内价格超过国际市场价格，突破了国际市场价格这一“天花板”（见附表）。这可从三个角度进行比较：

第一，以离岸价格为“天花板”，国内主要大宗农产品价格全面“破顶”。据农业部监测，目前主要土地密集型农产品的国内市场价格已全面超过国际市场离岸价格。顶破这层“天花板”，仅表明我国农业生产缺乏比较优势，由于有运费、关税等因素的抬升作用，国外廉价农产品尚不足以对国内市场形成压力。

第二，以按关税配额税率计算的到岸税后价格为“天花板”，国内部分土地密集型农产品价格已经“破顶”。我国加入WTO时争取到了对部分农产品实行关税配额管理，配额内实行低关税，配额外实行高关税。与加上运费、保险、以关税配额税率计算的进口关税、进口增值税、港口杂费等成本后的到岸税后价格相比，目前国内棉花、食糖、玉米已失去价格竞争优势，大米、小麦仍有一定的价格竞争优势，但已很微弱。顶破第二层“天花板”，意味着配额有可能全部用完。

第三，以按配额外税率和入世承诺税率计算的到岸税后价格为“天花板”，国内部分土地密集、但耗工相对较多的农产品价格也已“破顶”。按配额外最惠国税率（10% ～65%）和普通税率（70% ～180%）计算，大米、小麦、玉米的国内价格在一定时期内仍将具有竞争优势，应对配额外进口具有较大操作空间。棉花按滑准税率（4% ～40%）、食糖按50%的最惠国税率、大豆按3%的约束税率计算，国内价格已无竞争优势，应对进口增长缺乏可用手段。顶破第三层“天花板”，意味着可能出现国内产品大量积压、进口产品大量增加的局面。

这三层“天花板”，水平逐层提高，“破顶”后对国内市场的影响程度逐层加大，国内市场调控更为复杂。

二、棉花和食糖“破顶”后市场调控陷入困局

国内价格超过国际市场价格后，国外农产品进入国内市场就有了明显的价格竞争优势。这时的市场调控很纠结：启动托市收购，将给企业和财政带来负担；不托市，将影响农民收入和生产积极性。大豆临时收储早就遇到过这个问题。最近一个时期，棉花、食糖临时收储也相继陷入这种两难局面。

关于棉花。2011 年，我国将实行多年的棉花临时收储政策升级为临时收储制度，实行与稻谷、小麦类似的调控机制。2011/2012 年度收储价格为 19800 元/吨。2012/2013 年度提高到 20400 元/吨。最近宣布的 2013/2014 年度棉花调控预案，收储价格仍为 20400 元/吨。而据农业部监测数据，2011 年 10 月以来，国内棉花价格持续高于按滑准税计算的进口到岸税后价格，国内外棉花每吨价差在 3000 元 ~ 6000 元。这导致三个不满意：一是农民不满意。棉农反映，虽然国家托底收储，但农资、人工等生产成本快速上涨，种棉比较效益越来越低。二是企业不满意。据国内纺织企业反映，目前国内棉花价格远高于国际棉价，给本就艰难维持的国内纺织企业、特别是外向型纺织企业带来致命压力，过高的原料成本使我国纺织品在国际市场上的竞争力大为下降。纺织企业要求国家实行零关税放开外棉进口的呼声很

大。三是财政不满意。2011/2012 年度收储 310 多万吨，约占当年棉花产量 659 万吨的一半。2012/2013 年度收储 651 万吨，接近 684 万吨的棉花产量。国家收储的这些棉花，已成为烫手山芋：占压大量贷款，利息和管理费用巨大；如果以进口到岸税后价格出售，势必发生巨额亏损；如果以收储的成本价出售，国内纺织企业承受不起。随着时间推移，财政承担的风险越来越大。

关于食糖。2011/2012 和 2012/2013 两个榨季，国家连续启动食糖临时收储，下达的收储指标分别为 100 万吨和 300 万吨，收储基础价分别为 6550 元/吨和 6100 元/吨。存在两个倒挂：一是成本与价格倒挂。目前国内制糖企业平均生产成本为 6200 元/吨，国内市场价格和国家收储价格都难以弥补企业生产成本。二是国内外价格倒挂。2011 年 2 月以来，按 50% 最惠国税率计算的食糖进口到岸税后价格持续低于国内食糖价格。目前国际原糖为 19 美分/磅，到岸税后价格仅为 4900 元/吨，显著低于国内市场价和国家收储价。

分析棉花和食糖调控困局，还要看到他们的几个共同点：一是从生产特征看，尽管都属于土地密集型，但用工较多，劳动强度大，机械化程度低，受劳动力成本上升影响明显；二是从产需平衡看，都存在缺口，需要用进口来弥补，近年进口增长较快；三是从受影响地域看，都非常集中，受棉花市场波动影响的主要是新疆，受食糖市场波动影响的主要是广西，两地均为民族地区，农业结构调整难度大。

三、改进农产品市场调控的思路与建议

随着市场取向改革的逐步深入和工农、城乡关系的逐步改善，我国对农产品市场的调控已实现一系列重大转变，从主要由政府定价转向主要由市场形成价格，从注重平抑市场价格转向注重托举市场价格，从临时性干预转向建立健全长效机制。我国已建立起稻谷和小麦最低收购价制度、棉花临时收储制度、缓解生猪市场价格周期性波动调控制度，对这 4 个品种已有较为规范的调控机制；同时，对玉米、大豆、油菜籽、食糖、奶粉和天然橡胶实行过临时收储政策。这是重大进步，对保护农民生产积极性发挥了重要作用。

问题在于，这些调控办法是在国内价格低于国际价格背景下建立的，从

理念到操作都具有较大局限性。在国内农产品价格低于国际价格时，托市收购有其操作空间，既可稳定市场价格、保护农民利益，又不至于造成库存积压、加重财政负担；农产品价格“破顶”后继续托市收购，将导致进口不断涌入，托市收购难以把国内市场托举起来，收储的产品难以顺价销售。棉花、食糖的困局已充分表明，现行调控机制已不适应“破顶”后的新形势。从长远看，解决好棉花、食糖托市收储的深层次矛盾，特别是应对未来更多农产品顶破第二层、第三层“天花板”可能带来的挑战，必须进行系统性改革和创新。

（一）统筹进口调控和国内市场调控。在市场经济条件下，应充分发挥市场机制对农产品生产、流通、消费的调节作用。一般品种、一般性市场波动，应由市场机制调节。但鉴于农业的特殊性，我国按入世承诺目前仍对 7 种农产品的进口实行关税配额管理，后来在实践中又先后对 10 种农产品实行最低收购价、临时收储等托市性收购。应根据国内外市场联系日趋紧密的新情况，对配额内和配额外进口、进口和国内市场调控进行统筹、整合，以提高调控的协调性、针对性和有效性。在这两组产品中，稻谷、小麦、玉米、棉花、食糖是重合的。对这些农产品，尤其要统筹运用边境措施与国内支持措施、生产性扶持措施与市场干预措施。

（二）对顶破第二层“天花板”、与第三层“天花板”尚有较大距离的农产品，可继续实行托市收购，但要完善配额发放和进口转储办法。当国内价格顶破第二层“天花板”时，会自动触发进口配额的使用。随着国内价格高于进口到岸税后价幅度的提高，进口套利的空间就会增大，进口量也将快速增长。尤其应注意的是，要及早为主要粮食品种进口增长做好应对准备。我国先后于 2004 年对早籼稻和中晚籼稻、2006 年对粳稻和小麦开始实行最低收购价格，并多次提高价格水平，截至 2013 年，各品种累计提价幅度在 56% ~100%。按目前国内外差价、批发市场价格与最低收购价的关联度、近年来最低收购价的提价速度，稻谷和小麦价格顶破第二层“天花板”指日可待，配额的使用率会快速提高。应按照 2013 年中央 1 号文件关于“完善粮棉油糖进口转储制度”的要求，调整完善进口配额发放、对收储机构的财务管理等办法，将配额内进口的价差收益掌握在国家手中，防止企业套利和寻租。

（三）对顶破第三层“天花板”的农产品，以价差补贴替代托市收储。最低收购价、临时收储价的最初出发点，是在大丰收时避免市场价格下跌过多、农民损失过大，本应是一种“止损价格”。正常年景由市场形成的价格应高于托市收购价，托市收购有预案而不启动。后来越来越倾向于以提高最低收购价、临时收储价调动农民积极性，导致几乎年年都要启动托市收购预案，从而使最低收购价、临时收储价近似于以增加农民收入为出发点的“目标价格”。在棉花、食糖等产品的托市收购价已经顶破第三层“天花板”的情景下，维持或提高托市收购价，收储企业和下游企业承受不了；下调或维持托市收购价，农民有意见。建议以价差补贴替代目前的临时收储，按成本加合理利润原则确定目标价格，将目标价格与市场价格的价差直接补给农民。这有两种方案：第一种，与生产行为挂钩，将价差按实际产量或种植面积补给农民。这种方案的好处是，可以维护该品种农产品的生产，保持一定的自给率。问题在于，操作难度大；须纳入“黄箱”政策范畴，支持空间有限。这种方案适合有自给率要求的农产品。第二种，不与生产行为挂钩，按某一固定年份的种植面积或产量补贴价差。此方案的好处是，农民利益能够继续得到保护，同时又能使市场信号传递到农民，促进农民以市场为导向调整种植结构。问题在于，国内生产可能下降。这种方案适合自给率不是特别敏感，但产区特别集中、需要维护目前利益格局的农产品。我们认为，棉花、食糖适合第二种方案；当稻谷、小麦最低收购价顶破第三层“天花板”时，可考虑第一种方案。

2013 年 6 月 13 日

附表　主要农产品国内外价格比较　　（2013 年 5 月）

品种	国内价格（元/斤）	国际价格（元/斤）			国内价高于国际价幅度（%）		
		离岸价	到岸税后价Ⅰ	到岸税后价Ⅱ	与离岸价比较	与到岸税后价Ⅰ比较	与到岸税后价Ⅱ比较
稻米	2.02	1.74	2.11		16.1	-4.3	
小麦	1.34	1.03	1.4		30.1	-4.3	
玉米	1.22	0.92	1.27		32.6	-3.9	
棉花	9.68	6.41	7.52	7.89	51.0	28.7	22.7
食糖	2.68	1.19	2.27	2.88	125.2	18.1	-6.9
大豆	2.44	1.77		2.22	37.9	9.9	

注：1. 根据农业部市场与经济信息司监测数据整理；

2. 到岸税后价 =（离岸价 + 离岸价 * 保险费率 + 海运费）*（1 + 进口关税税率）*（1 + 进口增值税税率）* 汇率 + 港口杂费

到岸税后价Ⅰ中，进口关税税率按关税配额税率计算。目前大米、小麦、玉米进口量仍在关税配额以内，进口关税税率为 1%；棉花和食糖配额内关税税率分别为 1% 和 15%。

到岸税后价Ⅱ中，进口关税税率按配额外税率（棉花、食糖）或约束税率（大豆）计算。目前大豆实行 3% 的约束税率；棉花配额外实行滑准税、最高不超过 40% 的最惠国税率，食糖配额外实行 50% 的最惠国税率。

肉牛养殖业面临的困境与出路

——河南省肉牛业发展情况调查

方松海　张义博

近年来,牛肉价格持续高涨,各地反映肉牛养殖业发展形势严峻。河南是肉牛养殖大省,肉牛存栏、出栏及牛肉产量多年位居全国第一。近期,我们去河南调研,走访了养牛大县泌阳县和尉氏县的肉牛加工企业、大中小规模养殖场、繁育场及农村养牛散户。现将情况汇报如下。

一、肉牛养殖业面临几大困境

第一,养殖总量下滑,肉牛存栏萎缩。自 2007 年开始,与全国总体情况一样,河南全省肉牛出栏和牛肉产量明显下降,2012 年肉牛存栏、出栏同比分别下降 1.91% 和 1.95%,比养殖规模最高峰的 2006 年分别下降 29.2% 和 26.44%。泌阳县和尉氏县 2012 年肉牛存栏分别为 37.44 万头和 10.41 万头,都比 2006 年下降了 30% 左右。我们调查的泌阳县花园乡大吴庄十里铺村,2004—2005 年全村 100 多户人几乎家家养牛。到 2013 年,全村仅剩 9 户养牛,总存栏仅有 20 多头。在随机调查的几个村,除了一些专业大户外,在家零星养牛的基本上是老人、妇女和一些无法外出务工的困难户。

第二,投入大风险高,养殖意愿低迷。尽管这两年牛价持续上涨,养牛效益有所回升,但农村养牛的依然越来越少,许多受访者对扩大肉牛养殖积极性并不高。主要因为肉牛饲养投入高、风险大,养殖收益不如外出务工。调查发现,每头育肥肉牛投入成本高达 8000 元 ~12000 元,以每头牛纯收益

2000元计算,养殖10头牛的饲料成本为8万元~12万元,牛舍等设施建设一次性投入上万元,而年纯收益只有3万元~4万元(育肥周期一般为半年)。如果外出务工,前期不需要投入大量资金,每年纯收入就能有3万元以上。而且,市场风险曾经让不少养殖者亏损严重,不少人不敢再养。虽然肉价一直在涨,但肉牛和牛犊价格波动厉害。2007年底,肉价暴涨,肉牛养殖增加不少,牛犊价格随之上扬,到2008年初同比上涨近50%,达14元~15元/斤。但半年后这批肉牛出栏时,受金融危机等多种因素影响,养殖者严重亏损。由于有了这次教训,许多养殖者对是否介入或扩大养牛规模心存疑虑。

第三,牛犊抢着要,母牛不愿养。现在牛源紧张,母牛存栏量也一直在萎缩。2012年,泌阳县能繁母牛存栏22.1万头,比高峰期2005年减少32.1%;尉氏县3.89万头,比高峰期2006年减少58.9%。本地牛犊不好买,多数从东北、西北地区购进,牛犊价格也持续攀升。2013年初,尉氏县大麻乡养殖大户买的牛犊价格已经涨到每斤16元~18元,上轮价格高峰2008年初只有14元~15元,去年同期只要11元。但很多养殖户依然不愿意养母牛,因为相比育肥,养母牛周期更长、风险更大、效益更低。买公牛犊育肥,一般只需6—7个月就能出栏;母牛犊平均生长18个月才能配种,怀胎10个月生一头牛犊,牛犊养6个月左右才能出售,近3年时间才能见到收益。即便按当前最高的价位,从母牛怀胎到牛犊售出,16个月赚的钱还不如半年养头育肥牛。

第四,发展缺资金,银行难授信。调查涉及的大、中、小规模养殖场(户)以及散养户,都不约而同地谈到缺资金、贷款难的问题。相对于其他类型的种养,肉牛养殖需要的初始投入很高,饲养过程又需要很多流动资金。泌阳走访的两个养殖场都因为设施没法抵押,无法获得银行贷款,只能向民间借贷。民间借贷每月利息1—4分不等。农村很多散养户在市场行情好的情况下难以扩大规模,就是因为没钱,他们贷款更难。与此同时,当地信用社年度涉农信贷指标完成不了,原因就在于贷款限制条件太多,贷款的贷不到钱,放贷的贷不出去。因为农村集体土地不能抵押,土地上的附着物也不能抵押;牲畜是活动的,不管牛多值钱,都不具备抵押条件。所以,养殖贷款只能通过担保。目前,河南省农村信用社开展了“金燕快贷通”信用贷款,最高贷款额度30万元,但贷款利息较高,手续繁多。当地通过这种方式获得贷款的养殖户寥寥无几。

二、肉牛养殖业如何走出困境

第一，稳住能繁母牛，确保有牛可养。肉牛养殖业困境核心在于牛源不足，尤其是能繁母牛养殖效益低，存栏下滑。母牛产崽周期长、产崽率低的特点使得种群一旦衰减难以快速恢复。走出困境的关键在于遏制能繁母牛下滑势头，确保牛源。以前农区养了很多母牛，其主要目的是耕田，产牛犊是额外收益。现在不少地方实现耕作机械化，养母牛只有产牛犊的功能，养牛成本全部分摊到牛犊收益上。若纯粹以养母牛生牛犊获利，势必亏本。让母牛养殖能够持续发展，只有尽可能地消化、降低养殖成本，提高比较效益。对于能繁母牛的养殖户，可实行适度补贴；鼓励在东北、内蒙古、西北诸省，以及内地山区、半山区和滩涂等牧草丰富地区依托其母牛养殖成本低的优势，发展母牛养殖基地。

第二，鼓励适度规模养殖，让养殖者愿意养。畜牧业的现代化是培育现代化农户、促进农民收入倍增的良好契机，如果能够利用肉牛产业转型升级的机会，更多地鼓励发展现代化的家庭适度规模养殖，这也可以成为农民增收的一个新亮点。对农民来说，养殖规模太小不划算，10 头以上的养殖量才可能逐步形成专业化养殖。地方也反映，花 100 万补助一个大型养殖场，杯水车薪，效果并不明显，但如果用于补助若干中小养殖户，对产能提升的影响将会大得多。建议对 10 头以上养殖规模的农村养殖户进行现代化养殖配套补助。比如实行圈舍及配套设施改造升级补贴、环保设施建设补贴、废弃资源循环利用奖励等。另外，鼓励龙头企业与养殖户构建紧密协作关系。支持肉牛屠宰加工企业与合作社或养殖户进行购销、技术协作，并予以适当奖励。

第三，解决融资难题，让养殖者养得起。目前河南有些地区尝试用地方政府参股、企业运作的方式，成立担保公司，为肉牛养殖提供贷款担保，这为解决贷款难问题迈出了第一步，要在防范风险的基础上积极探索。同时，尝试放宽肉牛养殖贷款抵押条件。把部分肉牛养殖大县纳入农村金融改革试验区范围，允许这些地区养殖户利用土地承包经营合同、生产厂（场）房、设备等固定资产以及已投保的母牛作为抵押物。

第四，完善风险化解机制，让养殖者放心养。一是完善预警评估体系。2008—2009 年肉牛及牛犊价格的波动情况在终端消费市场的价格里并没有反映出来，养牛者亏损的情况得不到及时监测。提升预警能力，有必要加强肉牛产业链上游价格监测，及时汇总犊牛价格、肉牛销售价格信息，与现有终端市场的牛肉价格监测一起构建市场预警评估体系。二是提高灾病损失补偿标准。在肉牛养殖保险尚未完善或者保险无法覆盖的领域，对因灾因疫病损失的补偿，要根据市场行情提高补偿标准，减少养殖户损失。损失补偿必须坚决补偿到户。三是逐步建立母牛保险，实行保费补贴。引导养殖产和保险公司逐步开展母牛投保险，中央、省、市财政为母牛保按一定比例提供保费补贴。

2013 年 4 月 28 日

（张义博　国家发改委产业所）

附表 主要农产品国内外价格比较(2013 年 4 月)

品种	国内价格(元/斤)	国际价格(元/斤)			国内价高于国际幅度(%)		
		离岸价	到岸税后价Ⅰ	到岸税价Ⅱ	到离岸价比较	与到岸税后价Ⅰ比较	与到岸税后价Ⅱ比较
稻米	2.06	1.76	2.13		17.0	-3.3	
小麦	1.34	1.01	1.38		32.7	-2.9	
玉米	1.23	0.88	1.22		39.8	0.8	
大豆	2.47	1.7		2.23	45.3		10.8
棉花	9.69	6.41		7.99	51.2		21.3
食糖	2.71	1.29		2.25	110.1		20.4

注:1. 根据农业部市场与经济信息监测数据管理;

2. 到岸税后价 =(离岸价 + 离岸价 * 保险费率 + 海运费) *(1 + 进口关税税率) *(1 + 进口增值税税率) * 汇率 + 港口杂费

到岸税后价Ⅰ中,进口关税税率按关税配额税率计算。目前大米、小麦、玉米进口量仍在关税配额以内,进口关税税率为1%。

到岸税后价Ⅱ中,进口关税税率按约束税率(大豆)、滑准税率(棉花)或最惠国税率(食糖)计算。目前大豆实行3%的单一关税税率;棉花配额内关税税率为1%,配额外实行滑准税、最高不超过40%的最惠国税率;食糖配额内关税税率为15%,配额外实行50%的最惠国税率。

牛羊肉价格持续走高
生产扶持亟待加强

郭　玮　方松海

近年来，牛羊肉价格持续上涨，引起广泛关注。牛羊肉价格上涨有三个特点：一是持续时间长，进入新世纪以来的十几年间，一直保持上涨态势，2007年以后上涨还有加速的趋势。二是涨幅大，最近10年，牛羊肉价格上涨超过3倍，2000年牛肉价格每公斤只有12.63元现在已是57.16元，羊肉价格原来是14.45元，现在已涨到60.49元。2012年以来，多数农产品价格运行平稳，猪肉等价格还出现了较大幅度的下跌，但牛羊肉价格依然快速上涨，2013年3月底牛羊肉价格比去年同期分别上涨36.1%和22.4%。三是只涨不跌，农产品价格一般总是有涨有跌，但这些年牛羊肉价格除了每年春节后的两三个月相对稳定或者略有回调外，其他的月份基本都是上涨。牛羊肉不断涨价，不仅推动物价上升，而且给牛羊肉消费较多的部分穆斯林群众生活带来较大影响。

牛羊肉价格持续走高，与消费增长较快有关，但更主要的原因是生产发展相对缓慢。2003—2012年，牛出栏量平均年的增速仅1.9%，羊0.5%。特别值得注意的是，牛羊存栏都出现下降，牛存栏减少1000万头以上，羊存栏减少近1000万只。今后一个时期，我国肉类需求仍会快速增长，目前猪肉、禽蛋等人均占有已达到世界平均水平的2倍，而牛羊肉人均占有量远低于世界平均水平，消费增长潜力巨大。牛羊养殖属于节粮型畜牧业，大力发展牛羊养殖不仅对保持市场供给和价格稳定具有重要作用，而且对保障我国长期食物安全具有战略意义。

世界主要国家对牛羊养殖都有门类繁多的保护和支持政策。比如,日本等国有犊牛生产补贴金制度和犊牛生产扩大和奖励政策、肉牛育肥补助政策;美国等对牛羊养殖灾害损失进行直接补偿;澳大利亚、欧盟等对生产者进行收入补贴等等。我国在经历10多年牛羊肉持续涨价后,牛羊肉养殖仍难以恢复,供给偏紧的矛盾还在加剧,迫切需要采取有力措施,支持生产发展。

一、开展能繁母牛补贴试点,实施牛羊生产大县奖励,保护、提高牛羊生产能力。现在养牛业发展最大问题是母牛存栏下降,很多养殖户、养殖场买不到架子牛,处于无牛可养的状态。现在全国能繁母牛存栏量比2000年时下降8%。促进养牛业的恢复和发展,必须扩大母牛存栏,这是保持和扩大肉牛生产能力的基础。前几年,为稳定生猪生产,国家出台了能繁母猪补贴政策,对稳定和提升生猪生产能力发挥了重要作用。实际上,肉牛的生产周期长,从一头牛犊开始到再生产出第二代,需要三四年时间,母牛存栏一旦减少,生产恢复需要的时间更长,因此,保护能繁母牛比保护能繁母猪更加迫切。建议参照能繁母猪的补贴办法,尽快出台对能繁母牛的补贴政策,遏制母牛存栏下降的势头。与此同时,考虑到牛羊肉是这些年市场最为紧缺的重要农产品,为鼓励地方政府发展生产的积极性,参照粮食、生猪调出大县奖励办法,设立牛羊生产大县奖励资金,按照兼顾母畜生产和商品牛羊肉供应的原则,对全国综合排名靠前或者发展较快的肉牛和肉羊生产大县,给予一定奖励。

二、加快推进牛羊规模化养殖场。规模养殖是推进我国畜牧业发展最重要的力量。一大批生猪、鸡鸭规模养殖场的建设,迅速提高了猪肉和禽类产品的生产能力。与养猪、养禽不同,牛羊养殖散养户退出快,而规模养殖发展相对较慢。从2003年到2011年,生猪年出栏500头以上的规模养殖所占比重由10%提高到36.6%,提高26个百分点;而同期,肉牛出栏50头以上规模养殖由13.52%提高24.6%,仅提高11个百分点。羊的规模养殖提高更慢。同样是养牛,存栏100头以上的奶牛规模养殖占32.9%,而肉牛仅占25%;1000头以上的奶牛规模养殖占12.1%,而肉牛仅占3.6%。规模养殖是提高生产效益的根本手段,也是提高生产技术水平、产品质量的重要途径。因此,应加大对牛羊标准化规模养殖场建设补助奖励力度,加快发展牛羊规模养殖。

三、加强牛羊良种繁育体系建设。品种改良是近几十年农业发展最重要的因素。我国猪、鸡等良种化率已经达到较高水平，生产效率已接近或者达到世界先进水平。但肉牛肉羊品种改良起步晚，生产水平明显落后。以肉牛为例，我国单产水平为每头138.5公斤，而美国、加拿大、日本、韩国、英国、法国、德国等每头肉牛的产肉量都超过300公斤。我国基本没有自己的专门肉牛品种，目前所谓肉牛，很多只是对役牛等本地品种进行简单育肥。稍好一点的也仅是利用引进公牛进行杂交，缺乏系统的品种培育。主要品种没有核心种子母牛场。建议中央财政拿出专项资金，支持肉牛肉羊良种繁育。一是加大良种引进力度。国外肉牛繁育已经形成大批成熟的品种，我们除了引进种公牛以外，应当像引进奶牛一样，适当引进种子母牛。二是支持牛羊良种场建设，增加对牛羊良种补贴规模，切实按照肉牛培育的规律加快良种繁育和推广。三是加大肉牛人工受精等技术的推广力度，提高良种普及率。

四、加大秸秆养牛养羊项目实施力度，鼓励饲料作物种植。我国秸秆资源丰富，前些年秸秆饲料化利用技术已经取得较大突破，应大幅度增加秸秆养畜项目资金，大力推广青贮、氨化、微贮等处理技术，扶持和引导养殖户建设青贮设施，提高秸秆饲用量和饲用效率。我国粮食很大一部分被用作饲料，增加部分优质饲草、饲料作物种植，对促进畜牧业发展特别是提高畜产品质量有积极的作用。应像支持粮食生产一样支持饲草、饲料作物种植。要实施牧草良种补贴，扩大牧草种植面积。大力推广苜蓿种植，积极引进和推广青贮专用玉米品种和种植技术，鼓励生产青贮饲料。

五、解决好牛羊养殖资金、土地和保险等问题。第一，要鼓励社会资本向肉牛肉羊产业投资。相对于其他农牧生产，牛羊养殖是资金需求量大的高投入项目，产业效益需要有一定的规模支撑，是适宜资本进入的农业领域，要以积极的态度引导社会资本投入牛羊养殖。这不仅有利于规模养殖发展，也有利于提高牛羊养殖整体技术水平、管理水平。第二，妥善解决牛羊养殖用地问题。用地困难是牛羊养殖的重要制约。特别是规模养殖需要远离水源和人群密集区，对土地的要求高。要充分利用荒山荒坡荒滩等资源，帮助企业或养殖户解决好养殖用地问题。第三，研究制定牛羊养殖信贷优惠政策。在牛羊养殖大县，通过财政贴息等办法，鼓励金融企业向牛羊产业发放信贷，研究养殖场户以土地承包经营合同、生产厂（场）房、设备等固定资产以及已投保活牛作为抵押申请贷款的办法。第四，开展肉牛政策性保险试点。肉牛尤其是繁育母牛生产周期长，风险大。一头母牛发生意外，损失会上万元，养殖户难以承受，这是农户不敢养牛的重要原因。建议参照生猪保险补贴的办法，制定肉牛养殖政策性保险实施办法，由中央财政对母牛、种公牛等品种的保险给予适当补贴。

2013年4月28日

应对农产品自给率下降的思路与建议

叶兴庆

2004年，我国迈入中等收入发展阶段不久，农产品贸易就开始出现赤字。与我们资源禀赋条件类似的日本、韩国，以及我国台湾省，在迈入中等收入阶段后，尽管对农业高度支持保护，但农产品贸易也都开始出现赤字，并且农产品自给率长期持续下降。这究竟是一种巧合，还是具有某种必然性？我们认为，在全球化背景下，人多地少国家和地区的农业生产缺乏比较优势，工业化城镇化发展到一定阶段后，农产品自给率开始下降具有客观必然性；以“九连赤”为标志，我国已步入农产品自给率长期下降通道，必须清醒认识这种变化趋势，科学配置农业资源，既立足保障国家粮食安全使部分重要敏感农产品得到有效支持保护，又立足提高资源配置效率积极参与全球农业竞争。

一、我国农产品贸易出现重大转折性变化

2004年以来，我国粮食生产实现历史罕见的“九连增”，其他农产品绝大多数也都连年丰收，农业农村发展进入又一个“黄金期”。与此同时，我国农业更加深入地卷入全球化进程，农产品贸易发生了一系列重大而深刻的变化。

（一）*农产品贸易出现历史罕见的“九连赤”*。这些年来，我国农产品进出口贸易快速发展，从2004年的514亿美元增长到2012年的1756亿美元，年均增长16.6%。其中，农产品出口额从234亿美元增长到632亿美元，年均增长13.2%；农产品进口额从280亿美元增长到1124亿美元，年均增长

19%。农产品贸易连续 9 年出现逆差，2004 年至 2012 年分别为 46.4 亿、11.8 亿、7.5 亿、41.8 亿、182.6 亿、130.7 亿、231.5 亿、341.2 亿和 492.5 亿美元。按这个势头，今年有可能接近或超过 600 亿美元。

（二）*出现贸易逆差的农产品种类越来越多*。总的态势是，多年净进口的产品，净进口量越来越大；过去供求略有结余的产品，逐步呈现净进口。2012 年，在有统计数据的 9 大类农产品中，谷物、棉花、食糖、食用油籽、食用植物油和畜产品等 6 大类出现贸易逆差。需要注意两点：一是部分产品进口依存度已经很高。棉花、食糖、食用油籽、食用植物油和畜产品等 5 大类已连续多年出现贸易逆差。2012 年大豆、食用植物油和棉花进口依存度分别达到 82%、63% 和 41%。二是粮食自给率已低于 95% 的既定目标。2009 年以来，谷物贸易已连续 4 年出现净进口，2012 年净进口达 1296.7 万吨、同比增长 206%。从品种结构看，除大麦、小麦连续多年净进口外，玉米、大米先后于 2010 年和 2011 年出现净进口，虽然目前进口量不大、依存度不高，但增长速度很快。如果按我国粮食统计口径（包括谷物和豆类、薯类），我国粮食自给率（国内产量占国内产量与净进口量之和的比率）2012 年已下降到 89%，1996 年中国政府在《中国的粮食问题》白皮书中首次向全世界宣布的 95% 自给率的目标已经失守。

（三）*优势农产品的顺差增长势头在衰减*。尽管农产品整体上连续 9 年出现贸易逆差，但具有比较优势的蔬菜、水果、水产品等 3 大类农产品仍能够连续 9 年保持净出口，而且净出口额在不断扩大。从 2004 年到 2012 年，蔬菜净出口额由 37 亿美元扩大到 95.9 亿美元，水果净出口额由 10.5 亿美元扩大到 24.2 亿美元，水产品净出口额由 37.3 亿美元扩大到 109.8 亿美元。如果不是这 3 大类农产品净出口额的增长，农产品整体贸易逆差的规模会更大。同时也要看到，这 3 大类农产品进出口格局正在发生重大变化：由于国内生产成本上升、国外市场需求疲弱，蔬菜出口竞争优势开始衰退，2012 年出口量、出口额和贸易顺差同比分别下降 3.9%、14.8% 和 16%；由于贸易政策调整和国内生产成本上升，水果出口增长乏力、进口增长明显；由于国内消费水平提高，水产品进口在稳步扩大。

二、我国已步入农产品自给率长期下降通道

近代以来，农产品净出口曾是我国外汇收入的重要来源，农产品贸易也

曾出现过赤字,但持续时期不长。2004 年以来我国农产品贸易出现的“九连赤”,并不是一个短期、可逆的变化,而是我国工业化城镇化和对外开放发展到一定阶段后出现的趋势性、长期性变化,标志着我国已步入农产品自给率长期下降通道。

(一)农产品自给率步入长期下降通道是供求关系变化的必然结果。回首过去 9 年,我国粮食年产量提高了 36%,棉花提高了 41%,油料提高了 24%,糖料提高了 40%,肉类提高了 30%,水产品提高了 45%,其他农产品也都有不同幅度增长。但这 9 年我国工业化城镇化快速发展,人口总量持续增加,城乡居民收入水平大幅提高,全社会对农产品的需求持续快速增长。面对“九连增”背后的“九连赤”这一尴尬事实,有些人辩称,我国存在“吃油过多”等不合理消费,玉米深加工产品在出口,棉纺织品出口增长拉动了棉花进口,进口越南廉价大米主要用于加工米粉等产品、没有流入大米市场,如果剔除这些因素,我国农产品贸易逆差并没有这么大、形势也没有这么严峻。我们认为,这些因素确实存在,但不是决定赤字的关键因素,即便剔除这些因素也改变不了农产品贸易赤字的大趋势。这就如同我国大量进口石油,使用中有浪费,也有用于出口产品的生产,但这并不意味着我国石油安全形势就不严峻。我们既要看到,过去 9 年农产品生产的增长确实赶不上消费的增长;也要看到,如果不是粮食生产“九连增”和其他农产品全面增长,农产品贸易赤字势必更大。展望未来一个时期,我国仍将处于工业化城镇化发展重要阶段,推动农产品需求增长的各种力量还会长期存在;我国农业生产的资源要素已经绷得很紧,要在“九连增”的高基数上继续增产,将面临劳动力和物化成本、生态环境等多重因素的制约。综合分析各方面情况,今后我国农产品贸易重现顺差几无可能,赤字将是常态现象;随着缺口的扩大,农产品自给率也将呈长期下降走势。

(二)农产品自给率步入长期下降通道符合我国资源禀赋特征。耕地和淡水是农业生产的支撑性要素。但我国人均耕地和水资源量大大低于世界平均水平。据 WTO 统计资料,我国人口占世界的 19.7%,耕地面积占世界的 8%,人均耕地面积仅为世界平均水平的 41%。我国淡水资源总量占世界的 6%,人均水资源仅为世界平均水平的 25%。在经济成长的初期阶段,这种资源禀赋对农业发展的影响尚不明显。随着工业化城镇化的深入发展和对外开放的不断扩大，这种资源禀赋对农业发展的影响逐步得到显现，出口劳动和技术密集型农产品、进口土地密集型农产品、农产品综合自给率出现下降是全球资源配置的必然结果。应当看到，对我们这种人多、地少、水缺的国家而言，进口农产品意味着进口耕地、淡水等稀缺资源。这些年进口增长较快、贸易逆差较大的农产品，大多是我国单产低、品质差、缺乏比较优势的土地密集型农产品。据专家测算，2010 年我国净进口的主要农产品如在国内生产需要播种面积 8.7 亿亩，相当于我国实际播种面积的 36%；其中，仅进口大豆、食用植物油折算的播种面积就分别达到 4.6 亿亩和 3.4 亿亩。这极大地缓解了油料与谷物、棉花等争地、争水的矛盾。算资源平衡账、生态平衡账，出口劳动和技术密集型农产品、进口土地密集型农产品，是符合国家利益的农产品贸易结构。在我国资源禀赋条件下，类似“用 8% 的耕地、6% 的淡水，养活近 20% 的人口”的说法，过去可以自豪地说，现在不宜继续说，今后肯定不能再说。

（三）农产品自给率步入长期下降通道是人多地少国家和地区的普遍现象。从已完成工业化城镇化的日本、韩国和我国台湾省的历史经验看，人多地少国家和地区进入中等收入发展阶段后农业自给率长期下降是大概率事件。从 1960 年到 2010 年，日本谷物自给率由 82% 下降到 28%，按热量值计算的综合食物自给率由 79% 下降为 39%。韩国上世纪 60 年代成为农产品净进口国，目前谷物自给率仅 25.3%。台湾直到 1969 年出现“农业危机”之前，农产品能够大量出口，此后农业生产陷入停滞，目前粮食自给率仅 32%。这还是在高度支持保护、财政承担大量补贴、消费者承受高价格的情况下取得的，如果实行真正的自由贸易，日、韩、台的农产品自给率会更低。日、韩、台人均耕地面积分别仅有 0.51 亩、0.48 亩和 0.53 亩，我们为 1.3 亩，我们的农业资源禀赋要稍好一些，农产品自给率不至于下滑到他们这种程度，但我们毕竟已步入上中等收入发展阶段，农业生产发展的难度在增加，农产品需求在增长，农产品自给率继续下降在所难免。

三、加强对农产品进出口的顶层设计和战略谋划

面对农产品自给率长期下降，最为关键的应对措施，是在打造中国经济升级版的过程中，加强现代农业建设，通过适度规模经营促进农业转型发

展，通过科技进步和基础设施建设持续提高农业综合生产能力，促进工业化、信息化、城镇化和农业现代化同步发展。同时，也要对农产品进出口进行顶层设计和战略谋划。

（一）根据发展阶段的变化、对外开放的大局和市场经济的要求，重新确立农产品进出口贸易的战略定位。在过去相当长时期内，我们把农产品进出口贸易定位为余缺调剂，根据国内丰歉情况和宏观调控需要临时组织进出口。加入 WTO 以来，这种情况有所变化，一些地方积极发展专门面向出口市场的农产品生产，大宗农产品的进口逐步规范。但总体而言，仍缺乏顶层设计和战略谋划，未能从我国发展阶段的变化和对外开放的大局出发，对经济全球化和市场经济条件下如何统筹利用国内外两个农产品市场、两种农业资源进行全盘考虑。我们主张：(1)综合考虑发展阶段、资源禀赋、对外开放等因素，实行更加积极主动的农业对外开放战略，主动参与全球农业分工与合作。(2)转变“出口创汇”的传统观念，有节制地发展“出口创汇农业”，既使优势产区农业结构得以优化、农民收入得以增加，又不至于对国内市场造成大的影响。(3)对进口农产品特别是土地密集型农产品持更加开放包容的姿态，通过扩大进口缓解国内资源压力，满足经济社会发展需要。

（二）实事求是地制定谷物总体自给率和分品种自给率目标。在 1996 年世界粮食首脑会议前夕，我国政府发布了《中国的粮食问题》白皮书，首次提出“粮食自给率不低于 95%”。国务院审议批准的《国家粮食安全中长期规划纲要(2008—2020)》重申：“粮食自给率稳定在 95% 以上”。农业部制定发布的《全国种植业发展第十二个五年规划(2011—2015)》提出：“确保自给率 95% 以上”，“水稻、小麦、玉米三大粮食作物自给率达到 100%”。在 95% 自给率已经失守而且难以恢复的情况下继续宣称这一目标，有损政府公信力。这些年不仅因大豆进口造成粮食总体自给率持续下降，就是水稻、小麦、玉米三大谷物也开始出现净进口。尤其应关注玉米的进口走势。2012 年玉米进口 521 万吨、同比增长 197%，玉米酒糟蛋白进口 238 万吨、同比增长 41%。随着人们对肉、蛋、奶等动物性产品需求的增长，全社会对主要用作饲料的玉米的需求也将持续增长，有专家预测，未来玉米缺口很可能持续扩大。基于这些情况，我们建议：(1)采用国际通行的谷物概念，将豆类和薯类剔除出去，不再笼统地制定和发布粮食自给率目标。(2)以谷物自给率表示国家粮食安全水平，并分阶段制定自给率目标，不宜十几年、几十年一贯制。2012 年我国城镇化率为 52.6%、人均 GDP 为 6090 美元，谷物自给率为 98%。当我国城镇化率达到 70%、人均 GDP 达到高收入水平时，谷物自给率肯定会有变化。按照近两年的数据推算，谷物自给率每下降 1 个百分点，相当于净进口增加 540 万吨。我们已对外发布的 95% 粮食自给率目标，如改为谷物口径，勉强可以坚守到“十二五”期末。至于“十三五”期末的自给率目标，应另行研究确定。(3) 不同品种的谷物应有不同的自给率目标。2012 年，水稻、小麦、玉米三大谷物的自给率分别为 98.99%、97.25% 和 98.08%。综合考虑饮食习惯、敏感程度、比较优势等因素，对主要供食用的水稻、小麦应确定较高的自给率目标，对主要供饲用的玉米的自给率可以稍作让步。水稻、小麦、玉米自给率每下降 1 个百分点，意味着净进口分别增加 206 万吨、124 万吨和 213 万吨，根据最近两年进口增长势头，2015 年水稻、小麦自给率可维持在 98%、96%，玉米自给率很有可能不到 95%。

（三）以符合 WTO 规则和市场经济法则的举措来实现自给率目标。既要实事求是地制定自给率目标，更要说到做到，取信于社会。问题在于以什么手段来实现。目前我们可用的手段无非两方面：一是关税配额管理。2001 年我国加入 WTO 时，争取到了对小麦、玉米、大米、豆油、菜籽油、棕榈油、食糖、棉花、羊毛、毛条共 10 个农产品实行进口关税配额管理，目前仍对其中 7 个品种实行进口关税配额管理，配额以内实行低关税，超过配额的实行高关税。2002—2012 年的进口实践表明，这一手段的调控效果有限。国内价格低于进口到岸税后价的产品，实际进口量达不到配额量；反之，实际进口量大大超过配额量（见附表）。我们正处在工业化城镇化快速推进阶段，这些产品的国内生产成本快速上升，国内价格超过进口到岸税后价格的品种越来越多，关税配额管理的实际意义越来越小。二是国内支持措施。我们争取到了黄箱支持不超过农业产值 8.5% 的调控手段。按我国向 WTO 通报的最新数据，2008 年农业产值为 52798.8 亿元，黄箱支持空间为 4487.9 亿元，实际黄箱支持量（包括特定和非特定产品支持量）仅 889.92 亿元，剩余空间还很大。至于绿箱支持，则不受限制。确定自给率目标，表明哪些产品该保、保到什么程度，目的在于引导资源配置。为此，必须改变普惠式、大水漫灌式的农业支持政策，提高农业政策的针对性、精准度，将支持农业发展的财政资源优先用于重要而敏感、需要保持较高自给率的水稻、小麦等产品的生产。前些年研究制定粮食最低收购价政策时，坚持只覆盖水稻和小麦，是有战略眼光的。为进一步提高政策效果，我们建议：(1)优先增加这些产品的良种、专用肥料、农机具补贴等黄箱支持；(2)优先增加与这些产品有关的科研、推广、病虫害防治等绿箱支持；(3)优先安排这些产品主产区的农业基础设施建设，如加强对东北、长江中游水稻产区和黄淮海小麦产区的农田水利、土地整治等项目的支持；(4)可考虑将中央财政“产粮大县奖励”调整为“小麦大县”、“水稻大县”奖励；(5)总结推广上海松江、江苏太仓等地扶持种粮家庭场、合作场的经验做法。

2013年5月6日

附表　2012年关税配额管理农产品进口情况

产品	关税配额量(万吨)	实际进口量(万吨)	实际进口量相当于关税配额量的比重(%)	国内价格是否高于进口到岸税后价格
小麦	963.6	370.1	38.4	否
玉米	720	520.8	72.3	否
大米	532	236.9	44.5	否
棉花	89.4	541.3	605.5	否
食糖	994.5	374.7	192.6	是
羊毛	28.7	30.95	107.8	是
毛条	8	不详	不详	不详

对我国粮食安全问题的几点看法

郭 玮

粮食安全问题始终是关系我国国民经济发展、社会稳定和国家自立的全局性重大战略问题。我国粮食连续九年增产，但2012年粮食净进口仍超过7000万吨，粮食自给率降到90%以下，突破了长期以来粮食自给率保持在95%以上的粮食安全目标。从今后的趋势看，随着工业化、城镇化推进，粮食需求仍将保持较高增长，而粮食增产的困难越来越大，进口还将增加，粮食自给率可能进一步降低。正确看待粮食进口增加，树立新的粮食安全观，对促进农业健康发展具有重要意义。

一、国际社会关于粮食安全的认识。粮食安全的概念，最早是1974年联合国粮农组织在第一次世界粮食首脑会议上提出的，其含义是“保证任何人在任何时候能够得到为了生存和健康所需要的足够的食物”。1996年，在第二次世界粮食首脑会议上，联合国粮农组织将粮食安全表述为：“只有当所有人在任何时候都能够在物质上和经济上获得足够、安全和富有营养的粮食来满足其积极和健康生活的膳食需要及食物喜好时，才实现了粮食安全。”从联合国粮农组织的表述中可以看到，粮食安全考虑的是满足人们基本的、积极的、健康的食物需求。显然，非健康、非积极生活所需要的食物需求并没有包括其中。

二、我国国情决定，保障粮食安全主要是满足粮食的基本需求。我国人均耕地只有世界平均水平的2/5，淡水资源只有世界平均水平的1/3，要满足人民群众对农产品不断增长的消费需求，对我们这样一个大国来说，是一个巨大挑战。粮食供给偏紧是一个长期问题。因此，作为国家战略，保障粮食安全，最主要的是保证人们的基本需要。随着经济发展，人们对食物的需求会不断提高、不断多样化，但并不是所有的需求都涉及国家安全。政府在解决民生问题上，重点是保基本。在粮食安全问题上同样是保基本。

三、我国粮食安全的界限是人均粮食占有量达到395公斤。满足合理的消费需求究竟需要多少粮食？20世纪80年代，国家组织有关力量对粮食问题进行了专门研究，主要结论是，到2000年人均粮食需求在400公斤以上。《九十年代中国食物结构改革与发展纲要》以及1996年国务院新闻办颁布的《中国的粮食问题》白皮书预测，2000年我国粮食人均消费需求为385公斤，2010年的人均需求是390公斤。2008年，《国家粮食安全中长期规划纲要（2008—2020年）》再次对粮食需求作出测算，提出到2010年我国人均粮食消费量为389公斤，到2020年人均粮食消费量395公斤。每过大约10年，国家都会对粮食需求进行权威预测，过去的30多年，每次新的预测都会调低需求水平。所以作出调整，主要是人均口粮减少超出预期，畜牧业生产效率提高较快，用较少的粮食就可以生产更多的肉蛋奶。我们认为，从解决吃饭问题来看，保障国家安全，把人均占有粮食达到395公斤作为基本指标，是足够的，是符合实际的。1978年我国粮食人均占有量是319公斤，1985年人均占有361公斤，1995年387公斤，2005年371公斤。上世纪80年代中期，我们就已经基本解决了全国人民的温饱问题。395公斤的测算，不仅考虑了人们最基本的吃饭需求，还考虑了吃得好一些的要求，考虑了适当的工业用粮等需求。

近几年，粮食消费增长超出了《规划纲要》的预测，主要是对工业用粮需求增长的估计不足。当时的预测是，“工业用粮需求趋于平缓”，而实际上近些年工业用粮成为粮食消费需求增长最重要的拉动力量，其增长率达20%以上。很多方面的工业用粮，与人们吃饭问题已经没有多大联系，超出了国家粮食安全的范畴。

四、新形势下不应笼统地以粮食自给率来衡量粮食安全是否存在问题。1996年的《中国的粮食问题》白皮书提出，“立足国内资源，实现粮食基本自给，是解决中国粮食供需问题的基本方针。中国将努力促进国内粮食增产，在正常情况下，粮食自给率不低于95%，净进口量不超过国内消费量的5%。”从此，95%的粮食自给率成为国家粮食安全的主要标志。2008年《国家粮食安全中长期规划纲要(2008—2020 年)》、2009 年《全国新增 1000 亿斤粮食生产能力规划(2009—2020 年)》,都重申了粮食自给率 95% 以上的要求,并按照这个要求对粮食生产作出规划。必须指出,95% 的自给率是根据"主要依靠自己的力量解决吃饭问题"而制定的,其基础是粮食主要用于吃饭,用于保障人们基本食物需求。当粮食更多地用于工业用途,用于深加工甚至加工以后再出口时,粮食安全的标准不能继续简单地以自给率衡量。保持粮食安全,需要有一定的自给率,但这个自给率应该是满足人们基本食物消费的粮食的自给率,而不是全社会粮食总消费的自给率。满足高消费用粮,或者是用于工业原料用粮,对国家粮食安全影响较小,不必苛求自给。

五、当前只要我国粮食产量保持在 1 万亿斤以上,粮食安全就有足够的保障。按照我国人均基本消费 389 到 395 公斤计算,全国粮食基本消费量为 10453 到 10697 亿斤,以 95% 的自给率计,需要生产粮食 9930 ~ 到 10162 亿斤。也就是说,目前只要我国粮食产量保持在 1 万亿斤以上,粮食就是安全的。现在我国人均粮食产量 435 公斤,大大高于基本消费需求,各类食物都不存在市场短缺问题,老百姓想买什么都能买到,没有出现"买难",更没有出现脱销、断档,粮食安全有充分保障。近几年粮食进口增加,主要是基本需求以外的其他消费增加的结果,有一部分直接就是为了满足高档消费需求。我国粮食消费中,工业用粮达到 2000 亿斤,占到消费总量的约 20% 。工业用粮中,酒类用粮 2003 年到 2011 年增长 2 倍多,耗粮达 3000 万吨。我国还出口大量的粮食加工品,比如,以玉米为主要原料的发酵工业,2011 年出口额达 31. 48 亿美元。我国是国际市场上谷氨酸、赖氨酸、柠檬酸等的主要出口国,生产这些产品的主要原料也是玉米。进口一些粮食,同时出口一些粮食加工品,并不影响粮食安全。在消费结构发生变化、进出口贸易更加复杂的情况下,进口增加并不意味着粮食安全度下降。

六、保障国家粮食安全,要增加粮食产量,更要重视提高粮食综合生产能力。现在我国的粮食供给有充分的保障,但需求快速增长,未来粮食供需矛盾会不断加剧。所以,保障国家粮食安全,应着眼未来,把工作重点放到提高粮食综合生产能力上。要加强农业用地保护,坚决守住 18 亿亩的耕地红线,加强农业基础设施建设,建设高产稳产农田,做到"藏粮于地"。要防止地力过度消耗,防止水资源的过度利用,遏制地下水位快速下降,促进农业的可持续发展。

七、保障粮食安全，要高度重视引导粮食的合理消费。粮食需求增长过快，特别是基本消费需求以外的消费增长过快，会挤压基本消费需求，带来市场波动，威胁粮食安全，还会增加对环境资源的压力。因此，保障国家粮食安全，要适当抑制粮食需求的不合理增长。现在我国人均占有的粮食、棉花、蔬菜、水果、肉类、禽蛋、水产品都超过了世界平均水平，其中猪肉、禽蛋、蔬菜等产品人均占有量是世界平均水平的 2 倍。我国粮食消费中，除了满足群众健康生活的基本需求外，有些消费并不合理，浪费也相当严重。过度食物消费，不仅损害人的健康，还增加医疗等社会保障负担。抑制不合理消费，要引导群众树立科学的膳食理念，培养健康饮食习惯。要重视发挥粮食价格的调节机制，保持价格合理水平。日本、韩国等农业资源紧缺的国家，都实行了高粮价政策，对抑制粮食不合理消费、减少浪费发挥了重要作用。

八、利用当前粮食安全的宽松环境，加快完善农业生产体系和农产品贸易体系。要推进农业生产结构调整，提高农业综合效益。目前对大豆等低产作物的政策支持力度，明显不如对玉米、水稻等高产作物，要逐步改变这种局面，适当增加大豆等的生产，减少单一粮食品种对国际市场的过度依赖。今后我国粮食基本需求的增长，主要来自饲料粮的需求。应像支持玉米生产一样，支持优质饲草等饲料作物的生产。应积极参与农业国际分工合作，充分利用国内国外两种资源、两个市场，发展生产，满足市场需要。我国大豆等的进口将是一个长期的趋势，要不断完善贸易渠道，建立稳定的贸易合作关系，保证进口安全。

2013 年 4 月 2 日

完善农产品市场调控亟待深化认识和创新方法

李攀辉　张兴旺

加强和完善农产品市场调控,对于促进市场稳定运行、推动生产持续发展和保障市场有效供给意义重大。当前,应厘清调控目标、手段、机制等基本认识问题,勇于创新政策工具,加快提高农产品市场调控水平。

一、我国农产品市场调控还有很大改进空间

近年来,陆续出台的以粮食最低收购价、重要农产品临时收储及生猪市场价格调控预案为代表的农产品市场调控政策,对促进国内市场平稳运行,特别是在 2007 年全球粮价暴涨以及 2008 年国际金融危机爆发后全球农产品价格暴跌中得以“独善其身”,发挥了重要作用。但也要看到,农产品市场稳定程度不高,棉花、糖料等大宗产品及大蒜、生姜、绿豆等小品种价格忽高忽低,农民“卖菜难”和市民“买菜贵”形成鲜明对比,表明农产品市场调控水平有待提高。

目前的农产品市场调控,往往是市场中出现了什么问题再去研究什么问题、哪个品种出现了问题就去研究哪个品种,整体性和前瞻性不够,特别是对鲜活农产品的市场调控基本上还是空白,已有调控政策的科学性和有效性也有待提高。总体上看,农产品市场调控还不同程度存在着事后调控、被动调控、调控过度或调控缺位等问题。

从国际上看,美、欧、日、韩等国曾先后在 20 世纪 30 年代、60 年代、80 年代,遭遇过农产品特别是鲜活农产品市场剧烈波动引发的一系列社会问

题，但都相继对农产品市场调控进行了系统设计和政策创新，在调控机制和法制建设上迈出了很大步伐，成为这些年来稳定农产品市场的有效保证。当前，我国正处于同步发展工业化、信息化、城镇化、农业现代化的重要时期，农产品市场调控也处在一个关键节点上，必须深化认识、创新办法，增强驾驭市场经济的能力。

二、对农产品市场调控五个基本问题的认识

*首先，农产品价格总体趋涨正常吗？*从世界范围看，多数国家在工业化和城市化过程中，通常都伴随着农产品价格的明显上涨。我国正处在工业化、城镇化深入发展阶段，人口总量会继续增加，城镇化比例会上升，收入水平也会不断提高，农产品需求呈刚性增长态势。同时，耕地、水资源的稀缺性将进一步显现，人口红利也在逐步弱化，这必然会推高农业生产成本，从而对农产品价格走势形成硬支撑。因此，从长期趋势看，农产品价格总体上涨是必然的。

*其次，是不是农产品价格波动就要调控？*农业自然再生产与经济再生产相互交织的特点，决定了农产品市场表现必然受到季节、气候、周期等多重因素影响。据测算，我国猪肉、鸡蛋价格波动的73%、52%来自于周期性因素，蔬菜、水果价格波动的59%、57%来自于季节性因素。减少这些产品的市场波动，只能依靠改善生产条件、提高贮藏保鲜水平、改进流通模式等措施，以促进均衡上市，但这将是一个长期的过程。因此，希望农产品市场运行能够“完美”到“静如止水”的程度是不切实际的，现阶段的农产品市场调控必然是“有限的”，而不是遇有波动就“出手”，否则必然走入“全能政府”、干扰市场正常运行的死胡同。

*再次，我国农产品价格水平是高还是低？*过去一般习惯作两方面比较：一是与以前的绝对价格水平比较，很容易就得出价格大幅上涨的结论。如农业部编制的全国农产品批发价格指数2012年比2000年上涨近一倍，但如果剔除价格因素，年均涨幅只有3.3%。二是与世界上农产品出口大国比较，也很容易得出我国农产品价格水平并不低的结论。但这一比较的主要意义在于考察农产品国际竞争力，并没有考虑国外巨额农业补贴等因素。因此，不宜笼统地讲农产品价格高或低。评价农产品价格高低至少要考虑

三个方面：一是与农业生产成本比。2011 年我国农产品生产者价格指数比 2007 年增长了 43.9%，而同期小麦、玉米、稻谷三种粮食亩均生产成本提高了 64.5%。二是与市民收入水平比。2011 年我国城镇居民家庭人均可支配收入比 2000 年提高了 2.47 倍，而全国农产品批发价格指数同期仅上涨了 88.8%。三是与生产经营方式相近的国家或地区比。日本、韩国不少农产品价格水平大约是我国的 6—10 倍。

第四，我国农产品供求关系是否只有短缺和平衡两种情况？近年来市场波动主要集中在果蔬等鲜活农产品上，过去多把原因主要归咎于信息不灵并为此付出了巨大努力，可至今依然不得不面对市场剧烈波动的困扰，把目光重新聚焦到这些产品的供求关系上来。2011 年与 2000 年比较，我国蔬菜播种面积扩大了 28.9%，水果产量增加了 2.66 倍；但 2000 年以来城镇居民家庭人均全年购买鲜菜、鲜瓜果的数量则一直分别稳定在 116 公斤和 55 公斤左右，农村居民家庭平均每人蔬菜消费量反而从 106.7 公斤下降到 89.4 公斤，只有瓜果及其制品消费量在 11 年后增加了 16.3%。当然由于人口增长等因素，还不能据此简单判定我国蔬菜、水果已经总体过剩，但供求关系已今非昔比。只有直面“富足的烦恼”，加大国内外市场开拓力度，从总体上平衡供求关系，我国农产品市场调控才有可能站在新的起点上。

第五，农产品价格水平怎样兼顾农民和市民两方面的利益？现阶段的农产品市场调控，除了考虑农产品生产成本及农民合理收益等因素外，更多时候考虑了城市居民的感受，在操作层面往往变成了“调高”不“调低”。从国际上看，调控政策取向都是放在促进市场均衡和保护农民合理收益上，更多时候反而是“调低”不“调高”，对农产品涨价不进行过多干预，而是采取提高最低收入保障线、增加离退休工资、发放涨价补贴、建立食物券计划等方式，减少农产品价格过快上涨对低收入群体生活的影响，从而使农产品市场调控的目标更加集中、措施更有针对性。

三、有关政策建议

从我国国情、农情出发，借鉴国际经验做法，今后应积极推动农产品市场调控方式由事后调控向做好事前预案迈进，调控品种由粮食向果蔬扩大，调控重点由总量平衡向结构平衡延伸，调控基点由价格过快上涨向兼顾价格过度下跌转变，把我国农产品市场调控提高到一个新水平。

一是要坚持“三分法”，抓紧建立鲜活农产品市场调控目录制度。我国农产品大体可以分为三大类：一是粮食类。重点包括小麦、稻谷和玉米，已经在生产扶持政策基础上，建立起一套以关税、配额及最低收购价、临时收储为核心的市场调控办法。二是外贸依存度高的重要农产品。棉花是两头在外、大进大出，国产棉花基本能够满足国内消费，在配额控制及滑准税政策调控下，进口对国内消费冲击有限。大豆目前只有3%单一关税政策，缺乏调控手段，关键是如何发挥正向“大国效应”，以满足国内需求。三是鲜活农产品。生猪已经建立了市场价格调控预案制度，牛羊肉价格关键取决于生产发展情况，而蔬菜、水果市场调控还是个空白。现阶段，我国应在坚持完善前两类农产品市场调控政策的基础上，重点研究建立鲜活农产品市场调控办法。从国际上看，美、欧、日、韩等国都确立了本国的重点果蔬调控品种。我国也要尽快研究建立果蔬市场调控目录制度，明确按照“有所为有所不为”的原则，确定调控的重点品种和区域，向市场释放明确的信号。

二是要推进农产品市场调控法律法规建设，尽快建立鲜活农产品市场调节基金。市场经济发达国家在调控农产品市场实践中都先后在法律法规层面建立了相应的制度，如美国的农业市场协议法案、欧盟的滞销果蔬销毁补贴制度、日本的蔬菜生产和市场稳定法案、韩国的农产品价格稳定基金等。为此，我国也应抓紧研究制定相应的法律法规，把针对粮食等重要农产品行之有效的最低收购价、临时收储等政策上升到法律层面，同时为搞好蔬菜、水果等鲜活农产品市场调控建立法律依据和制度框架。要创新工作思路和机制，从财政支持、社会资本及生产者组织等多个渠道募集资金，尽快建立价格调节基金，在价格过低时补贴农民，价格过高时补贴市民。在操作层面上，试图通过分散的小农户去落实调控政策将是十分困难的，应按照确定的调控目录和区域，在价格过低时探索开展专业大户、家庭农场、合作社等补贴试点，取得经验后适时推广。

三是要研究制定农产品营销促销战略，探索适合我国特色的农产品流通模式。目前我国对发展生产在各个层面都有比较好的规划设计及具体办法，但与之相匹配的市场营销研究、规划及措施明显滞后。必须认真研究、科学规划全国及主产区农产品特别是特色农产品的目标市场，并对目标市场容量进行科学测算，综合考虑竞争性、替代性产品等相关因素，在此基础上依托农民专业合作组织，指导农户进行科学生产经营决策。同时，认真研究适合我国农业生产经营方式的农产品流通模式，推动提高流通效率、降低流通成本。

四是要加强农产品监测预警等基础性工作，搞好农产品市场预期管理。围绕农业产前、产中和产后全产业链，着眼于国内外两个市场，健全重要农产品监测预警机制，完善农产品信息统计发布制度，改进面向生产者、经营者和消费者的信息服务。同时，加强对农产品市场调控政策执行情况的跟踪与评价，研究建立市场调控评估制度，形成农产品市场调控政策的自我校正及持续优化机制。

2013 年 4 月 28 日

（张兴旺　农业部市场与经济信息司）

推进农业面源污染防治重在强化正向激励

李攀辉

目前,由化肥、农药等投入品的不合理使用造成的农业面源污染问题相当严重,不仅直接威胁农产品质量安全和人体健康,而且显著破坏水体、土壤、大气等生态系统,制约农业可持续发展。2011 年,我国农业源化学需氧量排放量和氨氮排放量分别占到全国化学需氧量排放总量和氨氮排放总量的 47.4% 和 31.7%。尽管近年来加大了防治力度,农业源化学需氧量排放量和氨氮排放量呈稳步下降态势,2011 年比上年分别下降 1.5% 和 0.4%,但按照目前的减排速度,如期完成《节能减排"十二五"规划》提出的 2015 年比 2010 年农业源化学需氧量排放量下降 8%、氨氮排放量下降 10% 的任务十分艰巨。

加强农业面源污染防治,需要采取更加有力的措施积极推进。一些地方习惯于按照工业污染的防治思路,采取加大污染处罚力度等办法,以期达到增强农民环保意识、减少农业投入品使用、控制农业面源污染的目的。我们分析,这种"惩罚性"的防治思路尽管有其合理性的一面,但在实践中恐怕难以收到实效:第一,这是由农业面源污染固有特性决定的。和工业点源污染不同,农业面源污染具有源头广泛性、排放间歇性、负荷不确定性、危害隐蔽性等特征,很难清晰界定某一具体农业生产者特别是小规模分散农户的环境责任。在工业领域行之有效的"谁污染、谁治理"原则,无法简单、直接运用到农业面源污染防治领域。第二,促进农业生产发展仍然离不开农业投入品的使用。2003—2011 年,我国粮食亩产年均提高 2.2%,这在很大程度上是建立在不断增加农业投入品基础之上的。同期化肥施用量年均增长 3.3%,农药、农膜等使用量也有较大幅度增加。面对今后刚性增长的农产品消费需求和日益趋紧的自然资源约束,减少农业投入品使用量在现实中行不通。第三,增加农业生产环境成本必将推高农产品价格。无论是对农民还是对农资企业等上游环节,加大其环保责任必然增加生产经营成本、推动农产品价格上涨,最终仍然要转嫁到消费者身上。尤其是党的十六大以来,一系列"多予少取放活"政策得到了农民群众热烈欢迎,在这种情况下,对农民加大污染处罚力度不可能为农民接受。第四,国际上鲜有单纯依靠加大农业环境责任而有效治理农业面源污染的成功先例。如挪威、丹麦、荷兰等国家曾采取征收化肥特别税的形式来控制农业生产的化肥投入,但实行效果并不理想。反之,多数发达国家在完善立法、强化监管、严格追责的同时,普遍注重采取税收减免、财政补贴、金融支持等经济激励措施。如日本为鼓励养殖业者建立堆肥化设施等,法律规定可特别返还 16% 的所得税和法人税;美国大力实施农业绿色补贴,2002 年农业法案中仅"环境质量鼓励计划"就达 90 亿美元,去年底的新农业改革法案则进一步整合了各自然资源保护计划;欧盟将对农民的直接支付和环保标准的贯彻情况挂钩,并不断增加用于环保措施的资金。

立足我国基本农情,借鉴国际成功经验,我们认为,当前进一步推进农业面源污染防治,既要重视培育环境责任意识,更应从促进农业可持续发展的战略层面,把强化正向经济激励作为政策基本取向,充分发挥财政投入作用,增强农民参与生态建设的内生动力,引导农民把防治农业面源污染作为一种自觉行为,走依靠新产品、新技术、新模式支撑下的农业发展道路,尽可能提高资源利用率、劳动生产率、投入产出率,实现生产发展与生态保护双赢。我们建议:

一是大力推广环保新型农资产品。一是加大科技研发投入。我国农业科技三项费用占财政农业支出的比例不到 1%,远低于发达国家。应加大政府投入,鼓励高等院校、科研机构、农资企业等研发环保新型农资产品,特别是要支持强化企业的创新主体地位。二是推动降低生产成本。以农药为例,生物农药的成本是普通化学农药的 2—4 倍,导致市场价格偏高,影响普及应用。对生产环保新型农资产品的企业,可采取税收减免、加速折旧、贷款贴息等方式,推动增加环保新型农资产品供给。三是改进农资综合补贴方式。我国现行的农资综合补贴基本上是一种收入补贴,并没有与具体的农资产品挂钩,客观上存在补贴越多、化肥等农资用量越大、农业面源污染越重的风险。而其他国家如美国为推行缓控释肥,自2009年起对使用缓控释肥的用户给予每公顷30美元~55美元补贴。今后的农资综合补贴,可考虑存量资金仍按现行方式发放,新增资金借鉴农机具购置补贴或家电下乡补贴政策,在直接发放给农民的同时与环保新型农资产品捆绑。

二是大力推广先进实用农业技术。过量或不合理使用化肥、农药等农资以及大量的畜禽养殖废弃物,是造成我国农业面源污染较重的原因之一。为此,一要加快推进测土配方施肥。有资料指出,我国化肥利用率仅为30%,而美洲可达52%、欧洲可达68%。应加大测土配方施肥技术服务补助力度,重点抓好配肥施肥环节,调整施肥结构,改进施肥方式,提高肥料利用效率。二要加快推进病虫害统防统治。我国农作物病虫灾害常年发生面积为60亿亩左右,农药使用必不可少。据有关调查,开展专业化统防统治可节约农药使用量15%左右。应采取政府购买服务等方式,着力培育多元化、社会化病虫害防治专业组织,积极推广物理防治、生物防治、科学用药等绿色防控技术。三要加快推进畜禽水产健康养殖。应加大规模化畜禽养殖场(小区)粪污处理利用设施建设补助力度,推广雨污分流、干湿分离和设施化处理技术。支持水产养殖池塘标准化改造,配备水质净化设备,发展工厂化循环水养殖。

三是大力推广生态循环农业模式。一要建好农村沼气。我国畜禽粪便年产生量20多亿吨,养殖业化学需氧量排放量占农业源化学需氧量排放量90%以上。应支持规模化畜禽养殖场(小区)建设大中型沼气工程,探索沼气高值利用有效方式,鼓励发展"猪—沼—果"、"牛—沼—电—肥—草"等模式。二要用好农村秸秆。我国每年产生6亿多吨秸秆。着眼于推进秸秆肥料化、能源化、饲料化和基料化,应支持推广秸秆粉碎还田、快速腐熟还田、过腹还田、覆盖免耕等技术,因地制宜推进秸秆沼气工程建设,发展秸秆青贮、氨化和以秸秆为原料的食用菌产业。三要抓好废弃物回收。对农民回收利用废旧地膜进行补贴,扶持废旧农膜回收加工网点建设,解决农田

“白色污染”;尽快研究建立农药包装容器回收处理机制。此外,要大力培育绿色消费,加强市场监管,完善农产品优质优价机制,对农民按无公害、绿色、有机农产品标准进行生产给予补助,引导发展生态农业。

四是健全财政投入保障机制。鉴于目前已经实施的与农业面源污染防治相关的工程或项目分散在不同部门,可考虑在现有渠道不变的基础上,建立部门联席协调机制,推动相关工程或项目共同聚焦重点区域,优先支持生态脆弱地区,形成农业面源污染防治合力。与此同时,针对我国生态基础设施建设或环保污染治理投资偏重于城市和工业的现状,有必要按照城乡生态建设一体化的要求,设立农业面源污染防治专项资金,明确中央和地方政府的责任,形成稳定的投入来源,支持农业面源污染严重地区进行生态修复治理。

2013年3月29日

突出重点支持国产大豆产业走出困境

——大豆产业发展调研报告之一

张顺喜　李攀辉

自1996年我国由大豆净出口国变为净进口国起，国产大豆产业就引起了广泛关注，有关方面也出台了不少支持国产大豆产业发展的政策措施。但10多年过去后，我国大豆生产依然未能摆脱徘徊下滑的局面，加工国产大豆的油脂企业也纷纷停产转向。特别是近两年，大豆生产再次大幅下滑，2012年种植面积跌至新中国成立以来的最低点——8682万亩，产量降至1280万吨，占国内大豆消费总量的比重不到20%，在油用大豆中所占比重已不到10%。业内很多人士认为，我国大豆生产发展已经到了比较危险的地步，如果任由这种局面继续下去，国产大豆产业将很快全线失守。

一、国产大豆生产深陷比较效益下滑之困

与前些年不同的是，近年来大豆种植面积大幅下降最直接的原因在于种植比较效益明显偏低，特别是与玉米等竞争性作物的效益差距持续拉大，导致许多农民不愿意种植大豆。据农业部农业贸易促进中心课题组测算，2008年全国大豆亩均收益比玉米高10%，2011年则下滑到不足玉米收益的一半，2012年更是只有玉米收益的1/3。大豆种植比较效益之所以出现大幅下滑，主要原因有两个方面：

一是国产大豆单产长期在较低水平徘徊，与玉米等作物的单产差距不断扩大。我国大豆单产不仅明显低于国际先进水平，而且与玉米等竞争性

作物单产的持续增长形成明显反差。根据国家统计局有关统计数据，我国大豆单产2002年达到历史最高的126.2公斤/亩，此后一直徘徊在110公斤/亩上下，至今仍未恢复到2002年的水平；而玉米单产则从2002年的328.3公斤/亩增加到2011年的383.2公斤/亩，增长幅度达到16.7%。按照国家发改委《全国农产品成本收益资料汇编》有关数据计算，从2000年到2011年的11年间，大豆单产的年均增长率要比玉米低1个百分点以上，累计增长幅度也要低11.57%。在生产成本变化基本相同的情况下，单产差距的扩大必然会导致生产效益差距的拉大。

二是国产大豆市场价格总体上涨较慢且波动剧烈，与玉米等作物价格差距不断缩小。一般认为，大豆与玉米市场价格比在2.5∶1左右比较合理。但近年来，我国玉米市场价格持续上涨，而大豆则由于对外开放程度深、受国际市场影响大，加上品质不齐、专用性差以及非转基因优势难以发挥等原因，市场价格增长缓慢，与进口大豆的价格拉不开差距，与国内玉米的价格差距更是明显低于公认的合理水平。根据国家发改委《全国农产品成本收益资料汇编》，2008年农民出售大豆与玉米的价格之比是2.54∶1，2011年这一比例下降到1.92∶1。从临时收储价格来看，2008年大豆和玉米的收储价格之比为2.47∶1，2011年则下降到2.00∶1。此外，由于大豆连年启动了临时收储，而玉米的市场价格大都明显高于收储价格，进一步缩小了二者的实际市场价格差距。

二、国产大豆产业关系重大不可轻言放弃

在进口大豆和竞争性作物的双重冲击下，国产大豆发展空间受到严重挤压，市场份额不断下降。但大豆仍然是我国的重要粮食作物，国产大豆产业仍然具有不可替代的重要作用。如果任由国产大豆生产持续大幅下滑，不仅会使我国完全丧失保障大豆供应的主动权，而且会给经济社会发展带来许多严重后果。

一是危及数千万豆农的生计。我国是大豆原产国，农民普遍具有种植大豆的传统。尽管近年来大豆种植面积持续下滑，但大豆仍然是我国最重要的优质蛋白来源和主要油料作物之一，全国仍有4000多万的农民种植大豆。特别是在第四、第五、第六积温带等高寒地区，种植大豆更是农民最主

要的收入来源。国产大豆产业的全线失守，不仅会影响到我国基本的食品和蛋白供应安全，更会直接威胁到数千万豆农的生计。

二是影响农业的可持续发展能力。作为优良的豆科作物，大豆种植有利于增加土壤肥力、改善土壤结构，对保护和提高耕地基础生产能力十分重要。从耕地的长期产出能力来看，在我国大豆主产区特别是东北地区最理想的耕作模式应是将大豆和玉米进行轮作。长期单一种植玉米，不仅会影响土壤质量，而且也难以实现持续高产。近年来，我国土壤肥力呈现整体下降趋势，特别是东北黑土层流失加快，与耕作模式不合理有很大关系。许多专家也认为，如果任由这种局面持续，东北的黑土地将会在几十年内全面消失。

三是失去一个很具发展潜力的重要产业。与国外大豆相比，国产大豆虽然在产量和价格上处于劣势，但具有非转基因和高蛋白含量的独特优势。尽管由于自身生产加工技术水平和现有市场容量等因素制约了这些优势的充分发挥，但国产大豆的产业发展前景十分广阔，一些制约因素也在明显缓解。从国产大豆发挥优势的潜力看，国外发达国家用作食品直接“入口”的大豆都要求是非转基因，其价格比转基因大豆高30%～50%。在国内，随着传统豆制品及蛋白加工业的迅速发展，高品质国产大豆的价格优势也日益明显。据中国食品工业协会豆制品专业委员会统计，2011 年全国规模以上食品工业企业传统豆制品加工消费大豆超过 550 万吨，经过筛选分级的国产大豆价格比进口大豆价格已高出 15% 以上。从国产大豆生产潜力看，国产大豆不仅单产水平提高空间很大，而且通过发展间作套种等耕作方式变革增加产量的潜力也很大。据中央农办最近的调查估算，如果将全国 1/3 的玉米种植面积采用玉米、大豆带状复合种植技术，每年能增产大豆 1700 多万吨，比 2012 年的总产量还要高 400 多万吨。从国产大豆市场潜力看，大豆是优质植物蛋白的良好来源，适合我国以植物性食物为主的饮食习惯，在国际大豆蛋白产品市场也有很大增长空间。特别是随着我国居民健康意识的增强，大豆及豆制品的消费需求增长态势十分明显。据国家统计局统计，全国城镇居民年人均大豆及豆制品消费支出从 2006 年的 38.32 元增加到 2011 年的 69.31 元，年均增长 12.6%。美国《经济展望》曾宣称，“未来最成功最有市场潜力的并非是汽车、电视机或电子产品，而是中国的豆腐。”

三、进一步明确支持国产大豆产业发展的政策措施

当前，国产大豆产业发展面临严峻挑战，处在重要关口。而大豆产业影响重大、利益关系复杂，各方面的认识也不尽相同。必须从全局和战略高度明确国产大豆产业发展方向，突出支持重点，发出清晰的政策信号，为国产大豆产业发挥自身优势、提高市场竞争力创造必要条件。

第一，明确坚持国产大豆生产既定目标不动摇，坚定对国产大豆产业发展的信心。尽管我国大豆对外依存度高企的形势已不可逆转，但保有一定规模的大豆产量对我国既很重要也仍有实现条件，并已作为重要目标纳入国家相关发展规划。有关部门应立足于保护农民利益和维护农业持续生产能力的大局，坚定不移地贯彻执行国家关于大豆生产的方针政策，坚持不懈地落实好各项规划措施，保持大豆市场和进口调控政策的连续性、稳定性，给大豆生产者以明确的政策预期。

第二，明确把稳定和恢复大豆生产的主要着力点放在提高单产水平上，加大直接扶持生产措施的力度。这既是提高我国大豆种植比较效益的根本途径，也是在不影响主要粮食作物生产条件下维持国产大豆自给率的必然选择。具体建议有：一是提高大豆良种补贴标准、改进补贴方式，将大豆良种补贴标准提高到每亩20元，将补贴方式由发放现金改为免费提供良种，并在规模种植区域内推行单一品种，促进优良品种区域化布局、标准化生产。二是实施大豆增产关键技术补贴，参照对小麦“一喷三防”等稳产增产关键技术补贴的做法，对农民采用深翻整地、复合种植等增产技术给予适当补贴，并将现有农机购置补贴、农民培训补贴等支持政策适当向大豆种植倾斜。三是设立国家大豆重大科技专项，恢复和带动大豆良种繁育、良法试验示范及加工、贸易等领域和环节的科技创新。

第三，明确把充分发挥自身优势作为国产大豆产业调整的基本方向，加快培育特色鲜明的国产大豆产业体系。国产大豆的非转基因和高蛋白含量优势，只有在食品和蛋白市场才能得以体现。要把国产大豆的资源优势转变为产业竞争优势，必须积极拓展食用大豆下游产业链，形成明显不同于压榨大豆的产业链条和产品市场。为此，可从两方面入手：一是制定出台扶持国产高蛋白大豆加工业发展的产业政策，支持传统豆制品企业提高标准化、

规模化生产水平，鼓励新兴大豆蛋白加工业发展，培育和壮大高蛋白大豆市场，推动国产大豆更多地从压榨加工转向食品和蛋白加工。二是加大转基因法律法规的实施力度，严格执行转基因大豆、豆油、豆粕等大豆产品的标识和流通、加工等管理制度，为形成转基因与非转基因产品的两种市场、两种价格体系提供法制保障。

2013 年 5 月 16 日

着眼全球提高我国大豆供应保障水平

——大豆产业发展调研报告之二

张顺喜　李攀辉

大豆既是我国食用植物油的重要来源，又是饲料蛋白的主要来源，在国民经济和社会发展中具有重要作用。近年来，随着城乡居民生活水平不断提高和畜牧业快速发展，我国大豆需求持续增长，产需缺口不断扩大，对外依存度已超过80%。同时，大豆又是受国际资本炒作因素影响最大、价格波动最为剧烈的农产品之一，防止市场价格异常波动、保持市场供应稳定的难度很大。要充分认识确保大豆有效供给的重要性、艰巨性和复杂性，统筹用好国际国内两个市场两种资源，加快构建安全稳定的大豆供应保障体系。

一、理性看待大豆大量进口的必然性和长期性

加入世界贸易组织以来，我国大豆进口持续增加，不断攀上新台阶。2012年，大豆进口量达到5838万吨，比2001年增加了3.2倍，年均增长13.9%。尽管近年来进口增长速度已有所放缓，国内大豆生产也还有一定的增长潜力与空间，但大豆供应主要依靠大量进口的势头已经不可逆转。从现实情况看，我国大豆产需缺口巨大，很难通过增加国内生产来解决。目前，我国大豆年产需缺口接近6000万吨。按照我国大豆现有生产水平计算，实现国内大豆产需平衡，需要新增近5亿亩耕地种植大豆，是当前大豆种植面积的近5倍。而2012年我国三大主要粮食作物稻谷、小麦、玉米的种植面积仅分别为4.52亿亩、3.64亿亩、5.25亿亩。在我国粮食供求将长

期处于紧平衡的情况下，有限的耕地、淡水等自然资源要优先用于发展主要粮食品种特别是口粮的生产，不可能再拿出这么多的耕地来种植大豆，满足大豆需求只能通过大量进口。从发展趋势看，我国对大豆的需求仍处于持续增长的时期。我国人口总量仍在继续增长，城镇化仍处于快速发展时期，畜牧业正在加快向饲料使用量更大的发展方式转变，这些都导致大豆需求不断增长。根据有关方面预计，从现在到2020年，我国总人口还会新增1亿人左右，还会有1亿多的农村人口到城镇工作和生活，畜牧业会基本实现规模化发展，大豆需求年均增长速度将保持在5%左右。因此，不论愿不愿意，我们都必须正视大豆持续大量进口的客观现实，把关注重点从“要不要进口”转到“如何进口”上。

二、影响我国大豆有效供给的最大制约是贸易话语权缺失

在必须主要依靠国际市场保障国内供应的情况下，是否在国际大豆贸易中拥有话语权，是能否保障供应稳定的决定性因素。目前，虽然我国大豆进口量居世界第一、占全球大豆贸易量的65%，但我国不仅没有基本的定价权，就是进口采购权也大多被跨国资本所掌控，这大大加剧了我国大豆企业的经营风险，增加了国内市场的不确定性。之所以出现这种局面，主要原因有四个方面：

一是跨国粮商垄断大豆国际贸易。以“ABCD”（美国ADM、邦基、嘉吉和法国路易达孚）为代表的大型跨国粮商已在南美等海外上游原料产地经营百年，通过提供优质种子、发放种植贷款、实行产品买断等方式，实际控制了世界大豆生产环节，进而垄断了90%以上的出口货源。表面上看，我国大豆进口约45%来自于美国、40%来自于巴西、10%来自于阿根廷，但实际上都是由这些跨国粮商提供的。与此同时，跨国粮商还通过在南美投资建设仓储、港口、码头等设施，掌握了物流环节，并通过采取让货主有船装不了货、有货装不上船等手段，强化了在大豆贸易中的垄断地位。

二是国内大豆期货市场影响有限。美国芝加哥商品交易所（CBOT）是公认的世界大豆定价和交易中心，当前大豆的国际价格基本上是以CBOT期货价格为基准加减升贴水而来，即业内所谓的“点价方式”。与之相比，我国大连商品交易所（DCE）的大豆期货交易尽管这些年取得了长足发展，但

交易规模仅为前者的30%左右，特别是在市场开放度、参与者数量、交易规则、交割仓库布局等方面都与CBOT存在相当大的差距，制约了价格发现、套期保值、规避风险作用的发挥，使得国内大豆期货难以走出独立行情，只能随国际市场而波动，成为国际期货价格的一个“影子”。

三是国内企业综合竞争能力不高。除中粮等大型国有粮油企业外，我国大豆企业虽然数量众多，但多数经营规模小、资金实力弱、国际化程度低，缺乏熟悉国际贸易环境和规则的经营管理人才，难以及时获取和准确分析国际市场信息，有效运用期货市场、远期合同等风险管理工具的意识和能力不强。同时，国内企业进口大多是“单打独斗”的“散兵游勇”式采购，缺乏统一的行业协调和自律，无法形成合力，面对实力强大的跨国粮商，在贸易谈判中常常处于被动地位，甚至在大豆行情后市看好时竞相抬价。

四是国内大豆市场信息服务匮乏。美国农业部通过评估预测世界大豆生产、消费、贸易、库存等数据，定期发布农产品供需报告，直接影响生产者、贸易商、投资者等市场主体的预期和国际大豆期货、现货市场的运行。比如，去年美国农业部前期大肆渲染遭遇50年不遇的特大旱灾而大幅调减全球大豆产量，后期又大幅调增，国际大豆价格随之暴涨暴跌就是一个典型证明。相比之下，我国在大豆及其制品供求方面的统计体系很不完善，缺乏及时、科学、权威的信息发布，对世界其他主产国的监测分析更是空白，难以对国内外市场产生有利于实现政府调控目标的引导。

三、加快构建基于全球范围内的大豆供应保障体系

保障我国大豆有效供应，必须充分利用全球大豆资源，切实增强在国际大豆贸易中的话语权，逐步打破目前的“南美种大豆、中国买大豆、美国卖大豆并决定价格”格局。这虽然困难重重，但却势在必行。具体建议如下：

第一，支持国内企业“走出去”。大豆是一个全球产生链，向上游原料产地拓展问题已不容回避，但境外农业开发一般投资周期长、数额大，面临各种经济、政治风险，仅凭企业自身力量难以奏效，国家应在其中扮演更加积极的角色。可从税收优惠、融资支持、保费补贴、考核评价等方面对国内龙头企业给予倾斜，支持他们到南美、南亚和东非乃至俄罗斯等地，通过参股、并购等形式进行资源开发和建设物流设施，让企业“走出去”，真正“划得

来”并“有利可图”，打造一批中国自己的农业跨国公司。

第二，加强内资企业行业协调。在我国大豆大量依赖进口、市场完全开放的背景下，实现低价采购、除低进口成本是应有之义，对国内豆农的保护可以通过加大补贴力度而非抬高国内价格的办法解决。大豆进口和铁矿石、原油等对外依存度高的产品进口在本质上并无二致。应借鉴其他行业做法，发挥中国大豆产业协会等行业组织作用，加强企业之间的相互协调，研究实行统一对外、联合采购制度，推广长期供货合同模式，提高在国际大豆贸易中的谈判能力。

第三，抓紧健全大豆市场信息服务体系。从生产、加工、消费、贸易、库存等多个环节入手，整合政府相关部门统计监测资源，综合社会各类机构力量，提高国内大豆市场信息服务的科学性、有效性、适时性和权威性。同时，研究采取在世界大豆主产国派驻农业官员等办法，加强对国际大豆供求的监测统计，发布我们自己的分析预测信息。

2013 年 5 月 16 日

强化政策引导大豆压榨加工业健康发展

——大豆产业发展调研报告之三

张顺喜　李攀辉

大豆压榨加工约占我国油脂加工总量的65%、大豆需求总量的85%，豆油、豆粕产量分别占到食用植物油、油粕产量的40%、70%以上，是油脂加工业和整个大豆产业链条的关键环节。近年来，在大豆消费快速增长的带动下，我国大豆压榨加工业迅速发展，在保障食用植物油市场供应、支撑畜牧业发展转型等方面发挥了重要作用，但也存在一些突出问题。主要表现在四个方面：

一是产能过剩严重，效益下滑。为控制大豆压榨加工能力的盲目扩张，国家发改委在2008年颁布了《促进大豆加工业健康发展的指导意见》，明确提出"到2012年大豆油脂加工能力控制在6500万吨/年"的目标。但实际上，这一目标早已被大大突破。据国粮中心测算，2012年底大豆压榨加工产能达到1.25亿吨，超过压榨量的近1倍。由于产能扩张过快，致使行业开机率连年下滑，2012年仅略高于50%。其中，压榨国产大豆的东北地区的产能利用率只有24%，不少中小企业尤其是日加工能力1000吨以下的小型加工厂多处于停产或半停产状态。严重的产能过剩，不仅影响企业经济效益，而且容易引发恶性竞争，放大进口需求信号。据中粮集团反映，自2011年以来，压榨进口大豆持续出现负利润，2012年每吨平均亏损182元。

二是外资主导地位仍未根本改观，影响程度加深。尽管我国1997年即已将“油脂加工”列为限制外商投资产业，但2004年和2008年大豆价格先后两次暴涨暴跌，让外资在行业洗牌中占据了控制地位，产能占比一度达66%。《促进大豆加工业健康发展的指导意见》实施后，以中粮、中纺、中储粮为代表的内资产能扩张步伐加快，外资压榨产能占比有所下降，但仍在50%以上，特别是80%以上的小包装油市场份额仍被外资牢牢占据。其中，仅益海嘉里一家就占到53%，其旗下的“金龙鱼”系达到46%。外资企业凭借其全球产业链的布局，在掌控我国大豆压榨加工、产品销售渠道后，可以通过“高买低卖”实现跨国利润转移，这大大压缩了国有和民营大豆企业的生存空间，加大了国家调控食用油市场的难度，同时也间接控制了下游的豆粕、饲料等各个环节，给我国畜牧业发展带来了巨大的潜在风险。

三是加工国产大豆积极性不高，进口异化增多。近几年我国新增的压榨产能多集中在沿海港口地区，普遍以加工进口大豆为主。原因在于，使用进口大豆不仅价格相对便宜，而且随进随加工、储存时间短、资金周转快，还可以通过远期信用证结算方式降低财务费用。同样购买1吨大豆，仅财务成本一项，进口大豆就比购买国产大豆低230多元。同时，北方大豆压榨加工业的主要消费市场在南方，但东北地区铁路运力紧张，运输中收费名目繁多，大豆及其制品物流不畅。收购加工国产大豆，在实际中还存在增值税难以抵扣等问题。尤其需要重视的是，随着人民币兑美元的汇率和利率变化加剧，通过进口大豆进行资本炒作运营的套利空间越来越大，远高于正常的大豆流通加工利润。这使不少大豆进口并非是以压榨加工为目的，而是异化为贸易融资和跨国资本投机的工具。业内人士估计，近年来融资大豆至少占我国年进口量的20%，甚至出现了国际粮商在国外把大豆卖给国内融资商，然后在国内再从融资商手中低价买回的现象。这不仅会扭曲大豆供求信号，扰乱大豆正常流通加工秩序，而且会加剧境外热钱涌入，影响国内金融市场稳定。

四是终端产品缺乏行业标准，市场竞争无序。当前我国小包装食用油占食用油市场的比例不到20%，而香港、新加坡和日本等地为50%～60%，今后小包装食用油市场潜力巨大。但在占据小包装食用油半壁江山的食用调和油市场，由于缺乏统一的行业生产规范和产品标准，给了加工企业可乘之机，许多企业不是按照标准配方生产，而是根据原料行情变化随意调整加工配比。这既损害了消费者的利益，也容易引发无序竞争，加剧行业发展失衡。

这些问题不仅会严重制约大豆产业的健康发展，而且会使畜牧业发展陷入被动，给保障农副产品供应甚至保持物价总水平的基本稳定带来不利影响。要充分认识促进大豆压榨加工业健康发展的重要性和紧迫性，在严格落实现有大豆压榨加工产业发展政策的基础上，针对当前的突出问题抓紧出台有针对性的措施，引导大豆压榨加工业有序发展、健康发展。具体建议如下：

第一，控制大豆压榨加工产能扩张，优化产能配置。立足提高现有产能利用率，坚决限制新建和扩建大豆压榨加工项目，避免低水平重复建设。着眼于淘汰落后产能和挤压过剩产能，支持国内龙头企业通过兼并重组等方式，关停并转一批技术设备落后的小规模加工厂。

第二，支持内资企业扩大市场份额。严格执行新版《外商投资产业指导目录》，按照将食用油脂加工列入“限制”类并要求中方控股的要求，规范准入审查程序。加强反垄断法等法律法规的贯彻实施和监督检查，对影响公平竞争的垄断企业及时启动反垄断调查，减缓和降低垄断企业的控制力和影响力。鼓励内资企业健全零售网络、强化品牌塑造、提高管理水平、增强核心竞争力，加快培育一批能与外资抗衡的内资龙头企业。

第三，加大收购、加工国产大豆的政策引导力度。采取贷款贴息、利差补助等方式，鼓励金融机构增加贷款投放、实行利率优惠，解决企业收购国产大豆融资难题。研究国内龙头企业参与国产大豆临时收储机制。加强东北地区物流体系建设，清理大豆运输中不合理收费。借鉴部分鲜活农产品免征流通环节增值税做法，解决好国产大豆购销增值税抵扣问题。

第四，加强进口大豆流向监管。严格执行国家关于进口大豆必须定点加工并接受检验检疫部门监管等相关规定，严格核实进口申报企业与最终流向企业是否相同，限制没有加工背景的贸易企业进行大豆贸易融资，防止影响国家生物安全和金融安全，避免扰乱大豆正常贸易和加工秩序。

第五，规范终端产品市场秩序。抓紧完善油脂加工业行业规范和终端产品市场标准，把成分含量列为必须明确标识的内容，建立健全相应的监督和追溯体系，防止无序竞争，维护消费者知情权。

2013年5月16日

甘肃扶贫调研的感悟和建议

叶兴庆

2013 年 4 月 5 日至 8 日，随国务院领导同志到甘肃省积石山保安族东乡族撒拉族自治县贫困村调研“解剖麻雀”，方式新颖，机会宝贵，受益终身。坦率地讲，尽管我参加工作后一直从事“三农”政策研究，多次参加各类调研，但入户填写调查问卷，这是第一次；尽管到国研室工作已多年，多次随领导同志外出考察调研，但采取不踩点、不打招呼、不论职务高低分成若干小组进村入户的组织方式，这是第一次；尽管上学期间和工作后多次到农村调研，但在农户家吃派饭，这也是第一次。当地干部对我讲，你们这是当年的土改工作队呀。无论是作为一名政策研究人员，还是作为一名机关干部，这都是一次难得的人生经历和锤炼机会，对今后做人做事都会留下深刻烙印。

于我而言，这次调研的最大收获，是从书本来到了现实，从抽象走向了具象，从间接回归到直接。以前在文学作品中多次读到有关少数民族群众受教育程度低、文盲多的描述，这次在刘集乡肖家村十二社的 4 户访谈中，才真正亲眼目睹成人不识字、儿童不上学的现状。以前在电影电视中多次看到一些地方山大沟深、干旱贫瘠的图像，这次在去关家川乡芦家庄村塘中社的途中，才真正体会到什么是悬崖峭壁、尘土飞扬。以前在研究报告中多次读到边远地区生态脆弱、人口超载的分析，这次沿途看到漫山的梯田、从山脊到山谷散落的农家，才真正体会到什么是生存所迫、人类韧性。以前在各种场合中多次听到贫困地区干部观念陈旧、等靠要思想严重的议论，这次在与地方干部的座谈中，才真正领教了什么是狮子大张口。

通过一路所见所闻，我对做好下一步的扶贫工作，有以下感悟和建议：

一、既要有紧迫感，又要从长计议

从我们小组访谈的2个村、7户家庭看，温饱问题已得到低水平解决。推广地膜覆盖技术后，自产粮食基本够吃，有2户需要用打工收入购买面粉做补充。衣服和被褥能够保暖，令人惊讶的是，家家都有取暖的煤炉。义务教育已实现免费、供应营养餐，但少数民族家庭不愿送孩子读书，汉族家庭低年级学生上学路途较远、存在较大困难。7户家庭都参加了新农合，但只有住院费用能报销60%，有3户有慢性病人，看病负担很重。住房问题解决得最好，7户中有5户得到过危房改造补助。在今后的8年中，只要保持最近这几年的发展势头，实现“两不愁、三保障”目标是完全可能的。问题在于，即便实现了这一目标，生产生活水平也是很低的，与全面建成小康社会的目标仍不可同日而语。

因此，我们必须清醒地看到，到2020年全国实现全面建成小康社会目标时，贫困地区可能还达不到全面小康的要求，都达到平均数不符合数学规律。今后8年贫困地区应集中精力抓扶贫，围绕“两不愁、三保障”作努力，不能简单套用其他地区全面小康的指标体系，不能用考核其他地区的办法来考核贫困地区的工作。推进扶贫开发，不是8年时间就能做完的，要把8年内的工作和8年后的工作统筹考虑，在发展思路、工作机构、法制建设等方面要有长远考虑。

二、加强产业扶贫这个弱项

通过2村、7户的问卷调查，我深深感到，这些年国家在贫困地区基础设施和社会事业建设方面下的功夫大，效果也明显。尽管村内道路仍多是土路，晴天尘土飞扬，雨天泥泞不堪，但2个行政村都通了水泥路。尽管地形复杂、村落和住户分散，但自来水、电线确实通到了各家各户。几乎家家都有手机、卫星电视接收器，且信号稳定。危房改造覆盖面大，农民居住条件得到明显改善。7个农户中有3户是低保户，低保补助成为重要现金收入来源。7个农户都参加了新农合、新农保。比较而言，农户在产业发展方面得到的扶持较少，这是个弱项。尽管7个农户都得到了种粮直补、农资综合补贴,所用的地膜也是政府补贴的,有 2 户得到了能繁母猪补贴,有 3 户得到了牧草补贴,但除地膜和能繁母猪补贴勉强算得上产业扶持外,其他几项补贴只是增加了农民现金收入,对产业发展帮助不大。当地农民愿意发展的羊、核桃、花椒,没有扶持措施;7 个农户,没有一家因发展生产得到过贷款扶持;7 个农户,家家有人外出务工,但都没有接受过职业技能培训,只能到新疆、青海从事最简单的重体力活,收入很低。

由此看来,在下一步的扶贫工作中,应把产业扶贫放在更加重要的位置。除扶持一般化、普惠式农业技术推广(如地膜覆盖)外,还应扶持有意向的农户发展有资源、有市场、力所能及的个性化生产项目。这其中的一个关键环节,是要下决心解决好贫困农户贷款难问题。现在的情况是,一方面财政扶贫贴息贷款额度用不完、贴息用不掉,另一方面农户发展生产贷不到款。贴息解决的是农户利息负担问题,没有解决银行面临的费用高、风险大问题,银行没有放贷积极性。应创新体制机制,借鉴广东省郁南县等地经验,开展信用户、信用村建设,降低银行发放农户贷款的交易费用;建立担保基金、扩大种养业保险,降低农户拖欠贷款的风险;积极发展村镇银行、小额贷款公司、资金互助社等新型农村金融机构,鼓励和引导中国扶贫基金会这样的公益性组织到农村发展微贷款,对农民从这些机构贷款平等地给予财政贴息,以增强农村金融市场竞争性。

三、理性看待边远贫困乡村在中国经济版图中的消退

在去积石山县的途中,走在进村入户的路上,站在干旱瘠薄的地头,我一直在问自己,这里怎么会有人一代接一代地繁衍生息,如果宽大陡峭的山体不是布满梯田和人家、而是长满森林植被,该是一幅怎样的画卷。在农耕文明时代,受人口增长、自然灾害、战争袭扰、社会动荡、民族冲突等多种因素影响,人口不断向边际土地迁移,不断毁林毁草、开荒种地,形成了中国目前的人口布局。保安族、东乡族、撒拉族,以及汉族和其他少数民族群众居住在这里,是生存所迫。正如一位农民埋怨的,“党的政策好,就是祖先没把我们生个好地方”。

我们已进入工业化城镇化发展阶段和全球化时代,应该对中国的经济版图进行重新规划,改写农耕文明时代形成的人口布局,不是有人的地方都

要实现工业化城镇化，而是适宜工业化城镇化的地方要吸纳、承载更多人口。如果说过去人们来到这里是历史的无奈，那么现在人们离开这里是时代的进步。自然条件极其严酷的边远贫困乡村，即使花很大代价把路修通、把电架入、把水引来，也不可能让目前承载的人口都富起来。只有实施易地扶贫搬迁、使当地常住人口不断下降，移出去的人才能富起来，这些地方才能缓过劲来。这种移民搬迁，与过去的外出逃荒、离乡背井、流离失所有着本质的不同。目前一些地方常住人口大幅度减少，"空心屋"、"空心村"明显增多，这是好现象，并不表明这些地方的工作没有做好。移民搬迁不应再搞农业移民，简单地从山上往山下搬，而应与工业化城镇化结合起来；不应由政府组织大规模集体搬迁，而应发挥市场机制的作用，以非农就业、良好生活环境、政府适度补贴吸引贫困农户自愿搬迁、分散搬迁，投亲靠友、进厂进城。

四、要激发贫困地区干部群众脱贫致富的强烈愿望

积石山县既属于592个国家扶贫工作重点县之列，也在六盘山集中连片特殊困难地区之内。国家批复了六盘山片区区域发展与扶贫攻坚规划后，积石山县对国家大规模投入寄予很高期望，提出了总投资达100多亿元的扶贫项目规划。而该县2012年GDP不到10亿元，县级财政自给率仅8.9%。在入户访谈中，我们明显感到部分农户安于现状，20岁左右的男女青年，宁可在家闲逛，也不出去打工。我们去的两个村，一个是撒拉族聚居村，一个是汉族聚居村，撒拉族聚居村这个问题尤为突出。这与其他一些地方农村见不到年轻人的状况形成鲜明反差。真是哀其不幸，怒其不争，替他们着急。

推进扶贫开发，加大外部扶持力度确实必要，但更重要的是转变贫困地区干部群众的思想观念，激发他们的斗志，从要他们脱贫致富转向他们要脱贫致富。应拓展扶贫开发的内涵，注重人力资本开发，组织县、乡、村干部到发达地区参观考察、挂职锻炼，通过走出去，开阔眼界；加强职业技能培训，通过提高就业能力、务工工资收入，促使更多的劳动力向外转移；加大力度提高少数民族适龄儿童入学率，用营养餐吸引他们上学，用"要打工，上初中"激励他们读书，用宗教人士的影响、帮扶干部的宣传促使家长送孩子上

学。应改变目前这种不问使用效果如何自上而下层层分配扶贫资金的做法,通过报账制、以奖代补等方式提高扶贫资金分配的竞争性,以鼓励多干多得、干得好多得,调动地方用好扶贫资金的积极性,为减小调整扶贫资金分配方式的阻力,可实行增量改革,先从每年新增的扶贫资金做起。

2013 年 4 月 26 日

台湾农地流转陷入困境给我们哪些警示?

叶兴庆

最近,李克强总理在江苏考察时明确指出,要以农业现代化支撑新型城镇化,适度规模经营可以提高土地、劳动力效率,通过股份合作、家庭农场、专业合作等多种形式发展现代农业是大方向。社会各方面对此反响强烈。我们认为,在工业化城镇化进程中,如何同步推进农业现代化,特别是如何顺应农业剩余劳动力大规模转移的客观趋势,不失时机地促进农地流转和集中,防止小规模农业变成小规模兼业农业,防止农业综合生产能力滑坡,是我国这种人多地少国家现代化建设必须解决好的重大课题。

问题在于,国内外情况表明,解决好这个课题并不容易。与我们情况类似的国家和地区,包括日本、韩国和我国台湾省,迄今都未能取得令人满意的结果。特别是台湾农地制度从巨大成功、广受好评到弊端丛生、积重难返的跌宕起伏,不得不进行第二次土改、而又收效甚微的尴尬局面,对我们目前正在推行的农业经营体制创新很有警示意义。

20 世纪 40 年代末至 50 年代初,台湾实施了第一次土地改革。主要采取了三项措施:一是实行“三七五减租”。规定地租最高限额为 37.5%。即佃户在农地年收入总量中扣除 25% 作为生产成本,余下的由租佃双方对半分,最终佃户获得 62.5%、地主获得 37.5%。二是推行“公地放领”。把光复时从日本财阀手中没收归公的农地,按照相当于同类耕地年收获量 2.5 倍的价格、分 10 年平均摊还的方式,卖给无地或少地农民。三是实施“耕者有其田”。凡地主出租的水田超过 3 公顷、旱地超过 6 公顷的,超过部分全部由当局收购。收购价格参照公地放领价格,当局支付给地主的地价款,

70% 为实物债券,30% 为公营事业股票。当局将收购来的土地,参照公地放领的办法出售给无地或少地农民。

经过这次土改,基本废除了封建土地所有制,形成了小规模自耕农占主导的农业经营格局。自耕农占农户的比例由 1948 年的 26%,上升到 1959 年的 81%。农民获得土地所有权,积极性得到极大调动。从 1953 年到 1968 年,台湾大米产量从 164.2 万吨提高到 251.8 万吨,农业生产年均增长率达到 5.5%,经历了一次高速发展时期。在那个时代,国际社会对台湾的这次土改评价甚高,一些国家和地区纷纷学习台湾的土改经验。

但是,从上世纪 60 年代初台湾推行出口导向战略、步入经济起飞阶段后,农业劳动力大量外流,农户耕地面积过小、地块过多的局限性逐步显露。农业生产成本明显上升,进口农产品大量涌入,岛内农业陷入停滞和徘徊,出现"农业危机"。面对这种情况,台湾当局采取了一系列措施,主要包括:废除"肥料换谷"等盘剥农业的政策,转向实行农业支持保护政策;从以农业为中心转向以农民为中心,推进农业、农村、农民三位一体全面发展;实施"农地重划",平整土地、加强农田基础设施建设,通过农户间的土地交换,调整合并分散细碎的地块,将农户分散的耕地尽量集中于一处。这些措施并没有触动农地产权制度,对解决农户兼业化、农地经营规模过小问题收效甚微。1970 年 - 1980 年,兼业农户占总农户比重由 39.7% 上升为 91.05%。台湾学界和政界逐渐意识到,不对第一次土改形成的农地制度进行大的改变,消除农地流转的制度障碍,台湾农业没有前途。

1979 年初,台湾当局颁布了《台湾地区家庭农场共同经营及委托经营实施要点》,拉开了第二次土改的序幕。该实施要点鼓励农民创办家庭农场,联合经营农业,允许农民将自己的土地委托他人经营。随后,台湾当局又颁发了《扩大家庭农场经营规模辅导农民购买农地贷款计划实施要点》,通过提供低息或无息贷款,鼓励农民购买土地,扩大农场体量,以获取农业生产的规模效益。1979 年 12 月,国民党十一届四中全会制定了"推动第二次土地改革"基本方针,旨在改变一家一户占有土地的自耕农制度,以提高土地集中度,扩大农业经营规模,降低农产品生产、加工、流通和销售成本。1981 年 9 月,台湾"农委会"出台了《第二阶段农地改革方案》,主要措施有三条:一是为农户提供扩大农场经营耕地的贷款支持;二是推行农业共同经营、委托经营及合作经营;三是加速农地重划建设进程。

二次土改废除了农地兼并限制,允许土地自由流转,提倡创办家庭农场,鼓励农民联合经营,推广和发展共同经营、委托代耕等经营方式,辅导小农转业。这么做,本意是要使农业劳动力转到其他行业,使更多农民摆脱土地束缚,实行较大规模的农业生产,实现农业生产的专业化、企业化和机械化。但现实却是,通过二次土改,鼓励农地买卖、扩大家庭农场单体规模的效果却很不理想。1990 年与 1955 年相比,耕种 0.5 公顷耕地以下的农户占总农户的比例从 34.4% 增加到 46.8%,农户平均占有耕地的数量也从 1952 年的 1.29 公顷下降到 1994 年的 1.08 公顷。在 1981—1985 年的二次土改期间,仅有 7.84% 的农户出售了农地所有权。

为什么难以通过土地买卖实现农地流转与集中?据台湾学者研究,主要是买卖双方都不积极。卖方不愿出售,主要是因为:土地为祖遗财产,不可轻易处分;没有使用大笔资金之需要,卖了土地所得价款不知如何处理;土地不卖,留着只会涨价;万一子女在都市失业,回来有地可种。买方不愿购买,也有其考虑:农业收益不高,买地无利可图;地价昂贵、不堪负担,借款买地、得不偿失。

为促进农地流转与集中,台湾近年来又采取了多方面措施。一是进一步放宽对农地买卖和租赁的管制。将“农地农有、农地农用”调整为“放宽农地农有、落实农地农用”,放宽农地经营者资格,允许非自耕农购买农地,为工商资本进入农业、有效利用耕地提供了可能。冻结“耕地三七五减租条例”,建立合理的耕地租赁制度,鼓励发展租地经营。二是建立“农地银行”。2007 年以来,台湾各地农会成立专门从事农地买卖、租赁、委托经营等中介业务的“农地银行”。截至 2011 年 8 月,参与“农地银行”服务的农会共计 298 家,占全部农会的 98.6%;累计登录农地银行网站建置的农地出租、出售及法拍案件共计 16246 笔,成交 4325 笔,成交农地 1258 公顷,增加贷款约 5.1 亿元新台币。三是推行“小地主大佃农”政策。为推动农地租赁、扩大经营规模,2008 年台湾开始实施“小地主大佃农”政策。小地主为出租人,大佃农为承租人。主要扶持政策包括:为大佃农提供无息贷款、帮助支付长期承租农地的租金,补助购置稻谷烘干机,发放农地利用改善奖励金等。截至 2011 年底,“小地主大佃农”政策辅导的经营规模达到 8433 公顷，大佃农平均耕作面积为8.4公顷，是台湾地区农户平均农地面积1.1公顷的7倍多；大佃农平均年龄42岁，较一般农业经营者平均的62岁，已显著年轻化。这些措施有一定效果，但能否从根本上解决问题，还有待观察。

台湾虽然已实现了工业化城镇化，但他们至今没有解决好农地流转与集中问题，导致一方面农产品价格昂贵、农业补贴负担沉重，另一方面农业生产萎缩、农产品进口依存度不断攀升。这固然与人多地少的资源禀赋有关，但农地制度改革滞后、农地流转陷入困境也是重要原因。我们仍处于工业化城镇化进程之中，台湾的探索和尴尬现实给我们不少警示。

警示一：科学把握现代化进程中工业化城镇化这一变量与农业农村变迁这一变量的关系

纵观发达国家和地区的现代化进程，工业化城镇化与农业农村变迁之间的对应关系，可以分为慢变量对应慢变量、快变量对应慢变量两大类型。多数发达国家属于前一类型，他们的工业化城镇化经历了一个长期过程，是个慢变量；农民退出农业和农村、转入非农产业和城镇耗时较长，也是个慢变量。尽管出现过英国"羊吃人"等社会问题，但总体而言农业经营规模能够随工业化城镇化发展而逐步扩大，农地流转不动、农户兼业化尾大不掉的问题并不突出。我国台湾以及日本、韩国属于后一种类型，他们将西方发达国家几百年的发展历程压缩为几十年，工业化城镇化在不太长的时期内就已实现，是快变量；但二战后他们实行过以平均地权、建立自耕农体制为核心的土地改革，土改时期形成的制度安排，既促进了初期阶段的农业农村发展、也束缚了他们后来的手脚，加之受资源禀赋、文化传统、利益集团等因素影响，农业农村变革面临很多约束，是个慢变量。以农业农村的慢变量应对工业化城镇化的快变量，是日本、韩国、台湾农业陷入困境的根本原因。我们应当引以为鉴，在工业化城镇化进程中，及时推进农地流转与集中，真正做到"四化同步"，不能等到工业化城镇化完成后再回过头来解决这个问题，否则悔之晚矣。当然，在农业农村变革过程中，应保护好有历史文化价值和民族、地域元素的传统村落和民居，保护好农业文化遗产。

警示二：在应对小农经营困境的各种路径之间作出理性选择

上世纪60年代台湾经济起飞后，第一次土改形成的小自耕农体制的弊端开始暴露。从那个时候起，台湾当局就一直致力于解决小农经营面临的困境，并且形成了三条路径：第一条路径是加大对农业的支持保护力度，解决农民收入低、农产品国际竞争力差的问题；第二条路径是发展农民合作组织，解决单家独户解决不了或不经济的活动，如农田灌溉、机械作业、产品销售等；第三条路径是促进农地流转与集中，扩大农地经营规模。台湾的教训在于，过于仰仗前两条路径，在第三条路径上犹疑不决、步履蹒跚；忽视了各种措施之间的协同性，在前两条路径上所作的努力，延长了小规模兼业农户的存活期，使第三条路径更加难以见到成效。日本的情况大致相似，但日本在前两条路径上走得更远，在第三条路径上行动更为迟缓，直到最近才不得不放宽农地租赁、买卖的限制。从台湾解决小农经营困境的历史经验来看，增加农业补贴、加大农业支持保护有其必要性，但容易形成路径依赖，代替不了农业劳动生产率的提高；发展农民合作组织可以舒缓矛盾，但不能从根本上解决矛盾，代替不了农地的流转与集中。80 年代中期以来，为解决小规模承包经营农户面临的经营困境，我们沿着三条路径采取了许多措施，也都有一定成效。在今后的工业化城镇化进程中，可以继续沿着前两条路径往前走，但要更加注重第三条路径。为此，应按照今年中央 1 号文件精神，加大力度培育家庭农场，积极发展土地股份合作经营，对到农村发展适合企业化经营的种养业的城市工商资本持更加积极包容的姿态。

警示三：应多途径促进农地流转与集中

台湾从 70 年代末、80 年代初就着手促进农地流转与集中，30 多年来可谓想尽了一切办法。审视这些做法，可以给我们三点认识：

一是从解决地块细碎问题入手。台湾高度重视农地重划，通过农户之间土地交换、农业基础设施统一规划建设，解决地块细碎、不便于灌溉和机械作业等问题。截至 1996 年，全岛共完成耕地重划 37.8 万公顷，占全部耕地的 43.4%，取得明显效果。今年的中央 1 号文件明确要求“结合农田基本建设，鼓励农民采取互利互换方式，解决承包地块细碎化问题”。目前中央和地方安排的与农田基本建设有关的专项资金很多，如农业综合开发、扶贫开发、土地复垦、农田水利建设等，但各自为政。建议借鉴台湾农地重划的经验，下决心从中央层面进行整合，按统一规划，对全国耕地进行一次综合整治。

二是应尽早放宽流转对象。台湾虽然在第二次土改中允许农地租赁和买卖，但在农地流转对象、农地持有上限等方面仍有严格限制。直到最近几年才废除“农地农有”的陈规，允许非自耕农购买和租赁农地，但这时地价已大幅上涨，错过了最佳时机。与台湾相比，我们的耕地流转途径更少，只能租赁，不能买卖。在不改变用途的前提下，流转对象似可放得更宽一些。

三是给农地流转第一推动力。在市场经济条件下，理应发挥市场在资源配置中的基础性作用。但农地资源的再配置受很多非经济因素影响，市场机制容易失灵。为防止农地流转陷入僵持状态，需要有第一推动力。台湾采取了很多推进措施，如提供贷款支持、鼓励青年农民扩大经营规模，建立养老保障制度、鼓励老年农民退出土地，提供“土地银行”中介服务、促进双方土地交易。与台湾相比，我们的制度优势更为明显，因为我们实行的是土地集体所有制，农户获得的土地承包经营权虽然是一种用益物权，但毕竟还不是一种完整的产权。应审慎对待土地产权在集体所有权与集体成员承包经营权之间的分割，清醒认识到土地承包关系长久不变是一把“双刃剑”，既有有利于维护承包户土地权益的一面，也可能有不利于承包土地流转的一面；掌握好政策边界，在尊重原承包户物质利益的前提下，可以在非农就业比重高的地方积极探索土地承包经营权的多种实现方式，允许确权确利不确地，由集体经济组织选择合格的家庭农场经营者、按适度规模经营的标准将土地重新发包给他们；鼓励有条件的地方开展土地流转奖励，使流转出土地的原承包户不仅能得到土地租金，还能得到额外奖励；积极探索市场化退出机制，鼓励已在城市稳定就业和定居的人群彻底转出承包地、彻底退出农业农村。

2013年4月18日

规划到户、责任到人，深入落实扶贫开发攻坚任务

——广东的实践与创新

张定龙　汪一洋

消除贫困，实现共同富裕，是中国特色社会主义的本质要求，是全面建成小康社会、基本实现现代化的重要前提，也是当前和今后一段时期促进经济社会发展的一项重点任务。近几年，广东对加快消除贫困、实现共同富裕作了新探索，在全省农村开展“规划到户、责任到人”的扶贫开发攻坚实践，创新出一条脱贫致富、消除贫困的新路子。

2009 年，广东省在解决了农村温饱问题、整体消除了绝对贫困之后，决定在全省农村开展“规划到户、责任到人”的扶贫开发攻坚战。经过 4 年的不懈努力，扶贫开发“双到”取得了显著成效。2012 年，全省 3407 个贫困村、37 万贫困户、157 万贫困人口实现了脱贫；贫困户人均纯收入达到 7028 元，贫困村集体经济收入全部达到 3 万元以上，村均达到 11.09 万元；全省区域发展差异系数从 2007 年的 0.75 回落到 0.64，城乡居民收入差距从 3.15∶1 缩小到 2.87∶1。

一、与时俱进加大扶贫开发力度，走出一条减贫致富新路子

一是扶贫“双到”实现了从解决绝对贫困向解决相对贫困的重大转变。改革开放 34 年来，广东农村扶贫开发经历了《国家八七扶贫攻坚计划》、实施《中国农村扶贫开发纲要》等主要阶段。2009 年在实施扶贫开发“规划到

户、责任到人”实践中,充分借鉴国内外反贫困的成功经验和做法,建立起相对贫困标准,将扶贫标准1500元提高到2500元,高于2011年2300元的国家贫困标准。二是扶贫“双到”率先探索建立起动态扶贫标准。2012年广东出台的《广东省农村扶贫开发实施意见》中,明确提出建立动态贫困标准,将当年全省农民人均纯收入的33%作为2013—2015年新一轮的扶贫标准,约为3478元,比全国2011年扶贫标准高出1178元。按国际购买力评价法相当于人均一天2.5美元,高于世界银行制定的中等收入国家相对贫困标准。动态贫困标准的建立,明确了“扶谁的贫”,确保扶贫工作始终瞄准并全面覆盖处于标准以下的贫困人口。

二、实施“瞄准机制,靶向疗法”,实现中国特色扶贫开发方式的新突破

(一)实施“瞄准机制”。通过“一对一”帮扶,建立起瞄准机制,确保贫困村、贫困户都有脱贫规划,都有扶贫责任人,明确目标任务,确保扶贫“双到”有的放矢,做到定点消除贫困。根据扶贫“双到”制定的贫困标准,确定具体的贫困村、贫困户。一是瞄准扶贫对象。按照“户有卡、村有册,镇有簿、县有案”的工作要求,对贫困村、贫困户登记造册,建立动态档案和帮扶台账,实现全省联网,使帮扶情况真实准确。二是瞄准贫困成因。帮扶单位深入贫困村、贫困户,找出贫困原因,制定扶贫规划和措施。全省把3407个贫困村、37万贫困户的帮扶任务具体分配落实到帮扶单位,进行定点、定人、定责帮扶。瞄准机制明确了“扶谁的贫”和“谁去扶贫”。

(二)实行“靶向疗法”。在实施瞄准机制基础上,实行“靶向疗法”,更直接、更精确地配置扶贫资源,落实工作责任,确保扶贫“双到”快见效、见实效。制定实施《扶贫开发规划到户责任到人工作问责制》,出台考评办法,公开考评结果,实行全程、全员、全方位跟踪监督。根据不同情况,实行分类指导,采取“一村一策、一户一法”,制定每个村、每个贫困户的具体帮扶计划和帮扶措施,使帮扶工作有目标、有规划、有步骤、有措施。坚持从实际和需要出发,采取多种方式扶持贫苦村、贫困户脱贫致富,如以建基地、签合约为主的区域经济协作帮扶,以发展当地特色优势产业为主的农业产业化帮扶,以发展休闲农业、生态旅游为主的特色旅游帮扶,以入股分红增收为主的入股经济项目帮扶,以担保和小额贷款为主的金融信贷帮扶,以技能培训和助学

为主的智力帮扶，以购买农机具为主的生产资料帮扶，以建立健全社会保障为主的基本生活保障帮扶，以修建各类基础设施为主的公共基础设施帮扶，以建移民新村和整体搬迁为主的移民搬迁帮扶等，有效解决了“用什么扶贫”、“如何扶贫”的根本问题。

三、扶贫“双到”构建起大扶贫格局，彰显了“先富帮后富，实现共同富裕”的发展理念

扶贫“双到”举全省之力、聚社会之财、集全民之智实施扶贫攻坚，形成了领导重视程度最高、扶持政策最实、资金投入最多、社会参与最广的大扶贫新格局，充分体现了中国特色社会主义制度的优越性。一是领导挂钩落实责任，确保执行有力。省委13位常委和分管农口的副省长各挂钩联系一个市督导工作，省直各部门一把手作为挂钩帮扶贫困村第一责任人，各市、县党政一把手把和四套班子成员全部挂村挂户。至2012年，全省各级干部到村超过60万人次，平均每村180多人次。二是集中资源，对口帮扶效果显著。全省派出3541个工作组、11524名干部进村驻点，保证每个贫困村都有驻村工作组，每户贫困户都有帮扶责任人。各级帮扶单位累计投入帮扶资金227.2亿元，其中财政资金占50%；平均每个贫困村的村集体和贫困户落实帮扶资金666.8万元，帮助发展经济项目和基础设施建设等项目共28868个，多渠道筹集扶贫资金机制初步形成。三是动员社会广泛参与，形成强大合力。扶贫“双到”推动扶贫工作由单纯依靠政府向政府主导、社会组织和民间力量共同参与转变，建立省市县镇“竖到底”，各行各业“横到边”。2010年起，每年定期举办“广东扶贫济困日”活动，累计捐款已达90多亿元，扶贫济困已经成为全省上下广泛共识和统一行动。

四、扶贫“双到”与“双转移”结合，开创了广东特色的扶贫开发新模式

广东实施产业和劳动力“双转移”战略，推进珠三角劳动密集型产业向粤东西北地区转移，农村劳动力向城镇转移，并与扶贫开发“双到”紧密结合，以“双转移”促扶贫“双到”，增强欠发达地区贫困村、贫困户的“造血”功能。一是加快珠三角产业向粤东西北地区转移，夯实欠发达地区产业发展基础。欠发达地区承接珠三角产业转移，对产业扶贫起到了重要的辐射带动作用。全省建立起36个省级产业转移工业园区，总投资累计达到

10196.8 亿元，引进项目 3629 个。产业转移的辐射带动作用使扶贫“双到”的贫困村、贫困户发展特色产业项目越来越多、规模越来越大。3407 个贫困村、37 万贫困户累计发展经济项目 28868 个，其中农业项目 18101 个、工业项目 2938 个、商贸旅游项目 1559 个、其他建设项目 6270 个。二是加快农村劳动力培训和转移就业，提高了贫困户自我发展能力。将全省农民纳入职业技能培训范围并形成制度安排，实现“就业一人，脱贫一户”。全省 3407 个贫困村参加各种专业技能培训的农民共 204.4 万人次，已经实现转移就业的农村劳动力 199.3 万人；2012 年 3047 个扶贫村农民人均工资性收入达到 5744 元，占到纯收入的 74%，工资性收入大幅提高已成为贫困户增加收入的重要来源。提高智能水平增加收入，是标本兼治的扶贫，实现了从单纯给钱给物的“输血”型扶贫向增强自我发展能力的“造血”型扶贫转变。

五、建立扶贫开发长效机制，确保广东率先全面建成小康社会

广东建立扶贫开发长效机制的主要做法，一是建立扶贫和农村基层党建有机结合工作机制。扶贫“双到”一手抓扶贫、一手抓党建，打造一支“永不撤走的工作队”，提高基层党组织战斗力和凝聚力，巩固农村基层政权。二是建立健全贫困人口准确识别和动态管理机制。随着“面上”扶贫到“定点”帮扶的阶段性转变，需要制定更为有效的扶贫对象识别和管理方法，这对于建立瞄准机制和实行靶向疗法，精确有效配置扶贫资源，提高扶贫开发效率具有重要意义。三是建立健全长期对口帮扶机制。贯彻落实《广东省农村扶贫开发条例》、《广东省农村扶贫开发实施意见》，坚持对口帮扶，坚持干部驻村，坚持社会参与扶贫。四是建立健全多渠道多元化的资金投入机制。稳定、持续增长的资金投入是扶贫开发工作的基础和保障，完善资金合理投入、科学管理及有效使用。五是建立健全贫困村贫困户的自我发展机制。扶贫开发工作更加注重扶贫对象自我发展机制设计，逐步提高贫困村、贫困户自我发展的能力和条件，最终实现自我发展。六是建立健全贫困人口社会保障机制。从实现共同发展、共同富裕的大局出发，不断提高农村社会保障水平，力争尽快实现城乡公共服务均等化，加快推进社会保障体系一体化建设。

2013 年 6 月 6 日

（汪一洋　广东省发展研究中心）

三、着力增强经济发展的内生动力

地方如何打造中国经济升级版调研报告

韩文秀　肖炎舜　潘国俊　钱谱丰　高振宇

李克强总理在今年“两会”记者会上提出打造中国经济升级版，引起了国内外高度关注。5 月 20 日至 25 日，国务院研究室赴山东、浙江、河南三省调研，通过召开地方政府有关部门和专家座谈会、实地考察等，广泛听取地方对打造中国经济升级版的看法和建议。现将调研情况和我们的初步看法报告如下。

一、关于打造中国经济升级版的内涵和要求

三省有关部门同志和专家都认为，打造中国经济升级版具有重大战略意义和鲜明的时代特征。打造中国经济升级版的构想，是在把握世界发展趋势和中国发展实际的基础上，对“中国梦”的经济图景的谋划，是贯彻落实科学发展观的重要战略部署。当前和今后一个时期，我们要用好后发优势赶超发达国家，跨越“中等收入陷阱”，必须加紧打造经济升级版。升级顺利，我国经济社会就会步入良性发展轨道；行动迟缓，传统的发展方式难以持续，可能会错失发展的战略机遇期。

中国经济升级版是一个巨大而复杂的系统工程，包括：更优的经济结构、更强的创新实力、更公平高效的市场机制，更充分的就业和更高的收入、更蓝的天和更清的水，更稳定的民生保障和更踏实的百姓心态，更健康和可持续的经济社会发展。

打造中国经济升级版，要体现以下要求：一是经济总量水平升级。保持

适当的经济发展速度，跨越中等收入阶段，逐步向高收入国家迈进。二是经济结构升级。调整不合理的产业结构，逐步实现一二三产业协调发展、内外需均衡匹配、城乡发展走向一体化，形成服务经济为主、内需拉动为主的经济。三是质量和效益升级。改变高投入、高能耗、低效益的粗放发展方式，提高全要素生产率，实现投入产出的最大化，在降低能源资源消耗强度乃至总量的基础上推动经济可持续发展。四是发展动力升级。加大改革开放力度，最大限度减少政府对微观经济的干预，最大程度释放民间资本活力，强化企业在创新创造创业中的主体地位，形成新的发展动力。五是人民福祉升级。逐步解决就业、社会保障、收入分配等事关人民切身利益的核心问题，确保群众能够呼吸洁净空气、喝干净水、吃安全食品，使人民生活水平实现质的提升。

二、关于打造中国经济升级版的倒逼机制和紧迫性

打造中国经济升级版，既是主动谋划未来发展方向的重大战略，也是国内外诸多因素倒逼下的应对之策，早升级早主动，迟升级很被动。大家反映，主要有以下五个方面的"倒逼"。

一是产业结构倒逼。有的同志说，未来十年是发达国家在工业化、在更高层次上重回制造业的十年，如果我们再延续低水平产能扩张的老路，产业结构不升级，在国际产业分工中就会处于非常被动的地位。山东同志表示，山东工业规模居全国第一，但产业结构偏重，产业链条短，高技术含量、高附加值的产品少，市场竞争力和占有率都不高，服务业比重也偏低。浙江同志认为，这些年浙江"腾笼换鸟"，持续推动产业转型升级，但浙江服务业仍滞后上海 7—8 年；转型升级缓慢导致市场经济主体活力下降，浙江民企在中国民企 500 强中的比率由 2006 年的 40.6% 降至 2012 年的 28.4%。河南同志认为，河南工业发展方式偏传统、产业链偏上游、价值链偏低端、组织结构偏散小等问题严重，资源型产业增加值占规模以上工业增加值的 70% 左右，传统优势产业竞争力在下降，而以技术为核心的新产业尚未成为支柱。

二是生态环境倒逼。各地普遍反映，环境恶化形势还在趋于严峻，不加快升级，环境容量支撑不了，人民群众身体受不了，社会矛盾也会爆发出来。即使是浙江省，其万元 GDP 能耗也比发达国家高出 1.5—2 倍，单位生产总

值二氧化硫排放量分别是美国、德国、日本的5倍、10倍和30倍。浙江同志说，一些地方上了一些高能耗高污染企业，累计起来的利润都无法弥补对环境造成的破坏，实际上是挣不了几个钱、害了几条命、误了几代人。

三是资源供求倒逼。大家普遍认为，未来我国资源刚性需求上升与供给制约的矛盾将长期存在。山东反映，该省石油、煤炭、铁矿石、铜、铝等大宗矿产资源省内保障程度不足50%，80%以上煤炭需要从外省调入；经济不转型升级，资源环境越来越难以支撑。

四是国际竞争倒逼。三省同志普遍反映，在外需不足、劳动力成本上升、贸易摩擦加剧、出口产品附加值和科技含量不高等多重压力下，对外贸易既面临发展中国家的低成本竞争，又面临发达国家的高技术竞争，传统贸易方式难以为继。浙江外贸依存度一直很高，过去长期处于70%以上，去年为65%左右，随着价格优势逐步削弱，一些企业和产品的国际竞争力面临发达国家和发展中国家的两面夹击，“高不成、低不就”现象开始出现。

五是内需不足倒逼。三省都是人口大省，有巨大的内需拓展空间，但受城镇化水平不高、农民收入水平偏低、社会保障体系还不够完善等因素影响，内需特别是消费需求不足成为制约经济转型升级的关键因素。山东省GDP一半以上靠投资产生，消费率不足40%，属于“投资拉动型”。2012年河南城镇化率仅为42.43%，低于全国平均水平10个百分点，使得城镇化这个最大的内需潜力无法发挥出来。

三、打造中国经济升级版要把握的几个关系

打造经济升级版是一个从量变到质变、从渐变到突变的过程。在这一过程中，应处理好以下五方面的关系。

一要处理好新版本与旧版本的关系。新版本与旧版本相互联系，既有继承，也有发展。升级版是在旧版本基础上的升级，不是平地上起新楼。打造升级版，既要肯定过去经济发展成就，体现改革开放“一棒接一棒”的责任传承；也要客观估计当前经济社会发展中的短板和问题所在，明确深化改革开放、推动转型升级的方向。

二要处理好政府与市场的关系。政府对打造中国经济升级版要进行谋划和推动，但打造经济升级版的主体是企业，什么产业要发展、怎么发展，主

要应由市场决定。政府要遵循经济发展规律,坚持“有所为”和“有所不为”,既不“缺位”又不“越位”和“错位”,政策安排既能激发市场主体活力,体现“最大”的扶持,又不破坏市场公平竞争环境,体现“最小”的干预。

*三要处理好保持经济平稳运行与促进经济转型升级的关系。*经济发展的速度和质量是打造经济升级版的两个重要方面,两者缺一不可。要在经济平稳运行中打造升级版,经济不能出现大起大落。同时,打造经济升级版是一个有“破”有“立”的过程,可能会暂时牺牲一点速度,既要有“稳坐钓鱼台”的定力,也要有“壮士断腕”的勇气。

*四要处理好整体升级与局部升级的关系。*全国经济要升级,各地也要升级,全国是“面”,地方是“点”。打造升级版,既要做好“面”上的统一规划,强化顶层设计,也要加强对地方“点”上的分类指导,注重调动地方的积极性和主动性。各行业、各企业在升级上有共性,都要克服“无心转”、“无力转”、“无处转”的问题;也要突出个性,立足行业、企业实际找准自己的升级方向。山东建议,中央尽快制定出台打造经济升级版的指导意见或整体方案。

*五要处理好硬件与软件的关系。*打造中国经济升级版既要改善硬件质量,也要提升软件水平,努力使二者相互促进,实现“双轮驱动”。硬件如基础设施、先进装备,软件如市场环境、科技创新能力和高端人才、产业工人等,对打造经济升级版都不可或缺,不能顾此失彼,“一条腿长、一条腿短”。

调研中,山东、浙江、河南三省有关部门同志和专家学者结合地方实际,着眼全国发展大局,对如何打造中国经济升级版提了一些有价值的建议。

一、把“四化同步”作为打造中国经济升级版的根本路径

大家普遍认为,要紧跟世界发展趋势,探索“四化同步”发展新路径,提升“四化同步”发展水平,为打造经济升级版夯实基础。一是发挥新型工业化的主导作用。山东同志提出,本省要以产业链延伸和产业集聚为重点,提高技术水平改造传统产业,深入实施高端高质产业发展战略,提升战略性新兴产业规模和水平。浙江同志提出,坚持做强工业,全面推进“四换”,即“腾笼换鸟”,就是集中力量扶持高科技、高附加值的产业和产品,淘汰高能耗、高排放、低产出的产业和企业;“机器换人”,就是通过技术改造和设备更

新,实现减员增效;"空间换地",就是集约用地;"电商换市",就是大力发展电子商务,实现商业模式的创新和提升,加快培育一批在国内外具有影响力的品牌企业和创新型企业。二是增强新型城镇化的引领作用。三省同志都认为,未来一段时期应以人的城镇化为核心,以提升产业支撑力和服务保障力为重点,走新型城镇化道路。加快城市群建设,提升区域合作发展层次和水平。把城镇化与产业转型紧密结合起来,使产业发展成为新型城镇化的核心引擎。研究建立稳定规范多元的城镇化投融资机制。三是充分发挥信息化的综合带动提升作用。山东同志提出,坚持信息化建设与深化应用相结合,大力发展现代信息技术产业。推进信息化与工业化深度融合,推进两化融合试验区建设。浙江同志提出,要大力推行智慧制造模式,弓 I 导工业生产方式变革,加快推进智慧城市建设示范试点,开展智慧城市大型软件技术创新。四是强化农业现代化的基础作用。更加科学有效地实施耕地保护与整治,加快建设粮食生产功能区和现代农业园区,发展壮大优势特色农业。河南结合本地农业规模较大的特点,建议在河南建设黄淮海国家区域农业科技创新中心,搭建功能完善、快速高效的农业科技研发、推广、服务平台,建立国家级现代农业发展示范区。

二、把环境保护作为打造中国经济升级版的重要抓手

三省普遍认为,必须牢固树立生态环保理念,把生态文明建设融入经济和社会生活的各个方面,在发展中保护、在保护中发展,走绿色低碳发展道路。浙江同志提出从环保切入推动升级的思路。一是提升标准引领升级。在重点领域和重点地区有序执行水、大气污染物特别排放限值,严格执行行业整治标准,强化环境保护标准贯彻实施。二是严格准入优化升级。按照主体功能区规划和生态环境功能区规划,实施差别化的区域开发管理政策和分区评价指标体系,对产业集聚区和重大建设项目进行分类指导,强化以新带老、增产减污、总量削减替代等措施,严格项目准入。三是污染减排倒逼升级。加强节能降耗,强化能源消费总量制约,不断深化行业、区域整治,对重点污染地区和环境敏感地区的重点环境污染问题进行整治督办。四是强化监管促进升级。对环境违法行为零容忍,严厉打击各类违法排污行为,坚决杜绝污染企业通过违法排污、转嫁环境成本取得市场竞争优势的现象。

五是优化服务助推升级。下放审批权限、简化环评审批程序，坚持提前介入、主动服务、专人负责，优化环保服务。六是创新机制保障升级。建立和完善排污权有偿使用和交易、绿色信贷、绿色保险、绿色债券制度等环保体制，发挥制度的激励约束作用。

三、把改革红利、内需潜力、创新活力叠加起来，形成打造中国经济升级版的“集合动力”

打造中国经济升级版需要多元动力、混合动力。一是把推进改革作为打造升级版的活力源泉。打造经济升级版，必须坚持市场取向的改革，增强经济发展的动力和活力。山东同志建议，改革增值税等流转税的分成办法，引导地方从“抓工业上项目”向抓好公共服务转变。浙江同志建议，建立健全符合市场经济要求的资源要素管理机制和价格体系，减少政府对资源要素的过多占有和管制，提高资源配置的市场化程度。改革完善土地制度，赋予集体建设用地使用权与国有土地使用权同等权能，并允许集体建设用地使用权出让、出租、入股、抵押等。大家认为，经济社会要实现转型，归根结底取决于政府转型是否到位。政府要从“划桨”中解脱出来，集中精力“掌好舵”，为打造经济升级版提供强有力保障。当前要把简政放权有关配套方案尽快定下来、落到地，最大限度激发市场主体活力。希望中央在综合配套改革、营改增、自主创新、城镇化、服务业改革发展等方面，以及土地、税收、金融、人才等领域，给予地方先行先试权，激发打造升级版的活力与动力。二是把扩大内需作为打造升级版的战略依托。大家普遍认为，要完善扩大城乡消费新举措。鼓励发展电子信息、通讯产品、教育培训、文化娱乐、体育健身、休闲旅游等新的消费热点。加快促进商业模式创新，重点在电子商务、连锁经营、物流配送等方面有所突破。优化城乡流通体系建设，降低流通成本，提高流通效率。浙江同志建议增加对产业转型升级、完善基础设施、统筹城乡建设、协调区域发展、提升公共服务等重点领域的投资规模。三是把科技创新作为打造升级版的根本支撑。科技创新能力和水平的高低，直接影响到升级版能否成功打造。山东同志建议，强化企业创新主体地位，支持自主创新的各类专项基金原则上均由企业自主安排。加快科技成果产业化进程，大力发展创业风险投资，培育若干创新高地和一批各具特色的区域创新示范区。加强知识产权保护。抓好高层次人才尤其是领军人才的培养引进工程,完善以科研能力和创新成果为导向的科技人才评价标准。

四、把人民生活品质显著提升作为衡量中国经济升级版的最终标准

保障改善民生是打造中国经济升级版的出发点和落脚点,我们是否成功打造升级版,最终是看人民群众是否受益更广、得实惠更多,是否真正共享到了改革发展成果。不解决好民生问题,不仅经济发展会失去动力,社会和谐会失去支撑,打造经济升级版也失去了意义。因此,作为打造升级版的重要内容和标志,在民生领域应当体现为突出民生问题得到质的缓解,就业水平和质量明显提升,收入水平和公平性明显提升,社会保障水平和可持续性明显提升,环境质量、食品安全水平明显提升。浙江同志认为,加大民生领域财力保障力度,老百姓拿到的是真金白银,政府得到的是民心。山东同志建议,营造公平的就业创业环境,健全城乡劳动者平等就业的制度,加快破除人才流动的各种壁垒,实施有利于劳动力自由流动的财税、金融、创业、户籍等政策,真正建立起全国统一大市场。实施更高质量的就业战略,推动人力资源从第一产业向二三产业转移,促进人力资源更加顺畅地与资本、技术等要素高效结合。浙江同志建议整合制度,逐步解决老百姓反映强烈的社会保障制度分割问题,做到社会基本养老等全国统一,保障最基本的底线公平。

2013 年 6 月 7 日

把创新城市发展方式作为国家重大战略

陈文玲

推进城镇化持续健康发展是国家战略的重要组成部分，是扩大国内消费需求带动经济健康平稳发展的根本路径。新形势下必须以新的视角审视我国城镇化发展道路，转变粗放的城市发展方式，明确我国新型城镇化发展方向，创新城市发展方式，实现我国城镇化发展的科学、协调、可持续。

一、中国转变城市发展方式的方向

（一）城市发展由速度型向质量型转变，强调城市发展的质量和可持续

从城镇化的整体趋势判断，我国已经进入到以城市型社会为主体的城市时代，城市发展也将进入到由量到质的转变阶段。在这个阶段，衡量城镇化进程的数量指标、速度指标和经济指标，应让位于突出城市发展质量的考核性指标和资源环境约束性指标。从城市的发展质量来看，必须更加注重城市的建设质量（包括城市规划、基础设施、城市建筑质量和风格）、管理质量（包括覆盖城乡的社会管理、公共服务、城市应急管理）、经济发展质量（包括产业结构的轻型化、集群化、高端化、生态化）等。从城市可持续发展来看，必须更加注重城市综合承载力的提高，强调城市社会、经济与自然的协调发展，经济发展与生态环境的深度融合。城市的发展不仅表现在人口、资源、技术、产业等文明要素的空间化集聚，更体现为生产方式、生活方式、交往方式、文明传承方式的整体性转换。

（二）城市发展必须由外延式向内涵式转变，强调城市发展的集约和高效

外延式的城市发展方式主要表现为做大城市规模、拉大城市框架，以获得规模经济利益，强调的是城市数量的增长、规模的扩大和空间的拓展。而内涵式的发展则意味着城市结构的优化和质量的提升，强调城市发展的集约和高效，注重城市功能、城市承载力、城市创新能力、城市文化品质等城市内部价值的提高。随着城镇化的推进，我国东部沿海发达地区城市率先以集约高效的城市发展理念为指导，在城市建设中充分发挥城市土地的经济产出功能、生态服务功能、社会保障功能和承载历史文化功能。同时，在全国开始了以“低碳城市”、“创新城市”、“田园城市”、“智慧城市”等以国内外先进理念指导的城市建设发展实践。

（三）城市发展由功能型城市向特色型城市转变，强调城市个性化和生命力

城市的特色是一座城市最具稀缺性和不可复制的财富，是一座城市永恒的生命力。在城镇化的快速推进中，我国陷入到城市“特色危机”，空间形态“千城一面”，经济形态趋同，文化形态被割裂。“故人西辞黄鹤楼，烟花三月下扬州”，曾几何时，一首诗、一句词、一湾水就能唤起对一座城的记忆，如今似乎已逐渐消失。目前，国内许多城市已经开始反思，城市的特色发展、错位发展、个性发展、传承发展成为城市发展的主题。除了传统的以城市历史文化为名、以自然资源条件和地理风貌为名的特色城市，更出现了以城市特色产业为名、以城市特殊功能为名的国际会展城市、国际贸易城市、国际旅游城市和国际港口城市等。部分城市的特色也呈现出多元化特点，如西安既是历史文化名城，又是大学城市；苏州极具江南古韵的古城风貌，与现代化的苏州工业园相得益彰。这些城市特点的多重性为其持续稳定发展创造了条件，更为城市整体竞争力增添了砝码。

（四）城市发展由内向型向外向型转变，强调城市功能的现代化和国际化

随着全球经济联系的日趋紧密，世界经济竞争的方式发生重大改变，中心城市及其所在的城市群成为参与国际竞争与合作的基本单位，更进一步催生了一批国际性城市和世界城市群。目前，我国有些城市由于所处的枢

纽位置和新信息节点等因素，正在由内向型——区域中心城市，发展成外向型——国际性或世界性城市。这些城市将逐步构建起国际化的城市现代化产业体系，在全球范围内进行城市资源供应、产业链延伸、产品销售、人才流动和共享，发展成为全球产业链、全球供应链和全球价值链不可或缺的战略节点，真正实现城市功能趋向由本土化向国际化转变。目前，北京、上海等具有发展基础和优势的国家中心城市提出了建设世界城市的战略目标，在完善国家中心城市体系的基础上，打造具有国际综合竞争力的世界级城市群。全国 180 多个城市提出了建设国际大都市的战略目标，虽然其中大部分城市离国际大都市的目标还有很大差距，但城市功能的国际化已经成为我国城市发展的重要趋势。

（五）城市发展由单体向网络型发展转变，强调城乡统筹发展、城市内部组团发展和城市群协同发展

世界城市的发展经验表明，主要的世界级都市圈、城市群，如伦敦、巴黎、东京都市圈等，都经历了由单中心扩张，向多中心、网络化发展的模式转变。构建网络化、群落化的城市发展模式，有利于解决我国城市快速发展所带来的城市空间和管理方面的诸多问题，更有利于推动城乡统筹发展目标的实现。一方面，城市内部组团发展，集约高效利用土地，网络化的基础设施建设，可以防止城市的无序、过度扩张。另一方面，形成以中心城市（国际大都市、国家中心城市、地区中心城市）、中小城市、小城镇和较大乡镇组成的城市群落发展模式，强调大中小城市之间、城乡之间合理的层级结构，形成优势互补、分工明确、合作紧密的城市间网络关系，有利于推动城乡统筹、区域一体化发展。目前，我国城市群发展迅速，除了长三角、珠三角和环渤海城市群，山东半岛城市群、中原城市群、川渝城市群、长江中游城市群、海峡西岸城市群和关中城市群等也在形成和发展中。这些城市群从最初以自然、地缘、人文相接相似为前提的成片发展，到以有价值的生产要素共享和基于产业链分工的群体协作分工，更出现了以产业集群、市场集群和政策优势等资源共享带动区域发展的城市群。随着我国城镇化的继续推进，我国的城市体系将进一步完善，以城市群为核心的区域发展格局将日趋成熟。

二、把创新城市发展方式作为国家重大战略

城市发展方式直接影响到城市的发展方向和发展质量，是一个关系到

国家经济社会发展的全局性、战略性问题。因此,在坚定不移推动城镇化的同时,应重新思考和总结我国的城镇化道路,把创新城市发展方式作为国家重大战略,积极探索一条符合自然规律、经济规律、社会规律和城市发展规律的独特的城市发展道路。应从以下七个方面创新我国城市发展方式。

(一) 创新城市发展理念

城市发展理念是指导城市发展的共识。创新城市发展理念,应借鉴国际先进发展理念,以面向未来的城市发展理念,向提升城市的质量、完善城市的功能、提高城市服务水平、增强城市的承载能力的科学发展、协调发展、可持续发展转变;以城乡共赢的城镇化理念,统筹城乡规划建设、经济发展和社会管理,促进新型工业化、城镇化和农业现代化融合发展;以人文城市理念,突出历史文化传承、社会建设和民生改善,增加城市的文化内涵,提升城市品质和品牌;以生态城市理念,探索城市的绿色发展方式,在城市建设、生产、生活中融入生态循环的先进理念,更加关注生态环境、资源节约和质量效率,实现社会、经济与自然的协调发展;以智慧城市理念,注重创新驱动和知识经济,建立以科教人才为支撑、智慧产业为主导的经济结构;以立体城市理念,建设现代化城市形态集聚和功能密集区,以高密度城市发展模式,实现对土地和能源的集约利用;以特色城市理念,改变千城一面的城市建设和发展方式,以特色文化、特色经济、特色生态、特色建筑打造城市独特的空间形态、经济形态和文化形态。

(二) 创新城市发展形态

城市形态是城市单体和城市群发展的"骨架",是城市之间各要素高效合理布局的基础,更是城市自然特质和人文历史的有形载体。创新城市发展形态,应在保证城市空间结构紧凑、景观特色协调多样、就业与居住适度均衡的基础上,注重城市形态的差异性、传承性、艺术性和多重性。一方面,应注重城市外观形态和风格的创新,改变过去长期同心圆式的环线交通路网和摊大饼式的城市建设方式,以现代建筑群勾勒城市天际线,镶嵌于田园风光和自然山水之中,兼具城市和乡村优点的新型城市形态,引领城市规划建设和建筑设计理念、方式和艺术,打造城市独具魅力的空间外观形态,为城市的特色发展百年大计积累宝贵财富。另一方面,加强城市组成结构的创新。在城市内部组团布局、大开大合,设计多中心的都市空间形态,构建

"紧凑型城市"。在外部，构建以中心城市（国际大都市、国家中心城市、地区中心城市）、中小城市、小城镇和较大乡镇组成城市群落，基于城市间基础设施、市场要素、信息平台、生态保护、公共服务等方面的无形连接和有形连接，构成有机的城市关联体和共享体系，实现大中小城市与现代乡村之间的互动关联，形成城乡交错、大中小城市相间、疏密合理得当现代城市群发展布局。

（三）创新城市组合功能

以城市群落发展的空间形态为基础，强调中心城市、中小城市、小城镇和较大乡镇的功能区分和合作，从区域经济一体化和城乡生产生活一体化的多层次、多方面、动态的需求出发，构建以生产性、生活性和创新性服务功能为核心的城市功能体系，再造城市群落的组合功能。重点是加强中心城市综合功能，强化中小城市的产业功能，增强小城镇的公共服务功能和居住功能，以及乡村的生态涵养功能。以现代化的标准全面提升和完善中心城市的综合服务功能，充分发挥大城市和中心城市适宜现代人居、融合先进文化、集聚新型经济、包容开放合作的高端平台功能，全面提高城市的经济层次、产业能级、社会文明和现代化管理水平，增强和发挥中心城市的引领带动能力、集聚辐射效应、综合服务功能。重点提高中小城市和小城镇公共服务供给能力，保障城乡居民充分就业、便利就医、就近入学，实现城市有序、高效、低耗运转。

（四）创新城市产业形态

城市产业是城市发展的持续动力，更是城市之间要素集聚和交流的重要载体。创新城市产业形态，需要对产业布局、产业形态和产业驱动力进行全面创新。从产业布局来看，注重城市群内产业布局的层次性以及与城市功能相匹配，在整合各城市优质存量资源基础上，城市之间的产业布局应突出特点，错位发展，发挥产业集群和产业链的粘合作用，在城市群内形成大城市带动，中小城市支撑，乡镇保障的协调发展的产业发展格局。从产业形态来看，强调产业形态向高端攀升，着力发展高端产业和产业链高端环节，在有条件的城市发展城市产业综合体，实现产业优势的最大化。采取集群式、耦合式跨产业循环经济链条的方法，构建以战略性新型产业、现代制造业、现代服务业和现代都市农业为主体的现代产业体系，大力发展智慧型、科技型、创造型、生态型的产业集群，加快培育以技术、品牌、质量、服务为核心竞争力的新优势。从产业驱动力来看，从依靠人口、土地、资源等的“要素驱动”，向依靠知识、信息等的“创新驱动”转变。在提升技术创新能力同时，强调体制机制创新，着力创建高技术为先导的产业发展新机制、新方式，构建战略性新兴产业、高新技术产业和先进制造业集群化、集成式发展的新机制、新模式，创造科技、教育、文化、旅游、物流、金融产业成长壮大的新途径、新业态，加快高新技术改造传统产业进程。

（五）创新城市要素集成方式

城市发展理念、功能、产业形态等方面的创新，对城市要素的集成方式提出了更新、更高的要求。尤其是人文城市、智慧城市等城市新的发展理念，更强调城市科技、教育、文化、人才等非传统要素对城市的内生驱动作用，要求创新城市要素组合和集成方式，形成转变城市发展模式的内在合力。创新城市要素集成的有形平台，着力构建科技、教育、文化、人才等要素集聚有形载体，增强中心城市尤其是国际性城市对全球先进要素的集成、集聚功能。并以城市产业形态和城市组合功能创新为载体，发挥其对科技、教育、文化、人才等要素的综合性组合集聚功能，以多元要素聚集来丰富城市产业和城市功能的创新内涵。同时，创新城市要素集成的新机制，着力构建科技成果转化机制、国际教育合作机制、城市文化保护机制等。

（六）创新城市管理模式

城市发展的复杂性决定了城市管理的复杂性，针对新形势下我国快速城镇化引发的城镇化症候，尤其是长期的城乡二元结构带来的城市管理难题，应强调以社会建设统领城市建设的理念，创新城市管理模式，提高社会管理的科学化水平。从城乡社区自治和服务功能创新入手，创建覆盖城乡居民的社会管理和服务新模式，构建城乡居民公平、公正共享发展成果的社会建设和管理新机制，全面形成政府主导，社会协同，公众参与的新型城市管理格局。包括：创新基层组织治理模式，建立健全基层社会管理服务体系；统筹城乡基础设施、公共服务、劳动就业、社会管理，构建保障农村人口稳定有序转移的制度基础，建立城乡统一的户籍管理、就业服务、社会保障制度，特别要保障农民土地权益；推动城乡之间、区域之间基本公共服务均等化，尤其是强化社会服务供给方式的创新。

（七）创新城市历史文化保护方式

作为一个拥有五千多年历史的文明古国，可以说中国的每一座城市，或多或少都保留着不同历史时期留下的珍贵文化遗产，更有许多遗存丰富的历史文化名城、古城。这决定了我国城市发展必须要处理好城市发展、历史文化保护和开发的关系，把历史文化保护放在优先地位，使历史文化遗迹财富实现保值增值，获得长久和永续利用。在历史文化保护中要处理好继承和发展创新的关系，使城市现代化建设和历史文化传承相融合。以历史古城的保护为例，应尽量保留古城的整体格局和轮廓，尤其是重点保护能体现古城风貌的代表性建筑群、城市轴线、古树名木等。创新城市历史文化保护方式，要在保护中开发、以开发促传承，探索城市历史文化和新兴文化产业融合发展道路，在开发中挖掘、整合城市历史文化潜在价值，梳理贯通城市文化脉络，形成历史与现代融合的城市历史文化保护新路。

我国继续推进城镇化到了一个非常重要的转型时期，应赋予更多未来城镇发展新的内涵。城市不仅是现代化优质要素和资源集聚的载体，更应该是宜居城市和满足人们更多物质文化需求的空间，更多的城市群和城市群落不仅是区域经济社会发展的主要空间形态，更是国家参与国际合作与竞争的集成体和综合体。

2013年2月4日

适当加大调结构扩内需的政策力度

——1—5月份经济形势分析和政策建议

肖炎舜　潘国俊　高振宇　李江冰

5月份的经济数据刚刚公布，我们做了一些初步分析。综合各方面情况看，当前经济运行总体平稳，但经济形势错综复杂，增长动力仍显不足，下行压力依然较大。建议在保持宏观经济政策基本稳定的同时，适当加大调结构扩内需的刺激力度，确保实现全年经济社会发展目标。现将有关情况和看法报告如下。

一、当前经济运行总体稳定

与一季度以及4月份相比，5月份一些经济指标增速变化不大，有的上行、有的下降，但上下波动幅度都比较小，反映经济仍然是稳定的。

一是工业运行平稳。1—5月份规模以上工业增加值同比增长9.4%，其中，4、5月份分别增长9.3%、9.2%，高于3月份的8.9%。5月份东部地区工业增加值同比增长8.7%，比去年同期提高0.4个百分点。

二是就业稳定增加。1—5月份，城镇新增就业602万，完成全年目标任务的67%。5月份，国家统计局31个大城市城镇调查失业率为4.99%，比上月下降0.05个百分点，比去年底下降0.04个百分点。

三是物价保持稳定。5月份全国居民消费价格总水平同比上涨2.1%，比上月回落0.3个百分点，比去年同期回落0.9个百分点，稳定处于调控目标区间。其中，鲜菜价格环比大幅下降等因素，成为价格涨幅回落的主要原因。

四是市场预期总体稳定。国家统计局公布的制造业采购经理指数(PMI)5 月份为 50.8%，比上月和去年同期分别提高 0.2 和 0.4 个百分点，连续 8 个月位于 50% 的荣枯线以上。非制造业商务活动指数为 54.39%，连续 15 个月位于 50% 的荣枯线以上。汇丰银行公布的 5 月份 PMI 跌破 50%，但更多地是反映中小企业的情况，国家统计局公布的 PMI 指数反映更综合、更全面。

五是企业利润稳定增长。1—4 月份规模以上工业企业实现利润同比增长 11.4%，增速比去年同期高 13 个百分点，比去年全年高 6.1 个百分点。1—4 月份国有及国有控股企业实现利润同比增长 5.3%，比去年同期高 13.9 个百分点，比去年全年高 10.1 个百分点。

二、经济增速下行压力仍然较大

经济运行中一些指标反复波动，一些风险隐患继续积累甚至有加剧的迹象，经济形势的困难性、复杂性、严峻性都有所上升。

一是国内需求增长乏力。今年以来社会消费品零售总额增速虽然不低，但与过去相比下了一个小台阶。1—5 月份全国固定资产投资同比增长 20.4%，比 1—4 月份小幅回落 0.2 个百分点。制造业投资放缓，1—5 月份同比增长 17.8%，低于同期固定资产投资增速 2.6 个百分点，也低于去年同期制造业投资增速 6.7 个百分点。5 月份工业生产者出厂价格指数(PPI)同比下降 2.9%，连续 15 个月负增长，且今年以来降幅呈扩大趋势。

二是外贸出口忽上忽下。今年以来外贸数据波动较大，5 月份外贸数据“高台跳水”，进出口同比增速跌至 0.4%，出口仅增长 1%。这虽然与遏制套利贸易、“挤出水分”等有关，但也表明外贸形势相当严峻。5 月份 PMI 指数中新出口订单指数只有 49.4%，远低于历史同期 54.2% 的平均水平。二季度以来，中欧、中日双边贸易持续负增长，1—5 月份分别下滑 2.8%、8.9%。这与全球经济复苏缓慢，保护主义升温有关，也受生产经营成本居高不下、汇率升值加快等影响。截至 6 月 13 日，人民币兑美元、日元较年初已升值 2.0%、13.2%，其中仅 4 月份以来升值幅度就达到 1.75%、3%。

三是财政收支矛盾加大。1—5 月份全国财政收入增长 6.6%，增速同比回落6.1个百分点，其中5月份增长6.2%，同比回落6.9个百分点。特别要重视的是，中央财政收入形势严峻，1—5月份累计仅增长0.1%，同比回落10.7个百分点，其中3、4两个月持续负增长，5月份小幅增长2.6%。要完成全年预算目标，剩下的7个月全国财政收入必须增长9.2%，其中中央财政收入要增长13.5%，地方财政收入要增长5.8%。预计今年地方财政完成预算目标问题不大，但中央财政短收风险比较大。

四是金融领域情况复杂。5月末M2同比增长15.8%，较上月略有回落，但仍高于去年同期和今年全年增长目标。1—5月份社会融资总规模达到9.11万亿元，其中新增人民币贷款4.21万亿元、同比多增2790亿元。尽管从一些指标看，稳健的货币政策并不“紧”，但实体经济对金融服务不足的反映比较强烈。这可能是因为不少资金在金融机构之间、金融机构与借款企业之间空转，难以有效发挥作用。

五是一些领域风险隐患还在积累。审计署6月10日公布的关于36个地方政府本级政府性债务情况的审计结果显示，有的地方政府债务率超过了100%，一些融资平台公司资产质量较差，偿债来源对土地出让收入依赖过大。不少融资平台公司为弥补资金缺口，通过信托理财、融资租赁、委托贷款、BT（建设—移交）甚至违规集资等方式“创新”融资，风险进一步积累。

三、推出一些既利当前又利长远的措施

尽管当前经济运行没有出现大的趋势性变化，但要更加重视防范经济下行风险。建议坚持稳中求进、长短结合，通过创新调控方式提高政策效力，以调结构扩内需促进稳增长。

一是切实把创新供给作为刺激消费的有效手段。大力发展信息网络、文化创意、科技创新产品等新的有效供给，提升旅游、养老等服务水平，着力解决一些群众反映强烈的产品质量问题，培育新的消费热点，改善消费环境，让群众放心消费、增加消费。

二是抓紧扩大有效投资。投资对稳增长具有重要现实意义，建议在严格禁止产能严重过剩行业新增投资的同时，抓紧研究启动那些既利当前又利长远、既稳增长又调结构的投资需求。主要包括，加大中西部等地区铁路投资，加快保障性住房建设尤其是棚户区改造，加大对城乡基础设施，如道

路、轨道交通、地下管网、污水处理等建设，支持发展节能环保产业，加大对连片特困地区扶贫攻坚的力度等。扩大有效投资促进经济稳定增长，可以为压缩落后过剩产能创造条件，为先进产能发挥作用提供空间，这是稳增长和调结构相结合的重要举措。

三是财政政策要在优化支出结构和挖掘增收潜力两方面做文章。在支出方面，建议在不改变预算规模的情况下，适当减少“三公”等行政开支和涉及企业的项目资金支出，增加民生等重点领域支出，更好发挥财政政策对促进经济增长的作用。在收入方面，要采取有效措施，努力完成预算目标。可考虑择机扩大资源税征收范围和从价计征范围，增加地方财政收入。对一些高耗能、高污染产品和奢侈消费品开征消费税，提高中央财政收入。对一些结余期限过长的专项资金进行清理，以应对中央财政短收风险。

四是货币政策要更加有效支持实体经济。有关部门要认真调查研究，弄清楚目前金融资源配置的特点。现在每年新增信贷不少，但实体经济严重“贫血”，很可能是“借新钱、还旧钱”的结果。目前银行表内的私人部门及政府负债总额约 80 万亿元，表外债务约在 25 万亿元的水平，每年付息约 6.5—8 万亿元，利息支出会挤占很大部分的新增贷款或社会融资规模。这些钱表面上都用到了实体经济，但实体经济并没有增加多少可用资金。要根据这种情况，认真评估信贷政策的“度”，并采取相应的对策。

五是多措并举稳定外贸。建议认真研究人民币汇率问题，保持人民币汇率在合理均衡水平上基本稳定，避免升值过快过猛给外贸企业造成过大冲击。妥善应对贸易摩擦，防止对我国出口产生过大影响。

六是让改革措施更加有效发力。通过政府职能转变、简政放权激发市场和经济内生活力，是稳增长的重要政策，一些地方的实践已经证明了这是有效的。但要看到，政府部门干预经济的惯性还是存在的。20 个公章能卡住人，1 个公章也能卡住人，改革要配套、要彻底。同时，政府保留一些必要的监管手段和提供一些必需的服务，也可能继续成为“玻璃门”和“弹簧门”。改革不是简单的放权，要切实转变观念，更加自觉地为市场主体服务。

2013 年 6 月 18 日

推进城镇化需要解决的主要问题

陈文玲

城市作为现代社会的主要载体，是一个国家经济社会发展和现代化的重要标志之一，是发展中国家实现现代化的重要引擎。诺贝尔经济学家斯蒂格利茨曾预言，中国的城镇化和以美国为首的新技术革命是影响未来人类发展的两件大事。我国用三十余年的时间，完成了英国、美国、日本分别用200年、100年、50年走完的城镇化历程，创造了城镇化的世界奇迹。

改革开放以来，我国的城镇化率从1979年不到19%提高到2011年底的51.27%，创造了人类历史上最大规模、最宏伟的城镇化篇章。目前，我国已进入到以城市型社会为主体的城镇化中后期，城镇化作为国家宏观发展战略的重要组成部分，将发挥对经济社会发展更广泛、深远的影响力。但从总体上看，我国城市仍未摆脱以资源高消耗、污染高排放、土地高扩张为特征的粗放的、是外延式的发展方式，做大城市规模、拉大城市框架、土地铺张浪费，城市功能不全、大城市病久治不愈。推进城镇化，亟须解决以下六个方面：

一、资源能源粗放式利用，自然资源和环境生态对城市发展的硬约束越来越明显

长期以来，我国城市土地高扩张、资源高消耗、污染高排放的粗放式发展，使得城市资源能源紧缺状况日趋明显，生态环境持续恶化，成为制约我国城市健康发展的“硬伤”。目前，我国城市的快速扩张和空间的无序开发，导致城市土地资源消耗过快，闲置、低效率利用等浪费现象严重。城市人均

建设用地远超发展中国家和欧美发达国家的平均水平。城市水资源供需矛盾明显,全国600多个城市中有420多座城市供水不足,其中110座严重缺水。城市能源消耗急剧上升,据国际能源机构(IEA)预测,到2015年,我国城市能耗占全国能耗总量的比重将达到79%,到2030年将提高到83%。更令人担忧的是,城市环境的持续恶化,尤其是城市空气、水质量堪忧。全国有2/3城市空气质量不达标,世界银行发展报告指出,全球20个空气污染最严重的城市,有16个在中国。另外,城市固体废物排放量剧增,生活垃圾无害处理率较低,造成严重二次污染。这些生态环境的污染和破坏往往存在不可逆性,危及人类健康、危害生态系统和生命资源,长此以往,人们的生命将受到威胁,城市发展将无以为继。

二、城市规模无序扩张,城市病日益显性化、固态化和复杂化,形成阻碍城市发展的城镇化痼疾

随着我国城市规模的不断扩大,大城市病日趋明显,主要表现为一系列社会管理和公共服务问题引起的城镇化症结。在"机动化快于城镇化"的背景下,困扰我国大多数城市的交通拥堵现象仍将继续恶化。据统计,我国城市上班族平均通勤时间比世界平均水平高出31.7%,比加拿大和美国高出近一倍。全国有将近2/3的城市在高峰时段出现拥堵,其中部分大城市成为名副其实的"堵城",平均通勤(往返)时间超过1小时。同时,随着城市人口的激增,城市公共服务供需矛盾增大,供给严重不足,尤其是住房、教育、医疗普遍存在价格较高、区域分布不均、总体覆盖有限等问题,直接影响到城市居民生存质量和生活质量。另外,与城市居民生活息息相关的食品安全、公共设施安全事故频发,如2012年在各大城市发生的电梯设备故障造成多起人员伤亡事故,城市居民的安全居住、安全饮食、安全出行等均面临挑战。在这一系列的城镇化"病症"中,不仅有西方发达国家城镇化过程中类似"症状",也有我国城市发展中的特有问题,进一步增加了解决的难度。

三、城市建设方式粗放,城市整体形态、建筑质量和组成结构等城市"骨架"问题堪忧

城市的外观形态由城市整体规划、基建设施和城市建筑等要素组成,是城市发展的有形载体，更是一个城市的历史文化和无形资产的积淀。目前，我国粗放的城市建设方式，为城市发展百年大计埋下严重隐患。

一是重速度、轻质量。作为世界上每年新建建筑量最多的国家，我国每年新建面积高达20亿/m^2，但城市建筑（住宅）普遍存在使用寿命短、居住能耗高、改造难度大等问题。城市的大拆大建，导致资源能源及消耗和建筑垃圾大量增加，每年产生的建筑垃圾已经占到城市垃圾的30%～40%。城市建筑仍以传统建筑为主，绿色建筑、低碳建筑、生态建筑等仍处于起步阶段，尚未具备普及的条件，高耗能传统建筑所产生的碳排放，占到碳排放总量的30%～40%，成为城市发展转型的重大障碍。

二是重地上、轻地下。长期以来，我国城市规划和建设地上高楼大厦鳞次栉比，地下基础设施严重滞后，许多城市地下管道丛生、杂乱无章，制约了城市的健康发展。在西方发达国家的城市建设中滞后，地下管网建设是最重要基础建设，代表了城市的现代化水平。伦敦、巴黎等世界城市的下水道系统如同一个地下城市，人、车畅行，有的甚至成为城市的旅游景点；曾饱受城市内涝之苦的日本东京，借鉴西方先进的城市治理理念，建立了被称为"地下神殿"的巨型地下分洪工程。而我国城市地下设施建设，地下管网敷设缺乏系统规划和管理，排水、电力、热力和电信管道互相交错，如同城市"毛细血管"的地下管网，难以负荷城市建设的提速，导致城市建设周期缩短，城市内涝、建筑和道路坍塌等城市安全问题频发，城市经营成本增加。另外，我国城市住宅建筑建设普遍存在重外在、轻内在的问题，二次装修产生的建筑垃圾、噪音、劣质建材带来严重的环境污染，随意更改房屋结构和管线也造成新的安全隐患。

三是重单体、轻整体。没有一座城市的外观形态从整体看是和谐的、美观的，既没有体现每个城市整体形象的城市天际线，也缺乏动静相间、城乡相间和建筑群落相间的整体美。从城市规划来看，我国缺少整体协调的建筑群体设计和建设，一些历史建筑被现代建筑遮挡，自然风景被人造景观掩盖，城市公共建筑参差不齐，城市建筑风格缺乏历史文化含量和连贯性。

四、单体城市一般功能和城市群组合功能缺失，尚未形成以满足人对现代城市多种需求为本的生活载体，容易引发城市危机

目前，我国城市功能存在系统性缺失，造成城市功能结构失调，从而引

发一系列的城市危机。一方面，单体城市的一般功能不完善。受发展阶段的限制，我国城市发展多以经济功能作为城市的主导功能，在一定程度上忽略了城市的服务、管理、协调、集散、创新等其他功能，城市功能供给和需求不匹配。集中体现在：城市载体功能不完善，在自然灾害面前，本该成为人们“避风港”的城市不堪一击，一场大雨、一场薄雪就可使一座城市陷入瘫痪。2008 年南方冰雪天气，造成铁路运输大面积停摆，南方多座城市电力系统瘫痪。2012 年夏季大雨，造成不少大城市交通大瘫痪。城市的交通疏散功能、物流集疏功能和应急能力亟需提升。社会功能不健全，随着我国经济社会的发展，城市居民的需求结构发生了很大变化，社会诉求逐渐多元化，传统的社会管理手段和方式难以应对和解决日益尖锐的社会矛盾。同时，城市的经济功能有待优化，大部分产业仍在全球价值链低端，城市间低水平同质竞争突出，城市创新能力缺乏。另一方面，以城市群为基础的城市组合功能缺失。目前我国城市群尚未形成合理的结构，缺乏大中小城市的合理布局，缺乏城市群内各层级城市职能区分，缺乏以城市间产业集群、产业链连接的城市组合功能，城市群内各城市的功能定位和产业布局雷同，单体城市功能追求大而全，城市群功能结构缺乏区别性、层次性和结构性，难以发挥城市群组合功能的合力。

五、未来城市群落发展尚不成熟，还未形成网络化、共享化和错落有致的区域空间结构和功能结构

城市群是未来我国城镇化布局和区域发展的主体空间形态，是国民经济发展的重要载体。目前，我国城市群发展迅速，但仍存在多方面问题。从城市群内部结构来看，我国城市群大都是单极结构，在经济规模、社会影响等方面存在中心城市“一城独大”的现象，缺乏与之比肩的支柱城市或次一级中心城市。从城市群发展的空间格局来看，受到资源禀赋和发展基础的制约，我国城市群发展的区域差距较大，东部沿海地区已经形成了较为成熟的城市群发展格局，出现了长三角城市群、珠三角城市群等具有国际影响力的大都市带，不同规模的城市群之间联系密切，正在形成我国沿海地区巨大的城市密集带。而中西部地区则仍处于城市群形成和逐渐成熟期，城市群内部结构较为松散，大城市群之间缺乏连接和过渡，城市群中间空白地带的

城市定位模糊、资源受限,存在被边缘化的风险。近年来,国家区域战略对均衡我国区域城市发展起到重要作用,但城市群发展的东、西部区域整体差异将长期存在。

六、城乡“二元结构”长期存在,城市对农村反哺能力、带动能力和辐射能力亟待提升

城乡之间的发展落差一直是我国城镇化的痼疾,农村城镇化、农业现代化、农民市民化仍存在制度性障碍,城市对农村的反哺能力、带动能力和辐射能力不足。从世界城镇化的规律来看,城镇化的最终形态不是达到百分之百的城市,而是城乡空间的合理布局、城乡形态的融合发展,更是城乡文明的共存共荣。目前,由于缺乏城乡一体化规划设计,我国城乡发展形态割裂,城是城、乡是乡。虽然近年来我国大力发展新农村建设,大大改观了农村的风貌和生产生活状况,但长期重城市规划、轻乡村规划,使城市和农村从空间布局和外观形态上基本割裂开来,城乡界限明显,城市中心区、近郊与乡村之间缺乏过渡和融合地带,城市文明和田园风光各处一隅。这种割裂状态更体现在城乡产业布局上,由于城乡二元结构的制约,城市和农村的商品市场和要素市场难以实现一体化,导致了城乡产业发展的脱节,城市发展工业、农村发展农业的单向产业发展格局仍未打破。同时,基于城市扩张需要而对农村土地和自然资源进行单向入侵,使农业发展和农民利益受到损害。加之我国城乡基础设施、公共服务、劳动就业、社会管理等方面仍存在较大差距,缺乏城乡公共服务的一体化供给,农村人口未能真正纳入到城市发展体系和共享体系中,农民面临失地又失业的风险,使得城镇化过程中的城乡发展矛盾愈加明显。

2013 年 2 月 4 日

把增强小城镇人口吸纳能力放在更加重要位置

张顺喜　杨晓智

改革开放以来,我国小城镇得到长足发展,为加快城镇化进程发挥了重要作用。同时也要看到,这些年小城镇发展主要表现为小城镇数量的扩张,小城镇整体质量并没有大的提升,尤其是人口吸纳能力弱的问题仍较突出。据测算,目前我国小城镇平均人口规模不到8000人,其中占小城镇绝大多数的农村城镇(不包括县城)仅4000人左右,与2—3万人的理想人口规模相距甚远。这不仅严重制约了小城镇综合功能的提升,也给城镇化健康发展带来许多不利影响。今后一个时期,应把增强小城镇人口吸纳能力放在突出位置,大力推动小城镇发展从量到质的转变。

一、增强小城镇人口吸纳能力是促进城镇化健康发展的重要推手

首先,增强小城镇人口吸纳能力有利于加快人口城镇化进程。我国城镇化被一些人批评为“伪城镇化”、“半拉子城镇化”,最直接的原因是存在大量在城镇有就业而没有定居落户的农民工。为解决农民工难以稳定融入城镇的问题,中央提出了把促进人口城镇化作为重要任务,明确要求既采取措施让具备条件的农民工在就业所在地逐步安家落户,又积极引导更多农民就地就近转移就业。根据国家发改委城市和小城镇改革发展中心的调查统计,在2.5亿多的农民工中,有47.1%在小城镇就业,有37.7%在本乡镇范围内就业。增强小城镇人口吸纳能力,不仅能够直接推动1亿多在小城镇就业的农民工变为城镇居民,而且给那些不具备在大中城市安家落户条

件的农民工提供了就地就近就业定居的机会，为他们逐步转变为城镇居民开辟了新的途径。

其次，增强小城镇人口吸纳能力有利于遏止土地城镇化速度过快的问题。在导致我国土地城镇化速度大大快于人口城镇化速度的诸多因素中，小城镇人口吸纳能力滞后于建成区面积的扩张是重要因素之一。根据第二次全国农业普查和相关统计资料，在1996—2006年的10年间，全国农村城镇（不包括县城）平均建成区面积扩大了26.86%，吸纳的非农就业人数却减少了10%，西部地区减少的幅度则超过了30%。有关部门的数据也显示，2008年底全国农村建制镇（不含县城）建成区人均占地219平方米，是设市城市城区人均占地的2.23倍和县城的1.92倍。可见，小城镇建成区的人口吸纳能力有很大的提升空间，在减缓城镇建设用地扩张压力、促进土地城镇化与人口城镇化协调发展方面也有很大潜力。

最后，增强小城镇人口吸纳能力有利于保持城镇化应有的推进速度。当前和今后相当长一个时期，仍然是我国城镇化快速发展的时期。今后每年我国仍将有一千多万的农村人口需要转移到城镇，比一些国家的总人口数量还要多。目前，大中城市和经济发达地区不仅有大量已经就业的农民工迫切需要妥善安置，而且许多地方的人口规模已经接近甚至超过了资源环境的承受能力，很难继续大规模吸纳新的农村转移人口。而小城镇数量众多、分布面广，具有广阔的人口容纳空间和巨大的基础设施建设潜力。根据有关方面估算，如果把现有小城镇平均人口提高1倍，能够新吸纳近3亿的农村转移人口，从而可以把城镇化率提高到70%以上。

二、为什么小城镇对农村转移人口缺乏吸引力

应当说，小城镇的户籍限制等体制性障碍相对较少，定居的成本也较低，在吸纳农村转移人口方面具有一定的优势。事实上，在改革开放之初，小城镇也曾经是农村剩余劳动力转移最主要的目的地，并由此推动小城镇进入到一个较快的发展阶段。但后来小城镇却日渐丧失了对农村转移人口的吸引力，大量农村转移人口集中涌向了大中城市和少数经济发达地区。出现这种局面，主要有两方面原因：

一是小城镇缺乏足够的就业创业机会。这是制约农村转移人口流向小

城镇的最大瓶颈。小城镇在改革开放初期能够吸引大量农村转移人口，靠的就是改革开放推动的经济形式多样化和相伴而来的各种商机，特别是以“利用当地资源、解决当地剩余劳动力”为主的乡镇企业异军突起，给小城镇带来大量就业和经商机会。进入新世纪以来，包括小城镇经济在内的县域经济快速发展，县域内的生产总值也已在国民生产总值中占到半壁江山，2011 年达到 51.04%。但县域经济的主导产业大都集中在少数经济发达地区和县城的各类经济园区，大部分农村城镇的产业基础仍然十分薄弱。在中西部地区，农村城镇不仅近年来引进的现代新型产业基本都被安排到县城的各类开发区，而且许多原有的乡镇企业也因竞争加剧和节能环保要求提高等因素不断衰落退出，吸收农村剩余劳动力就业的能力甚至不增反降。没有足够的就业创业机会，就没有稳定的收入来源，就吸引不到要外出谋生的农民。

*二是小城镇缺乏应有的生产生活条件。*经过多年的努力特别是近些年来的加快发展，小城镇的水、电、路、气和住房、通讯等硬件设施比以前有了明显改善，教育、卫生和文化事业也有明显进步。但总体来看，由于长期缺乏科学的整体建设规划和稳定的投融资渠道，小城镇基础设施的建设标准偏低、配套性差的问题仍很突出，公共事业发展慢、服务水平低的局面仍未根本改观。在市政设施建设上，据建设部门统计，2008 年全国建制镇的市政设施平均投资密度为 240 万元/平方公里，乡集镇为 123 万元/平方公里，分别只有城市建成区的 1/9 和 1/18。在公共服务提供上，大部分农村城镇的社会保障水平与农村几乎没有差别，很多农村城镇没有中学和幼儿园，医疗卫生条件和人居环境也不尽人意。很多人认为，目前农村城镇的整体生产生活条件与大中城市的差距在扩大，与农村的差距在缩小，有些方面甚至还赶不上经过整治后的村庄。

三、采取切实措施增强小城镇人口吸纳能力

“十二五”规划纲要把发展小城镇作为构建城镇化战略格局的重要内容，党的十八大报告明确提出了增强小城镇产业发展、公共服务、吸纳就业、人口集聚功能。我们认为，贯彻好中央提出的小城镇大战略决策，关键要体现在政策安排上、落实到实际工作中，要以更有针对性的政策措施和更有力

的工作举措,切实为增强小城镇人口吸纳能力创造条件。

（一）把增强小城镇人口吸纳能力纳入全国城镇化发展规划。正在制定之中的首个全国城镇化发展规划,是当前和今后一个时期推进我国城镇化的行动指南。要在城镇化发展的顶层设计中体现小城镇应有的战略地位,就应把增强小城镇人口吸纳能力纳入即将出台的全国城镇化发展规划,作为城镇化发展的重要阶段性目标和提高城镇化发展质量的重要举措,列入推进城镇化的时间表和路线图,并以此引导带动各方面加大对小城镇发展的支持力度。

（二）在生产力布局调整和产业转型升级中给小城镇经济发展留足空间。增强小城镇人口吸纳能力,最根本的途径是发展小城镇经济。为防止资源要素过度向大中城市和县城集中,给小城镇培育特色产业、壮大经济规模提供必要支撑,应考虑出台以下措施:一是在产业园区建设布局时,给小城镇与其地位相适应的数量。尤其是小城镇具有发展优势的特色产业和劳动密集型产业园区,应优先布局在小城镇。二是在建设用地指标分配上,给一定比例用于小城镇建设工贸集中发展区。对乡镇通过村庄整治、土地整理、增减挂钩等方式取得的建设用地指标,应主要用于满足小城镇的建设发展需要。三是在推进产业结构调整中,给小城镇改造提升传统产业更多的支持。特别要加大对布局分散、技术落后的乡镇企业转型发展的政策支持力度,形成新的竞争优势。

（三）加大对小城镇基础设施建设和公共事业发展的支持引导力度。与城市发展和新农村建设相比,农村城镇的基础设施建设和社会事业发展既缺少稳定的投入支持,又没有系统的规划保障。增强小城镇的人口吸纳能力,必须改变这种“两头热、中间冷”的现象。具体建议有三条:一是参照大中城市基础设施和新农村建设的做法,由国家财政给小城镇建设安排相应的引导性资金,带动各类资金参与小城镇建设。二是在普及建制镇总体规划的基础上,加快编制小城镇详细建设发展规划,推动小城镇基础设施合理布局和配套建设。三是对小城镇社会事业特别是教育和卫生事业发展给予特殊的支持,尽快提高小城镇基本公共服务水平。

（四）赋予小城镇政府与其责任相匹配的管理权能。随着小城镇经济社会发展和人口规模的扩大,传统的乡镇政府管理体制对小城镇发展的制约日益突出。要顺应经济社会发展的客观需要，加快创新小城镇管理体制，尤其要尽快出台扩权强镇的具体措施，让小城镇政府拥有与其职责相匹配的管理权限，为小城镇建设发展提供更加高效的组织和管理服务。

2013 年 3 月 28 日

（杨晓智　中国劳动关系学院）

把握城镇化“双速驱动”特征 重点推动“三个市民化”进程

孙艳梅　宋　立

城镇化是扩大内需的最大潜力，也是打造经济升级版的重要内容。积极稳妥推进城镇化，关键是把握好我国城镇化发展的基本模式和驱动特征，选择好着力推动的重点领域和重要方面。

一、我国城镇化发展的两种基本模式

我国城镇化的基本动力来自工业化推动的经济发展，包括产业发展和消费升级两个主要方面，相应形成了两种基本发展模式。

*一是以工业化和产业发展推动的劳动力城镇化。*这是现阶段我国城镇化的主要渠道，主体是劳动力的城镇化，即劳动力从农村和农业向城镇和工业、服务业的转移。它具体有三种形式：(1)非农产业发展和新兴城镇形成推动的当地人口城镇化，包括当地劳动力和非劳动力人口的城镇化。(2)城市扩张推动的郊区人口城镇化，包括郊区劳动力和非劳动力人口的城镇化。(3)当地产业发展推动的外来劳动力城镇化。这是东南沿海地区城镇化的主要方式，也是我国劳动力跨区域城镇化的主要形式。

*二是以消费升级推动的非劳动力人口城镇化。*这是我国城镇化的新形式，具体包括三个方面：(1)农村先富起来的人口为追求更高生活水平，向城镇特别是县城迁移；(2)农民工家属城镇化，即外出农民工在打工地就地市民化存在困难时，转而在原籍城镇购买住房，将父母和子女迁移到原籍城镇；(3)原城镇人口由中小城市向大中城市迁移，以及中小城市退休人员和

农村老人到大中城市投奔儿女团聚养老等。

二、新阶段城镇化发展将呈现“双速驱动”特征

大力推进城镇化是今后我国经济社会发展的重大战略举措。在这一新阶段，我国城镇化发展将呈现“双速驱动”的新特征、新趋势。

一是产业发展推动农民工及其家属就地市民化进入加速阶段。当前，我国劳动年龄人口的绝对数量开始减少，中西部农村劳动力大规模向外转移时代也已过去，沿海地区招工难问题时有发生。劳动力供求格局的变化，已经并将继续推动城镇特别是沿海地区进一步调整农民工及其家属的落户条件，以增强本地企业对农民工的吸引力。可以预计，随着推进城镇化政策的实施，已经转移出来的农民工及其家属就地市民化的速度将进一步加快。

二是消费升级推动的城镇化进入加速阶段。随着我国经济 30 多年的快速发展，我国人均国民收入水平不断提高，目前已达到 6000 美元，正在向中高等收入阶段迈进。由于我国存在城乡二元结构，城乡经济社会发展和居民消费明显不同步，农村家庭消费水平大致相当于城市家庭的 1/3，并滞后于城市家庭约 10—12 年时间。预计未来 10 年左右，农村生活水平和居民消费将进入明显的升级阶段。其中，对住房的消费升级，将不再像过去那样对农村住宅的翻修和扩建，而是更多地选择到城镇尤其是县城购买商品房并“移民”。可以预见，居民收入提高和消费升级推动的人口城镇化将进一步加快。

三、推进城镇化应重点推动“三个市民化”进程

当前，产业发展推动的外来劳动力城镇化，还不是完全意义上的城镇化；消费升级推动的农村先富人口城镇化和农民工家属城镇化，也不是完全意义上的城镇化，两者都需要进一步深化发展。因此，今后推进城镇化，需要着力推动农民工市民化、农民工家属市民化和农村先富人口市民化等“三个市民化”进程，实现完全意义的人口城镇化。

1. 积极推进“外来农民工市民化”。外来农民工市民化是产业发展推动城镇化的最后环节和最难环节。农民工市民化适合在城市具有稳定工作和居住条件的部分进城务工人员。各地政府要顺应劳动力供求关系变化趋

势，进一步降低市民化门槛，包括农民工落户、社会保障、子女入学、保障性住房等，真正实现进城农民工市民化。

2. 稳步推进“农民工家属市民化”。目前仍然有相当一部分农民工在城市不具有稳定的工作和居住条件，选择在原籍购房来解决其父母与子女的市民化，便成为他们的最佳选择。为推进农民工家属原籍城镇市民化，需要在原籍城镇特别是县城建设用地指标、农村住房与宅基地等基本权利保障方面进行大胆创新，降低农民工家属的城镇化成本，推动农民工家属进城和已进城家属从“侨居”向“入籍”的转变。

3. 大力推动“农村先富人口市民化”。农村先富人员的城镇化是近年来势不可挡的发展趋势，在农村人口就地城镇化进程中发挥着重要作用。随着农村经济发展和农民生活水平提高，将有越来越多的农村人口转移到城镇尤其是县城生活居住，这包括专业经营承包人员、私营企业主以及其他先富起来的人群等。为此，要在县城建设土地指标、户籍和教育等方面进行必要的改革，推动农村先富人员的市民化。

2013 年 5 月 7 日

（宋立　国家发改委经济研究所）

在新型城镇化过程中解决流动人口问题

孙慧峰

流动人口问题是城镇化质量不高的重要表现。城镇化过程实质上就是人口从农村向城市流动的过程,也是农村人口转变为城镇人口的过程,这是社会结构的重大变革。从我国情况看,城镇化的第一项功能,即激发人口流动的功能发挥比较充分,农村转移流动人口不断增长。但第二项功能则严重欠缺,这直接导致数量庞大的流动人口无法实现"人的城镇化",许多问题长期积累,越来越严重。

在新型城镇化过程中解决流动人口问题,关键是推进"人的城镇化"。一方面要破除户籍等阻碍"人的城镇化"的制度障碍,另一方面要通过改革完善城市财税体制、管理体制,进一步明确城市政府的事权和财权,增强城市接纳流动人口在当地落户的动力和能力。

一、流动人口问题突出表现为三个方面

一是流动人口数量多、管理难度大。根据国家统计局 2012 年统计公报,我国流动人口已经达到 2.36 亿人,其中,外出农民工 1.63 亿人。流动人口占我国总人口的比例为 17.4%,也就是说,每 5—6 个人里面就有 1 个是流动人口,这样的比例是很高的。

数量庞大本身就是管理的一个难点,再加上人口管理体制落后导致信息缺失,流动人口管理的难度就更大了。目前,我国户籍制度的人口管理功能已经明显弱化,全国人户分离人口高达 2.79 亿,按户口找人很多都找不到,而很多居住在城市的人在户口上却没有反映出来,这给管理和服务造成

很大问题。公安、民政、人口计生委、人力资源社会保障等职能部门,在工作中各自采集了流动人口的部分信息,但目前还是分散管理、缺乏共享机制。有关职能部门采集到的信息也不够全面,很难说覆盖到城市的实有人口,难以为政府决策提供准确依据。

二是流动人口向大城市集聚,对其形成一定压力。我国流动人口的流向比较集中,主要是进入东部经济发达地区的大中城市。据统计,我国跨省流动的人口中83.3%流入广东、浙江、上海、北京、江苏、福建6个省市。全国吸纳流动人口较多的50个城市,集聚了60%以上的流动人口。希望在城市落户的流动人口中,约70%青睐大城市,中小城市对他们的吸引力不大。流动人口向大城市集聚的倾向,导致了大城市人口快速增加。1987—2007年,大城市人口占全国城镇人口的比重从26.87%增加到43.89%,中等城市人口基本保持在12%左右,而小城市和小城镇人口比重则从61.85%下降到43.41%。

比较典型的是"北上广":北京市常住人口2011年已经超过了2000万,其中740万是流动人口,占36.8%;上海市常住人口2300万,其中流动人口近900万,占39%;广州市常住人口1270万,其中流动人口475万,占37.4%。现在许多大城市面临的"城市病"问题,如人口拥挤、交通拥堵、环境污染、住房困难等,都与人口向大城市过度集中有关,根本原因是人口集聚的速度超过了城市基础设施和公共服务承载能力提高的速度。

三是部分流动人口长期生活在城市,但实际上仍被排斥在"城市"之外。据调查,超过30%的流动人口在流入地居住生活时间超过五年,50%在流入地居住三年以上,实际上已经不是"流动"状态。这些人口中,16.2%已经在当地买了房,还有51%计划买房。他们大部分是举家流动,在现居住地的户均规模达到2.5人。也就是说,相当一部分是夫妻二人带着一个孩子在流入地居住。但是,由于城市各项公共服务大多数与户籍挂钩,流动人口还不能与户籍人口一样平等享受社会保障、低保、子女教育、住房等公共服务。比如住房方面,大部分流动人口家庭靠租房生活,由政府提供廉租房居住的只有0.3%。流动人口子女的义务教育问题解决较好,但高中阶段就学问题仍然突出,在居住地参加中考、高考的问题还没有彻底解决。

二、流动人口问题主要是体制机制方面的原因

一是城市管理体制。流动人口问题的一个表现是过度向大城市集聚，而大城市的承载能力是有限的，造成了流动人口居住难、落户难等问题。我国的城市分为直辖市、省会城市、副省级城市、计划单列市、地级市、县级市等不同行政级别，更高的级别意味着更大的权力和资源占有能力。同时，城市经济总量和增长速度，又是重要的政绩考核指标，与城市管理者的仕途紧密联系在一起。在这种情况下，城市政府为了追求 GDP、税收等经济指标的高增长，会大力鼓励城市产业功能的集聚，积极吸引大型项目在本市落户，同时拒绝产业功能的向外转移，导致大城市的功能越来越多，一个城市兼具政治中心、经济中心、金融中心、文化中心、信息中心、航运中心、物流中心等功能，大城市与其他城市相比的“势差”越来越大，对流动人口的集聚能力也越来越强。

二是城市财税体制。存在三个方面的问题：首先是事权与财权不匹配。2012 年，地方本级财政收入约 6 万亿，而地方本级财政支出超过 10.6 万亿，其中的差额主要依靠中央的税收返还和转移支付。与事权相比，地方政府享有的财权明显偏小。大量转移支付，特别是专项转移支付，不仅会产生路径成本，也存在资金分散、用途固定，难以整合使用等问题。其次是政府收入主要与企业挂钩。据国家统计局的资料，在全国税收收入中来自各类企业缴纳的税收占比为 91.5%，而来自居民缴纳的税收只有 8.5%。企业是各级政府税收收入的主要来源。第三是过度依赖“土地财政”。除了税收，地方政府另一大块收入来源是国有土地使用权出让金收入，2010 年为 4 万亿，相当于财政收入的 71.7%；2011 年为 5.2 万亿，相当于财政收入的 59%。在这三个因素的共同作用下，城市政府基本没有动力吸纳更多人口在本市定居，因为这意味着更多的支出责任，而对其收入则没有多少贡献。

三是城乡户籍制度。目前看，户籍制度是阻碍流动人口城镇化的重要因素。城市政府在制订发展规划和提供公共服务时，大多数以户籍人口为测算依据，并且与户籍挂钩，明显存在供给不足的问题。如果放开户籍限制，短期内会导致城市财政支出压力加大，这是一些城市政府不愿意放开户籍的根本原因。客观地讲，现在我国城市居民能够获得的各种“福利”和公

共服务比农村居民明显高出一截，越是难放开户籍的城市，这种“福利”差距就越明显。像“北上广”这样的大城市，户口的含金量还是很高的。在养老金方面，北京市城乡居民的基础养老金已经达到390元，其他一些大城市也在200元左右的水平，但是在一些经济欠发达地区的农村居民，基础养老金只有60—80元左右。在低保方面也类似，城市平均为240元，农村只有110元。在教育方面，城市和农村的教育资源差距也很大，优质的教育资源主要集中在大城市的主城区，很多对户籍有严格的规定。正是因为户籍与福利挂钩，给放开户籍增加了难度。

三、促进流动人口城镇化的建议

第一，调整和优化产业布局。要通过产业布局的调整，带动城镇体系的调整，从而带动人口分布的调整，解决流动人口过度向某几个大城市集聚的倾向。这有利于提高城镇化质量，也有利于降低流动人口城镇化的成本。在调整产业结构上，大城市特别是超大城市和特大城市，要加快发展第三产业，形成以服务经济为主的产业结构，而把第二产业更多地向周边城市转移。我国目前已经初步形成了京津冀、长三角、珠三角等城市群，还有一些区域性的城市群如成渝城市群、长江中游城市群、辽中南城市群、山东半岛城市群、中原城市群、兰西城市群等，要力争在城市群内部实现中心城市和其他城市的合理分工，使产业结构在城市群内部进一步优化，使流动人口随产业适度向其他城市转移。要探索建立城市群层级的宏观管理体制和协调机制，避免各个城市各行其是。

第二，完善城市行政管理体制。进一步完善对城市行政负责人的考核制度，淡化GDP指标，强化民生事业和公共服务等方面的指标。逐步改变按行政等级配置公共资源的管理体制，公共资源不要再过多地向大城市特大城市投入，而应当向中等城市小城市增加投入，以促进其发展。要逐步建立鼓励城市吸纳流动人口的机制。探索实行城乡之间人地挂钩政策，将接纳农业转移人口落户数量作为新增城镇建设用地规模的重要依据。探索实行地区之间人地挂钩政策，将接纳外来人口的落户规模作为确定城镇新增建设用地的重要依据，相应调整人口流入地和流出地的建设用地供给规模。这样做，可以进一步增强地方政府接纳流动人口的积极性，改变过去“要人手不要人口”的问题。

第三,改革完善城市财税体制。改革的方向是,探索建立以居民消费、居民财产为税源的地方税体系,形成地方财政收入随人口聚集度增加而增长的机制;完善中央转移支付体系,减少专项转移支付,增加一般性转移支付,且要考虑地方的常住人口数量和吸纳流动人口的因素。通过这样的改革,可以达到两个目的,一是增加地方政府的财力,使其财权与事权相匹配,能够更好地为城市居民提供公共服务。二是使地方政府的收入在一定程度上与居民的数量和居民的收入挂起钩来,地方政府也更有动力吸纳流动人口来本地居住,更有动力搞好基础设施和公共服务。

第四,促进基本公共服务均等化。要以社会保障、住房、子女教育这三个方面为重点,大力推进流动人口基本公共服务均等化。社会保险方面,逐步提高社会保障统筹层次,尽快实现基础养老金的全国统筹,同时不断完善社会保险转移接续机制,增强社会保险的“可携带性”,适应劳动者在不同地区之间流动的需要。对于长期在本地居住工作的流动人口,以居住证为依据,将其纳入城市低保和生活困难救助的保障范围;健全包括流动人口在内的常住人口住房保障体系,公租房、廉租房应向流动人口开放申请。逐步取消流入地职业教育、高考政策对流动人口子女的限制。

第五,深入推进户籍制度改革。户籍制度改革的方向是,在推进基本公共服务均等化的基础上,采取实际行动,逐步剥离户籍上附着的福利分配功能,使户籍回归到记录人口信息的简单功能(包括出生、死亡、婚姻、父母、子女等);同时加快推广居住证制度,居住证的申领,仅以在当地就业、居住和参加社会保险的年限为基准,尽量少使用“年度指标控制”。根据不同城市的综合承载能力,可以考虑设定差别化的年限要求,但一般不要超过3年。今后,政府为居民提供各种福利和公共服务,都以居住证为依据,要面向所有在本地居住的常住人口,而不仅仅是户籍人口。

第六,完善人口管理制度。实现流动人口城镇化的过程中必须同时加强人口管理。要健全人口发展规划与全国主体功能区规划、城镇化发展规划、基本公共服务规划等重大专项规划的衔接协调机制,通过有约束力的人口发展规划,统筹协调劳动就业、社会福利、义务教育、基本医疗、社会救济等公共服务和社会管理方面的长期规划。建立以居民身份证号码为基准的人口信息系统,完善国家人口基础信息库,建立人口信息共享、动态更新机制,相关职能部门具有提供和获取人口信息的责任和权利。完善以社区为基础的人口服务管理网络体系,以社区为平台,具体承担人口登记、流动人口信息采集及各类社会福利、社会救济及其他有关公民权利和义务事项的落实。

2013 年 6 月 6 日

扩大内需要引导和支持企业开拓国内市场

苑衍刚

实施扩大内需战略，在扩大需求如增加居民收入、完善社会保障、培育消费热点的同时，还应关注供给方面，特别是帮助企业挖掘国内市场潜力，增加适销对路产品供给。我国市场处于持续扩张阶段，消费规模平稳增长，结构加速升级，投资增长处于高水平。跨国公司正在从战略到战术不遗余力地发掘这一巨大潜力。国内很多外向型企业开始眼睛向内，"不找老外找老乡"，但面临着诸多困难和障碍。如果不采取有效措施帮助国内企业开拓国内市场，就难以真正扩大内需，"市场红利"也恐将更多由国外企业所享。

我们认为，在世界经济复苏缓慢而国内市场持续增长的背景下，亟需构建包括价税财金联动、物流营销、审批简化、市场规范、规划衔接等在内的引导企业转型升级、拓展国内市场的机制，与扩大消费机制相辅相成，才能真正形成扩大内需的长效机制。建议考虑出台支持企业开拓国内市场的一揽子政策措施。这也有利于使经济增长更多建立在国民经济内循环的基础上。

一、鼓励企业科技创新

从近年来应对国际金融危机的经验看，越是经济形势不好的时候，越是拥有自主品牌和核心技术的优势企业逆势而上、增加市场占有率的时候，这也有利于淘汰落后产能、调整经济结构。但我们很多创新扶持政策还存在"一刀切"现象。所得税优惠仅对认定的高新技术企业实施，传统行业高新技术产品则享受不到。事实上传统产业也有巨大创新和增值空间，而高新技术产业也有大量低技术高消耗企业。以天津海鸥表业集团为例，这个企业属于国家科技创新示范企业，拥有陀飞轮等 410 项国际专利，每年为欧米茄、罗马等世界知名企业提供 600 万只机芯，已经开始在国际市场上挑战瑞士钟表业地位。但由于手表属于传统行业而不是高新技术产业，企业不仅要全额缴纳增值税、所得税，对超过 1 万元的产品还要加征 20% 的特别消费税，企业总税负占销售收入的比重达到 18%，而国外手表进口则享受免税，其所在国也有多项优惠政策，也不征特别消费税。中国市场已成为世界钟表业增长最快的市场，瑞士所产钟表一半以上销往中国，但国内对国产创新产品的支持力度要低于国外。

近年来世界经济科技竞争日趋白热化，主要企业研发投入在世界经济低迷背景下不降反增，企业创新能力成为决定未来的“胜负手”，加大研发投入刻不容缓。而我国企业研发投入强度普遍较低，占销售收入比重平均只有 0.63%，即使华为、中兴也只有 10% 左右，远低于跨国企业 15% ~20% 的水平。同时，企业对国外技术依赖性较强，形成引进、落后、再引进、再落后的恶性循环。我国用于引进技术的资金和用于消化吸收再创新的资金比例为 1:0.07，而当年日本、韩国这一比例为 1:8。这一悬殊差距说明企业研发动力严重不足。我国每年仅进口芯片花费高达 1500 亿美元，超过了进口石油的费用。从减少技术对外依存度的角度，国内企业科技创新也亟待加快。

一是要加快建立以鼓励企业增加研发投入为核心的优惠政策体系。对企业按创新能力等实行优惠，而不是按所属行业区分，这也是国际上的通行做法。对产学研合作项目、企业设立研发中心和实验室、中试基地等加大优惠和激励；加大研发及相关支出（如职工培训等）加计抵扣相关税收、加速折旧、对企业培训职工提供补贴或减免税等政策。二是要加大对创新型中小企业财税金融支持。如提高增值税和营业税起征点、降低税率，对一定规模以下的科技型小微企业直接减免各类税费，或将小微企业减半征收所得税政策永久化；实行差别化金融政策，将金融机构中小企业贷款损失准备金税前扣除政策长期化，在科技型中小企业集中的地方放宽中小金融机构准入，放松监管条件，实行知识产权质押、供应链、科技保险、债券等多种融资方式，发展壮大创业风险投资和产权交易规模等。三是对研发等服务业在营改增后进一步降低增值税率，对高技术含量的奢侈品降低消费税率、提高起征点等。四是尽快将中关村“1 + 6”科技成果转化支持政策推广到更大范围。

二、引导企业出口转内销

我国很多行业产能30%以上面向出口配置,有些行业甚至更高,当前国际市场低迷加剧了产能过剩矛盾。比如太阳能光伏产品90%以上出口,目前遭遇美欧巨大“双反”压力,出口更加艰难且未来形势不容乐观。实际上我国城镇节能建筑仅占既有建筑面积的20%左右,每年新增建筑面积近20亿平方米。未来几年节能环保是个数万亿元的大市场,如果加强规划衔接,同时推广使用住房等强制节能标准,不仅促进节能减排,而且创造巨大现实需求。风电设备也遭遇出口难,国内电力需求量大,但由于并网、政策落地难导致大面积“窝风”、停机。处于类似出口困境的企业还有很多,也不只在战略性新兴产业。

经过多年发展,国内很多企业产品在技术、标准等方面迈向高端,已经能够同国际先进产品一较高下,最有条件的是先从国内市场突破,也应当利用我们的“主场优势”给予支持,这也是发达国家的普遍做法。但由于诸多因素,国内企业在国内市场上竞争待遇也不公平。许多国外产品进入中国市场享受多项减免税待遇,我企业产品在国内销售却不能享受,影响了企业开拓内需的积极性。比如,宝钢生产的核电蒸汽管与3家外国企业产品在国内市场上竞争,外国产品进口免税而国内企业却不能免。三一重工、中兴通讯等负责人也反映,在国内招投标中经常受到比外企“低人一等”的待遇。应当看到,我国很多鼓励出口政策是适应改革开放初期背景的。目前每年出口退税近1万亿元,占全国财政收入的1/10,大量补贴用于出口使财政难以为继;外汇储备超过3万亿美元,今年贸易顺差仍将超过2000亿美元。在美欧日持续推出量化宽松货币政策的条件下,即使人民币不升值,外汇资产贬值的风险也在增大,也加剧了对冲通货膨胀压力。

对此,一是要科学制订出口转内销相关产业中长期规划,加强规划衔接和政策落地,完善行业标准、市场准入等。二是以中外企业产品税负公平、结构优化为标准,在所得税已经统一的基础上,进一步清理生产销售和进出口等环节财税优惠政策。三是对出口退税进行结构性调整,对具有自主知识产权、自主品牌和核心技术的产品加大出口退税力度,减少或取消更多"两高一资"产品出口退税。四是对国内企业产品达到国际企业同等水平的,政府和军队应优先采购,对相应进口产品免除税收优惠和相关补贴;而对国内不能生产的核心技术与装备加大进口力度,促进进出口平衡。五是对国家支持的战略性新兴产业等,财政补贴要尽量补需方而不是补供方,在消费环节补而不是在生产环节补,这有利于扶优汰劣。

三、降低物流、营销及审批带来的成本

针对企业的一项调查显示,影响其开辟国内市场意愿的主要因素有三个:一是流通成本高、效率低。我国社会物流总费用占 GDP 比重约为 18% ,今年以来又有所上升,而世界平均为 10% 左右。一个集装箱货柜从成都运到上海的成本和时间,超过了由上海运到美国西海岸。流通业组织化水平低,如许多港口运输车辆空驶率在 50% 以上,近年来受融资成本上升、燃油成本波动以及上下游挤压等影响,流通企业日子越来越难,平均利润率降至 4% 左右。二是营销网络不完善,方式落后、功能单一、同质化严重,售后回款又不及时、不规范。三是审批程序和环节多,有些政府部门行政效率低下,给了好处才办事,甚至拿了好处也不办事,各种形式的检查评比、吃拿卡要、扯皮踢球现象普遍,社会关系复杂,市场垄断严重,企业要花费太多时间和金钱用于公关,增加了机会成本。

对此,一是要在全国物流发展规划中明确到"十二五"末全社会物流总费用与国内生产总值的比率降低至 15% 左右,这是一个综合性指标。在全国布局建设一批大型综合与专业市场;大力发展第三方物流;支持企业建设营销和售后服务体系,创新商业模式。二是加大中央和地方预算内投资对流通业投入,除加强全国性物流中心城市、节点城市和物流枢纽建设外,重点加大对中西部特别是老少边穷地区、集中连片贫困地区物流基础设施的投入。三是鉴于流通涉及政府性收费最多,可考虑把降低流通企业负担作为"正税清费"和行政体制改革的突破口。如降低增值税率,减免流通中间和末端环节有关土地和房产使用税费,降低高速公路等收费标准,清理和大幅缩减路桥隧道收费,已还完贷款的应停止收费,逐步取消政府还贷公路收费;简化行政审批程序,全面清理行政事业性收费。四是发展物流信息服务

业。如美国罗宾逊公司是一家物流中介公司，为几十万台车提供代理、调度、GPS 定位、救援等服务，并在全球提供海空运中介服务，全美有数万家这样的公司，而我国极为缺乏物流信息产业和相关服务平台，众多而分散的小企业甚至个体户只能自己到处找活、趴活或空驶。

四、规范市场环境

一是抓紧建设社会作用体系尤其是企业信用体系。现在不少行业社会信用非常脆弱，往往一个企业倒下去，整个行业受牵连，“一颗老鼠屎坏掉一锅汤”，而且短时间难以恢复元气。因此，要加快完善由政府部门、银行、行业协会等共同参与的企业信用体系，建立企业信用评级指标体系，发展行业信用评级机构，建立企业信用公开制度，构建失信惩戒机制，净化行业环境。二是加快标准建设。新兴技术和产业革命使当今世界标准之争达到前所未有程度，我国许多企业开始掌握行业标准并向国际标准转化，应充分利用我市场优势提升国际标准制定的话语权，大力支持企业创建标准。三是多方合力支持国内企业加强品牌美誉度建设。国内很多品牌在技术、配方、原料上已达国际先进水平，但由于消费者更青睐国际知名品牌，其产品定位和附加值远低于国际品牌，而贴牌生产利润微薄，只有改变这一现状才能向国际高附加值链条转移。四是在放开市场准入的同时规范竞争秩序。我国不少行业尤其是新兴产业发展过程中都有一哄而上又一哄而下、低价恶性竞争的教训。当前在扩大非公经济准入范围的同时，也要防止另一种倾向，即由于缺乏适当准入门槛和竞争规范，造成内耗严重、资源浪费、行业混乱，最后不得不采取行政手段加以整顿和规范。解决这个问题，一方面要加强科学论证、统筹规划、合理布局、总量调控，另一方面要完善法规制度，鼓励优化重组，促进优胜劣汰，打击非法竞争行为。

2013 年 1 月 15 日

经济企稳态势渐趋明显 内生增长动力仍需加强

——广东、陕西两省经济形势调研报告

肖炎舜　张昌彩　钱谱丰　高振宇　李江冰

最近，我室有关负责同志带队赴广东、陕西两省调研当前经济形势，分别召开了有关部门、行业协会和企业座谈会，并实地考察了部分企业。现将有关情况报告如下。

一、经济运行总体平稳，企稳态势更趋明显

广东省和陕西省在我国东部地区和西部地区中较有代表性。从调研情况看，随着国际经济环境趋于好转和国内调控政策效果逐步显现，当前两省经济延续了去年下半年特别是第四季度以来企稳回升态势，总体保持平稳运行。具体表现为：

（一）经济企稳回升态势趋于明显。1—2 月，广东省主要经济指标增幅普遍好于去年同期，预计地区生产总值同比增长 9.2%，为去年一季度以来最高，增速同比提高 4.1 个百分点。陕西省经济运行也处于企稳阶段，1—2月工业增加值同比增长 13.2%，比去年同期有所回落，但仍处于较快增长区间，预计 3 月份将有所回升，一季度有望达到 15% 以上。在三大需求中，两省消费增速均有所放缓；但进出口增速均明显高于去年同期，广东、陕西出口增速分别达到 32.4% 和 27.7%；特别是固定资产投资保持较快增长，其中广东增长 16.3%，同比提高 2.1 个百分点，陕西增长 28.3%，与去

年同期基本持平。

调研中我们感到,无论是广东还是陕西,无论是部门还是企业,大家对经济增长的信心都明显好于去年同期。特别是广东和深圳,对经济回升向好的信心非常明显,广东认为经济增长已经从应对国际金融危机冲击时的“非常态”逐步切换到“常态化”发展;相比之下,陕西对增长放缓稍显担忧,这在很大程度上是由于年初自己设定了12.5%这一相对偏高的年度增长目标,但他们对全年完成这一目标依然充满信心。同时,结合从面上了解到的情况和两省经济发展态势的不同特点,可以说,如果把中国经济比作一条“龙”,其中东部地区作为“龙头”已经开始翘起,中西部地区作为“龙身”、“龙尾”呈高位蛰伏态势,预计后期也将逐步随东部出现回升。

（二）物价总水平基本平稳。1—2 月,广东省物价涨幅稳中有落,居民消费价格上涨2.3%,涨幅同比回落1.3 个百分点。陕西省物价涨幅略高于全国平均水平,1—2 月居民消费价格同比上涨3.1%,但涨幅同比回落1.3 个百分点。两省同志普遍认为,随着春节因素影响逐步消退,预计3 月份居民消费价格涨幅将有所回落,二季度也将继续处于温和可控区间。

（三）就业形势总体稳定。广东省人力资源市场供求基本平稳,城镇就业人数稳步增长,3 月份市场求人倍率为1.07,与去年同期基本持平,至3 月底城镇新增就业人数45 万人,同比增长7%。截至春运结束,已有931 万外省务工人员入粤,相当于节前返乡总量的95.2%,企业返岗率超过九成,明显好于上年。陕西省就业形势也呈现稳中向好态势,就业规模稳步扩大,1—2 月份全省新增就业6.43 万人,完成年度目标任务的18.4%,同比提高0.5 个百分点。两省都反映,一些企业出现招工难,有的用工缺口高达30%。

（四）企业经济效益出现好转。广东省1—2 月规上工业企业利润同比增长31.4%,增幅同比大幅提高63 个百分点,亏损企业亏损额同比下降23.9%;其中深圳市规上工业企业利润同比增长169.6%,亏损企业亏损额同比下降29.5%。同时,企业盈利预期普遍趋好,市场信心明显改善。根据广东省现代产业500 强项目企业调查,95%的企业预计全年利润将有所增长,其中56.7%预计利润增幅将达10%以上。陕西省受能源工业增速放缓、价格回落影响,今年以来规上工业企业利润同比仅增长7%,但如果剔除能源工业影响，利润增速高达54.9%。

（五）产业转型升级稳步推进。一是产业转型取得一定进展。1—2月，广东省医药、通用设备、专用设备、仪器仪表等制造业增加值增速均显著高于工业总体水平，同时物流、商贸等现代服务业增速快于去年同期，服务业成为推动经济增长的重要力量；深圳市产业转型升级加快，正在形成创新驱动、高新技术产业支撑的发展模式，生物、互联网、新能源、新材料、文化创新和新一代信息技术等六大战略性新兴产业规模增长18.9%；陕西省非能源工业增长较快、占比提升，能源工业占比过高状况有所改善。二是民间投资较快增长。1—2月，广东、陕西两省民间投资分别增长22%和41.8%，分别比投资总体增速高出5.7和13.5个百分点，成为拉动投资增长的主要力量。三是节能减排好于预期。广东省1—2月单位工业增加值能耗同比下降8.5%；陕西省一季度万元GDP能源下降4.5%，好于年初确定的3.5%的目标。

二、当前经济运行中存在的突出矛盾和问题

从广东、陕西两省情况看，当前经济形势仍然复杂，持续较快增长的基础还不牢固，一些突出矛盾和问题需要高度关注。

（一）内需持续较快增长面临压力。从消费看，受房地产市场调控、消费刺激政策退出、改进作风和加强廉政建设等因素影响，相关领域消费疲软，短期内又缺乏新的增长点，消费持续增长后劲不足。今年1—2月，陕西限额以上消费品零售额同比增长16.9%，较去年同期回落3.3个百分点；广东社会消费品零售总额增长10%，比去年全年回落2个百分点；深圳社会消费品零售总额增长7.9%，十年来首次放缓至个位数增速水平。从投资看，主要是企业投资意愿不足，项目推进难度大。一些企业反映，除受市场需求不足影响外，由于前置审批环节多、周期长，配套服务跟不上，土地、资金等要素保障不足，致使投资特别是工业投资持续增长缺乏支撑。1—2月，广东工业投资增长8.3%，同比回落10.7个百分点；制造业投资增速为3%，同比回落10个百分点，为2008年以来同期最低增速。湛江钢铁基地、中科炼化等制造业重大项目进展缓慢，广汽丰田、广汽本田等一些扩建项目暂停建设。1—2月，陕西制造业投资增速比去年年底回落5.6个百分点。

（二）外贸形势不可过于乐观。虽然今年前两个月外贸发展势头较快，好于预期，但调研中，两省的政府部门和企业均表示，当前企业出口面临的困难仍然较大。一方面，外需回升态势并不明朗，贸易投资保护主义加剧且越来越集中于高端产业，国际市场仍存在较大的不确定性，年初数据往往波动性较大，难以准确反映全年走势。另一方面，生产成本上升、人民币汇率升值、汇率波动以及出口退税周期较长等因素，削弱我国企业出口竞争优势，订单向东盟等周边国家转移的趋势比较明显。广东和深圳 2 月份出口订单指数均已出现下滑。

调研中发现，海关特殊监管区外贸激增是推动当前外贸快速增长的一个特殊因素。1—2 月，广东海关特殊监管区进出口增长 4.9 倍，深圳增长近 7 倍。其原因包括：首先，逃避资本项下管制是特殊监管区外贸大幅增长的主要动因。为获取香港与境内资金息差，少数企业利用国际收支经常项下自由流动的制度空间，通过“创造”香港与境内企业之间的“真实”贸易背景，绕过资本项下管制，将在香港取得的廉价美元或人民币用于投资境内收益较高的银行理财或者其他金融产品。其次，通关便利、监管宽松和物流成本较低，使特殊监管区进出口贸易成为企业套取境内外息差的主要通道。再次，境内外金融机构为企业提供信用证等贸易融资工具和其他金融衍生产品，既可以锁定预期收益，又能够进一步放大套利交易规模。尽管企业创造“贸易背景”的行为并不违反现行法律禁止性规定，但这些明显有别于正常的外贸活动，对经济增长贡献微弱，而且难以持续。以深圳为例，如果剔除这一影响，全市出口增速从 56.2% 降至 16.2%，比全国低 7.4 个百分点。

（三）结构调整任务重、困难多。一是产业结构仍不合理。陕西能源化工工业增加值在全省规模以上工业中所占比重超过 60%，企业创新能力不强。二是产能过剩现象突出。例如，西部金属材料公司反映，全世界对钛的需求是 10 万吨，而中国钛的产能已达 20 万吨。陕西石化工业协会反映，当前产能过剩是结构性的，低端产能明显过剩，高端产能反而不足。三是“换届效应”催生投资冲动。各地换届后发展热情高涨，不少地方上调全年投资增长目标，着力抓大项目。有的地方为提前实现 2020 年国内生产总值和城乡居民收入比 2010 年翻一番的目标，制定了较高的年度增长目标，可能导致各方面关系绷得很紧。

（四）物价上涨压力可能逐步有所加大。两省都反映，受经济回升拉动、要素成本刚性上升、国际输入性通胀压力、资源性产品价格改革、社会通胀预期持续存在等因素影响，物价虽然短期上涨压力不大，但未来走势仍有很大不确定性。陕西今年农业干旱面积较大，粮食“十连丰”有压力，可能会进一步推动农产品价格上涨。陕西表示，今年通胀风险较大，实现全省4%以内的调控目标难度较大。广东预计，受基数影响，三四季度CPI同比上升较大，全年物价呈“前低后高”，涨幅在3.5%左右。

（五）财政金融领域风险还在上升。一是财政收支矛盾突出。陕西财政总收入增速同比下降10.1个百分点，财政总收入和地方财政收入分别短预算进度2.9个和2.99个百分点；广东粤东西北个别市甚至出现财政收入负增长。与此同时，各级财政都面临较大的刚性支出压力。二是地方政府融资平台进入偿债高峰期，风险逐步暴露。广东反映，部分市县融资平台资产负债率较高，偿债能力不足，而金融机构收紧信贷或者要求提前偿还贷款，导致融资平台的资金周转压力上升。三是银行表外业务快速增长，存在风险隐患。深圳反映，该市银行表外业务规模已经达到表内业务的90%。陕西认为，表外业务快速发展反映出部分金融机构利用金融创新规避监管，不排除一定程度上掩盖了金融机构经营风险。

（六）市场对房地产调控成效预期与政策目标并不完全一致。今年以来，广东、陕西房地产交易普遍增长较快，1—2月商品房销售面积同比分别增长61%和80%。“国五条”出台后，反而催生部分城市二手房交易短期急剧增加、价格明显上涨。广州3月1日—13日，二手房交易面积环比增长70.7%、均价环比上涨13.6%；深圳3月份二手房成交面积同比增长249%。随着“国五条”实施细则出台，房地产特别是二手房交易量急剧下跌，但价格尚未出现明显松动，政策效果还有待观察。广东反映，目前一些房地产开发企业还在“猛踩油门”，继续加大拿地和开工力度。深圳反映，在房价高企的情况下，人们对住房保障的期待更为迫切，但受资金瓶颈、土地供应等制约，保障性住房建设周期长、进度慢，难以满足需求。陕西还反映，由于资金有限，没有能力完善配套基础设施和公共服务设施，导致保障房入住率低下。

三、相关政策建议

综合两省调研情况看，当前我国经济正处于企稳回升的关键时期，短期经济运行中的突出矛盾尚不明显，宏观政策不宜作大的调整，无论是稳增长、控物价，还是防风险，政策力度都不宜放松，也不必加码，经济工作要把加强科技创新、推动转型升级作为解决问题的根本出路，唯此才能实现经济长期持续健康增长。

（一）保持宏观经济政策的连续性和稳定性。两省都认为，当前经济形势总体平稳向好，要坚持稳中求进的工作总基调。对短期形势变化应保持“淡定”，考虑到政策实施的连贯性和时滞性，宏观调控政策取向和基调不要作大的调整，以稳应变、稳中求好。陕西也有同志建议，国家应加大稳增长政策实施力度，在尽量维持金融体系流动性平稳的同时，实施更加积极的财政政策。

（二）进一步增强投资、消费和出口拉动增长的协调性，更加注重结构优化。投资方面，两省都认为，在目前情况下，稳增长的重点是稳投资，保持一定投资增速是必要的，同时必须优化投资结构，实现当前和长远双赢。要加大对城市基础设施、公用事业和公共服务设施、节能环保等短缺和欠账领域的投资，更加重视放开和鼓励民间投资。广东建议，对新一届政府提出“不得新建政府性楼堂馆所”的要求，应及时出台具体实施办法，否则地方在落实上可能无所适从。消费方面，广东和深圳提出，要加快研究促进消费升级的政策措施，大力发展网络购物、电子商务、信息消费和服务消费等新方式新业态，努力培育新的消费增长点。外贸方面，广东建议，要认真落实和完善扶持进出口各项政策，对来之不易的国际市场份额决不能轻言放弃；要优化外贸结构，大力开拓新兴市场；积极发展服务贸易，着力推动企业“走出去”；人民币汇率变化要小幅渐进，给企业以应对时间和空间，而不能大升大降，让企业措手不及。

（三）大力推动创新发展和转型升级，多措并举解决产能过剩问题。调研中感到，两省都有强烈的创新发展意识，都认为我国经济已经到了非转型升级不足以持续发展的时候。广东和深圳认为，一方面，要依靠创新来提高经济增长质量和效益，加大研发投入，完善研发体制，引进和培育创新人才，推动技术创新和产品创新;另一方面,转型和升级并重,以市场需求为导向培育发展战略性新兴产业,以技术改造为抓手提升传统产业发展质量,以改革开放为动力促进现代服务业发展。广东建议,应实施差别化政策推动产业转型升级,进一步支持东部地区发展高端新型电子信息、装备制造等战略性新兴产业和先进制造业,支持东部转型升级的重要平台建设和重大科研成果转化。陕西有企业提出,要通过技术突破扩大市场容量,从而促进解决产能过剩问题。例如,甲醇原来是过剩产品,但在甲醇制汽油技术突破后,甲醇产能过剩就不是问题了,治理产能过剩,不能搞一刀切,应多管齐下。一是提高节能环保门槛,强化硬约束机制,淘汰落后产能;二是借助市场倒逼机制,激励企业加大研发投入和技术改造,通过创新来提升产品附加值和市场竞争力;三是通过兼并重组,在规模效应明显的行业提高产业集中度。

(四)减轻企业负担,增强经济活力。一是推进结构性减税。特别是对有利于提高自主创新能力、提升技术水平的行业和企业实行倾斜性税收政策。扩大营改增的行业和范围,减轻相关企业负担。二是进一步削减涉企行政事业性收费。目前广东此类收费高达287项,其中国家规定的就有235项,企业普遍反映负担很重。三是加大金融机构和利率市场化改革力度,减少银行利差和服务性收费,规范发展民间金融,降低企业融资成本。扩大企业债券发行规模,增加企业直接融资。创新金融产品和服务,着力缓解科技型中小企业融资难问题。四是进一步深化投资体制改革,尽快修订政府核准的投资项目目录(2004年),减少和下放投资审批事项。陕西还建议,加快推进资源税改革,实行从价计征;尽快出台深化收入分配制度改革配套实施细则。

(五)进一步做好物价调控工作。陕西建议,在国家层面上要做好货币投放、基建投资、农业生产、商品供应、民生改善等稳定市场物价的基础性工作,最大程度地减少通胀诱发因素。在此基础上,进一步加大价格监测和调控力度,密切关注和重点监测农产品价格变动情况,强化教育收费、医疗服务、旅游门票、物业管理等民生价格监管;进一步减少流通费用,努力降低物流成本;审慎推进资源性产品价格改革,完善城乡低收入群体生活补贴与物价上涨联动机制。广东建议,要扎实推进平价商店建设,构建稳价惠民的长效机制;强化价格调节基金建设,增强政府价格调控能力;合理引导居民通胀预期,保障和改善居民基本生活。

(六) 加强对地方政府融资平台等债务风险防控。两省都认为,地方政府融资平台等债务风险总体可控,要加强监管,但不能收得太紧,贷款适度延期是必要的,否则会对在建项目融资和正常资金周转造成很大冲击。广东为防范化解债务风险,已探索建立了一套规范的省级融资管理机制,对省级融资平台的大部分资金参照财政性资金进行管理,对资金使用实行共管账户和联合印鉴管理,确保资金安全。陕西将融资平台分为监测类平台(即已退出平台)和监管类平台(即仍按平台管理),平稳推进平台贷款风险监管工作。广东建议,下一步财政与银监部门要统一对融资平台认定范围,并明确财务风险监控标准;金融机构对融资平台建设的符合国家政策的公益性项目和自身经营性项目,应按正常程序发放贷款,积极支持地方经济发展。

(七) 继续完善房地产市场调控,加强保障房建设。两省都提出,我国房地产问题是多年累积形成的,是一个复杂的系统性问题,只能在发展中慢慢解决,不能"急刹车"。调控政策要充分调研、精心设计、稳妥推出,要充分考虑房地产市场的区域性特点,实行区别对待,不搞一刀切。目前最大问题是房地产持有环节成本很低,导致许多房产闲置和资源浪费,应该尽快推出房产税,以释放存量、增加供给、降低房价。陕西还建议,要进一步加强保障性安居工程建设,大力兴建各类保障性住房。这是拉动投资增长、保障低收入群体安居、抑制商品房价格上涨的一举三得之措施。

(八) 运用差异化政策支持落后地区发展。陕西建议,进一步落实优先支持西部大开发政策,继续加大西部地区基础设施、特色产业、生态建设和民生改善等扶持力度,在土地使用指标、节能减排指标、水资源开发利用、企业债券审批等方面给予倾斜。要加快建立生态补偿机制,完善补偿标准和范围,特别是加大对安康市等南水北调工程的水源和生态保护地区补偿力度,加大中央财政转移支付力度,这样才能确保"一江清水进北京"。广东提出,粤东西北许多经济欠发达县市区人均 GDP 低于全国平均水平,在产业转型升级、推进新型城镇化和主体功能区建设方面也迫切需要国家给予大力支持。

2013 年 4 月 8 日

积极培育八大消费增长点

张昌彩　黄卫挺

扩大消费、培育新的消费增长点是当前稳定经济增长和今后持续健康发展的重大举措,也是打造中国经济升级版的重要内容。当前,随着住房、汽车等传统消费热度的降低和家电下乡、以旧换新等补贴刺激政策的结束,消费增长动力明显减弱。今年 1 季度社会消费品零售总额同比名义增长 12.4%,是 2005 年以来的最低值,比上年同期回落 2.4 个百分点。面对经济下行压力,从扩大消费需求、增强消费发展后劲出发,培育新的消费增长点意义重大,势在必行。

扩大消费需求的影响因素很多,但就目前我国情况来说,主要有四大制约因素:一是居民收入。收入是消费的函数,是决定性因素。没有收入,就没有购买能力,就不能形成有效消费需求。目前我国因收入分配等体制原因,导致居民收入差距较大,使大多数中低收入者特别是低收入者群体想消费而无力消费。二是社会保障。如果社会保障体系不健全和保障水平不高,居民有后顾之忧,即使有收入,也不敢消费。这也是我国居民储蓄率较高而消费率较低的重要原因。三是消费环境。它包括产品的质量和安全、消费市场秩序和监管水平、商家的诚信守责和消费者的权益维护、购物的方便快捷和消费的金融支持等。目前频频发生的食品药品安全问题,严重影响了国内消费环境和消费者信心,使大量消费潜力得不到释放或转移到国外。四是产品升级。经济越发展,居民生活水平越高,消费者对产品的技术含量、性能品质、时尚名牌等的要求就越高。现阶段我国正处于消费升级的重要时期,但国内产品升级换代跟不上许多城镇居民消费升级的步伐。对一些中高收入者来说，国内基本上没有可消费的产品，因而不得不购买国外产品。

其实，在这四个方面，我们可以改善的空间很大，政府能发挥的作用也很大，特别是在改善消费环境和提高社会保障水平方面是大有可为的。但这只是扩大消费、释放存量需求的一方面，由于诸多因素影响一时难以见效，我们还必须积极培育新的消费增长点，以增量消费需求拉动经济增长。当然，消费新增长点的培育主要靠市场力量，政府的作用是通过政策加以引导和促进。综合考虑经济发展阶段的新要求和居民消费升级的新特征新趋势，我们建议大力培育以下八个方面的消费增长点，并以点带面，扩大消费需求，进一步增强消费对经济发展的拉动作用。

（一）信息消费。信息消费是一种直接或间接以信息产品和信息服务为消费对象的消费活动。它具有结构层次高、绿色无污染、带动作用强的优点，是各国重点培育的新兴消费热点。我国信息消费方兴未艾，完全可以成为扩大消费的新增长点和扩大内需的着力点。据工业和信息化部预测，信息消费每增加 100 亿元，将带动国民经济增长 388 亿元。近年来，信息消费对我国内需的拉动作用已经显现。2011 年我国宽带接入及互联网信息服务消费总额达 2830 亿元，数字内容消费规模约为 3292 亿元。据测算，2012 年到 2015 年，两者累计可达 2. 5 万亿元以上。2012 年我国移动智能终端出货量高达 2. 58 亿部，超过此前历年出货量总和。智能终端和宽带网络的日益普及，极大地激发了网络支付、电子商务、云计算、大数据、物联网等信息服务需求。仅在物联网方面，2012 年就创造了 3650 亿元的市场规模，比上年增长 38. 6%。从未来看，我国信息消费的空间和潜力巨大。目前美国、日本的人均年信息消费支出分别为 3400 美元和 2400 美元，我国仅为 190 美元，差距很大；而且我国在宽带网络的普及率、网速、价格方面，在信息资源的整合方面，在下一代物联网、通信网、三网融合推进方面等，也都与发达国家有较大差距。差距也意味着潜力。我国又拥有全球最大的通信和互联网用户市场。截至 2012 年底，我国互联网普及率已达 42%，网民规模达到 5. 64 亿，其中农村人口占比为 27. 6%，农村网民达 1. 56 亿。巨大的个人用户和正在大力使用的企业电子商务、政府电子政务、社会民生服务等都蕴藏着无限的信息消费潜力。特别是智能终端、移动互联网等新兴产品和服务将推动信息消费继续保持强劲增长，成为新一轮消费热点。下一步，要实施更加积极的信息消费激励政策，出台从信息内容到信息应用等更有针对性的财税和金融政策，更大程度地激发我国信息消费的潜力释放。

（二）网络购物。网络购物是电子商务的一种重要形式。电子商务和网络购物给居民提供了更加方便、多样和实惠的消费选择，目前已成为扩大消费、拉动内需的有效手段和新引擎。近年来，我国网络零售交易额持续高速增长。自2003年以来，复合年增长率达到120%，2012年创造了超过1.2万亿元的新记录。据报道，在去年11月11日中国“光棍节”，阿里巴巴集团旗下天猫网和淘宝网一天的网络销售额就高达191亿元。2013年一季度，网络零售交易规模增长37%，远高于社会消费品零售总额增速。目前我国网络零售占整体零售比例达6%以上，已超过美国（占比为5%），今年有望成为全球第一大网络零售市场。有关部门预测，到2020年我国网络零售交易额将超过10万亿元，占社会消费品零售总额的比例将达到16.3%。网络购物不仅是从线下消费向线上消费的简单转移或替代，更是对居民消费潜力的释放和满足，是对新增消费或消费增量的创造。据麦肯锡对中国266个城市数据的测算，消费者通过网络购物的100元中，约61元是替代性消费，另外39元则是新增消费。对于三四线城市来说，替代性消费只占43%，新增消费则高达57%。据此计算，2012年中国网络购物创造的消费增量达到5000亿元。由于网络零售显著改善了商品流通体系，弥补了三四线城市和乡镇、农村实体商店零售条件的不足，使这些地区居民仅仅通过在线挑选、网上支付和物流快递，就能及时买到当地买不到的商品，从而大大释放了这些地区的消费潜力。此外，网络零售以相对于线下更低的商品和服务价格（平均低6%～6%）促发消费者更多购买，也以海量个性化商品刺激和释放中国人日益崛起的个性化消费需求。下一步，要加大政策支持力度，特别是继续实行免税或更加优惠的低税政策，加大对侵权和假冒伪劣商品打击力度，营造更为安全放心的消费环境，促进电子商务和网络购物快速健康发展。

（三）服务消费。居民消费由商品消费和服务消费两部分构成。我国居民商品消费保持高增长，但服务消费却明显滞后。目前我国居民商品消费占比约65%，服务消费占比约35%，服务消费远低于同等发展阶段时期的日本(55%)、韩国(58%)和美国(66%)。从发达国家看,一般服务类消费增长都快于商品类消费增长。例如,从1980年到2012年,日本家庭商品消费支出的年均增速是0.4%,而服务类消费支出的年均增速是1.7%。今后,我国受消费者收入上升和人口结构变化的双重推动,服务消费占比将显著上升。当前应该把交通通信、家政养老、教育培训、文化娱乐、体育健身等服务消费作为新的消费增长点加速培育。下一步,政府要出台实实在在的鼓励发展政策,比如建设更多公共服务性消费网点,给民营企业以税收优惠或财政补贴鼓励进入等,通过扩大市场准入和增加服务供给,推动服务消费业发展,释放居民服务消费潜力。

(四)中高档消费品。目前我国虽已告别短缺经济时代,基本解决了消费产品数量供给,但产品的技术含量和附加值普遍不高,品牌影响力较弱,一般产品过剩而中高档消费品不足,严重削弱了中高收入者的消费热情和消费能力,使一些消费者不得不购买进口产品或直接去国外购买产品。近年来,随着我国经济发展和居民收入提高,中高档消费品进口量和奢侈品消费额在逐年攀升。2012年,我国超过美国成为世界第一大国际旅游消费国,游客境外消费总额达到1020亿美元,比2011年增长了40%,比2000年增长了近8倍。其中,许多游客出国是为了购买国外产品,中国游客已成为近年来整个欧洲奢侈品市场免受危机波及并实现增长的最大动力。另据统计,2012年中国消费者在海外消费的部分已占其奢侈品消费总额的60%,达到1836亿元。目前我国已成为全球第一大奢侈品消费国,占全球份额的25%,而美国只占20%,欧洲占24%,日本仅占14%。因此,满足一部分高收入者对中高档消费品的需求是大势所趋。堵不如疏,应该积极改善有关政策,将此培育为新的消费增长点。下一步,有关部门要对中高档消费品的进口关税、进口环节消费税和增值税等相关税收政策进行"有升有降"的结构性调整,促进我国消费结构升级和扩大国内消费需求。

(五)高端智能家电产品。当前,国内市场对高端数字电视、冰箱、微波炉、洗衣机、空调等智能家电产品的需求已经明显提升。越来越多的智能家电进入卖场,走进老百姓的家庭。业内专家表示,三网融合及物联网技术应用后,这些家用电器将进入智能时代。我们应该根据市场对智能化、自动化、网络化家电的需求,以及家电消费更新速度加快、使用周期缩短的新特点,在产业发展、市场推广等方面下功夫,积极培育其为新的消费热点。比如,美的、海尔、松下等厂家推出的变频空调,能够自动感知人体温度,如果主人长时间不在,空调会自动关机。这种空调还具备多种舒适睡眠模式,开启后用户便可放心休息,自动进行智能室内控温。对此,市场需求很大。但目前市场上一些智能家电还存在着标准缺失、价格偏高等问题,也影响了部分居民消费。下一步,要以市场需求和技术发展趋势为导向增加供应,鼓励家电企业加大研发和技术改造力度,加快产品升级换代,通过产业组织政策提高行业竞争力,适度降低价格,实现对高端智能家电产品的消费需求。

（六）家用体育和医疗器械等保健产品。随着城市居民个体活动空间的缩小和对身体健康的更加关注,便捷式家用体育器械和家用医疗器械将逐步得到普及,并成为重要的消费新增长点。当前,城市白领人群的收入水平和作息时间特征,决定了他们对家用体育器械(如仰卧板、收腹机、跑步机等)具有很大的市场需求。运动少、工作压力大、作息不规律等生活方式导致许多人心血管疾病、慢性病的增多,特别是老龄化社会的到来,老龄人群的大幅增长,增加了市场对预防性、监测性医疗器械和智能按摩等保健产品的需求。下一步,要通过强化监管、出台鼓励政策、创新商业模式等手段引导和促进消费。

（七）节能环保消费品。在绿色消费理念下,节能环保产品势必成为未来的消费热点。当前,要结合“十二五”节能环保产业发展规划的要求,加大政策支持力度,促进节能环保产品的生产和应用,尤其要与居民住行消费和家庭生活环境改善紧密结合,重点推广以下节能环保消费品:一是逐步推广各类采取节能措施的新能源汽车,如充电式汽车、混合动力汽车、太阳能汽车等。二是大力发展和推广应用新型高效节能墙体材料、保温隔热防火材料、轻质复合保温板材、节能建筑门窗、屋面防水保温系统等节能建筑材料。三是积极推广空气净化器、净水器等家庭生活环保用品和绿色低碳家电产品。

（八）休闲旅游。目前我国大部分地区都已具备了休闲旅游消费快速增长的经济基础,在北京、上海等许多城市,休闲旅游已经成为重要的消费增长点。下一步,要通过完善旅游基础设施、打造休闲旅游主题、制定国民休假政策等手段,将大多数居民休闲旅游消费需求真正释放出来。为了避免集中式休假带来的拥堵,建议恢复“五一”长假制度。同时,积极完善和严格执行带薪休假制度,重点发展城市周边和区域休闲旅游市场。要针对不同收入群体,打造不同层次的休闲旅游项目,形成梯度消费格局,积极培育城市周边的乡村生态游、房车休闲游、康体养生游以及城市内部的工业旅游等旅游新业态。

2013年6月9日

(黄卫挺　国家发改委经济研究所)

关于进一步促进信息消费的有关政策建议

张军立　朱艳华　胡　成

信息消费是近年来最具活力的消费热点，是未来一个时期最具发展潜力的消费领域。进一步促进信息消费，有利于当前扩内需、稳增长，有利于国民经济中长期持续健康发展，对促进我国经济转型、打造中国经济升级版，也具有十分重要的意义。近期，我们就促进信息消费问题进行了专题调研，现将有关情况报告如下。

一、应高度重视信息消费对经济社会发展的重要作用

当前，以信息技术为代表的产业革命还在不断深入发展，在今后相当长的时期，还将继续深刻改变着人们的生产生活方式，广泛影响着经济社会发展的方方面面。近些年，我国信息制造业、软件及信息服务业快速发展，信息消费需求迅猛增长。信息基础设施实现了巨大的飞跃，已建成覆盖全国、连接世界、技术先进、全球最大的信息网络。信息消费促进了信息技术不断创新发展，计算机、微电子、软件、通信、互联网等领域新技术层出不穷，移动互联网、云计算、物联网等产业蓬勃兴起。智能手机、平板电脑、智能电视等信息智能终端产品快速发展。信息消费已经成为新的消费热点和消费升级的方向，正在向社交、购物、搜索、教育、医疗、养老、休闲娱乐等领域扩展，催生了电子商务、电子政务、智慧城市等新的商业模式和业务形态。数字音乐和视频、电子图书阅读、网络游戏等信息内容产业增长迅速。2012 年，我国互联网网民达到 5.64 亿户，智能手机出货量达到 2.58 亿部、同比增长 2.7

倍,电子商务整体交易规模达到8.1万亿元、带动就业1087万人。据测算,如果考虑到产业关联效应,信息消费每增加100亿元,将带动GDP增长337.56亿元。

但是,也应该看到,当前扩大和促进信息消费还存在着不少亟需解决的问题,如信息网络基础设施水平与国际先进水平相比还有较大差距,国内区域发展水平还不平衡,相对收费水平较高;信息制造业总体还处于中低端,核心元器件、高端显示设备、基础软件仍是产业发展的薄弱环节;信息服务水平和质量亟待提高,信息消费的内容还不够丰富,尚不能很好满足人们多样化的消费需求;信息产业安全和网络信息安全亟待加强,安全可信的信息消费环境尚未形成;促进信息消费还存在体制机制障碍,三网融合的体制机制有待进一步理顺,增值电信和互联网业务进入门槛较高。进一步促进信息消费,有利于带动信息产业和信息服务业的投资,形成新的经济增长点;有利于促进信息产业转型升级,形成新的竞争优势;有利于扩大国内消费需求,更好满足人们日益增长的物质和精神文化需要;特别是在当前经济下行压力加大的情况下,对于扩内需、稳增长、促就业具有十分重要的意义。

二、进一步促进信息消费的有关建议

我们认为,促进信息消费总的思路是:以深化改革为动力,以科技创新为支撑,加强信息网络基础设施建设,加快信息产业优化升级,大力丰富信息消费内容,提高信息网络安全保障能力,建立促进信息消费持续稳定增长的长效机制,为经济平稳较快发展和民生改善作出更大贡献。

促进信息消费要紧紧抓住网络基础设施、电子信息制造业、软件和信息服务业、信息内容产业、信息安全保障等几个重要的领域和环节,开展工作。

*一是加强信息网络基础设施建设,增强信息消费网络服务能力。*建设好“信息高速公路”,是促进信息消费的基础和前提。要适当超前部署信息基础设施,加快建设宽带、融合、泛在、安全的信息网络,提升宽带网络服务能力。要大力实施“宽带中国”战略,实现宽带网络的全覆盖,加快下一代基础网络设施建设;全面推进三网融合业务发展,推动企业加强技术、业务和合作模式的创新;加快发放第四代移动通信牌照,加快TD—LTE建设;加快物联网的研发和行业应用;加快智慧城市规划和建设工作。

二是加快提升我国信息制造和软件服务业，为信息消费提供更多更好的终端产品。“有好路还需要有好车”，我们要通过努力把我们信息制造业和软件服务业竞争力不强这一“短板”尽快补上。要以“核、高、基”重大专项为依托，加强我国芯片、软件、网络、显示等信息技术的创新和融合发展，大力推动以智能化为特征的全球新一轮电子产品消费升级，大力研发移动智能终端、智能电视以及各类个性化的智能产品。要下大力气发展国内智能终端搭载的自主移动操作系统，打造中国自主的信息终端产业链。

三是大力推进业态和商业模式创新，丰富信息消费内容。在经济领域，要大力发展电子商务，支持公共电子商务平台建设，推动互联网、营销网、物流网、信息网、电子支付网的有机结合，扩大电子商务消费规模。在民生领域，要加快信息技术在教育培训、医疗保健、养老、社会保障、休闲等领域的深度拓展，以形成新的信息消费热点。在文化生活领域，要不断丰富信息消费的内容，特别是大力丰富电影、电视、数字出版、文学艺术、音乐、大众娱乐等信息文化消费内容，为丰富人们文化生活提供更多的选择。

四是要加强网络信息安全，为信息消费提供坚强保障。信息消费的快速发展，对信息安全提出了更高的要求。没有信息安全的保障，信息消费就不可能持续健康发展。要加大信息安全技术的研发，掌握产业的核心技术、基础软件和技术标准，切实做到自主可控。要加大个人信息保护工作力度，完善电子支付、认证、个人信息保护等信息环节，加强产品、服务质量市场监管，规范互联网环境下的市场行为，依法打击侵害消费者权益和侵犯知识产权的行为，营造安全可信的信息消费环境。

五是加大体制改革和政策支持力度，营造良好的信息消费发展环境。一要通过深化改革，破除制约信息消费发展的体制障碍。要进一步深化行政审批制度改革，减少行政审批事项，优化行政审批程序，降低市场准入门槛，激发市场主体活力。要放宽市场准入，鼓励民间资本参与信息基础设施投资、建设和运营维护。要破除行政壁垒，实现网络互联互通，推动政府数据资源与公共信息资源开放共享。二要坚持市场化的方向，给予信息消费必要的政策扶持。要制定更有利于信息产业创新发展的财税优惠政策，推进并完善电信企业“营改增”的政策措施。要落实服务信息消费的中小微企业的政策支持，进一步改善创业环境、完善创业服务。要加大对信息消费相关企业的金融支持，采取风险投资、上市融资、发行债券、知识产权质押融资等多种方式，解决融资困难。要完善价格形成机制，降低收费标准，制定有利于信息消费的价格政策。要利用国家科技重大专项、高技术产业化、中小企业发展专项等渠道，扩大创新支持资金规模，加大对移动互联网、云计算、物联网等新领域技术研发和产业化的支持力度。要加大政府采购力度，加快智慧城市建设，鼓励中小企业信息化，大力挖掘信息消费需求。三要建立健全法律法规，为信息消费提供强有力的法制保障。要尽快制定修改完善有关法律法规，加强网络信息保护，加强市场诚信体系建设，完善电信监管体制，加强互联网行业管理，建立和维护良好的信息消费市场秩序。

2013年6月27日

小包裹服务大民生支撑大产业 快递业发展遇难题需扶持

孙国君

近年来,随着电子商务和现代生产组织方式的发展,快递业务正在以超乎想象的速度迅猛增长。2012 年,全国包裹处理量近 60 亿件,业务规模居世界第二,已经发展成为居民日常生活和企业生产运营的重要依托。当前,我国快递行业处于重要的转型机遇期,建议加强宏观指导,强化行业自律,适当政策支持,妥善处理营改增试点中遇到的问题,为建设我国快捷、高效、安全的现代物流网奠定基础。

一、快递业已经发展成为服务民生、支撑生产的基础性服务产业

快递业产生于上世纪 70 年代的美国,以其专业化的分工和快捷的服务方式,业务规模爆发增长。我国快递业以 2007 年邮政体制改革为契机,年均增长速度超过 50%,现在日处理能力突破 3000 万件,相当于十年前的 60 多倍,在经济社会发展中的基础性服务地位日益显现。

(一)快递业与电子商务发展相辅相成。近年来,电子商务作为新兴产业快速发展,其中网络购物规模年均增长 50% 以上,2012 年交易量已经超过 1.26 万亿元。预计到 2015 年,网络零售额将占社会消费品零售总额的 10% 左右。网购商品 70% 以上通过快递服务实现交付,其快递量占全部快递业务量的 50% 以上。同时,快递服务也助推了“网上定制”、“有机农产品直销”等新型服务业态的发展。一些大城市,快递业已经成为居民特别是年

轻一代日常生活的必需服务，服务网点已覆盖主要居民社区，可谓“小包裹、大民生”。

（二）为企业特别是中小企业生产运营提供服务支撑。发达国家普遍通过发展安全准确、时效性强的快递网络，为企业提供一体化供应链服务，许多技术密集型企业实现了“零库存”生产，既降低了生产成本，又加快了产品升级换代节奏。快递业特别适合为中小企业提供小批量、多批次的物品递送。各类产业园区普遍集聚着多家快递企业，为企业集中提供物流服务。有的快递企业还提供再包装、拼箱、报关、保险、仓储等增值服务，为中小企业建立了稳定的供应、生产、销售平台。

（三）可以大幅度提高物流效率、降低社会运行成本。我国物流费用占国内生产总值的18%左右，比发达国家高一倍。快递具有集约化和网络化的运营特点，通过建立大容量的呼叫中心，汇集社会零散的、随机的物流需求，再进行系统优化处理，统一规划配送，大幅降低了社会物流成本，提高了运行效率。对“大客户”还可以提供定点定时等个性化服务。据上海邮政管理局测算，处理商务类快件，平均每台快递车辆可减少20台社会车辆出行；处理网购包裹，1名快递员每天可以减少50人次社会出行成本，有效缓解了大城市交通压力。

二、快递业发展进入了转型升级的关键时期

发达国家政府十分重视和支持快递业发展。美国的UPS和Fedex在全球快递市场占据领先地位，与德国DHL、荷兰TNT并称为全球快递的“四大巨头”，收入之和超过全球快递市场的70%。美国将具有高技术附加值的航空一体化快递服务视为支撑本国“即时制造”（just—in—time）和电子商务的重要基础性产业，欧盟也把快递形容为现代经济社会运行的脊梁。

据牛津经济研究院预测，全球快递业将保持两倍于经济增长的速度快速发展，中国、印度等发展中大国的增长速度将更为迅猛。目前发达国家年人均快件约20件，我国年人均仅有4件，但市场规模很大，预计很快将发展成为世界第一大快递市场。巨大的市场空间成为世界主要快递企业的必争之地。

我国现有7500家快递企业，其中有两家大型直营性企业，4家以总部企

业为龙头、众多中小企业加盟的品牌快递企业，这6家企业占国内70%左右的市场份额。全行业从业人员超过80余万人，并以每年15—20万人的速度增加。总体上看，我国快递业还处于起步阶段，存在着现代化程度低、网络服务和管理水平不高、技术和装备落后等突出问题。面对发达国家大型快递企业拥有全球性航空和地面网络、先进信息技术平台以及成熟商业经验的优势，生存发展压力很大。不加快转型升级，不仅很难走出国门，国内市场份额也会逐步缩小，进而对公共安全构成威胁。

三、妥善处理快递业营改增试点遇到的难题

在营改增试点中，试点地区对快递业不同注册类型企业和业务环节的税收政策执行情况不一。如在上海，将快递业部分企业或业务纳入了营改增试点范围，注册为“货代服务”的国外快递企业，参照“物流辅助业”，适用6%的税率，税改前后的税负基本持平或略有下降。针对国内快递企业的部分业务环节，按“交通运输业”11%的税率试点，导致企业税负明显增加。经测算，如果按11%的税率在全行业推行营改增，快递业整体税负将增加1.4倍，其中收派网点和同城快递企业税负增幅更大，企业难以消化和承受，必将对行业造成巨大冲击。

试点中部分快递企业税负大幅增加的原因主要有两个：一是人工成本是快递业的最大成本，无法作为进项税额进行抵扣。据调查，我国快递企业人工成本平均占40%，运输成本占19%，而交通运输业的人工成本仅占14%左右。发达国家快递业的人工成本大体也在50%左右。二是除人工成本外的企业运行成本也难以抵扣，进项抵扣综合比例不足20%。加之快递业以服务最终消费者为主，增值税作为价外税，税负增加意味着变相提高服务价格。

我国快递业起步较晚，平均利润水平低，抗风险能力差，又值升级爬坡的关键时期。因此，建议在营改增试点中，按税负不增加的原则，对快递业适用6%的低档增值税率。同时，增设“快递服务”增值税税目，在全国范围内统一行业税率，并研究制定省区内乃至全国范围内直营快递企业汇总纳税政策，防止在实际操作中针对不同业务环节适用不同税率，人为割裂快递业务的网络化、一体化组织模式。

四、建议扶持快递业快速规范发展

面对快速增长的市场需求和国际竞争压力，国内快递企业纷纷加大自动化分拣中心、呼叫中心、运输设备和信息系统等方面的建设投入，运营面积平均2—3年翻一番。促进快递行业的健康发展，仅靠企业自身努力还不够，迫切需要政府在宏观层面加强引导、创造公平宽松的政策环境。

（一）加强宏观指引和行业自律。建议把快递业作为国家重点鼓励的现代服务业和战略性基础产业，研究出台指导意见，提高各方面对其重要地位的认识、明确大的发展方向和目标。针对目前行业发展存在的基础设施薄弱、建设用地难、车辆通行难、停靠难等实际困难，在城乡土地规划和城市建设运行管理中给予必要的扶持政策。行业主管部门应该借鉴国际经验，研究制定服务规范，充分发挥行业协会的作用，形成自律机制，协调解决快速发展中遇到的矛盾和问题。

（二）推动行业从劳动密集型向劳动与技术双重密集型升级。现代快递业具有明显的规模化、网络化、标准化特点。我国快递业迫切需要产业技术升级。建议允许快递企业研发成本税前扣除，对符合条件的企业纳入国家信息化、科技创新基金等政策支持范围，鼓励企业推进全业务流程信息化改造，支持企业创新服务项目，推进供应链管理等“一站式服务”，全面提升发展的质量和效益。

（三）支持快递业加快国际化发展步伐。快递业跨国服务是发展的大趋势。建议为快递业提供报关通关便利化服务，开展跨境电子商务通关服务综合试点，完善快速检验检疫监管模式。支持更多有条件的快递企业与海关签订监管合作备忘录，对实力强、信誉好的快递企业参照A类报关企业试行清单式集中报关。支持快递企业开展代办报关、退税和结汇等新业务，为中小企业提供“便利出口”服务。

2013年4月24日

以流域开发带动区域发展促进长江上游部分地区连片开发的建议

范　必　陈文玲　张焕波　王天龙　刘向东

最近，国务院研究室同志和中国国际经济交流中心同志就长江流域梯度开发问题组织了专题调研。研究认为，三峡工程建成运行极大促进了重庆至长三角地区发展。但是，重庆以上长江沿线地区经济发展仍然滞后。建议以水资源综合利用为突破口，在长江重庆至宜宾段建设五级低坝，统筹航运、发电、灌溉等功能，带动四川、重庆、云南、贵州四省(市)交界地区九个地(市)连片开发。这一举措，可以将长江流域开发向上游推进约400公里，直接受益面积近20万平方公里，人口不超过7000万。

一、长江上游流域开发面临难得机遇

根据区域经济发展理论，经济增长总是首先由少数区位条件优越的点发展成为经济增长极，然后通过不同渠道向外扩散，并对经济发展全局产生不同程度的影响。国内外经验表明，大河流域往往是一个国家的经济命脉。在流域经济圈内，生产要素集聚，人口稠密，经济发达，是一个国家重要的增长带。如，美国田纳西流域、欧洲莱茵河流域、法国的罗纳河流域，中国的都江堰、京杭大运河流域，以及长三角、珠三角流域，通过开发都成就了重要的城市经济圈。

沿长江经济带是我国经济大动脉，也是最具活力的区域。全流域发展由长三角地区向整个长江上游推进的趋势十分明显。三峡水利枢纽建成运行，带来了防洪、航运、发电等综合效益，显著促进了中下游发展。与长江中下游地区形成鲜明对照的是，长江上游地区在经济总量、人均收入和城镇化率上都处于较低水平。区内各城市产业结构趋同，资金投入较少，产业层次不高，区域经济“二元结构”特征突出。重庆、成都等特大城市很多经济指标已接近或达到沿海地区水平，而上游沿江大部分地区发展严重滞后，城乡差距和城市内部贫富差距较大。

当前，长江上游地区发展面临难得的机遇。沿江地区资源禀赋良好，西部大开发以来已具备较强后发优势。特别是近年来，国家把发展绿色经济放在重要战略位置，有利于发挥长江黄金水道这一“绿色航道”的作用。加快长江上游地区经济连片发展，对于促进我国区域经济协调发展，具有重大的现实意义和战略意义。

二、长江上游地区连片开发的构想

长江上游部分区域具备连片开发的理论可能性和现实条件。长江重庆至宜宾段的沿江地市，地貌、气候、土壤、水文、生物资源十分接近，人文传统及生活习惯相似，能够直接或间接利用长江航运发展经济，具有流域的一致性。这一地区产业发展、城乡结构相似，经济联系紧密，交通、通信等基础设施互联互通形成网络。同时，这一区域与周边地区相比是一个经济发展洼地，适宜进行集中成片开发（见附图）。

初步考虑，长江上游连片开发的区域包括，宜宾至重庆段及其腹地经济联系最为紧密的地区。即：重庆市，四川省的宜宾、泸州、自贡、内江、乐山，贵州省的毕节地区和六盘水市，云南省的昭通市。开发范围共涉及四省（市）、九个地（市），区域面积共19.82万平方公里，人口约6795万。

上述长江上游连片开发区幅员广阔，地形多样，占全国国土面积的4%。蕴藏有丰富的水能资源，可开发量达1.7亿千瓦，占全国的46%，目前已开发利用量较小。天然气、页岩气、铝土、煤炭、硫铁矿、石英砂、褐铁矿、磷、盐卤等能源矿产资源富集，开发潜力巨大。

这一连片开发区域处于川滇黔渝边界交汇地带。四省（市）总人口约有1.9亿，占全国人口的14.5%。区域内劳动力资源丰富，拥有80多所高等学校，科研机构和专业技术人员众多，科技文化水平在西部处于前列。四省

（市）交界地区连片开发，可以吸引周边相对发达地区生产要素的集聚。

三、长江上游地区连片开发的思路

长江上游四省（市）交界地区连片开发的总体思路是：通过流域开发带动区域开发，兼顾水力发电、内河航运、旅游休闲、生态环境等综合目标。以水电、航运项目开发为先导，开展水资源综合利用，完善能源和交通基础设施，发展特色优势产业，逐步形成辐射力强、关联度高的流域经济区，带动周边贫困地区和生态脆弱地区的现代化建设。

第一，以水电、航运开发带动长江上游连片发展。按照逐级开发、梯度推进的原则，溯流而上进行水利开发。具体方案是，在宜宾—重庆河段分五级实施低坝开发，分别建设江安、石棚、新路口、朱杨溪、小南海五级低坝。与高坝大库相比，低坝开发方案具有移民少、淹没小、改善水环境、保护鱼类等诸多优势。五级水电站总装机容量约 750 万千瓦，年发电量约 370 亿千瓦时，相当于目前重庆市全年用电量的一半。五级水电站建成后，产生的电力不必像三峡电那样远距离外送，而是就地消纳。宜宾—重庆的航道等级可以从Ⅲ级提升为Ⅱ级，万吨级船队从直达重庆延伸至宜宾，将有利地促进沿线航运和港口城市的发展。

第二，以"四化同步"推进区域一体化发展。能源、交通的低成本优势，可以为沿线地区产业集聚创造条件。通过成规模、高水平开发这一地区的优势资源，发展特色产业，带动人口集聚。沿江岸线整理后，将全面改善江水景观，大幅度提高区域内土地价值。随着农业人口向城镇集中，可以为农村土地的规模化经营创造条件，提高农业现代化水平。在这一过程中，应当创新土地、户籍、公共服务等管理体制，推进能源、交通、信息和市政公用基础设施联网融合，通过工业化、信息化、城镇化、农业现代化协调发展，加快区域一体化进程。

第三，分三个阶段实施连片开发。长江上游四省（市）交界地区的连片开发是一项系统工程，需要统筹规划和详细论证，可以考虑分为三个阶段：第一步，研究谋划阶段（1 至 2 年）：开展五级低坝水电项目前期工作，做好长江上游区域连片开发的规划调整和准备。第二步，核准布局阶段（2 至 3 年）：争取获得水资源综合利用项目核准，相关地区开展招商、征地和基础设施建设。第三步，全面建设阶段（4至6年）：以水电、航运为轴心，形成均衡、协调、可持续发展的新经济增长极。争取到2020年末长江上游五座水利枢纽工程全部建成并实现通航、发电。通过水利梯级开发和岸线整理，改善长江上游城市水环境和自然景观，沿岸形成美丽宜居和互通互联的大中小城镇群落。

四、推进长江上游连片开发的建议

第一，将长江上游四省（市）交界地区连片开发纳入国家中长期发展规划。建议由国家发改委牵头，相关地方和部门参加，进一步专题研究长江上游四省（市）交界地区连片开发的发展思路和政策措施。

第二，建立相关省（市）的区域协调机制。长江上游四省（市）交界地区处于各省级行政区的边缘地带。建议由国家发改委牵头，相关部门及川滇黔渝地方政府建立“长江上游部分地区连片开发综合协调机制”，定期召开联席会议，协商这一地区发展中的重大问题和项目安排。

第三，实施有利于长江上游部分地区连片开发的政策措施。加快完成水电项目的论证核准、环境影响评估等工作。水电电力就地使用消化，减少远距离输电损失。新建五级水电站的电力、电量和电价，按照市场化改革的方向，率先实行发电方与用电方的直接交易。以大型综合型企业为龙头，开展水资源综合开发，同时引进优势产业，发展循环经济产业园区，加快航道建设和岸线整理。制定合理的移民安置补偿措施，保障移民的安置补偿权益。

2013年4月10日

（陈文玲　张焕波　王天龙　刘向东　国经中心）

2012年长江流域各省（市）人均GDP（单位：万元）

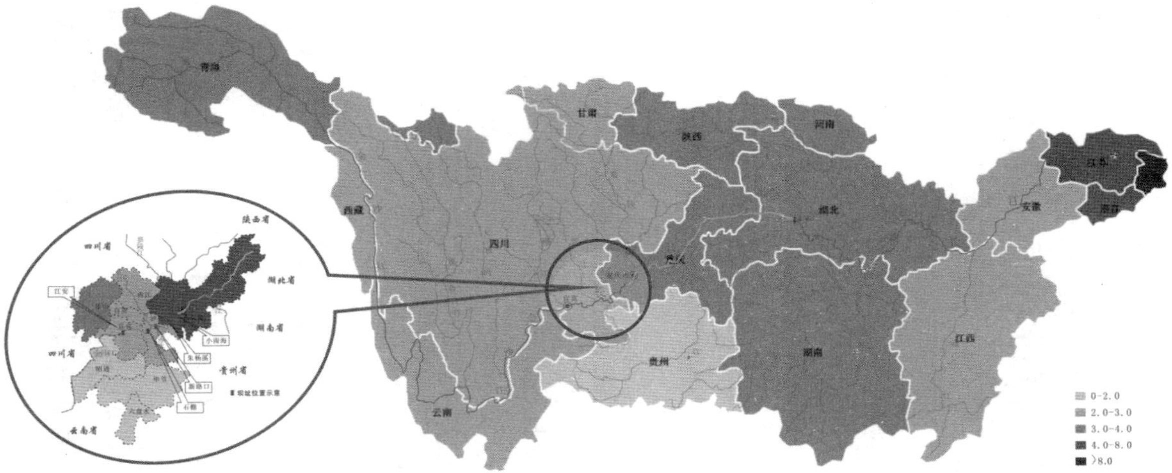

附图：长江上游连片开发区域在长江流域的位置

说明：图中颜色越深的地方经济越发达。川滇黔渝四省（市）交界部位，是一个经济发展洼地。通过对这一地区连片开发，可以将长江流域开发从重庆向上游延伸约400公里。

关于江西、湖北基层调研情况的报告

王卓明　高　雨　杨文军　吕恒立

最近，我们先后深入江西省九江市新湖社区、新港镇荷塘村、九江经济开发区以及湖北省恩施州宣恩县的高罗乡、珠山镇、椒园镇等地走访调研。现将有关情况报告如下：

一、城镇化让农民得实惠，但问题也不容忽视

九江市新港镇荷塘村是市郊农村城镇化的一个缩影。随着城镇化推进，2007 年起村民陆续到附近的产业园区务工。在和村干部、村民座谈中，大家一致认为城镇化让农民得到了实惠。一是带来了收入增长。目前全村年人均收入已达 9000 元以上，而前几年收入高的人家每年也仅有两三千元。二是居住条件得到改善。政府以 1∶1 的比例将村民的老房子置换成“农民公寓”，有 80 和 120 平米两种户型，很多村民一家就有 2 套楼房，多余的房子可用于出租。三是有了可靠的社会保障。政府为被征地村民上了保险，60 岁以上的无地村民每月还能领取 180 元到 235 元补助金，吃喝基本不愁。镇上还建有养老院和学校，务工人员的子女无条件入学。四是生活方式也发生了变化。在“农民公寓”里，干洗店、小型超市、棋牌室、有线电视、互联网等服务和设施比较齐全，很多村民也添置了私家车，实实在在地享受到了“市民生活”。

同时，座谈中不少村民也表达了一些忧虑。一是局部地区耕地抛荒现象严重。随着农民离开土地，愿意继续种地的人不多。有的村民建议，国家应规定一个时限，将长期荒芜的耕地收回或实行经营权流转。二是农村基

础教育现状落后。目前农村幼儿园多为民办，安全等问题无法保障，农村基础教育教师队伍也很不稳定，希望国家出台鼓励性政策，提升农村师资水平。三是基本服务和设施仍需下大气力改善。时值深冬，村委会会议室和很多居民家里还没有取暖设备，坐在屋子里明显感到寒冷。

二、社区管理关乎城镇化质量，形成合力是关键

农民进城后住进了社区楼房，日子能不能过得舒心舒适，社区管理很重要。荷塘村的村民普遍反映，虽然住楼房了，但物业管理是个大难题。小区普遍存在“收费难—服务差—拒缴费—服务更差”的恶性循环，如荷塘村社区的卫生环境就比较差，不少村民建议政府牵头探索建立开发商、业主、物业公司三方互动合作的社区管理模式。

九江开发区的新湖社区在这方面则积累了比较好的经验。我们实地了解到，该社区是目前九江最大的社区，已入住 1.6 万人，社区管理很规范，在九江颇有代表性。据该社区的开发和管理方——新湖房地产开发公司介绍，社区要实现可持续发展，一是规模要适度。社区规模一般达到 2000 户以上，物业管理在经营上就可以达到平衡点，做到不亏本。新湖公司十分注重开发适度规模的社区，并通过整合物业来提升规模效益。二是利益要共享。要有适当机制让业主有效参与社区管理，物业方和业主方要形成共管共享关系，共同管理，共享收益。如新湖社区收取的停车费，70% 交给业主委员会管理，30% 交给物业，楼房电梯广告收入则全部纳入社区公益收入。从新湖社区管理经验看，只有社区相关主体共同参与，形成合力，社区管理才能做到规范、可持续。

三、住房保障维系民心，政府与市场责任要分清

据了解，九江市在推进住房保障工作方面探索了一些好的经验，全省曾提出“内学九江”。市政府工作人员小李告诉我们，九江在保障住房建设实践工作中将“两房并一房”，具体做法是将公共租赁住房与廉租住房合二为一，大力发展公共租赁住房。公租房面积分为 35、50、60 平米三档，租金为每月每平米 6—8 元，主要面向普通公务员、企业职工和外来务工人员等群体。对于符合廉租条件的住房困难家庭，其租金缺口由政府财政给予补贴。

新湖房地产开发公司负责人施建中对于房地产市场如何走、住房保障工作怎么做,也提出了自己的认识。他建议逐步取消商品房限购政策,分清政府和市场的责任,构建住房市场健康发展的长效机制。中高端住房应该市场化,交给市场解决,政府通过税收进行调控。面向中低收入群体的保障住房则由政府解决,以充分体现政府责任。政府应通过合理限制地价来调控房价,这就需要改革目前的土地拍卖制度,不能无限拍高。

四、新兴产业发展方兴未艾,完善扶持政策是方向

在走访九江新湖社区时,新湖房地产开发公司介绍,该公司根据国家鼓励发展分布式光伏发电项目的有关政策,准备在自己公司开发的居民小区屋顶建设 100 万平米的光伏发电项目。该项目已列入住房城乡建设部实施的"金太阳工程",可以得到一部分国家补助。项目发电后,以优惠电价优先供应社区居民和社区公共设施,剩下的电量进入电网并按市场价格销售。该公司认为这类项目很有市场前景,希望国家继续加大支持力度。

在九江经济开发区,我们参观了从事 LED 模组生产的正展光电有限公司,并与几家中小企业进行了座谈。大家普遍认为发展新兴产业是国家产业结构调整升级的方向和趋势。万利通金属表面处理技术公司负责人张少强告诉我们,他是台湾人,在九江投资建设了一个电镀集控园区,通过将排放电镀污水的相关企业引入园区,来集中对重金属污水进行处理并达到中水标准。他之所以从台湾来大陆投资,是因为非常看好大陆循环经济发展的潜力。

座谈中几家企业也普遍反映了一些现实问题:一是金融政策和产业政策不相匹配,融资难、融资贵问题依然比较突出。金融机构对于一些符合国家产业发展方向的项目,仍然设置很高的贷款门槛,企业融资成本一般高达 9.7%。二是补贴不规范,有时国家的补贴资金并没有真正补给有真实需求的企业。三是行业标准不明确,不利于规范竞争和提升行业整体品质。四是九江高端产业人才不足,原材料及产成品运距较远,物流成本也比较高。几家企业希望国家支持中小企业发展的有关政策能真正"落地",进一步为中小企业发展培育良好市场环境。几点建议:减免或返还企业部分税费;切实降低金融机构融资成本,对符合国家产业政策的项目加大财政资金扶持

力度;支持企业自主研发核心技术,鼓励企业参与制定代表行业先进水平的行业标准,等等。

五、贫困群众生活改善,扶贫工作亟须深入

恩施州宣恩县位于武陵山扶贫攻坚片区核心区域,群山环抱,是国家级贫困县和土家族、苗族聚集地。我们先后来到高罗乡埃山村、板寮村,珠山镇咸池沟村,椒园镇水田坝村,就扶贫开发工作情况与基层干部群众进行了座谈。总体看,大家普遍肯定近年来国家扶贫开发带来的切实变化,尤其对国家民委等部门大力支持贫困民族地区发展的做法反响很好。走访中我们了解到,近年来宣恩县通过发展特色农业逐步使农民走上致富道路。如埃山村发展种植白柚2000多亩,亩均收入五六千元,比传统的粮食种植收入提高了好几倍。同时,群众对社会保障也感到满意。埃山村70多岁的晏宏进老人说,去年儿子患病,住院花了七八千元,由于被纳入了低保对象,医药费能全部报销。自己每月还能领取55元养老金,日子过得比过去好多了。

交谈中,大家对如何进一步脱贫致富以及深化扶贫工作也提了很多好的建议:

一是继续深化改革。恩施州副州长肖作文认为,要让主体功能区真正发挥作用,就要严格落实生态补偿等配套政策,推动形成与主体功能定位相适应的考核评价体系。在扶贫资金使用上,要整合各部门资金,不能撒“胡椒面”,切实发挥扶贫资金整体效益。继续加大贫困地区交通基础设施建设力度,同时从集中连片的层次规划产业布局,防止同质化竞争。宣恩县政府负责同志建议,贫困地区县级财政实力薄弱,扶贫工作应从实际出发取消地方配套的要求。同时,切实解决群众致富创业中的实际问题。埃山村支部书记田义希望支持发展白柚规模种植等特色农业,建议加大培训力度来提高劳动力素质,让更多的群众掌握白柚种植技术,同时希望在政府帮助下拓展白柚销售、加工产业链。村民张银针希望能得到优惠贷款发展养殖。目前她养了5头猪,计划再多养几头,但缺本钱,从城商行贷款不是很容易,9厘的利息也让她感觉负担较重。我们在走访中还看到,当地农村盖了很多新房,很宽敞也很漂亮,但空置较多。据了解,一半以上的农村青壮劳力常年外出务工,在家留守的多是老人、妇女和孩子,一部分农田无力耕种,个别地区存在土地抛荒现象,土地流转有些用于种植经济作物和发展加工业。二是重视农村基层政权建设等问题。恩施州副州长肖作文反映,现在基层干部队伍稳定难度较大。年轻干部有些考试能力很强,实际工作能力较差,而且不安心工作,往往刚来几年,就又考走了,很难留住人。高罗乡党委书记谭大地提出,农村税费改革后,村级运转资金少多了,难以有效开展工作,建议建立村级资金正常增长机制,同时合理提高村干部待遇,稳定村支书、村委会主任等基层干部队伍。埃山村支部书记田义认为,现在新农合能报销的基本药物目录中,价廉实用的药物种类比较少,不能满足农民实际需求,建议进一步扩大报销药品的目录范围。还有村民反映,新村建设中的饮用水供应、垃圾处理以及村民文化生活等问题要给予重视。

2013 年 1 月 16 日

（高　雨　杨文军　吕恒立　国办调研组）

四、加快经济结构调整升级

积极防范化解潜在金融风险 守住不发生系统性风险底线

沈晓晖　李继尊　史德信

近期，一些国际金融机构集中炒作我国金融风险，引起国内外热议。惠誉将中国长期本币信用评级从 AA－下调至 A＋；穆迪虽维持中国政府债券评级不变，但将前景展望从“正面”下调至“稳定”；标准普尔认为中国地方政府融资平台将出现违约；野村证券称中国出现金融危机前兆。对此，我们进行了初步研究。

一、当前发生系统性风险的可能性不大

目前，国际上对系统性风险并没有准确的定义，认识也不一致。总结历次金融危机的教训，系统性风险大致有四个来源：一是大型商业银行、投资银行等系统重要性金融机构破产倒闭，造成整个金融体系崩溃。二是资产市场特别是房地产价格暴跌，金融资产大幅缩水，引发金融体系的资产负债表效应。如上世纪 90 年代日本房地产泡沫破灭和 2007 年的美国次贷危机。三是政府债务负担过重，出现主权信用违约。如上世纪 80 年代拉美债务危机和最近的欧债危机。四是跨境资金集中大进大出、汇率剧烈动荡等外部冲击，导致金融体系的本外币错配。这是发展中国家经济崛起过程中经常遇到的风险和挑战。

这场国际金融危机以来，我国金融风险有所积累，隐患增多，但金融体系总体是稳健的，风险是可控的。

——银行业抗风险能力比较强。银行业是我国金融业的主体,银行资产占全部金融资产的90%以上。只要银行业特别是大型银行不出问题,整个金融体系发生系统性风险的可能性就不大。2012 年末,银行业金融机构不良贷款率只有 1.56%,而资本充足率高达 13.3%,拨备覆盖率 295.5%。2012 年全行业税后利润 1.51 万亿元,资本回报率达 19%。同时,也不能回避银行业面临的挑战。主要是:近年来银行业资产负债表迅猛扩张,资本金补充压力较大,去年以来不良贷款率有所上升,等等。

——财政债务处于安全水平。一是负债率低。截至 2012 年底,中央财政国债余额 7.76 万亿元,地方政府性债务和乡镇债务余额 11.6 万亿元,合计占 GDP 的 37.3%,低于国际公认的警戒线 60%。二是赤字率低。2012 年,财政赤字 8000 亿元,仅占 GDP 的 1.5%,低于国际公认的警戒线 3%。三是地方融资平台偿债腾挪空间较大。地方债务半数以上是 2008 年之前形成的,相当多的债务已转化为道路、桥梁等一批优良资产。即便个别地方遇到偿债高峰,还可以通过展期、出售国有资产等方式缓解还款压力。截至今年 4 月底,仅地方国有企业净资产就有 13.4 万亿元。中金公司首席经济学家彭文生认为,国际公认的负债率、赤字率警戒线,是基于欧美国家的经济增长率和利率水平确定的,我国可以承受更高的债务水平。

——房地产信贷风险总体可控。一是开发商贷款规模不大。截至 2012 年底,银行业房地产开发贷款仅 3 万亿元,占全部人民币贷款的 4.8%。二是个人住房贷款抵押资产质量比较好。这类贷款余额为 7.5 万亿元,其中超过一半是 2009 年之前房价相对较低时贷出的。即使之后贷出的,按揭贷款首付比例、二套房贷款等限制也越来越严。三是银行承受房价下跌的能力比较强。2011 年银监会压力测试结果表明,在房价下跌 30%—50% 的情况下,房地产贷款仍是安全的。四是经济增长和城镇化进程加快,对住房需求形成有力支撑。2008—2012 年,我国城镇化率提高了 5.6 个百分点,平均每年新增城镇人口近 2200 万人。涨幅较大的一线城市是全国性市场,住房需求更大。

——抵御外部风险的政策手段充足。特别是经历了亚洲金融危机和国际金融危机的考验,在实践中积累了许多行之有效的经验和做法。比如加强资本项目管制,这是隔离外部冲击的防火墙。今后即便推进人民币汇率形成机制改革和资本项目可兑换，还会保留必要的管制手段，并建立市场化的调控措施。庞大的外汇储备也是应对外部冲击的后盾。

还要看到，目前我国完全脱离实体经济的金融衍生品比重还不大，金融资产质量与实体经济的周期关联度较高。实体经济持续健康发展，是防范和化解金融风险的根基。综合分析各方面情况，未来几年，我国经济有望保持中高速增长。

二、值得关注的几个风险点

当前，我国经济正处于调整转型期，外部环境仍然严峻复杂，美欧日等主要出口市场需求低迷。在此形势下，金融风险容易积聚暴露，“水落石出”。从去年以来有关部门多次排查的情况看，主要集中在三个方面：

（一）跨境资金流入大幅攀升。今年前 4 个月，银行代客结售汇顺差为 2037 亿美元，同比增长 6.3 倍，其中货物贸易结售汇顺差比贸易顺差多 1472 亿美元。这表明可能有大量境外资金借道贸易项目潜入我国投机和套利。1994 年墨西哥金融危机、1997 年亚洲金融危机等历史教训表明，跨境资金大进大出往往是摧垮一国金融体系的导火索。当前，由于我国经济增速相对较快，境内外息差较大，加之人民币升值预期较强，国际投机资金还会大量涌入，这对金融调控、资产市场乃至整个金融体系安全都会造成较大影响。一旦形势逆转，外资抽逃，危害更大。

（二）中小金融机构风险增大。一是城商行、农商行等地方商业银行风险积聚。这些机构与地方融资平台密切关联，贷款集中度高，跨区域扩张较快，同时自身抗风险能力低，受行政干预较多，随着利率市场化不断推进，面临的压力会越来越大，不排除个别银行坏账剧增甚至出现挤兑。二是信托公司存在较大隐患。根据瑞士信贷的报告，2012 年末，我国信托资产规模已达 7.5 万亿元，明后年到期的信托基金可能出现大范围违约。三是银行理财产品快速膨胀、风险大。2012 年末，银行业理财资金余额已达 7.1 万亿元，同比增长 56.3%，今年一季度又净增 1.1 万亿元。尽管理财产品约定了风险责任，但是一旦违约，银行也难逃干系。四是小额贷款公司、融资担保公司等潜在风险不容忽视。近几年此类机构扩张较快，内控机制又不完善，有的省份已爆发不少案件。

（三）个别地方出现风险苗头。一是民间借贷特别是高利贷引起的；二是光伏、钢铁等产能过剩行业引起的；三是盲目造城、房价过快上涨引起的。金融风险传染性极强，一旦处置不当，即便是局部风险也很容易蔓延扩散，危及全局。

三、建议

伴随着金融市场不断发育，金融创新步伐加快，金融产品越来越复杂，防范和化解金融风险的任务更加艰巨。对此，要有一定的容忍度，关键在于标本兼治，多措并举，守住不发生系统性、区域性风险的底线。

从当前看，要按照“底线思维”的要求，深入排查金融风险隐患，早拉警报，快速反应，防止小问题演化成大风险。一是摸清异常外汇资金的来源、规模、渠道、流向，加大核查和执法力度，有效应对跨境资金流动冲击。二是针对经济减速、房价下跌等不同情形进行压力测试，做好应对各种最坏情景的准备，制定应对预案。三是加强金融监管协调，促进信息共享，防止监管真空和监管套利。四是积极应对和引导舆论，及时释疑解惑，防止误读和炒作。

从长远看，要加快金融改革，加强基础制度建设，筑牢防范金融风险的防线。一是适应金融市场主体多元化发展趋势，建立和完善存款保险、金融企业破产等市场化处置风险的机制。二是充分考虑我国金融市场发育程度、监管水平和可承受能力，渐进推动利率市场化、人民币汇率形成机制改革、资本项目可兑换等重大改革。三是加快发展多层次资本市场，改变间接融资比重过高、风险过度集中于银行体系的状况。四是针对综合经营快速发展与现行分业监管体制的矛盾，探索加强对金融控股公司、影子银行等的监管，系统研究未来的金融发展模式和监管框架。五是按照“谁的孩子谁抱”的原则，完善地方金融管理体制，明确地方政府对城商行、农信社、融资担保公司、小额贷款公司等金融机构的管理责任。

2013 年 5 月 30 日

关于促进服务业发展改革、推动城市经济结构调整的看法和建议

郭克莎

我国经济结构调整的重点和难点在城市,只有推进城市经济结构调整,才能为城镇化进程创造就业、安居、交通、环境等条件,避免出现传统和现代的城市病问题;同时,也才能带动农村经济结构调整,拓展农业现代化、新农村建设、农民奔小康的空间,逐步缩小城乡经济社会发展的差距。但是,在当前形势下,调整城市经济结构面临着一系列制约,需要加强这方面的理论和政策研究。

一、当前城市经济结构调整面临的制约因素

城市经济结构战略性调整,是推进城镇化过程中加快经济转型升级的客观要求,是整个经济结构调整和发展方式转变的重要环节。但在未来一段时间,这个调整过程将面临多种制约,除了户籍制度、土地制度等制度性制约外,还有经济运行和发展过程的制约。后者主要表现在:

一是经济增速下行的制约。我国经济增速下行的趋势,既有国际金融危机的冲击,也有发展阶段变化的原因,从近期看,稳增长的压力主要来自外需不足的影响。当前,世界经济复苏进程仍艰难曲折,发达国家中经济走势最好的美国,内生增长动力不足,经济复苏缓慢且波动;欧洲尤其是欧元区经济仍徘徊在衰退的边缘,走上复苏进程尚需时日;日本经济依靠本币大幅贬值拉动的短期增长,很难有可持续性。在发达经济低迷的影响下,新兴

市场和发展中国家的经济增速纷纷回落，全球贸易和投资形势难以好转。最近，一些国际机构又下调了今年全球的经济增速预测。外部环境的不稳定使我国经济增速仍面临着波动的风险，在这种条件下，企业运营、社会就业、财政收入、乃至经济和社会稳定等方面都会受到影响，由此产生的许多不利因素，将制约城市经济的转型升级。如果为了稳定经济增速而大规模扩大投资，还可能阻碍结构调整的顺利进行。

*二是房地产价格上涨的制约。*我国城市房地产市场价格已持续多年快速上涨，调控政策总体上尚未起到有效的抑制作用。最近“国五条”出台后，房地产市场可能会进入一段观望僵持期，但很多地方政府都不希望房价回落和房地产市场低迷，如果短期调控政策尤其是征收20%所得税的政策不能落实到位，长期性政策特别是房产税改革等措施不能继续推进，房地产市场成交量和价格在不久后就可能出现新的反弹。房地产价格过快上涨会增加城镇化的成本，不利于农民工市民化的推进、城市化水平的提高和居民消费结构的升级，同时，还会导致社会资源过度流入房地产领域，影响实体经济发展和产业调整优化，影响城市经济的转型升级。

*三是地方发展动能减弱的制约。*改革开放以来尤其是20世纪90年代以来，我国经济的快速发展很大程度上是由地方政府推动的。在现有经济体制下，市场机制还难以对城市经济结构战略性调整发挥有效调节作用，这一进程仍然要依靠地方政府来推进。但是，未来一段时间，在经济增速下行的条件下，地方财政收入增速下滑，保障和改善民生的压力加大；地方政府性融资平台受到控制，已有的政府性债务还有较大的付息还本负担；目前的土地出让收入规模，会由于房地产调控和市场波动而受到限制。以上情况将使地方政府推动经济发展的空间受到较大制约，不少地方不得不把主要精力放在“保增长”、应对短期困难方面，推进城市经济结构调整的动能将明显弱化。

二、推进城市经济结构调整的重点和方式选择

城市经济结构调整包括多方面内容，重点主要有两个：一是推进需求结构调整，提高消费率，降低投资率，减少经济发展对出口和投资增长的过度依赖；二是推进产业结构调整，提高服务业比重，降低工业比重，减少经济发

展对工业增长的过度依赖。以上两个方面实质上是相互联系的，关键在于以调整产业结构带动需求结构调整，通过加快服务业发展，扩大居民的服务消费，从而在提高服务业比重的同时提高国民消费率。

但是，当前这两个方面都面临较大困难：从调整需求结构看，在出口和经济增速下行条件下，投资和消费都受到影响，如果再降低固定资产投资率，将引起居民就业、收入下滑，使消费增速进一步回落，这使投资和消费关系难以有调整空间。从调整产业结构看，工业增速下降已使经济增长面临较大压力，如果再降低工业产出比重，相关服务业尤其是生产者服务业会受到较大冲击，产能严重过剩还会引发不少经济和社会问题，因而工业和服务业比例关系的调整也难以进行下去。

因此，未来一段时间，保持经济稳定增长成为推进结构调整的一个重要前提条件，必须更好地把稳增长与调结构结合起来。在推进经济结构调整的过程中，需要选择适当的方式，采取过渡性措施。这主要是：

调整需求结构方面，先调整内需与外需关系，再调整投资与消费关系；保持投资合理增长，积极扩大居民消费，逐步提高消费率及其对经济增长的贡献率。促进投资合理增长的基本取向是，以应对出口和消费增速变化为依据，继续发挥投资对经济发展的重要作用，使季度和年度经济增长率不过多偏离潜在增长率，努力实现政府确定的经济增长目标。

调整产业结构方面，在巩固农业基础和推进农业现代化的前提下，保持工业合理增长，加快发展服务业，逐步提高服务业比重及其对经济增长的贡献率。促进工业合理增长的基本取向是，以稳定产能利用率为依据，继续发挥工业对经济发展的重要作用，防止工业领域出现全行业亏损，为工业企业加强内部管理和调整改造升级创造必要条件，使工业经济运行有利于相关生产服务业的发展。

三、促进服务业发展改革：推动城市经济结构调整的一个政策思路

推进城市经济结构战略性调整，要处理好改革、发展、稳定的关系，努力保持经济平稳较快发展，遏制房地产价格过快上涨，增强地方经济转型发展的动能。其中最重要的是，要创造有利于服务业发展的政策条件和体制环境。

第一，建立促进服务业发展的政策体系。我国原有的经济政策体系，是在推进工业化的过程中建立起来的，资源配置基本上向工业部门倾斜，而不利于服务业部门的发展。如用地、用电、用水等重要资源性价格，多数服务业部门都大幅度高于工业部门；财税、金融、产业等重大发展性政策，都更多地用于支持工业企业发展，而大多数服务业企业发展则处于从属地位。特别是，由于工业具有明显的规模经济性，能够带来较大的投资和税收增长，在中央与地方实行分税制的条件下，地方政府为了增加 GDP 和财税收入，几乎都热衷于发展工业尤其是重化工业，而不重视推进服务业的发展。这种长期以来过度向工业领域倾斜的经济政策架构，导致了工业部门的过度扩张和产能过剩，同时，也使很多服务业尤其是生产性服务业的细分部门不能从工业企业中分离出来，实现分工和专业化发展，因而制约了服务业规模的扩大和发展水平的提升。在促进经济结构调整的新时期，必须从根本上调整这种政策体系。要从价格、金融、财税和产业政策等方面，改变向工业部门倾斜的政策格局，扭转不利于服务业发展的状况，使经济政策起到推动资源配置结构转变的作用，加强对服务业部门的支持力度。

第二，消除影响服务业发展的体制障碍。与经济政策的格局相一致，我国原有的经济体制结构也是向工业部门倾斜而不利于服务业发展的。至今为止，工业尤其是制造业领域的非公有经济比重已很高，而很多服务业尤其是现代服务业领域的非公有经济比重仍较低，就是这种体制带来的一个结果。要加大金融、电信、医疗、教育等服务业领域对民间资本的开放力度，推进国有产权制度改革，支持民营经济收购、兼并和重组服务业部门的国有企事业单位，拓展和搞活服务业发展的微观基础。要推进服务业管理体制改革，完善市场体系和市场机制，打破大型国有及国有控股企业的垄断地位，促进各种所有制企业公平、有效的市场竞争。要深化财税、金融等体制改革，包括扩大服务业营业税改增值税的范围、培育发展非国有金融机构、推进利率市场化改革，优化服务业和民间投资的制度环境，建立健全支持服务业和民营经济发展的体制机制。

2013 年 5 月 29 日

促进风电消纳的建议

卫新华

近年来，我国风电发展呈现建设规模大、集中度高的特点，在较短的时间内跃居世界第一。但是，风电快速发展的同时，也产生了一些矛盾和问题，当前最突出的因素就是风电消纳问题。现将有关情况和建议报告如下。

一、我国风电取得长足发展

2012 年，全国新能源发电装机容量约 6961 万千瓦，同比增长 29%，其中，风电装机容量 6083 万千瓦；新能源发电量约为 1290 亿千瓦时，同比增长 27%，其中，风电发电量 1004 亿千瓦时。在过去 6 年(2006—2012 年)时间里，我国实现了并网风电装机从 200 万千瓦到 6000 万千瓦、发电量由不足 30 亿千瓦时到突破 1000 亿千瓦时的跨越，风电并网装机年均增速高达 75%，风电发电量年均增速为 80%。风电超过核电，成为继煤电、水电之后的第三大主力电源，在一些地区甚至成为第二大电源。

2012 年，风电消纳总体平稳，全国风电利用小时数 1893 小时，同比增加 18 小时；重点地区风电运行指标持续上升；依靠大电网，蒙东、蒙西风电日发电量占比分别创历史新高。

目前，我国开展前期工作的风电项目规模依然较大，大型风电基地前期工作继续推进；风电装机主要集中在“三北”地区；新增核准项目稳步增长，但增速逐步放缓；累计并网容量持续大幅增长，但新增并网容量增速放缓；并网风电装机占比逐步提高，局部地区风电装机比重已达到较高水平。

二、风电消纳问题的成因

在风电快速发展的同时，一些地区因电网输送能力有限，出现风电场有电也不能发的弃风现象，局部地区如东北地区风电消纳问题逐步加剧。资料显示，2011年，全国风电弃风限电总量超过100亿千瓦时，平均利用小时数大幅减少。2012年，东北地区的辽宁、吉林、黑龙江、蒙东风电利用小时数分别为1761、1420、1780、1605小时，同比分别下降173、171、190、114小时；甘肃、河北、山西和新疆也都存在不同程度的"弃风"限电。这种情况不仅导致风电场运行经济性下降，也带来了直接的经济损失。风电消纳成为制约风电进一步发展的最突出的制约因素，既有技术方面的原因，也有管理、经济利益方面的原因。

一是风电发展速度超过规划目标。2006年后，根据《可再生能源法》，我国先后出台了《可再生能源中长期发展规划（2006—2020）》和《可再生能源发展"十一五"规划（2006—2010）》，提出了2010年和2020年可再生能源在能源消费中的占比目标。但从实践来看，风电发展规模远远超出了当初规划提出的装机目标，风电产业多环节衔接不畅。2012年7月，国家正式发布了《可再生能源"十二五"发展规划》、《风电发展"十二五"规划》，提出到2015年，投入运行的风电装机容量达到1亿千瓦，年发电量达到1900亿千瓦时，风电发电量在全部发电量中的比重超过3%；到2020年，风电总装机容量超过2亿千瓦，风电年发电量达到3900亿千瓦时，力争风电发电量在全国发电量中的比重超过5%。但是，从目前已经通过核准的风电计划项目看，即便"十二五"期间不再核准新的项目，到2015年全国风电规模仍将达到1.4亿千瓦，大幅超出规划的1亿千瓦目标，给未来的风电消纳埋下了隐患。

二是风电产供销环节出现脱节。电力系统是一个复杂的、具有天然统筹管控性的系统，必须对电源、电网和用户整体考虑才能实现更好发展。过去几年风电的急速扩张，使风电产供销环节严重脱节。从电源侧看，弃风率高的地区，普遍负荷需求较低，电力装机大大过剩，而近几年这些地区不仅新增了风电装机，也有不少火电以及热电联产机组投产，进一步加剧了当地的电力过剩。从负荷侧看，2012年以来，全国电力需求增速较低，而风电装机集中的地区新产业较少,有些地区的用电量甚至出现负增长,客观上加剧了风电弃风。

三是各类电源的利益协调机制尚未建立。风电具有波动性、随机性、间歇性特点,对电网系统的安全稳定势必产生影响,需要运用各种储能和补偿方式来平滑风电的波动,如抽水蓄能电站、储能电池、火电调峰。当前的情况是,风电大发,有时需要火电减小出力,但我国实行发电计划体制,调度机构必须保证火电的出力至少达到发电计划的小时数。这样,在外送通道有限的前提下,保证风电出力、吸纳风电,挤占上网火电的运行空间,减少火电出力,就需要建立新的利益协调机制。比如,吉林风电弃风主要发生在冬天的夜晚,而当地火电机组大半是热电联产,冬季供热时负荷最低只能压到90%,缺少外输线路,被迫选择弃风。

四是电源和电网项目核准与建设协调不够。目前,风电电源项目、常规电源项目、电网项目由不同部门审批,风电与调峰电源项目、配套电网项目安排与核准脱节,安排节奏不同,建设周期长短不一,而电网建设项目周期较长,风电项目投产而电网项目滞后,加剧了风电消纳问题,亟须加强电源与电网项目的审批协调。

三、政策建议

在风电规模不断扩大的同时,解决弃风问题,提高风电品质,需要对电源、电网、用户等作整体考虑,确保风电与电网规划、风电与其他电源在规划、建设布局的协调,从长计议,综合施策,使电力系统为风电提供不断增长的接纳空间,促进风电的进一步发展。

(一)尽快出台《可再生能源电力配额管理办法》。2005年出台的《可再生能源法》为各类支持可再生能源政策的出台提供了法律基础;2009年,国家根据形势发展出台了法律修正案,新能源发电政策从“全额收购”调整为“全额保障性收购”。从目前情况来看,落实“保障性收购”的原则需要抓手,需要明确电网、电厂及地方各级政府推动可再生能源发电的配额指标任务。为此,建议尽快出台《可再生能源电力配额管理办法》,明确新能源发电并网运行的各方责权利。

(二)确保国家风电战略规划的刚性约束。一方面,根据“十一五”风电发展情况和目前风电装机规模和拟核准项目情况，吸取上一轮风电过快发展的教训，加强计划安排规模与规划目标的衔接，严肃处理违规项目审批，确保规划目标的刚性实施，避免规划成为摆设，为未来更大规模风电消纳奠定良好的基础。另一方面，充分考虑我国西部和北部等能源富集地区的能源发展情况，综合考虑煤电、水电、风电、太阳能发电等电源的发展和对电网的需求，尽早决策电源基地外送电网通道规划和建设。

（三）完善促进风电消纳的配套政策。目前，《风电发展“十二五”规划》已经出台，但九大风电基地风电消纳市场并未落实。建议加强风电基地规划与受端地区电力规划的配合，推动建立风电跨省区消纳的电价机制；建立健全用户侧峰谷电价政策；完善现行辅助服务管理办法，研究建立和明确常规电源为风电提供辅助服务的补偿政策与补偿标准；完善抽水蓄能电站电价政策，建立抽水蓄能电站合理的成本回收机制。

（四）加强电源与电网项目的统筹管理。建议将风电作为当前电网中的重要电源和未来的主导电源之一，在分析确定风电“可信容量”的基础上，结合经济发展、电力需求，解决目前多头规划管理问题，加强风电与电网规划、风电与常规电源规划的协调，加快跨区电网送出通道和调峰电源的审批，合理控制“三联供”燃气机组发展比例，不断调整电源结构。从管理的角度看，可以考虑将大部分审批权下移省级政府，取消给各地切块下限制指标的做法，取消对风电、太阳能项目的行政审批，备案也不要以确认方式变相审批。

（五）大力促进跨区域消纳风电。我国风电出力时空分布不均衡，不同地区风电场同时来风的概率较小，决定了只有在更大范围消纳风电，才能更好地利用风电资源。建议充分发挥大电网优势，在更大区域优化资源配置，在全国范围内降低与均衡风电成本。探索风电跨区外送交易的新途径，加快形成跨省跨区域风电消纳市场。加强跨区域特高压输电工程建设，加快智能电网建设，增强电网的可控性，为风电跨区域消纳奠定现实基础。研究建立风光互补系统，研究建立集风能、光能、蓄电池以及智能控制技术为一体的电力系统，努力获得比较稳定的电力输出。加强各级调度协同配合，科学安排运行方式，发挥跨区域错峰调峰潜力，最大限度提高电网消纳风电能力。

（六）探索有效引导风电本地消纳的途径。“三北”地区冬季供暖期，为了保证取暖，热电联产机组无法停机，风电弃风相对较多，建议尽快研究采取清洁能源供热，合理管理和协调风电与火电的运行，从技术监测等方面充分挖掘系统调峰潜力，统筹安排火电、水电机组配合运行，推动当地产业发展从而适度增加本地负荷需求等措施，最大限度消纳风电。

（七）进一步深化电力体制改革。在解决当前主要问题的同时，长远看，解决风电消纳问题，必须进一步深化电力体制改革，在电力生产、输送、消费各环节和相关领域取消和改革不利于调动企业积极性、不利于公平竞争的僵化体制，如计划发电体制，抑制不公平竞争，完善市场竞争环境，努力形成市场机制起主导作用的电力发展环境，促进风电和其他形式电力的大发展。

2013 年 6 月 20 日

优化煤电布局和能源消费结构是治理雾霾、促进产业升级的优选之策

——基于东中部地区和北京市相关情况分析

乔尚奎

2012 年冬 2013 年春,我国东中部部分地区连续爆发雾霾天气,污染程度重、持续时间长、扩散面积大。北京市 2013 年一季度共连续发生 7 次空气重污染过程;河北省从 2013 年 1 月至 5 月,重污染和严重污染天数占总天数的一半以上。雾霾频发给公众健康和生活环境带来严重影响,引起社会担忧和国内外广泛关注。有关方面和专家学者纷纷探究雾霾成因和治理措施。我们认为,除去地形风力风向等客观原因,在燃煤和机动车排放、沙尘和建筑扬尘等众多人为因素中,不合理的能源结构,特别是燃煤过度排放和消费,是加剧雾霾天气的重要原因。加快转变能源利用方式,调整煤电布局,优化能源消费结构,是应对雾霾之困、促进产业结构升级的优选之策。

一、燃煤排放是大气环境的最主要污染源

煤炭作为主要化石能源,在给人类带来光热能量的同时,也形成了大量燃烧排放,在目前主要大气环境污染中,50% 以上的总悬浮颗粒物、二氧化硫、二氧化碳、氮氧化物均来自煤炭燃烧,我国由燃煤造成的二氧化碳排放量占总排放量的 85% 左右。高度依赖煤炭消费,成为导致我国环境污染不断加重的直接因素。据统计,2012 年,我国煤炭消费 35. 2 亿吨,占一次能源消费的比重达 67. 1% 。而全世界煤炭消费占一次能源消费总量的比重不到

30%。中国煤炭消耗量占全球的40%,而且仍在以年均5%的速度增长。

从燃煤排放形成污染的途径来看,一是工业燃烧排放。由于我国75%的煤炭采用直接燃烧的利用方式,工业燃烧以后,排放出来的二氧化碳、二氧化硫、氮氧化物如果没有经过处理,或者经过处理以后没有达到标准,就容易形成大气中的细微颗粒。京津冀地区工业燃煤主要集中在钢铁、水泥、石化、化工、平板玻璃等行业,仅河北省年钢产量就超过2.5亿吨。2012年河北省燃煤总量近3亿吨,在京津冀地区占比高达80%。二是火力发电。目前电力行业是我国耗煤第一大户,2012年消耗电煤18亿吨,占全国燃料用煤的69%,电力行业二氧化硫、氮氧化物、烟尘排放分别占全国总量的41%、40%、19%左右。火力发电中低效率、高耗煤的30万千瓦及以下发电机组仍占相当比例。还有10%的机组没有脱硫装置、72%的机组没有脱硝装置,部分燃煤电厂脱硫、脱硝装置运行不正常、投运率和效率不高,这都加剧了大气污染。三是供热锅炉、居民取暖做饭烧煤。从北京市情况看,煤炭、石油、天然气等燃烧排放形成的污染占60%左右,燃煤排放中电厂燃煤、工业燃煤、供热锅炉、居民小煤炉分别占40%、18%、24%和18%。由此可见,煤炭为主不仅是能源结构不合理的表现,也是造成雾霾的最主要原因。

当前我国正处于快速工业化时期,能源需求巨大。据国际能源署(IEA)预测,到2030年,中国一次能源需求至少翻一番。根据中国的能源资源条件、开发情况和供需变化,有机构预测,到2020年中国的能源结构中煤炭比重仍将在60%以上。这种情况如不尽快加以改变,以煤为主的能源结构导致大气污染的矛盾将愈发凸显。

二、调整优化煤电布局刻不容缓

长期以来,我国煤电布局不合理,煤电机组主要集中在环境承载能力弱的东中部地区,能源配置过度依赖输煤,电力发展以就地平衡为主,不仅导致煤电运力紧张反复出现,而且造成环境污染问题不断加剧。过去10年,我国铁路新增运力的74%都用于支撑煤炭运力的增长。目前,华东煤炭调入地区的输煤输电比例为48∶1,“三西”(山西、陕西、蒙西)煤炭调出地区的输煤输电比例为15∶1。数据显示,我国东中部地区煤电装机已达5.4亿千瓦,占全国煤电装机的66%。到2012年底,京津冀鲁、长三角地区煤电装机分别为 1.3 亿、1.4 亿千瓦，占全国的 15%、17%，单位国土面积煤电装机分别为西北地区（陕甘青宁新）的 13 倍、26 倍。据有关调查，京津冀地区有燃煤电厂 196 座，仅河北省就有燃煤电厂 152 座；长江沿岸每 30 公里就建有一座发电厂，南京到镇江段电厂间隔仅 10 公里。长三角地区每平方公里每年二氧化硫排放量达 45 吨，是全国平均水平的 20 倍。

当前，我国东中部地区大气环境承载已近极限，公众对走出雾霾之困的要求十分强烈。必须下决心改变我国能源利用方式，提高能源利用效率，最紧迫的是要加快优化煤电布局。为此建议，将就地平衡为主的电力布局转化为输煤输电并举，逐步向输电为主、煤电一体化转变。具体设想是：通过在西部、北部能源基地建设坑口电站，构建起坚强、智能的特高压骨干网架，增强电网的远距离输电能力，实现西电东输、电从远方来，大幅度减少东中部地区新增燃煤消耗，逐步改变过度依赖输煤的能源输送格局；并通过特高压跨区电网提高清洁能源发电的消纳规模，降低煤炭使用。同时，在西部建设先进环保的能源基地和特高压输电设施，还可以引入东部的资金、人才和先进技术，加快将西部资源优势转化为经济优势，促进西部地区经济发展。

要有“壮士断腕”的决心和气魄。东中部地区应严格控制新上煤电项目，除核准在建项目外，原则上不再安排新的煤电项目，对京津冀鲁、长三角地区已取得路条的煤电项目也不再核准建设，已取得路条的气电项目缓批缓建；新增煤电主要来自晋陕蒙宁新能源基地，东中部新增煤电的 60% 由区外受入。到 2017 年，京津冀鲁、长三角地区受入电力分别占最大负荷的 35% 左右，受入电量分别占用电量的 30% 左右。据测算，到 2020 年，通过发展特高压跨区输电，东中部电力流达到 3.5 亿千瓦，可以替代电煤运输 5.5 亿吨，每年可减少排放二氧化硫 55 万吨、氮氧化物 60 万吨、烟尘 23 万吨，降低 $PM_{2.5}$ 污染 21.9%。

三、加快北京等特大城市能源消费结构优化

东中部地区特别是特大城市、大城市，要采取更有力举措，大力压减煤炭消费，积极推广使用清洁能源，鼓励适度增加居民生活和取暖用电。这不仅可以大量减少城市锅炉和居民生活、取暖用煤污染，还可相应减少天然气供应和进口压力，并可带动西部、北部地区发电供电，促进经济持续增长。

要在 $PM_{2.5}$ 污染严重的京津冀、长三角、珠三角等重点区域，开展区域煤炭消费总量控制和鼓励适度增加用电试点，并实施大气污染联防联控。

从北京市来看，采暖和居民生活用煤仍是北京空气污染的重要来源。据调查分析，北京市大气中二氧化硫大部分来源于采暖用煤，氮氧化物 20%以上来源于采暖用煤及天然气。二氧化硫排放量在 4 个月采暖季排放占全年总排放量的 77%，采暖季排放强度相当于非采暖季的 6.6 倍；氮氧化物排放强度，采暖季相当于非采暖季的 1.7 倍。近年来，北京市大力优化能源结构，着力压减煤炭消费，实施城区茶炉大灶“煤改气”和平房采暖“煤改电”，拔掉燃煤锅炉“大烟囱”，构建以电、气为主的能源体系。“十二五”和今后较长时期，北京市将加大实施能源结构调整力度，禁止新建燃煤设施，进一步压减燃煤总量。加大外调电和天然气总量，在能源保供的基础上向能源清洁化转变，不断提高电力、天然气等优质能源比例，到 2017 年，燃煤总量控制在 1000 万吨，优质能源比例提高到 90% 以上。主要方式和途径：一是加快燃气热电替代燃煤电厂和部分燃煤机组清洁能源改造，关停部分燃煤机组和压缩水泥工业产能，实施落后产能淘汰、高污染企业搬迁、工业企业污染治理、建立工业园区等措施，大幅削减电力、工业燃煤。二是重点治理压减采暖和工业锅炉燃煤。在已完成近 20 万户居民“煤改电”的基础上，再改造和综合整治 6.5 万户居民用燃煤，2015 年基本实现核心区无煤化和城六区基本实现无煤化，2017 年完成 30% 远郊区县县城燃煤集中供热改用清洁能源。完成市级以上工业开发区燃煤锅炉清洁能源改造。三是实施散煤燃烧污染治理。对城乡接合部和农村散煤，实施优质型煤替代，2017 年逐步取消农村地区原煤燃烧。放开液化气供应。取缔早点摊、农家乐、露天烧烤等经营性设施和城中村违章建筑中燃用散煤。四是加大多元、多向能源供应和清洁能源保障力度，加强外受电力通道、变电设施建设，完善高压环网，建设热电、新能源和可再生能源等多元化的电源补充支撑体系，继续提高清洁能源供应量，提高外调电占能源消费结构比例。

四、实施优化能源消费结构支持政策

要从财税、价格、产业、技术支撑、生态补偿等多方面采取政策措施，推进能源消费结构调整优化。北京等特大城市更要加大政策支持力度。一要加大能源结构调整资金支持力度。实施支持天然气、电力、太阳能等清洁能源发展的鼓励政策，对外调电力和燃气管线等基础设施建设给予专项补贴。支持燃煤锅炉清洁能源改造，对城市集中供热清洁能源改造实施补贴。支持城市郊区和新农村建设用集中供暖替代散煤采暖。二要加强电力行业除尘、脱硫、脱硝、脱汞等污染物排放综合治理。完善火电厂脱硝电价等鼓励政策，并将企业购置脱硝设备纳入抵免企业所得税优惠政策范围。鼓励高污染企业淘汰退出和环保技术改造升级，对企业在达标排放基础上深化治理，给予资金奖励或技改贴息，引导企业主动开展污染防治。三要完善峰谷分时电价政策。合理划分峰谷时段，充分考虑不同地区峰谷电价异差，鼓励用户高峰时少用电、低谷时多用电，实现削峰填谷，挖掘低谷用电潜力，提高电力资源利用效率，减少一次能源消耗。对北京等城市“煤改电”居民享受峰谷试点电价政策的时间可适当延长。四要研究理顺清洁能源价格机制。研究统一供暖价格标准，采取同热同价，即提高燃煤供暖收费标准与燃气供暖同热同价，增收的收入用于支持燃煤设施清洁能源改造。研究对污染企业设施差别化、阶梯式价格政策，对不进驻园区、不能稳定达标排放、未按时完成减排或治理任务的工业企业，实行惩罚性电价、水价。五要研究制定能源、环保、生态补偿等政策，支持落后产能退出、清洁能源改造等减排工程。允许北京等城市增加排污收费项目，研究提高二氧化硫、氮氧化物、工业粉尘排污费征收标准，开展环境税试点。针对北京等特大城市制定发布更严格的煤炭、天然气、油品等资源和能源设备准入标准，实现源头控制；实施更严格的煤炭设施管理办法，对燃煤设施强制安装实时在线监测系统，实现煤炭的全过程管理。

2013 年 6 月 18 日

我国煤层气产业发展现状、问题和建议

向 东 李润生 瞿 辉

我国是煤层气资源最为丰富的国家之一。煤层气开发利用在一定意义上比页岩气更具现实意义。它不仅对我国能源保障和煤矿安全十分重要，而且对改善能源结构、促进清洁能源发展也具有重要作用。从产业发展现状来看，煤层气产量和利用量没有出现预期的增长。相比于 2011 年，2012 年全国煤层气产量增量、利用量增长幅度有所放缓，抽采量同比仅增 10 亿立方米，增幅不足 10%，利用总量不增反降，实现“十二五”规划目标难度加大。

一、煤层气产业已具备加快发展的基础条件

（一）我国煤层气资源丰富。据国土资源部新一轮全国油气资源评价成果，我国 2000 米以浅煤层气资源量为 36.81 万亿立方米，位列世界前三。在非常规天然气中，煤层气比页岩气更易开采。从埋深看，煤层气比页岩气的埋深浅得多，我国煤炭的开采深度大部分在 1000 米以浅，而页岩气埋深多在 2000 米～4000 米。从压裂难度看，煤层硬度比页岩小，容易压裂。目前，我国煤炭年产量超过 35 亿吨，伴随的煤炭开发散失进入大气中的煤层气每年约 200 亿立方米。从煤矿瓦斯防治效果来看，地面抽采利用率可达 95% 以上，井下抽采利用率只有 30% 左右。因此，加快煤层气发展是我国能源战略的重要选择。

（二）煤层气产业发展初具规模。“十一五”以来，国家启动了沁水盆地和鄂尔多斯盆地东缘两个产业化基地建设，形成了煤层气勘探、开发、生产、

输送、销售、利用等一体化产业格局，发展速度明显加快。截止2012年底，累计施工煤层气井13580口。其中2011年和2012年两年的钻井数7960，为以往钻井总数的1.4倍；从2010年开始，年新增探明地质储量超过1000亿立方米，2011年和2012年两年新增探明地质储量2541亿立方米，累计探明地质储量达5350亿立方米；过去5年，煤层气抽采量逐年递增，年平均增长速度22%，2012年累计抽采煤层气125亿立方米，比5年前增加了165%。

（三）浅层煤层气生产主体技术基本成熟。自中石油于1987年开始在沁水盆地进行煤层气勘探以来，我国煤层气经历了前期研究、勘探选区、开发试验和规模开发四个阶段。通过二十多年艰苦努力，形成了地质评价，地震处理解释、井位井网优化、钻井、压裂、排采、地面集输等技术系列。同时，通过开展对外合作，在煤层气领域引进了关键技术和大量资金，带动了煤层气人才的培养，为我国煤层气产业的发展打下了较好基础。

（四）煤层气开发利用政策框架初步形成。近年来，国家出台了一系列促进煤层气产业发展的政策措施，初步建立了煤层气（煤矿瓦斯）勘探、开发、安全等标准体系。针对煤层气勘探开发初期及配套利用项目，所需资金量较大，企业难以承担等问题，国家出台了鼓励和优惠政策，包括提高煤层气利用补贴标准等，对促进煤层气产业的发展发挥了重要作用。

二、煤层气发展遇到的突出问题

根据煤层气“十二五”规划，2015年煤层气产量300亿立方米，地面开发160亿立方米，基本全部利用，煤矿瓦斯抽采140亿立方米，利用率60%以上。为实现这个目标，初步估算，2013、2014两年共需完成10000余口钻井，新增钻井数几乎是历年钻井总数之和，也就是说“十二五”后三年，各主要生产企业须以年均翻番的速度发展，并在2014年底前完成所需产能建设的钻井工作量。事实上，2012年煤层气出现增速放缓迹象，全国累计抽采125亿立方米，仅比2011年增长了10亿立方米，同比增长8.7%，远低于过去5年的平均增速；利用总量52亿立方米，利用率41.5%，同比分别下降1.9%和11%。从目前的情况判断，完成“十二五”规划的目标难度很大。

我国煤层气发展还没有真正“快起来”。主要有以下五个方面原因：

一是煤层气经济效益低,政策扶持力度不够。煤层气行业目前还更多停留在承担减少煤炭瓦斯安全事故责任的阶段,开采企业实际的经济效益并不理想。我国煤层具有低孔、低渗、低压、低饱和度的突出特点,煤层气产量规模要上去,就需要大批量打井,因此煤层气的开发成本比常规天然气要高许多。生产企业受现实的投资回报率限制,投资规模上不去,制约了煤层气发展。例如,近年来晋煤集团在煤层气地面开发项目上支出大量资金,但由于煤层气井排采周期较长,资金回收较慢,资金短缺严重制约着后续工作的有效进行。此外,煤层气一直比照天然气价格销售,由于国内天然气价格长期较低,相对于成本来说,也使煤层气开发的经济效益较低。目前,我国处于勘探期的煤层气项目基本都处于亏损状态,很多投资者对此缺乏信心和耐心。

二是煤层气行业管理仍存在制约因素。首先,煤层气开发手续难以办理,政府管理难,企业执行难。例如,企业申报采矿证所需要的文件附件多,获取有关参数的周期长,导致企业在提交探明储量后的2—3年内很难拿到采矿证,而恰恰在这2—3年间,根据煤层气的开发特点,企业又不得不采,政府相关部门按国家规定进行检查,企业又存在手续不健全违规开采的现象;其次,用地审批仍然是制约产能建设速度的重要难题。井距小、井网密是煤层气开发的一个显著特点。按直井开发,单井日产2000立方米计算,建1亿立方米/年产能,就要钻煤层气井130—150口。尽管通过钻井技术的优化,可以减少井场占地等,但用地多的问题在短时间内难以改变。再次,环评难。根据规定,申请采矿证时,需要专门钻水文井,至少经过3—5年的监测合格,才能获得国家环保部门的环评批复。实际上煤层气井从一开始勘探就需排水,完全可以利用这些探井先期进行地层水的水量、水质监测,并不需要专门水文钻井。上述问题在一定程度上制约煤层气开发进度,企业已获批准的工作量远远不能满足实现“十二五”规划生产建设目标的要求。

三是煤炭与煤层气产业不够协调。煤炭占我国一次能源消费比重高,产煤地区容易出现“以煤压气”现象,往往存在煤炭优先或排斥煤层气探矿权、采矿权设置的现象。2007年以来,煤层气矿权面积逐步缩减,基本上没有新立的煤层气探矿权。“十一五”期间我国共核减5—10年内影响煤炭开采的煤层气矿业权面积1.1万平方公里。2012年底煤层气矿权面积只有不到6万平方公里。由于这种煤炭与煤层气矿权的重叠,影响到地方政府推动煤层气开发的积极性,也增加了煤层气企业的开发成本。需要通过经济杠杆手段,运用激励与约束相结合的调控政策,平衡国家、地方、煤炭企业、煤层气企业之间的利益,发挥煤炭与煤层气企业两个主体的优势和积极性。

四是管网体系不完善,煤层气利用率低。煤层气管道建设滞后,集输管网不能满足开发与市场紧密衔接的需求。市场有需求但亟待培育。按照管道强度,即单位产量分摊的长输管道长度测算,煤层气的管道强度是天然气管道强度的十四分之一。部分开发区域缺少输气管道,大量开发出来的煤层气因到不了市场,而被迫排空,既浪费了资源,也对环境造成较大影响。目前,煤层气用户主要集中在煤层气田周围或附近,主要用户中,除了城市居民用户外,一般只有小型LNG、小型瓦斯发电,煤层气需求十分有限,利用率较低。

五是技术装备水平较低,难以支撑快速突破。我国煤层气资源丰富,但低阶煤(是指处于低变质阶段的煤,主要分为褐煤和低变质烟煤)占全部煤炭储量的46%,开采难度大。目前,开发利用基础研究薄弱,缺乏行业统一技术标准规范,煤层气行业主要是参照使用天然气行业的管理模式进行管理。现有技术装备水平较低,规模应用水平井还存在技术瓶颈,以直井井型,配合井底流压控制为核心的排采工艺,煤层气单井产量一般仅能达到1600~2000立方米/日,多井低产特征明显。引进的国外开发技术往往"水土不服",不能适应我国复杂的地质条件。煤层气井型、井网和钻完井、储层改造等技术、低能耗集输工艺技术等需要进一步完善和试验攻关,特别是煤层气排采技术已成为提高单井产量的瓶颈,必须实施重点攻关。否则,难以突破地质条件限制,实现探明储量和单井产量的大幅增加。另外,深部煤层气勘探开发技术也亟须突破,以实现深部资源大规模开发利用。

三、推进煤层气开发利用的几点政策建议

我国煤炭年产量早已超过30亿吨,伴随的煤层气浪费每年约200亿立方米。无论从节约能源资源、调整能源结构、保障煤矿安全、促进节能减排、保护生态环境等方面说,都应坚持把煤层气发展提到国家能源发展的重要

战略地位、提到非常规油气勘探开发的优先地位考虑。

第一，继续加大对煤层气产业的政策支持。建议国家参照页岩气政策，对煤层气企业销售煤层气产品的补贴，由目前的0.20元/立方米调节到0.40元/立方米以上。煤层气发电多余电量由电网企业优先安排上网销售，将目前0.25元/千瓦时的电价补贴提至0.30元/千瓦时，并将目前的由各省电网公司承担改由国家财政承担；免征企业所得税；增值税实行“即征即返”。同时，完成“十二五”煤层气规划目标，需大批量钻井。建议相关政府部门研究煤层气开发土地使用政策，简化用地手续，减少土地征用的中间环节费用。

第二，扩大探矿权面积，缩短审批周期。我国煤层气资源丰富，但探矿权面积过小，要支持煤层气企业更多地获取探矿权。同时，简化煤层气现场施工必须办理的各种繁杂的审批手续，加快审批节奏，提高审批效率，给生产企业钻前工程、现场实施及排采管理留下更多空间。确保规划目标所需产能建设基本工作量的完成。及时协调解决重大项目进行中的突出问题和困难。

第三，坚持“先采气后采煤”，促进煤层气与煤炭协调发展。坚决贯彻执行煤层气相关政策和法规，切实加强行业监管力度，坚持“先采气后采煤”，理顺煤炭和煤层气的开采关系，提升煤层气资源的综合利用水平。鼓励煤炭企业和煤层气生产企业进行合作，充分发挥各自的优势，实现煤层气和煤炭两个行业之间的良性发展，互利共赢。大力推行采空区抽采、开采区边采边抽、预采区联动抽采等煤层气与煤炭综合开采模式，扩大地面开采和集输规模，加快瓦斯治理进度、提高煤层气采收率和利用率。

第四，加快煤层气骨干管道建设，发展煤层气管道网络。管道输送网建设的完善程度直接决定了煤层气的综合利用程度和经济效益。根据《煤层气(煤矿瓦斯)开发利用“十二五”规划》，“十二五”期间将依据资源分布和市场需求，统筹建设以区域性中压管道为主体的煤层气输送管网，为煤层气勘探开发和市场发育提供最重要的基础设施支持。建议能源管理部门和地方政府共同加强规划与协调，落实好气源，做好资源、管道和用户的衔接，加快煤层气管道网络建设。

第五，支持示范区建设和关键技术突破。根据不同地区煤层气资源的具体特点，分高、中、低，井上、井下等不同类型，加快煤层气示范区建设，并给予示范区以政策支持，支持其快速发展。同时，在科技重大专项中增设示范工程，围绕建产区块提高钻井试气成功率、提高单井产气量、优选后备区块等问题，开展资源保障与前瞻性技术研发和技术先导试验，为实现煤层气加速发展提供强有力的技术支撑。

2013 年 4 月 1 日

（李润生　瞿　辉　中国石油和化学工业联合会）

发展可再生能源应与补贴能力相适应

范 必 高 虎

我国可再生能源(不含水能)迅速发展与国家补贴密不可分。今后鼓励风能、太阳能、生物质能发电仍应适度补贴,但应防止补贴超出可支付能力。我国现有补贴机制不够完善,如不及时调整,可能会带来电价上涨压力,也可能会使财政包袱加重。建议进一步完善补贴政策,提高补贴绩效,在有限的补贴额度内,带动尽可能多的可再生能源发电。

一、各国可再生能源补贴的趋势

对可再生能源发电提供电价补贴是国际通行做法。截止 2012 年初,全球 65 个国家对可再生能源发电实施了上网电价补贴政策,德国、丹麦、西班牙、意大利、法国、葡萄牙等电价政策对本国可再生能源发电规模迅速扩大起到了重大作用。美国联邦范围内实施的生产税返还(2.2 美分/千瓦时),实际上也是一种电价补贴政策。

近年来,随着金融危机和欧债危机的深化,发达国家的补贴能力受到制约。加上可再生能源发电成本尤其是光伏发电成本下降显著,许多发达国家开始统筹考虑光伏发电补贴水平与发展规模问题,这导致国际光伏市场增速明显下降。

德国 2009 年开始实施发展总量与上网电价下降速度相关联的制度。2012 年修订的《可再生能源法》规定,如果年新增光伏容量达到 250—350 万千瓦,电价下降的速度为 9%;超出这一规模,根据超出量的多少相应增加电价下降速度,最高达 24%。反之,如果低于 250 万千瓦,根据低出的量多少相应减少电价下降速度，最低为 3%。这一法律规定实际上表明，德国希望将光伏发电的发展速度控制在每年新增 300 万千瓦左右。

意大利采用补贴资金封顶的制度。意大利规定，如果 2012 年光伏发电的电价补贴需求达到 67 亿欧元，就不再对 2012 年的后续项目提供电价补贴，这一补贴上限在 2012 年 8 月就已经达到，意大利的光伏装机也随后趋缓。

西班牙受债务危机影响逐步降低并最终取消了补贴。西班牙 2008 年装机容量 260 万千瓦，位居世界第一。2009 年由于出现了金融危机，西班牙不堪补贴重负，大幅降低了电价补贴水平；随着债务危机进一步深化，西班牙 2012 年停止了对新建可再生能源发电项目的补贴。从发展规模上，西班牙自 2009—2011 年三年仅新建 110 万千瓦，2012 年以来光伏建设基本处于停滞状态。

二、中国可再生能源补贴面临的问题

我国通过建立可再生能源基金，以全网分摊的方式进行补贴，有力地促进了可再生能源的发展，但面临的问题也不容忽视。

可再生能源电价附加无法足额征收。按规定可再生能源电价附加除了西藏地区免收外，其他各类用电全部销售电量，包括自备电厂用户和向发电厂直接购电的大用户均应被收取。可再生能源电价附加标准最初为 1 厘/千瓦时，2007 年调整至 2 厘/千瓦时，2009 年调整至 4 厘/千瓦时，2011 年 12 月 1 日调整至 8 厘/千瓦时（但居民生活用电维持 1 厘/千瓦时水平）。2011 年，全社会用电量 4. 7 万亿千瓦时。如能全额征收，2011 年当年应征收总额约 200 亿元，实际征收约 100 亿元。

已征收资金和实际需求之间存在较大缺口。据估算，2011 年应支付补贴资金 208 亿元，实际需求与征收资金量之间缺口达 100 多亿元。2012 年应征收额度为 400 亿元，实际征收可能在 200 亿元左右。值得注意的是，2010 年后可再生能源电价补贴延迟发放的时间越来越长，已经造成严重拖欠，企业之间形成大量“三角债”。

实现“十二五”规划目标资金保障能力严重不足。按照已公布的规划，到 2015 年，风电将产生电量 2000 亿千瓦时，约需补贴 400 亿元；光伏发电装机3500万千瓦，当年产生电量500亿千瓦时，按每千瓦时0.5元计算，需补贴250亿元；生物质发电装机1300万千瓦，电量700亿千瓦时，需补贴280亿元；电网接入还需补贴100亿元。以上合计，2015年补贴资金不少于1000亿元。按目前每千瓦时8厘钱的补贴水平测算，即使做到应收尽收，2015年当年可用于可再生能源电价补贴的资金为480亿左右，仍有500多亿的资金缺口。

国家面临涨电价与欠补贴双重压力。如果完全满足2015年规划要求的可再生能源补贴需要，加上弥补拖欠的补贴资金，预计需要在每度电中征收3分钱左右。由于现在可再生能源标杆电价补贴，是依据企业所报的成本人为测算的结果，企业上报的成本越高，越是可以获得高电价。已定的标杆电价给可再生能源发电企业留出的利润超过了其他发电方式。可再生能源是一种随着规模扩大，边际成本下降较快的产业，而标杆电价调整往往具有滞后性和被动性。可以预见，未来会有很多资金投向可再生能源，国家规划的规模可能大幅度突破。到那时，国家将面临两难选择，要么拖欠补贴，要么就涨电价。当前，我国经济增长的下行压力很大，电价上涨几分钱，将极大地影响企业的竞争力，也会冲抵国家结构性减税等措施给企业的优惠。特别是在能源需求增长放缓，能源供给保持增长的情况下，电价不降反升，也不符合市场规律。

现有补贴机制可能使财政补贴负担加重。可再生能源项目大部分是地方核准，补贴却是由全网分摊，等于“地方请客，中央买单”。目前国务院有关部门正在研究的光伏产业发展政策中提出，国家“根据光伏发电发展的需要，及时调整可再生能源电价附加征收标准”，“中央财政按季度向电网企业预先拨付补贴资金”。制定这一补贴机制的初衷是，通过增加补贴启动国内光伏市场；利用财政预拨的办法，解决电网不能及时向光伏企业拨付补贴的问题。这些政策总的看是积极的，但对于可能产生的负面影响也不容忽视。这种补贴机制会给企业一个预期，即只要上光伏项目，国家就要给补贴；补贴不够就涨电价；补贴资金即便不到位，财政也会用预拨的方式兜底。考虑到电价上涨往往会受各种因素的影响出现滞后，如通胀压力、企业竞争压力等。一旦电价上涨不到位，财政预拨后很可能出现收支不能相抵的情况。在未来几年财政增支减收因素增多的情况下，这会是一个不小的新负担。

三、完善可再生能源补贴的建议

启动国内市场、发展可再生能源是必要的，但应当根据需要与可能，保持合理的规模，防止出现敞开口子补贴的现象。建议如下：

第一，采用以补贴定规模的办法。建议改革现有可再生能源的补贴办法，今后新上风电、太阳能发电、生物质能发电项目，应在补贴资金已经明确落实的情况下进行核准，没有落实补贴的项目不能接入电网。这将有利于防止补贴不到位和过度补贴产生的负面影响。同时，不再将可再生能源规模作为对地方和企业的考核标准。

第二，补贴规模应与经济发展形势相适应。为避免削弱企业竞争力，今后几年电价不宜大幅上调。建议可再生能源基金征收标准维持在每千瓦时 8 厘的水平。为了落实“十二五”规划确定的各项可再生能源发展目标，有关部门和电网企业应通过可再生能源基金应收尽收、挖掘潜力来解决。不宜用财政资金替电网预拨可再生能源补贴。

第三，建立单位补贴额度逐年降低的机制。为了提高有限补贴资金的绩效，建议对风能、太阳能发电普遍推行招标定价的方式，不再搞“高成本高补贴”的成本定价；而是通过竞争确定项目开发业主和发现价格，从而形成每千瓦时补贴额度逐年、逐批次降低的机制，使现有的补贴资金补贴尽可能多的电量，促进可再生能源上网价格尽快达到常规电力的水平。

第四，加强财政资金对科研环节的支持。鼓励企业研发先进技术，进一步降低可再生能源发电成本。

2013 年 1 月 16 日

（高　虎　国家发改委能源所）

当前生产能力过剩情况与化解建议

张　泰　卫新华

近年来,我国工业经济实力不断增强,制造业规模居世界第一,主要产业和产品的生产能力与产出规模都居世界前列。但随着我国经济增长速度放缓,工业生产能力过剩矛盾日益突出,成为可能影响制造业以至国民经济持续健康发展的一个重要因素,必须引起高度重视。

一、产能过剩情况与特点

我们初步分析,当前我国产能过剩,表现出一些新的特点:

一是多数重要制造业行业产能过剩。目前我国产能过剩行业波及面宽,正在由传统产业向新兴产业蔓延。综合各相关部门调查和分析,截至2012年底,主要行业产能过剩情况如下:

钢铁。全国粗钢产能已达10亿吨左右,产量7.17亿吨,约占全球产量的46%,产能利用率为72%。

水泥。全国产能29.95亿吨,产量21.84亿吨,约占全球产量的60%,产能利用率为73%。

电解铝。全国产能2765万吨,产量1988万吨,约占全球产量的42%,产能利用率为72%。

平板玻璃。全国产能10.46亿重箱,产量7.15亿重箱,约占全球产量的50%,产能利用率65%。

船舶。按国际通行方法计算,全国产能8010万载重吨,产量6010万载重吨,产能利用率75%。

光伏。全国光伏产能为 4000 万千瓦，产量 2300 万千瓦，产能利用率约 57%。多晶硅产能为 19 万吨，产量约为 6.3 万吨，产能利用率不足 35%。

风电设备。全国产能 3000 万千瓦，产量 2000 万千瓦，产能利用率约为 67%。

此外，还有不少能源原材料行业如焦炭、电石等的产能也明显过剩，许多消费品生产行业产能也存在过剩问题。

*二是产能过剩还在进一步加剧。*目前上述产能过剩行业仍在继续扩张。例如，钢铁行业 2012 年新增产能 5000 万吨，还有约 1 亿吨在建产能；水泥行业 2012 年新增产能 1.5 ~ 1.7 亿吨，还有约 6 亿吨在建产能；电解铝除新疆地区外，还有在建产能 1000 万吨；平板玻璃有 3 亿重箱在建产能；船舶有 272 万载重吨在建产能。可以设想，随着在建产能陆续投产，如果需求不能迅速增加，这些行业的产能过剩问题还会更加严重。

*三是部分过剩产能可能难以通过经济发展、需求增加等途径消化。*我国目前的产能过剩，一部分是阶段性、周期性过剩，可以逐步消化；但也有一部分可能是绝对过剩和长期过剩，即生产能力超过未来市场需求峰值。例如，从目前趋势看，我国粗钢产能可能很快会超过 11 亿吨，水泥产能会超过 35 亿吨，平板玻璃产能会超过 13 亿重箱。随着我国工业化进入中后期阶段，经济增长速度放慢，产业结构调整升级，服务业比重上升，都会造成对上述产业需求减缓甚至下降，造成这些行业的巨量产能和巨额投资“沉没”，生产企业、银行等蒙受重大经济损失，增加经济社会发展的成本和风险。

二、产能过剩原因和危害

我国目前产能过剩的具体情况和原因是复杂的，不同行业、不同地区都有所不同，其中既有合理因素，也有不合理因素。

一是一些地方过度追求经济快速增长，热衷于建设投资拉动大、工业增加值和税收贡献高的项目，想方设法突破中央管控，越权审批项目，或向企业下达投资指标，推动生产能力盲目快速扩张。

二是一些地方不断加大招商引资力度，竞相出台土地、投资、财税、信贷等方面的优惠政策，甚至零地价供地，显著降低企业投资成本，这既干扰了企业投资决策，导致企业过度扩大产能；也造成地区、企业间不公平竞争，严重妨碍市场机制充分发挥作用。

三是一些产业政策过于按照企业规模而不是市场竞争力、技术创新能力等制定差别政策,利用行政手段"上大关小"、"上大压小",企业必须不断增投资上项目,扩大生产规模,扩大装置能力,才能避免被"关闭"、"兼并"。

四是要素市场改革滞后,能源、资源等的价格不合理,社会成本、环境成本没有在企业生产经营总成本中充分体现,社会平均利润率没有形成,部分行业利润率过高甚至是"暴利",都促使社会资本集中涌向部分行业,造成生产能力短期快速膨胀。

五是一些企业忽视经济周期波动规律,没有全面掌握行业发展综合信息,在经济快速增长时期,对企业和行业发展前景做出过于乐观预期,盲目大量投资扩大生产规模,造成在经济增速回落、需求萎缩时产能大量闲置、过剩。

六是部分行业内部组织结构不合理,产业集中度低,有影响力的大企业、强企业数量少、比重低,行业发展的协调和自律能力弱,企业盲目增加投资扩大生产能力。另外,我国不少企业技术创新意识和能力不强,发展层次不高,产品差别化程度小,竞争仍然处在较低层次,主要依靠拼规模、拼价格,不断扩大生产能力和市场占有率成为企业竞争制胜法宝。

七是我国目前正处在结构转型升级时期,各类成本上升较快,一些劳动密集型的中低端产业正在丧失竞争力,逐步被其他生产成本更低的新兴国家取代,造成这些行业和企业的产能也显得过剩。

适度的产能过剩,是市场竞争的必然结果,也是经济和产业发展成熟的标志。但是,严重的产能过剩,特别是大面积严重过剩,则会引发企业恶性竞争,降低企业开工率和经济效益,加大经济波动,扰乱市场秩序,导致银行呆坏账和不良资产上升,浪费社会资源和财富,成为经济发展和社会稳定的破坏性力量。必须采取有效措施,积极稳妥化解过剩产能,巩固制造业和国民经济持续健康发展的基础。

三、政策建议

我们认为,化解过剩产能,首先要全面落实2012年中央经济工作会议提出"四个一批"工作思路,即"消化一批"、"转移一批"、"整合一批"、"淘汰一批”,同时在工作中采取更多的细化措施,进一步提高化解效率和效果,防止出现新的产能过剩。

1. 遏制产能过剩行业扩大投资,制止产能过剩进一步恶化。目前世界经济进入深度调整期,整体复苏艰难曲折,我国经济潜在增长速度也在回落,国际国内需求都难以迅速扩大,因此制止产能进一步扩大是当务之急。要严把市场准入关,对目前生产能力已经明显过剩的行业,可以明确规定在一定时期内不再审批新的建设项目,全面清理在建项目,企业不得扩大生产规模,特别是土地部门不得供地,环保部门不予环评,银行不予贷款。

2. 深入调查研究,全面掌握行业发展和市场需求前景。准确把握主要工业行业发展方向,正确制定行业发展战略和思路,全面了解主要行业、产品的生产能力、技术水平和利用情况,科学分析市场需求前景,为制定分行业的生产能力化解方案提供科学依据。

3. 建立产能利用率评估和预警体系,预防产能盲目扩张。研究制定产能利用指标体系,建立产能利用调查制度和数据采集系统,定期发布各行业产能和产能利用率等信息,引导企业理性决策、科学决策,降低投资失误风险。

4. 深化体制改革,从源头上抑制产能过剩。进一步推进政府职能转变,完善地方政府绩效考核制度,深化行政审批制度改革,减少政府对企业投资等微观经济活动的不当干预,落实企业投资自主权。全面清理地方政府招商引资政策,严禁利用土地、税收、补贴等优惠政策吸引投资进入产能过剩领域。借鉴发达国家经验,建立产能过剩企业退出和援助补偿政策,完善激励机制,促使过剩产能顺利退出。

5. 建立严格的责任制,加强监督检查。加强责任追究制度,实行一把手负责制,严肃查处违反国家政策和规定,越权审批、违法违规建设等情况。

2013 年 4 月 22 日

加快推进我国矿山绿色开采的建议

陈爱清

党的十八大报告在全面建成小康社会目标新要求中明确提出生态文明建设的目标。为早日实现这一目标要求，我国矿山生产方式必须加快变革，努力实现绿色开采。

一、现有矿山开采方式存在严重问题

我国矿山总量大、矿种多、规模小、分布散、基础差，长期落后的开采方式，使矿区环境污染日趋严重。特别是近几十年来，不少矿区不计后果的破坏性开采，使矿山使用年限缩短、资源利用率降低；地面塌陷、瓦斯爆炸、透水冒顶、山体滑坡等安全事故频发；大量矸石、尾矿、矿碴直接外排堆存，占压土地资源；自然排放的硫化氢等有害气体、烟尘引发大气污染；尾矿中的重金属离子镉、铅、汞等，经雨水冲洗直接污染土壤和水源，致使土壤和农作物中有害物质超标。有些村民因饮用了被污染的水、食用了被污染的农作物患上"癌症"，形成"癌症村"。近期，频频曝光的大米镉超标问题，就是土壤被重金属污染造成的。这些都严重影响了人民生命财产安全和正常生产生活秩序，使采矿区和居民区间的矛盾、政府和百姓间的冲突不断升级，直接威胁社会安定与和谐。

据有关部门统计，截至 2011 年，我国矸石山已达 1600 余座，累计堆存 45 亿吨，占地约 1.3 万公顷，其数量还在以每年 3 亿吨的速度递增；尾矿库达 12000 余座，积存量 100 多亿吨（大部分是污染严重的金属尾矿），占世界尾矿 50% 以上，并正在以每年 6 亿吨的速度递增。全国仅煤炭开采造成的地面塌陷每年约 6 万公顷以上，严重塌陷地区累计已达 100 万公顷以上，相当于 14 个新加坡的国土面积。

按照目前的开采方式，若不同步强制性大规模地实施绿色开采技术，将严重阻碍“美丽中国”的建设。

二、膏体充填开采是实现矿山绿色开采的有效途径

充填开采是随着采矿的进行，向采空区充填矸石、粉煤灰、建筑垃圾、生活垃圾以及专用充填材料的一种矿山开采技术。实施充填开采，可以充分利用资源，一般提高煤矿开采率 50% 以上，非煤矿开采率 30% 以上，延长矿山使用年限至少一倍；可以解决地面塌陷，减少瓦斯爆炸、透水冒顶、山体滑坡等；可以大量消化矸石等废弃物，减少土地占压，实现不迁村采矿。目前，充填开采主要有水砂、抛矸、高水、膏体四种充填方式，其中，膏体充填最为高效、安全、环保。膏体充填材料凝结后强度高、无风化，不会释放有毒物质，不会污染地下水，不会破坏耕地。欧美的发达国家普遍采用。

然而，膏体充填开采作为矿山绿色开采的核心技术，以前我国一直没有掌握，这种方式需要根据矿区具体情况，进行膏体材料个性化配比，充填工艺个性化设计，充填装备个性化配置，对新工艺专用设备的研发技术准入门槛高，我国拥有自主研发能力的企业少，使得该类充填专用装备必须从国外进口。高昂的短期设备投资成本、复杂的工艺难度、维修与更换关键零部件的不便，大大增加了开采成本，让不少矿区望而却步。

近年来，我国有关企业坚持走产学研发展道路，与中南大学、中国矿业大学、山东科技大学等多所院校联合攻关，在绿色、环保、安全、高效开采方面取得了突破性进展，掌握了膏体充填的全部技术。在政府有关部门的支持下，国内首家充填装备工程技术研究中心于 2012 年在湖南成立。其研发的成套技术与装备，先后在冀中能源、山西焦煤、云南铜业、西部矿业、老挝钾盐矿等 65 家国内外不同地质条件下的金属矿、化工矿和煤矿企业应用。

实践证明，我国自主研发的技术与装备已经达到国际先进水平，完全可以替代进口的同类产品，有的性能还超过进口产品，价格却仅为国外同类产品的 1/3，受到矿山用户的普遍好评，为我国采矿和充填同步进行，实现矿山绿色开采提供了坚实的技术装备基础。

三、专家建议加大矿山绿色开采推广力度

掌握膏体充填核心技术及装备，有效降低充填开采成本，是我国推进矿山绿色开采的关键。中国科学院院士宋振骐、叶大年，中国工程院院士古德生、何继善、邱冠周等业内专家，通过深入考察调研后，一致认为，我国集成创新、自主研发的绿色充填开采成套技术及装备已经成熟，具备普遍推广价值。这一技术的推广应用，既可解决历史环境“欠债”，又可避免产生新的污染，对我国生态文明建设意义重大。政府应加大推广力度，努力实现绿色充填装备新兴环保产业规模化。为此，他们建议：

第一，国务院有关部门应联合组建矿山绿色开采指导办公室等机构。加大对绿色开采、环境保护的宣传交流，加强对采用绿色充填技术装备矿区的政策和资金扶持，鼓励和强制性推广矿山绿色开采技术。

第二，加强有关法律法规建设。矿山环境问题涉及气、水、土、岩体及生态等诸多方面，有关部门应加快联合立法，并尽快建立严格、明细的相关行业技术标准。同时，加强监测和监管，坚持“谁开采、谁负责，谁污染、谁治理”的原则，加大执法处罚力度。

第三，加大科技支持力度。将矿山绿色充填开采、井下矸石处理项目纳入国家重点节能技术推广、技术改造支持目录；列入国家重大科技产业专项、重大科技成果转化专项、高新技术产业引导工程专项等，以加快推广应用进程。

2013 年 5 月 28 日

从无锡尚德破产重整看我国战略性新兴产业发展的教训与启示

张　泰

无锡尚德太阳能电力有限公司(以下简称无锡尚德)，是我国光伏产业的标杆企业。今年 3 月 20 日，无锡市中级人民法院正式裁定对无锡尚德实施破产重整。从成立到破产重整，无锡尚德在短短十余年间走过了一条由生到盛到衰的生命历程，也标志着我国光伏产业发展遭遇重大挫折，引起了社会广泛关注和反响。我国目前还有一些新兴行业存在类似光伏产业投资过猛、扩张过快的问题，需要认真总结和深刻汲取无锡尚德发展中的挫折和教训，这对我国光伏产业和战略性新兴产业持续健康发展是有益的。

教训之一，地方政府揠苗助长式的过度扶持，破坏了市场竞争秩序和新兴产业正常发育进程。

我国许多地方政府过度追求政绩或者自身经济利益，纷纷建立各种“开发区”、“工业区”等，加大招商引资力度，对建设投资拉动大、工业增加值和税收贡献高的项目尤其偏爱，大量给予土地、投资、财税、信贷等方面的优惠政策，其中有些甚至是违规的。光伏产业是典型的政府主导发展产业。无锡尚德从成立、上市、业务迅速扩张以至成为“城市名片”的全过程中，地方政府都给予了大力扶持，甚至巨大的利益输送。

公司成立是政府支持的结果。2001 年 1 月，在市政府的推动下，无锡尚德公司成立，主要从事光伏电池与组件生产，其中无锡国联等 8 家国企共同出资 600 万美元，占 75% 股权；施正荣以 40 万美元现金和价值 160 万美元的技术入股，占 25% 股权。在公司组建过程中，政府派专人协助办理相关手续，为企业提供厂房用地，减免房租，大大降低了初期运营成本。

公司上市是政府支持的结果。2005 年施正荣推动尚德海外上市，国有股东被强令退出，公司“重组”为完全的外资企业。通过上市，施正荣在 5 年内即实现了从近乎白手起家到成为“中国首富”，创造了“一夜暴富”神话。国有股东投资虽然从尚德溢价退出，但与施正荣原始投入几千倍的增值相比，获益甚微。

公司发展中的重大困难由地方政府帮助解决。例如 2008 年金融危机中，地方主要领导协调四大国有银行贷款 30 亿元，帮助企业渡过难关。此外，尚德还一直享受税收返还、土地使用优惠等众多扶持政策。

无锡尚德进入破产重整后，地方政府和国企仍然要收拾残局，承担大量善后和重组工作。

与无锡市的做法基本相同，全国许多地区都将光伏太阳能列为产业结构转型升级的首选产业，竞相提供廉价土地、资金配额、电价补贴、低息贷款等各种优惠政策，光伏产业遍地开花。2011 年，全国 31 个省市自治区均把光伏产业列为优先扶持发展的新兴产业；600 个城市中，有 300 个发展光伏太阳能产业，100 多个建设了光伏产业基地。各地政府的大力支持扶持，甚至对企业明确下达具体的扩能指标，推动光伏生产能力低水平盲目扩张，破坏了产业和市场的良性成长过程，阻碍了市场机制正常发挥作用，成为造成当前行业发展遇到巨大困难的主要因素。

我们认为，光伏产业作为战略性新兴产业，政府在发展初期给予支持帮助是必要的。但是，必须尊重市场规律，发挥市场在资源配置中的基础性作用。一是要划清政府与市场的界线，政府的支持帮助要有益于而不是有损于市场机制发挥作用，有益于而不是有损于维持市场秩序。二是要划清政府与企业的界线，政府不应对个别企业给予过多关照，不应过多干预企业生产经营投资具体活动，更不能下达投资和扩能指标。总之，政府的支持帮助应当重在政策和规划引导，重在促进创新升级，重在扩大市场需求，重在维护经济秩序，创造有利于产业发展的市场环境。

教训之二，发展方式转变滞后，阻碍了产业和企业核心竞争力增强。

光伏产业是战略性新兴产业，但从近年我国光伏产业的发展轨迹看，基本上沿袭传统产业发展模式，技术创新不足，发展层次不高，能力集中分布在产业链中低端，以拼投资、拼规模、拼价格为主要竞争手段，行业很快由高利润、高效益走向低利润、低效益甚至亏损。据中国光伏产业联盟统计，2011 年光伏企业数为 262 家，2012 年已降至 112 家，超过一半企业退出了光伏行业。

无锡尚德的发展过程，也是生产能力极速扩张的过程。2002 年 9 月首条封装线投产，年产量 10 兆瓦。2007 年产量达 360 兆瓦，进入世界光伏前三强。2010 年产能为 1800 兆瓦，产能、出货量均居全球第一。2012 年产能进一步提升到 2400 兆瓦。产能过快扩张导致尚德债务和成本剧增。一位在尚德工作过的人士说："同样的产能，尚德的运营成本是国内另外一家一线光伏企业的 2 至 3 倍。"据报道，无锡尚德 2005 年末银行贷款为 0.56 亿美元，2012 年底已攀升至 37 亿美元，其中大型商业银行信贷资金较多。截至今年 2 月底，包括工行、农行、中行等在内的 9 家债权银行对无锡尚德的本外币授信余额折合人民币已达到 71 亿元。

近几年国内其他光伏企业也在大量投资，推动产能爆发式增长。据中国光伏产业联盟统计，2012 年我国光伏组件产能是 2009 年的 7 倍，中国成为世界光伏组件的主要供应者。

我国光伏行业在全面扩大生产能力的同时，企业没把力量用在光伏技术研发和光伏生产设备等短板上，缺乏对光伏市场的控制力。据了解，光伏组件产业链大体可分为太阳能级晶硅提炼、硅锭铸造、硅片切割、光伏电池制造、光伏组件封装和光伏系统整合六大环节，尚德主要参与后三个环节，多晶硅和硅片等原材料主要通过与上游供货商签订长期协议来保障。这也就是说，在光伏组件产业链中，尚德主要从事低端、低技术、低利润率环节，高端、高技术、高利润率环节则由国外厂商完成。其他光伏企业也大体如此。这种情况既造成我国光伏企业市场竞争力弱，效益大量流失，也削弱了光伏行业的应变能力，加大了发展风险。

我们认为，战略性新兴产业的一个重要特征是以重大技术突破为基础，以创新为主要驱动力。推动战略性新兴产业发展，必须要突破发展模式，转换发展思维，转变发展方式，提高发展质量效益。要扩大战略性新兴产业的规模和比重，更要着力突破核心关键技术和产业化技术；要努力实现战略性新兴产业某些环节的技术创新，更要培育和实现全产业链技术优势；要充分发挥政府决策、规划在促进战略性新兴产业发展方面的积极作用，更要鼓励和支持企业发挥创新主体的关键作用，推动形成具有强大核心竞争力的现代产业体系。

教训之三，市场基础不牢固、市场规模不稳定，加大了发展风险与波动。

我国光伏产业发展高度依赖国际市场。我国光伏市场结构是“三头在外”，即电池组件的上游原料多晶硅依赖海外进口，主要生产设备依赖进口，产成品主要销往欧美市场，我国企业只参与一部分加工制造环节，缺乏核心竞争力，产品销售受制于人，没有市场定价权。

我国光伏产业发展高度依赖政府政策和补贴。目前光伏发电成本高昂，与常规能源发电相比，完全不具有竞争优势，光伏产业发展和光伏产品市场主要取决于政府清洁能源政策和补贴。补贴多，则市场需求扩大；补贴少，则市场需求萎缩。近年来随着欧债危机恶化，主要欧美国家相继削减光伏补贴，同时我国光伏行业又先后遭遇美国及欧盟贸易保护壁垒。这造成光伏产品出口困难，订单急剧下滑，价格暴跌，整个产业陷入全面危机。据统计，2012 年我国光伏产品出口同比下降 35%，其中太阳能电池及组件出口同比下降达 40% 以上。特别是在美国对我国晶体硅光伏电池片等产品征收反倾销税和反补贴税后，我国光伏电池片基本退出美国市场。目前国内光伏应用工作已经启动，在光伏发电上网、电价以及补贴方面出台不少政策措施，但大规模应用光伏发电的条件目前尚不具备，依靠国内需求消化光伏产能也不现实。

我们认为，战略性新兴产业以重大市场需求为基础，其发展前景和成长潜力都取决于市场需求。在产业发展初期，国外市场需求比重高一些，企业更重视国际市场是现实的、可行的。但行业持续健康发展、竞争力持续提高，则需要启动和培育国内市场需求，创造有利于扩大需求的体制机制和良好环境。同时，战略性新兴产业还要与国内传统产业协调互动发展，促进传统产业转型升级，提高传统产业的技术装备水平和研发能力，传统产业发展又可以为战略性新兴产业拓展市场、提升竞争力提供重要支撑和坚实基础。

教训之四，企业内部运营治理机制不完善，造成重大决策失误不断。

尚德公司虽然是上市公司，但股权结构不合理，施正荣一股独大，刚上市时持有公司46.8%的股份。公司内部治理机制不完善，董事会原有5名董事，但除施正荣外，其余4名都是独立董事。由于公司内部治理机制和制衡机制不健全，尚德发展激进冒失，过度贪大求全、不顾自身实力盲目扩张，多头出击，多次出现重大决策失误，造成巨额经济损失。例如，对多晶硅价格走势判断失误，2006年尚德电力与美国MEMC签订固定价格的多晶硅十年期长单，根据该长单合同，尚德电力可以80美元/公斤采购多晶硅，当时市场价格超过150美元/公斤。但2008年10月以后多晶硅价格暴跌，2011年底仅为35美元/公斤。尚德电力被迫终止该长单合同，并赔付2.12亿美元。又例如，对行业技术方向判断失误，尚德电力在2007年投入3亿美元建设非晶硅薄膜电池生产线，并计划在2010年形成400兆瓦产能，但最终以亏损5000万美元、只产出几十兆瓦而告终。此外，尚德长期忽视内部管理系统和执行力建设，企业内部矛盾重重，斗争激烈。

在尚德破产重整中，还传出可能存在大量关联交易，涉嫌转移资产，输送巨额利益，涉及亚洲硅业青海有限公司等多家公司。施正荣的个人品格目前受到不少质疑和非议。据了解，海外投资者已经将施正荣起诉至美国法院，指控施正荣向亚洲硅业输送利益，此外投资者还指控尚德高管为了实现自身利益而挪用尚德电力高达16.8亿美元投资资金，目前美国法院已对此立案。

我们认为，战略性新兴产业引领未来技术和产业发展方向，但其技术具有不成熟性，市场具有不稳定性，成长具有不确定性，发展中面临的挑战更多。特别是许多战略性新兴产业和高技术企业的创办人多是科学家或者工程师，不擅长企业管理，不擅长市场营销，进一步增加了企业发展风险。以公司制为代表的现代企业制度是企业长期发展的基础，战略性新兴产业企业不仅要具有现代企业制度的形式，更要具有现代企业制度的内容和实质，真正按照现代企业制度的要求经营管理企业，完善企业经营机制，内部权力运行规范有序，有约束、有制衡、有责任、有监督，奠定经济和产业持续健康发展的坚实微观基础。

2013年4月29日

发展智力密集型产业促进大学生就业

乔尚奎

当前和今后一个时期,我国就业形势依然严峻,特别是大学生就业问题尤为突出。解决大学生就业问题不仅需要政策扶持,更重要的是大力发展适合大学生就业的产业并开发相应就业岗位。当前我国正在加快转变经济发展方式,着力打造中国经济升级版,应以此为契机,积极发展既具有较高科技含量又具有较强吸纳就业能力的智力密集型产业,开发更多适合大学生就业的岗位,促进大学生就业。就此问题,中国就业促进会组织专题研究,提出相关政策建议,现根据参加研讨情况整理报告如下:

一、智力密集型产业内涵及对促进大学生就业的意义

智力密集型产业是以智力资本为主要生产要素的产业,其核心生产要素主要包括智慧、知识、经验、技能、技术等。该产业表现为高度依赖智力的成果,大量聚集智力型员工,主要提供以智力、知识、信息、技术为基础的产品和服务。从实践操作上,智力密集型产业可以界定为拥有较大比重的技术、技能型员工,且产品和服务中技术技能含量高的产业。

智力密集型产业涉及的行业主要有:(1)智力密集型制造业。包括医疗仪器设备制造、航空航天器及设备制造、电子器件制造等。相关研发机构也属于智力密集型。(2)智力密集型服务业。包括企业管理服务、投资与资产管理、法律服务、咨询与调查、人力资源服务,如,各类咨询公司、猎头公司、律师事务所等。还包括信息传输、软件和信息技术服务业:互联网接入及相关服务、互联网信息服务、软件开发、信息系统集成服务、信息技术咨询服

务、数据处理和存储服务，如，谷歌、百度、阿里巴巴、Facebook、微软等。(3)金融业。包括财务公司、证券、基金、投资、保险、信托、评级机构等。(4)文化产业。包括电影电视剧制作发行、文艺创作与表演、文化创意、音乐制作、动漫产业等。

与智力密集型产业发展相适应，智力型员工是掌握了相关知识、技术技能，并以此来开发产品和提供服务的人员。其职业通常在以下领域：技术发展、技能创新、产品研发、工程设计、市场营销、资产管理、会计事务、法律事务和金融管理、咨询顾问、培训教育、人力资源管理等。

发展智力密集型产业，一是有利于打造具有创业和创新能力的新一代产业大军，实现就业转型。这类人才具有主动就业和创业的特点，而不再是等着被聘用和被安排就业。同时，智力密集型产业发展会促进教育改革，教育改革又会加快培养智力密集型产业所需要的高技能创业创新人才，从而逐渐改变现有大学生就业模式。二是有利于形成创新创业人才培养成长机制。智力密集型产业和企业具有协同创新的动力，能促进高校、科研院所与企业共享科技教育资源，推动创新组织模式形成；高校学生可以进入智力密集型产业实习实训，在实践中培养和锻炼创新能力。同时，适应智力密集型产业和企业的发展，从业人员要加强在职和岗位培训、进修和深造，不断提高素质，更新知识，学习新技术新技能，提升创新能力。三是有利于开发适合大学生就业的新领域和新岗位。智力密集型产业的职业岗位特点，要求从业者必须接受较高的教育和专业化训练，并具有创新思维和创造能力。此类岗位的待遇一般较好，薪酬水平较高，工作环境较适宜创造性构思的生长，同时又具有一定的挑战性、开拓性，适合大学生激发创造力和活跃思维能力。这些职业岗位特征，恰好符合大学生的就业心理预期。因此，在发展智力密集型产业中开发相关职业岗位，是促进大学生高质量就业的必然选择。

二、国内外发展智力密集型产业吸纳就业成效明显

(一)我国部分地区智力密集型产业发展较快，带动了创业就业。比较有代表性的有北京、广州、江苏无锡等地。北京是智力密集型城市，汇聚了中国最多和最高水平的高校和科研院所，中关村又是北京智力最密集的地

区。中关村科技园经过20多年的建设发展,已聚集高新技术企业2万多家,形成了“一区多园”布局、各具特色发展,以电子信息、生物医药、能源环保、新材料、先进制造、航空航天为代表,以研发和服务为主要形态的高新技术产业集群。2010年,中关村企业总收入1.59万亿元,对北京市经济增长的贡献率达23.5%。中关村智力密集型企业创造了大量的高学历就业岗位,其中电子信息产业人数最多,达58万人。从业人员本科学历占51%,29岁以下年轻人占50%。中关村还吸引了海外留学人员1.5万人,其中博士、硕士占72%,留学人员累计创办企业5300多家,累计创造近53万个就业岗位。同时,中关村园区智力密集型产业发展前景广阔。根据规划,到2020年,中关村高新技术企业总数将达到3万家,高科技术企业从业人员将达到173万人。

广东省广州市智力密集型产业主要包括新一代信息技术、生物与健康产业、新材料与高端制造、时尚创意、新能源与节能环保、新能源汽车等6大战略性新兴产业领域。2011年6大新兴产业增加值超过1300亿元。据调查,广州市6大新兴产业每年创造就业岗位达10万个以上;在6大新兴产业中,新一代信息技术企业员工具有本科学历的比重最高,平均达51.2%。

江苏省无锡市着力培育物联网与云计算、工业设计、文化创意、生物医药、软件与服务外包等新兴产业,高新技术产值占规模以上工业总产值比重达36%。智力密集型产业带动高校毕业生就业数量呈逐年上升趋势。2010年、2011年智力密集型行业吸纳高校毕业生人数,分别占到当年接收毕业生总数的40%和44%。

(二)部分国家将发展智力密集型产业吸纳就业作为新的战略重点。美国在知识经济的浪潮中大力发展智力密集型产业,其贡献约占美国GDP的34.8%和出口总量的60%,至少提供了4000万个就业岗位,并且这些行业的平均工资水平要比其他行业高出42%。欧盟于2010年颁布了“欧洲2020战略”,确定了未来十年欧盟的三个发展重点,即实现以知识和创新为基础的“智能增长”,以发展绿色经济、强化竞争力为内容的“可持续增长”,以扩大就业和促进融合为基础的“包容性增长”。这三个方面都和智力密集型产业发展有关。根据欧盟数据,欧洲高技能人才的就业率是83.9%,中等技能人才的就业率是70.6%,而低技能人才的就业率则是48.1%。因而,提升劳动者技能是解决欧盟失业率高、经济停滞的重要举措。日本于 2010 年发布了为期十年的日本“新成长战略”，其中引人瞩目的是“第三条增长道路”，即通过创造新需求和就业促进经济发展和社会进步。“新成长战略”还提出了七大战略领域，分别为：环境能源战略、健康（医疗、养老）战略、亚洲战略、旅游观光·地区活力化战略、科技战略、就业·人才战略和金融战略。显示出日本未来经济不仅要促进日本产业结构向智力密集型产业转型，而且要以此作为促进就业的发展战略。

三、基本思路和政策建议

基本思路：抓住新一轮世界科技革命和产业发展的机遇，结合我国国情和经济社会发展需求，把加快培育和发展智力密集型产业与转变经济发展方式有机结合起来，坚持在发展智力密集型产业中开发相关职业岗位，开辟新的就业增长点，促进产业结构调整与就业转型良性互动、共同发展。一是深入实施国家现代产业体系建设总体规划，按照整体布局、突出重点、分步推进的思路，对具有一定技术基础和潜在优势的新一代信息技术、新能源、新材料、节能环保、生物、高端装备制造以及现代服务业等产业进行重点突破，加快发展，力争在“十二五”末形成一批在国际上处于领先地位的智力密集型产业体系和集聚度高、竞争力强、产业链完整的产业集群。二是根据智力密集型就业岗位的要求，大力开发一批新职业及相关教育培训资源和手段，为高层次、高技能人才就业提供适合的职业岗位，为培养与产业发展相匹配的各层次、各类型人才提供依据。三是加快培养造就一批与智力密集型产业发展相适应的高层次、高技能人才和创新创业团队，力争智力密集型产业就业人数占城镇从业人员总数的比重有较大提高。

主要政策建议如下：

第一，把发展智力密集型产业和开发就业岗位列入经济发展和促进就业规划。各地在制订调整产业结构和促进就业规划时，应当充分发挥智力密集型产业对带动提升产业层次和扩大就业的作用，安排政府主导性智力密集型产业项目时，应把增加就业岗位作为重要内容。要制定发展智力密集型产业促进大学生就业实施办法，把发展智力密集型产业促进解决大学生就业问题，列入就业工作目标责任制和年度考核内容。

第二,努力实现重点地区行业智力密集型产业取得突破性进展。一是制订规划引领智力密集型产业发展。着重加强“长三角”、“珠三角”、“环渤海”等经济圈产业发展的统筹协调,推进企业兼并重组或退出、转移,提升优势产业集中度,增强智力密集型产业发展的集群效应。探索建立推进经济圈产业合作专项资金,支持经济圈之间以产业链为纽带的重点项目、配套项目、示范基地项目建设,形成以智力密集型产业为支柱的新的经济增长点。二是坚持以高新技术产业园区为重要载体,重点扶持发展拥有关键技术或产业集群的智力密集型企业。充分发挥高新区在培育和发展智力密集型产业中的骨干作用,重点发展先进制造业和现代服务业,完善技术创新体系,优化创新创业环境,促进创新资源在高新区的有效集聚,形成各具特色的高端产业集群。三是坚持以需求为导向,大力发展高技术服务业。加大资金、技术、人才等政策支持,重点发展研发、信息、创业服务,以及技术交易、智慧金融、知识产权和科技成果转化等高技术服务业,尽快形成以智力密集型服务业为主导的新业态,增加就业岗位,扩大高质量就业。

第三,大力开发适合智力密集型产业发展的新职业并提供创业平台。一是重点扶持关键技术研发和新职业的开发。大力开发与金融、信息、教育、会展、流通、外包、旅游和文化创意等产业发展相适应的新职业,努力开发一批适合现代制造发展的新职业,积极发展推动战略性新兴产业和高新技术产业发展的新职业,加快开发一批适合现代农业发展的新职业。为此,建议国家和地方设立智力密集型产业发展专项资金。二是进一步完善国家职业资格评价体系,创新企业技能人才评价方式。结合政府职能转变,依据国家统一的职业标准和智力密集型企业生产技术条件,通过生产现场职业能力和业绩评审方式,重点对企业职工职业能力、创新能力和工作业绩开展评价。三是加快完善以高新技术开发园区为主要载体的创新创业公共服务平台,加强政府主导的科技基础设施和创新服务平台建设,积极为中小企业提供技术创新、融资担保、信息服务、物流配送、人员培训等服务,发展壮大科技含量高的中小企业,推动智力密集型产业的整体提升。

第四,改革完善智力密集型产业人才培养模式。一是适应高新技术产业发展需求,深化高等教育教学改革。合理调整专业设置,增加高新技术专业和教学内容,改进教学方法。支持重点高等院校建立国家级智力密集型产业研发中心，承担国家重点研发项目。鼓励采取多种形式的校企合作，大力培养科研生产一线高层次专业技术人才、科技领军人才和高技能人才。二是积极探索建立中职、高职与应用技术性本科教育、技术型专业硕士教育相互衔接贯通的完整链条，形成完善的现代职业教育体系。特别是各类职业院校要明确定位，突出特色，培养各层次的实用型、技能型人才。三是鼓励大中型企业建立职工职业培训机构，把人力资源开发与技术开发结合起来，支持科研院所、高校和企业各类人才双向交流。依托各类培训、研发载体，积极开展职工全员岗位培训和专业技术、技能晋升培训，全面提升劳动者职业素质和就业创业能力。

第五，营造鼓励高层次、高技能人才创业就业的良好环境。落实和完善高校毕业生自主创业扶持政策，鼓励高校毕业生到智力密集型产业就业创业，建立与智力密集型产业发展相适应的人才使用激励机制。对高层次、高技能人才实行协议工资、项目工资等分配办法，其薪酬水平与本人能力、业绩、贡献挂钩；对作出突出贡献的可实行期权、股权和年金等中长期激励方式；对其收入可在一定幅度内减免个人所得税。消除智力密集型产业人才流动的制度障碍，着力解决其住房、子女教育、医疗、社保等问题。

2013 年 5 月 23 日

建议选择若干房价快速上涨的城市立即开征个人住房房产税

杨书兵　张昌彩　孙艳梅

新国五条及其细则出台后，一些城市的房价不降反涨，先是二手房市场量价齐升，并导致昼夜排队过户和“离婚潮”等现象，继而又引发新房市场价格快速上扬。这是出乎意料的，社会反应强烈，政府的调控能力和公信力也受到质疑。我们认为，要破解当前的尴尬局面和久治不愈的房市顽症，加快落实新国五条中提出的“扩大个人住房房产税改革试点范围”，立即在几个城市开征个人房产税，是一个较好选择。

一、扩大个人房产税试点的基本设想

开征个人房产税是市场经济国家的普遍做法，税率大致在1%～4%之间，而且是对个人房产全部征税。我国酝酿征收个人房产税已经多年，但因涉及问题比较复杂，特别是顾忌拥有较多住房者的抵触心理，始终没有迈出关键性步伐。目前，虽在上海、重庆两地进行试点，但由于应税房产的范围太小、税率过低，税收调节作用非常有限。因此，无论是另选城市扩大试点，还是完善原有试点城市做法，都必须做出大的改进，特别要大幅增加应税房产的范围和税率。否则，不仅达不到预期效果，还会损害政府形象。基本设想如下：(1)试点城市应选在房价上涨较快的一线城市，但尽量避开像北京这样涉及众多干部住房的城市，以减少阻力。试点城市数量可多可少，但试点方案的力度必须到位，以真正发挥税收调节功能，并在全国起到示范效应和震慑作用。(2)应税范围应涵盖全部个人住房，起征点可定在人均住房

60 平米(或户均 180 平米)以上,税率可定在房屋现价 2% 左右,并实行累进征税。(3)要统筹考虑持有环节税和交易环节税平衡问题,开征个人房产税后,应相应减少交易环节税等,以免总体税负过多增加。当然,具体方案须由有关方面充分调研、精心设计,做到科学合理,可以承受。

二、开征个人房产税意义重大

在目前情况下,选择若干城市开征个人房产税,可以收到一举多得、事半功倍之效,甚至能解决一些重大经济社会问题。(1)基本终结投资投机性囤房行为。如果按上述方式在一线城市征税,每超标 100 平米,一年至少增加 5 万元的持有成本,现行的大量囤房行为将会基本消除,投资投机性需求在几年内也会受到根本遏制。(2)可较快地抑制房价上涨。一些专家认为,当前我国城市住房总体上并不短缺,但有些人拥有许多房子而闲置不住,甚至成为“房姐”、“房叔”;另一些人却无房可住,甚至沦为“房奴”、“蚁族”。据业界估计,北京市住房空置率在 25% 以上,一些城市更高。因此,目前扩大住房供给应更多地在存量上下功夫。开征房产税必然导致大量存量住房快速释放,短期内就会大幅扩大供给,从而促使房价趋稳甚至下降。(3)开征个人房产税,并作为地方税种,将在很大程度上缓解地方政府对土地财政的依赖。(4)及时在一些城市开征房产税,并不断扩大试点范围,再加上保障房等措施的跟进,未来几年我国住房价格将会基本稳定。这有可能使诸多经济社会问题得到缓解,甚至迎刃而解。比如,遏制房地产泡沫进一步积聚,促使企业回归实体经济,缩小居民贫富差距,降低城镇化中农民进城门槛,改变国民奢侈住房习惯等。

三、开征个人房产税关键在决心

许多专家和政府官员认为,开征个人房产税,作为房地产市场调控的关键性、方向性举措,业已形成共识,在技术上也不存在什么障碍。现在看来,最大的担心是怕引发较多住房拥有者的不满。其实,这并不足以阻碍政策的出台。原因有三:其一,作为开征此税的利益受损者,较多住房拥有者肯定不会高兴,但这些人绝大多数经济条件较好,即使受征税压力而把超标房卖掉,还会得到一大笔钱,总体影响并不大,更不会引发社会问题。何况,相对于少数人的不高兴而言，多数人的高兴和社会长治久安更为重要。其二，今后几乎所有大的改革都将涉及利益调整问题，都会受到来自既得利益群体的阻挠，既想改革又不想冒犯人已几无可能。既然必须推进改革，总要面对一些人的抵触甚至反对，那么，选择若干城市开征个人房产税，阻力限于局部，风险不过数市，影响却能遍及全国，实为上上之策。第三，综合各方面分析，作为解决房地产问题的关键性举措，也是发达国家的普遍做法，个人房产税早晚都得征，决不能拖得太久，且早征早主动，早征早受益。总之，扩大个人房产税改革试点，条件具备，时机成熟，关键在决心。只要下决心做，就一定能取得预期效果。

住房问题事关民生民心，房价又是当前最受关注的敏感问题，特别是老百姓对房市“十年九调、越调越高”意见很大，对稳定房价期望很高。开征个人房产税，是抓住了房地产调控的“牛鼻子”，有牵一发而动全身的作用。新一届政府若能在此问题上有所作为，必将产生强烈的社会反响和政治影响，既能展现出敢碰硬、有魄力、敢担当的果敢形象，也能展现出善抓主要矛盾和关键环节，有智慧、有手段的超凡能力。

2013 年 4 月 11 日

德国房地产税制及启示

潘国俊

德国房地产税制简便实用，是德国住房价格基本稳定、供求总体平衡的有力支柱，有效推动解决了城镇化进程中的居民住房问题。相比之下，我国房地产税制重复计征与调控缺位并存，越来越不适应房地产发展形势需要。德国的这套税制，对处于城镇化加速阶段的我国有较强的借鉴意义。

一、德国房地产税制简洁明了且覆盖各环节，与法律、金融等制度配合，在增加住房供给、抑制住房投机中发挥积极作用

德国与房地产相关的税种有8个，实现了房地产转让，持有等各环节“全覆盖”，同时避免了重复征税。转让环节有5个税种，包括：按交易价格征收的税率为3.5%～5%的土地购置税；并入公司和个人收入综合计征的税率为15%～45%的企业所得税和个人所得税；附加在所得税上的税率为5.5%的团结互助税；地方政府征收的税率为企业营业利润20%左右的营业税、对继承人继承的财产净值征收的税率为7%～50%遗产与赠与税。持有环节有3个税种，包括：市镇征收的税率为土地市场价格0.5%～2%之间的土地税；按照不含家具、水电气等费用的租金10%左右征收的第二套房产税。德国房地产税制的功能主要有以下几方面。

第一，运用所得税和土地税优惠政策，鼓励企业、合作社和个人等多渠道建房，促进供求基本平衡。在所得税优惠方面，建房费用可以在12年内折旧50%（后来改为8年内折旧40%），建房的贷款利息支出可从应纳税所得中扣除，参加住房储蓄的个人在建房和购房时都可以享受个人所得税的

税收优惠政策。上世纪90年代东西德合并时,还采取暂时免征建房企业所得税,并对居民购建的自用住宅免征10年土地税的政策。这种力度很大的税收优惠政策,掀起了德国历史上的"建筑热",住房供应随之大幅上升。目前,德国有约4030万套住房,与8200万人口、3900多万户家庭的住房需求基本匹配。住房供给充足促进了房价稳定,1980年以来的30年中,德国平均房价上涨约60%,但同期个人收入名义增长了近3倍。

第二,鼓励长期持有住房,严格抑制住房投机炒作。在德国,对持有房产超过10年,或者为改善居住条件而出售自住房产免征所得税;反之,对持有10年内转让房地产,其收益被并入综合所得计征累进所得税。无论期限长短,房产交易都需缴纳土地购置税,通过加重交易成本抑制频繁交易行为,进一步打击投机。在保有环节,普通住房只需按土地市价缴纳土地税,土地上的建筑物不用纳税;对第二套及以上房产征收第二套房产税。同时,为体现社会公平,对继承和获赠房地产开征遗产与赠予税,并对普通民众实施税收优惠,如配偶和子女作为继承人居住10年以上免征,房产面积200平米以下免征。

第三,注重法律手段、金融政策、城镇化建设等的作用。一是严格的法律遏制房地产暴利和保护承租人利益。德国法律规定,房地产商制定的房价如超过合理房价20%将构成违法,出售者将面临罚款甚至被判刑。在租金方面,法律规定三年内房租涨幅不得超过20%、房东无权单方面中止租凭合同,这使德国居民通过租赁解决居住问题的比例达到56.8%,是欧洲最高水平。二是实施"先存后贷"的住房储蓄制度,住房贷款利率固定且低于市场利率,住房信贷渠道较为畅通,降低了购房融资成本。三是城镇化布局合理。德国城镇化程度高,但城市人口居住分散,人口过百万的城市只有柏林、汉堡等4个,大多数城市市区人口仅有几十万,70%左右的人口分布在1万人以下的小城镇里。这种格局避免住房需求过度集中在一些地域,而形成强大需求冲击。

二、我国现行房地产税制漏洞较多,调控房地产市场的有效性还不强

我国现行房地产税制在筹集财政收入特别是地方财政收入,以及调控房地产市场等方面起到了一定作用。但是,与当前房地产市场发展的新要

求相比,存在的弊端还不少,调控功能发挥还不充分。

第一,一些税种重复计征,不符合"简税制"要求。我国房地产行业共有10个税种,包括营业税、企业所得税、个人所得税、契税、土地增值税、城镇土地使用税、房产税、城市维护建设税、耕地占用税和印花税等。其中,开发环节的土地增值税和企业所得税重复计征;转让环节的营业税、所得税、契税、土地增值税、城市维护建设税、印花税等重复计征;保有环节分设城镇土地使用税和房产税两个税种。税制复杂,税收征管难度就大,影响税收调控效果。

第二,一些税种陈旧,难以适应形势发展。我国现行房地产税制框架是上世纪90年代中期确立的,至今一直没有进行重大改革。房产税和城镇土地使用税是上世纪80年代实施"利改税"而制订的,征收对象狭窄,针对的是有营业收入的企业和个人,而且计征不科学,分别按照房产余值和土地面积征税,既有悖税收公平的原则,又不能随着经济发展而相应增加地方收入,还难以抵制不合理用地。土地增值税是在1992—1993年房地产过热的形势下出台的,目的是通过调节土地增值收益打击投机,但采取预征制征收,税负容易转嫁到房价中,打击投机的效果有限。

第三,一些环节"缺位",税收调控不到位。一是缺少鼓励建商品房,增加住房供给的税收优惠政策。二是保有环节税收覆盖面狭窄。房产税和城镇土地使用税没有覆盖个人住房,不利于抑制住房投机。开发商"囤地"行为的税收调控不到位,难以打压开发商闲置土地等待升值的动机。三是尚未建立有效的资本利得税制度。根据持有期限长短,对房地产转让收益实行不同的税率,是德国打击投机的有力手段,但我国还未建立这种税制。四是没有开征遗产与赠与税,不利于调节财富差距和促进社会公平。

第四,税收征管基础薄弱,影响税收调控效果。一是征管配套制度不健全。家庭住房信息难以全面掌握,房地产价格评估体系不完善,二手房交易中签订"阴阳合同"避税现象较为普遍。二是税负容易转嫁。营业税、土地增值税、个人所得税等,容易由卖方转嫁到买方,难以起到调节开发商利润、抑制投机的作用,反倒增加购房者负担。三是一些地方政府从土地和住房价格上涨中的获益远大于房地产税收收入,对政策落实的积极性不高。

三、改革完善我国房地产税制的建议

房地产税制在房地产调控中大有可为。建议按照“简税制、宽税基、严征管”的原则，坚持“抑投机、增供给、重保障”的思路，改革完善我国房地产税制，促进房地产市场健康有序发展。

第一，合并房产税和城镇土地使用税，统一开征房地产税。在征收范围上，房地产税要覆盖到居民住宅，适度加重大面积和第二套及以上住房税负；在税基上，以市场评估价为依据；在税收收入划分上，明确为县级政府财政收入，省级财政不参与分成，将房地产税逐步培育成地方的主体税种之一。

第二，整合契税和营业税。随着我国“营改征”的稳步推进，逐步取消房地产交易环节征收的营业税，重点发挥契税的“交易税”作用，让购房者承担相应税负。购买第一套房税率从低，提高购买第二套房或大面积住房税率，购买第三套甚至以上的住房实行更高税率。

第三，整合土地增值税和企业所得税、个人所得税。将土地增值税合并到企业所得税和个人所得税中，并根据利润大小和持有期限，实施累进税率，既保障开发商合理利润空间，也抑制开发商暴利行为和个人投机动机。研究开征遗产与赠与税，体现社会公平。

第四，运用企业所得税优惠等政策鼓励建房，增加大中城市住房供给。从长远看，房地产市场的健康稳定发展，取决于住房供求的基本平衡。我国城镇化进程加快，部分大中城市的住房需求很大。现阶段，政府既要建设保障性住房，也要鼓励商品房建设，探索通过企业所得税、房地产税等税收优惠，鼓励多主体、多渠道建房，让居民形成住房能够实现供求平衡的稳定预期。

第五，打牢基础，确保税收调控效果。加强部门联合，充分运用信息技术，加快完善家庭房地产信息统计制度。成立隶属于税收征管部门的机构来实施房地产价格评估，完善房地产价格评估制度。各城市特别是大中城市房地产管理部门要对住房供求情况进行统计调查，摸清底数，为研究出台政策提供确切信息。

第六，改革完善土地、财政、信贷制度。德国并不是单凭房地产税制就实现了房地产市场的健康稳定，需要综合施策。在土地制度上，探索建立土地需求与供给方直接交易的制度，政府通过规划土地用途、征收交易环节税收来规范交易行为，降低土地成本。在财政体制上，赋予地方适当的举债权和税政权，把养老、医疗、教育等支出责任适当上移，减轻市县级政府财政支出压力，进而减少地方政府对土地出让收入的依赖。完善住房贷款制度，继续完善差别化信贷政策，鼓励合理的住房需求，从严控制投机投资需求。

2013 年 3 月 4 日

五、持续提高社会事业发展水平

做好高校毕业生就业工作重在政策落实

乔尚奎　孙慧峰

今年全国高校应届毕业生699万人，是历史上最多的一年，加上往届离校未就业毕业生21.2万人，总共有720万人。在当前经济面临下行压力的复杂形势下，高校毕业生就业问题显得更加突出。5月16日国务院办公厅下发了《关于做好2013年全国普通高等学校毕业生就业工作的通知》（国办发〔2013〕35号，以下简称35号文件），5月17日国务院又召开电视电话会议专门部署这项工作。目前看，国家关于促进高校毕业生就业的政策措施已经不少，关键是要抓紧研究制定具体配套实施办法，提高配套措施的针对性、有效性和可操作性，切实把政策落到实处，使其真正发挥出效用。为此，我们就政策落实问题与有关部门座谈研究，提出以下建议。

一、千方百计拓宽高校毕业生就业渠道

这是做好高校毕业生就业工作的前提和关键。根据35号文件精神和近年工作实际，当前高校毕业生就业渠道主要有以下方面：结合转方式、调结构，积极为高校毕业生开发就业岗位，尤其要充分发挥战略性新兴产业、先进制造业、智力密集型产业、现代服务业、现代农业发展对高校毕业生就业的拉动作用；增加小微企业吸纳高校毕业生就业；引导高校毕业生到民营企业、非公有制经济组织就业；引导国有企业履行社会责任吸纳更多高校毕业生就业；通过政府购买服务方式开发基层公共服务工作岗位，更有效实施基层服务项目；完善征兵办法，鼓励高校毕业生入伍服义务兵役；扩大科研项目单位吸纳高校毕业生规模；以及鼓励高校毕业生自主创业等。拓宽和

落实这些就业渠道,需要有关部门分别制定配套政策措施,细化具体方案,而不能停留在原则意见和一般号召上。

二、确保求职补贴政策落实到位

特困家庭高校毕业生就业是政府帮扶的重点。35 号文件提出,“从 2013 年起,对享受城乡居民最低生活保障家庭的毕业年度内高校毕业生,给予一次性求职补贴”。这项规定旨在帮助特困家庭毕业生缓解求职过程中的交通费、电话费、简历印制费、置装费等经济负担,是今年新出台的一项很实、很具体的促就业政策。

为确保这项政策真正惠及到特困毕业生,我们建议:(1)国家应明确一个最低的补贴标准,每名符合条件毕业生应不少于 1000 元,各地可在此基础上适当提高。(2)确保及时发放到位。求职补贴应通过银行转账方式直接发到低保学生的银行卡中,以使其发挥最大作用。低保学生的名单、账号、申请材料由学校负责收集,提供给人社部门进行认定,最后由财政部门支付。这是最简单、成本最低的方式,避免补贴挪作他用,也能减少中间环节的“跑冒滴漏”。(3)今年的求职补贴应争取在 6 月底前发到学生手中,从 2014 年开始,应在毕业前一年的 9 月份发到符合条件的学生手中。(4)享受补贴的学生应以学籍为依据,不得以户籍为条件加以限制。对于低保学生比较多、支付压力大的城市,国家在拨付就业专项资金时应适当予以倾斜。(5)有条件的地方,可考虑将补贴对象扩大到没有低保证明,但确实生活困难的毕业生,例如在就学期间靠助学贷款或助学金生活的困难学生。

三、完善落实创业培训补贴等鼓励创业政策

创业培训补贴是已有政策,在高校特别是职业院校很受欢迎,但目前规定毕业年度参加培训才能享受财政补贴,只有半年时间,此时毕业生忙于找工作、写论文或实习,没有时间参加。地方和高校要求将培训期限扩展至大四全年或者大三,同时要提高培训内容的针对性和有效性。为此,35 号文件明确,“从 2013 年起,将创业培训补贴政策期限从目前的毕业年度调整为毕业学年”,对于今年的毕业生来说,就是从 2012 年 7 月 1 日至 2013 年 7 月 1 日,考虑到今年属于政策过渡期,我们建议将今年创业培训补贴政策期

限延长到12月底,从2014年开始按新的规定执行。同时应明确规定,创业培训补贴政策不受户籍限制,其发放责任属于毕业生学校所在地政府。

进一步降低高校毕业生创业门槛。据反映,当前高校毕业生创业登记注册难;鼓励创业的税收减免和小额贷款申请门槛较高,手续不便,由于找不到担保人,国家给予的贴息政策也享受不到。应加快推进工商登记制度改革,特别是进一步简化个体工商户、私人合伙企业登记注册手续,减少登记注册环节的行政事业性收费。同时,研究探索小额信用贷款方式,进一步简化小额贷款申请手续,适当提高政府贴息的力度。

四、落实在求职地享受就业服务和就业扶持政策

在现有就业管理服务模式下,就业帮扶和服务的对象主要是本地户籍人口。对跨地区流动求职的毕业生,户籍地鞭长莫及,求职地爱莫能助,成为落实政策和提供服务的"盲区"。35号文件提出,"允许高校毕业生在求职地(直辖市除外)进行求职登记和失业登记,申领《就业失业登记证》,纳入求职地免费公共就业服务和就业扶持政策范围。"这实际上是打破了就业的户籍限制,是不小的进步。但这项政策在落实中会有一定难度,特别是对于高校毕业生求职集中的少数大城市和省会城市,支出压力相对较大,为非户籍学生提供就业扶持(包括创业培训补贴、小额贷款贴息、见习补贴等)的动力不足,有的还可能有抵触情绪。

我们建议:(1)有关部门应研究完善就业方面的转移支付机制,把各地接受求职登记的高校毕业生数量列为衡量因素之一,接受求职登记多的地方,相应增加其转移支付份额。(2)加快建立全国联网的高校毕业生就业失业登记信息网,避免重复登记。(3)同步做好高校毕业生在求职地的落户工作,可先协助办理当地的居住证,待稳定就业、符合一定条件后办理落户。(4)加强高校毕业生就业经费保障。将高校毕业生就业工作经费纳入同级财政预算,高校开展的校园招聘活动,可纳入公共就业服务专项活动项目给予适当支持。

五、完善落实政府购买服务增加就业岗位政策

重点做好三方面工作:一是统筹实施基层服务项目。目前鼓励高校毕

业生到基层服务项目比较多,包括"大学生村官"、"三支一扶"、"西部志愿者"、"特岗教师"、"农技服务特岗试点"等,分别由中央有关部门组织实施,但存在项目之间待遇不统一、期满出路差异较大等问题,甚至因互相攀比引发上访事件。在当前高校毕业生就业问题突出的情况下,有关部门应结合实际继续组织实施好基层服务项目,以促进高校毕业生就业;但同时应考虑研究制定加以规范的标准,统筹实施好基层服务项目,避免不同项目之间的待遇和出路差距拉得过大。二是35号文件提出"加大财政投入,探索通过政府购买服务的方式,开发城乡基层特别是城市社区和农村公共管理及社会服务工作岗位,引导高校毕业生到基层就业"。这是当前增加高校毕业生就业岗位的重要途径,要加快落实并使之常态化。如新农保、城居保经办,治安管理、计生服务、流动人口管理、交通协管等岗位,都可聘用高校毕业生。政府开发的公益性岗位要优先提供给家庭经济困难、自身就业困难的毕业生。三是在政府购买就业岗位政策制定、宣传和具体执行过程中,要充分说明这些岗位的性质属于政府购买服务,双方应签订一定期限的服务合同,明确双方责任和义务。

六、实施离校未就业毕业生就业促进计划

在全国范围内组织实施离校未就业高校毕业生就业促进计划,对于稳定离校未就业毕业生群体具有重要作用,针对性很强。有关部门应抓紧制定实施方案,抓好政策落实。一是有关部门要与高校密切合作,及时跟踪掌握高校毕业生情况,对于离校仍未就业的,及时纳入求职地或居住地的就业服务体系,做好失业登记。二是保持与离校未就业毕业生的日常联系,主动为其提供就业信息和就业服务,防止"风筝断线"。对于生活困难的毕业生,应通过最低生活保障或失业保障等途径进行帮扶,保证其基本生活。加强与离校未就业毕业生家庭和所在社区的联系,共同做好他们的思想工作,使他们保持积极的生活心态。三是努力开发更多的就业见习岗位,使有意愿的毕业生都能参加到就业见习当中来,各地可根据情况适当提高见习期间的基本生活补助标准。要明确任务,责任到人,建立相应的工作机制,通过"一帮一"、"多帮一"方式,力争使每一名有就业意愿的离校未就业毕业生在毕业当年年底前实现就业或参加到就业准备活动中。

七、加强就业政策宣传和解读

近年来,国家针对高校毕业生出台了许多政策文件,但是很多高校毕业生反映对就业政策不够了解,不少高校就业指导工作人员也说不清楚一些政策的具体操作办法,使得许多好政策没有真正落实。建议有关部门和各高校利用多种形式,加强就业政策宣传和解读,提高政策知晓度。对高校毕业生能够享受的优惠政策要进行认真梳理,整理编制《高校毕业生就业政策指南》,包括具体政策内容、享受范围、申请条件、办理程序和相关解读等,免费发放到每一名应届毕业生手中。各有关部门和高校还应提供政策咨询电话,及时解答学生就业疑问。

八、制定完善促进高校毕业生就业的长远政策措施

做好高校毕业生就业工作,要立足当前、着眼长远、标本兼治,尽快研究推动相关体制机制改革。要从调整产业结构、拓宽就业渠道、推动就业转型,改革高校毕业生就业手续办理、派遣、档案和户籍管理等制度,加强就业服务和政策扶持,深化高等教育改革,改进人才培养模式,加强职业教育体系建设等,完善促进高校毕业生就业政策措施,逐步解决工作中存在的深层次矛盾和问题,从根本上化解高校毕业生就业难问题。

2013 年 5 月 28 日

市级统筹 社会参与 教师为本

——潍坊促进义务教育均衡发展的启示与建议

侯万军 范绪锋 张述存 张宇飞

当前,我国教育事业站在了新的起点上,深化教育综合改革面临大好时机。特别是国家中长期教育规划纲要深入实施,义务教育战略重点向内涵发展、质量提升转移,要求进一步增强改革的紧迫性和协同性,把改革贯穿到教育工作的各环节。潍坊市的教育改革在这方面破了题,紧扣群众需求,具有开创性,符合教育规律,不仅有力提升了义务教育发展的整体质量,也为破解很多教育难题带来重要启示:

第一,实现义务教育均衡发展靠投入、更靠改革。

十年磨一剑,潍坊教育改革的最可贵之处就在于坚持。10 年来,潍坊教育改革的方向没有摇摆,改革的力度没有减弱,领导班子换了好几茬,但他们都能遵循教育规律,找准改革的支点,一届接着一届干,特别是党委政府的一把手都亲自抓教育改革,凡是重大改革举措都是在一把手的强力支持下,集体讨论,一旦决策就坚决贯彻,不动摇,不折腾,直至达到目的。潍坊市坊子区的变化最能说明问题。这是由三个县的部分边缘合并后成立的新区,资源禀赋差,经济基础薄弱,2006 年教育排名全市倒数第一,家长千方百计把孩子送到别的区上学。面对窘境,区委区政府开始大刀阔斧地进行改革,比如,成立学校理事会并由其挑选校长,吸引民间资金举办教育、组建教育联盟、由社会评价教育局等。短短三年,坊子区的教育面貌发生了根本变化,教师的积极性空前高涨,教学质量大幅提高,学生由净流出变成了净流入。30 多位专家在对其跟踪研究和评估后得出结论:坊子区已经成为潍坊市基础教育最具活力的地方、整体上校长办学理念和教师教学理念最先进的地方、城乡教育均衡化程度最高的地方。这就是改革的力量。

我们认为,应抓住有力时机,以先进典型引领改革向纵深推进。近年来,各地从实际出发,大胆改革,积极探索富有各自特色的义务教育均衡发展之路,在教育改革方面涌现出一些典型。比如,上海以"新优质学校建设"提升薄弱学校水平,四川成都标本兼治解决择校热,武汉市推动教师合理流动,河北邯郸打造"无择校"城市,浙江嘉善实现城乡教师一盘棋等。建议有关部门系统梳理一下这些好的经验做法,通过现场推进、新闻媒体等多种方式进行宣传推广,充分挖掘具有普遍性的政策价值,发挥对各地促进义务教育均衡发展的引领示范作用。

第二,市级统筹是义务教育均衡发展的有效途径。

潍坊市地处山东半岛中部,辖 12 个县(市)区、4 个市属开发区,经济发展不平衡、教育基础条件差距大、群众需求多样。在这样一个区域实现义务教育均衡发展,只有加强市级统筹,特别是改革进入"深水区"后,仅靠县(区)自身是很难深入的。比如,简政放权、校长职级制、职称改革、中考改革等,都是在市级统筹的强力推动下才能达到理想效果。在投入方面,先后投入了 26.7 万亿元,在困难地区新建和改扩建学校 280 多所。自 2007 年以来潍坊市预算内教育经费投入比例连续 6 年列全省第一;近 10 年全市新补充青年教师近万名首先满足薄弱学校,其中 2009 年新进的 600 多名英语老师全部补充到农村小学任教。总之,市级统筹显著增强了改革举措的权威性,不仅大大拓展了教育改革的覆盖面,而且有力加速了改革的顺利推进,体现了集中力量办大事的优越性。

为此,建议适当提高义务教育均衡发展的政府统筹层级,加快推进政府职能转变。从全国范围看,推进县域内义务教育均衡发展是基本要求,也是有效途径;但从不同区域特点出发,应鼓励加大市级统筹力度,这有利于教育资源的优化配置,为深化改革创造更为宽松的环境。省级政府也要依法落实财政投入,负起统筹管理义务教育的应有责任。

第三,社会广泛参与是义务教育均衡发展的有力保障。

社会参与的程度影响教育改革的深度和力度。潍坊教育改革之所以能够顺利推进,一个重要原因就是始终坚持开门改革,吸引社会广泛参与,凡重大改革举措都要充分听取各方面的意见建议,所有改革的落脚点都是解决群众的迫切需要。实践证明,社会的广泛参与为教育改革增添了巨大的正能量,有效化解了各种矛盾和误解,大大减轻了改革的阻力和压力。

潍坊的做法启示我们,改革要深入,必须简政放权,实行“管办评”分离,构建各利益相关方共同参与的教育治理新模式,充分调动学校、家长、社会等各方面积极性。建议教育部门从完善制度入手,以购买服务的方式,把社会上分散的教育资源整合起来。要让教育部门从繁杂事务中解放出来,把该管的事情管好,不断提升公共服务能力。只有形成以社会需求为导向、以群众满意为核心的办学育人格局,改革的成果才能够巩固得住。

第四,教师为本和育人为本的有机统一是教育改革的出发点和归宿。

教育质量差距的实质是教师质量的差距。潍坊提出了办学要以教师为本,教学要以育人为本的改革思路。教师为本就是搭建“能者为师”的平台。潍坊规定,所有涉及教师切实利益的改革事项全部由学校自主确定,并经85%以上的教师同意后才能实施,真正将学校改革的权力交给了学校、交给了教师。育人为本就是以孩子的成长成才为根本,为每个学生提供适合的教育。如今全市学校普遍建立了“全员育人导师制”,每个学生都有自己的成长导师。2.5 万多个班级建立了“学情会商”制度;所有初中、普通高中全部建立起了毕业生去向档案。实践证明,教师为本和育人为本是一个整体,两者的有机统一就是让学生健康成长,只有将教师的积极性创造性充分调动起来,才能真正促进教育均衡发展,实现教育公平。

促进教育均衡,关键在师资均衡。建议有关部门进一步完善促进优质师资向薄弱学校流动的配套政策。在调研中,不少学校和教师反映,应加大对农村学校教师编制、岗位设置等方面的扶持力度,建议进一步完善配套政策,在编制、岗位总量控制的前提下,将教师职称评聘权下放到学校,进一步增加农村学校和薄弱学校的中高级岗位设置比例,激发优秀教师到农村、薄弱学校任教的内生动力。

此外,还应推进中考与高考联动的改革试点,为素质教育创造更好条件。总结梳理潍坊等地的改革经验，加强中考、高考顶层设计，联动改革，统筹考虑考试内容和方式，改进考试次数、评判标准、等级表达等，为每个学生建立完整的综合素质评价档案，引导学生从对分数的过度追求转变为综合素质能力的提高，有效改变“一考定终身”的局面。

2013 年 4 月 24 日

（张述存　张宇飞　山东省政府研究室）

靠制度创新破解均衡发展难题

——潍坊促进义务教育均衡发展的主要做法

侯万军　范绪锋　张述存　张宇飞

山东省潍坊市总人口 900 多万，有 1342 所中小学、120 万学生，其中义务教育学校 1238 所、学生 83.4 万。作为最早提出教育均衡发展的地区之一，自 2002 年以来，潍坊历届市委市政府迎难而上，大胆改革，攻克了诸多制约义务教育均衡发展的难题，在全市范围实现了“轻负担、高质量、均衡发展”的理想局面。据山东省调查，群众对潍坊市中小学教育满意度连续 5 年名列全省第一，教育部也把潍坊树立为全国教育改革先进典型。最近，我们赴潍坊进行专题调研，总体感觉是，潍坊市围绕办人民满意教育的宗旨，积十年之功，坚持不懈，取得的成绩令人鼓舞，不少做法和经验有借鉴意义。

敢为天下先、以改革促均衡是潍坊经验最鲜明的特征。10 年来，为了推动从“有学上”到“上好学”的转变，潍坊创造了多项“全国第一”：率先在全国实行校长职级制，成立第一家公办学校理事会、第一家以“社会公益资产管理”的民办学校，产生全国第一位获得正高级职称的“小学教授”、第一个办学由社会第三方评价全覆盖的学区，等等。中国教育学会会长顾明远认为：“用改革的办法解决发展中的问题，靠制度的创新化解发展中的矛盾。这是潍坊教育改革创新、走向持续发展的关键”。

第一，实行校长职级制，充分释放学校的办学活力。

一个好校长带出一所好学校。长期以来，中小学校长都有对应的行政级别，并按行政干部管理，大量时间耗在开会和应酬上，还有少数不懂教育的干部把当校长看成提拔晋升的机会。校长的“官帽”成为影响办学活力和自主权的重要方面。从2004年起,潍坊市下决心取消了所有中小学校长的行政级别,实行职级制管理,校长聘任也全部由组织部门交给教育行政部门。一下子把近千名校长的任命权从组织部门手里拿出来,其难度可想而知。潍坊不仅做到了,而且坚持了下来。所谓校长职级制,就是按照专业化要求,按综合能力将校长分为1—5级再加特级共6个级别,由教育专家、知名校长和主管部门负责人各占1/3比例组成的评审委员会每两年评定一次。新任校长全部实行竞争上岗,公开招考,由教育行政部门聘任。校长退出行政序列后,可不受干部任职年龄的限制,特别优秀的可以干到65岁(县级57岁、副县级55岁、科级53岁,有的县规定副科级51岁退出领导岗位)。市财政每年拿出1600多万元专项资金用于校长的职级工资,特级校长的职级工资可以拿到工资额的80%。职级制使校长能进能出、能上能下,事业周期延长了,能够全身心地投入办学治校,为教育家办学提供了坚实的制度保障。现在全市中小学校长平均每年听课156节,这在过去是根本不可能的。实行职级制还为优秀校长去薄弱学校打通了制度通道。潍坊各县区每年有近10%的校长轮岗,市直校长轮岗面超过80%。2005年至今已有469名校长“逆向”流动,从城区学校向农村学校、从优质学校向薄弱学校流动。

第二,推进职称改革,激励教师关爱每一个学生。

一名好教师成就一批好孩子。如何让老师把心思都放在孩子身上、成为孩子们喜欢的老师,是潍坊教育改革的重中之重。以前,教师职称评定由人社和教育部门一起管,教师实际表现基本与职称无关,而待遇又与职称挂钩。为了评职称,很多人不得不把大量精力放在写论文、拼学历、找关系上。潍坊作为全国首批三个试点市之一,率先改变了由人社、教育部门负责评职称的做法,把职称评聘权下放到学校,实行职称与岗位评聘合一,一校一策。教师职称不再是待遇好坏的唯一标准,低职称教师也可以竞聘高职级岗位,高职称教师若落选,待遇按实际岗位。为了鼓励优秀教师流向农村和薄弱学校,主管部门较大幅度提高了这些学校高级教师的岗位比例。这就打破了长期以来形成的职称评定“天花板”,把原来彼此割裂的小学、初中、高中的教师职称全部贯通,小学老师与初中、高中教师享有同样的职称待遇和晋升机会，广大教师的积极性、主动性和创造性日益高涨，出现了争相上课、上好课的可喜局面。仅 2010 年以来，全市已有 1.54 万名教师赴薄弱学校授课。

第三，深化中考改革，牵住素质教育的“牛鼻子”。

考试制度改革是素质教育的风向标。许多地方在素质教育方面畏首畏尾，就是怕影响高考。潍坊市在反复研究论证的基础上，从 2004 年起进行中考改革，核心是“多次考试、等级评价、综合录取、自主招生”。一是变一次考试为学生自主选择的最多三次考试，以最满意的一次作为中考成绩，大大减轻了一考定终身造成的压力；二是变学科分数为“ABCDE”五个等级表达，把学生从“分分必争”中解放出来；三是把学生的“过程性表现”和“标志性成果”与语文、数学、外语三个学科等值对待，综合评价；四是变教育部门按分划线录取为高中学校自主录取，教育部门只尽监督职责。中考改革的最大亮点，就是变分数评价为等级评价，把学生从对分数的极端追求中解放出来。原来每科只有一个第一名，改革后 15% 的学生是 A，一半以上的孩子至少有一门课是 A，优秀概率倍增。中考改革促使中小学大胆推进课程课堂改革。目前，全市形成了以“励志修身、体验感悟、实践探究、家庭教育和心理健康教育”为主题的五大类 560 多门育人课程，90% 以上的学校自主开发了 10 门以上的特色课程。80% 以上的中小学校构建起“自主互助学习型课堂”。2012 年，山东省组织首次普通中小学课业负担监测，潍坊市中小学生睡眠时间最多，作业时间最少，负担全省最轻。山东省新华书店统计，潍坊教辅资料的销售在全省 17 个地市中连续 4 年最低。特别值得一提的是，在大幅度减少中小学生课业负担的情况下，教学质量不降反升，潍坊高考成绩连续 11 年保持全省第一，无论一本上线人数还是所占考生比例都遥遥领先。

第四，开展家长培训，形成家庭教育与学校教育的良性互动。

家庭教育对孩子的成长不可替代。教育部门普遍反映，素质教育最难过的就是“家长关”。为此，潍坊市持续开展了大规模的家长培训，产生了意想不到的效果。他们通过出台优惠政策，吸引北京一家著名家教机构按照市场机制成立了潍坊市家庭教育中心，启动了“亲子共成长”工程，由教育部门搭台，家教机构邀请著名教育专家给家长讲课，推动“百万家长进课堂，重新学习做家长”。潍坊还组建中小学生成长导航站，聚集了包括高校心理学教授、学生成长导师、国家级心理咨询师等在内的上千人的专家团队，通过电话、网络、面谈等形式，为学生和家长提供专业化的咨询服务。从2006年至今，全国100多知名家教专家到潍坊举办了2500多场报告会，每位家长每年接受了不少于8课时的家教常识课程。这一系列措施，促进了家庭与学校的互动交流，显著增强了家长对教育改革的认同和支持，全面优化了百万学生的成长环境。

第五，实行“一简两加强”，真正实现政府职能的转变。

管得越少，办得越好。潍坊市教育局只有40多人，每个区县局也就一二十人，全市加起来也不过三四百人，要管好事关120多万学生的教育谈何容易！10年来，他们从推进自身改革开始，逐步摸索出了“一简两加强”的改革经验。所谓“一简”就是简政放权，“两加强”就是加强服务、加强督导。可以说，潍坊义务教育均衡的局面不是管出来的，而是放出来的。勇于割舍部门利益，政府管不了、管不好的事项，坚决向学校放权、向社会分权。比如，下放校长任命权、职称评聘权，把教育评价和师资培训权交给社会等。简政放权的过程就是转变政府职能的过程，就是加强公共服务的过程。放权后，各区县教育局的科室反过来成了学校评价的对象，科室负责人每年要面对校长述职，校长当场无记名打分。校长评科长，促使管理部门转型，真正把学校当成服务的对象。2008年，潍坊市教育局整合7个科室、3个直属单位的相关职能，成立了市教育惠民服务中心，搭建起全面快捷汇民情、解民忧的工作平台，将全市中小学置于社会监督之下。只要涉及教育方面的咨询、需求和投诉，事事有回应、件件有处理。近五年来，中心共答复教育咨询5.14万件、发布利民信息1.63万条、为民办实事20多万件，网络访问量达到150多万次，受理群众投诉6800多件。

放了该放的，干好该干的。强化督导力度、创新督导方式，构建由政府、社会、家长广泛参与的“立体督导”体系，成为潍坊教育改革的又一大亮点。一是领导“督政”机制。由市级主要领导亲自担纲的“教育督导委员会”，定期公开评估结果，并作为考核县市区党政主要领导业绩的重要依据。二是经常性随访巡视机制。将全市划分为11个市级督学责任区和145个县级督学责任区，由教育部门干部、教研员负责，划分督学责任区，对学校开展定期和不定期的随访督查。三是社会监督评价机制。除处罚权外，市教育局将学校办学行为的裁判权和监督权都委托给了社会中介组织“潍坊市创新教育管理评估中心”，组织退休教育专家、学校校长、教研能手及学校管理人才，成立“潍坊教育督导巡视团”，对潍坊所有学校进行评价。四是家长监督机制。在主流媒体广泛发布教育惠民中心的投诉电话，鼓励群众对教育中存在的各种问题进行投诉；中心成立以来已受理投诉2674 件次，办理事项7070 项，网站点击74 万人次。国家教育咨询委员会委员、原教育部副部长王湛认为：“潍坊教育持续十年又好又快发展，督导功莫大焉”。

2013 年4 月24 日

（张述存　张宇飞　山东省政府研究室）

公立医院改革试点的制度设计是可复制的

——北京友谊医院、朝阳医院院长在国务院医改领导小组第十二次会议上的发言

陈祖新

友谊医院理事长刘健的发言：

克强副总理2011年4月25日到我们友谊医院，就公立医院改革进行了调研，当时拍板决定，北京列入改革试点的17个大城市，友谊医院作为试点医院。友谊医院2012年7月1日开始实行医药分开，在国内三级医院中是第一家，到现在整整半年时间了。

我的最大体会是，医务人员真心实意欢迎医药分开。在上次友谊医院座谈会上，医生护士向克强副总理汇报，我们有技术、又勤劳，凭什么要药养着，希望政府尽快帮我们把这个标签撕去。去年7月1日开始改革时，我自豪地对中央媒体讲，你们见证了一个历史性时刻。从今天开始，在三级大医院，医和药再无利益关系。我觉得我这句话说得特别长志气。医药分开后，我算了两笔账：

一是经济账。按照北京市的改革方案，我们收取医事服务费，去掉了药品加成。全院1670种药品统统实行进价销售，药品让利6900多万元。但收取医事服务费后，我们在经济上不仅没有赔，还略略有赚，比原来多进账600多万元。也就是说实现了平移，还略有增加。医事服务费是42元，其中40元由医保买单；专家号是100元，医保报40元。

二是政治账。我多次跟院内同志和媒体朋友讲，改革后我们洗干净了

白大褂。这一政治账是无法用金额来计算的。过去我们医务人员背着以药养医的包袱,觉得特别没有自尊感。现在白大褂洗干净了,坐在我们面前的病人不再怀疑我们又在牟利、又在伤害他们。所以现在医务人员从职业中找到了自尊感,医患关系也逐渐得到缓解。病人现在认为,医生想什么事,都是先想到病人,都是为了病人好。北京市提出的医改目标是人民群众得实惠、医务人员受鼓舞、医院发展添活力,这首先讲的也是病人。我们实行医药分开后,医务人员不再把眼睛盯在利益上,而是盯在怎么样提高工作效率、提高服务能力上。这半年,我们的门诊急诊量增加了将近 10%,大手术量增加了 15%,平均住院天数缩短了 1.8 天。这些很大程度是由于我们服务能力的提高。

改革后医务人员收入也增加了,积极性也调动起来了。要想终止灰色收入,把阳光收入提上去是方法之一。同时,要靠制度、靠管理,靠打断以药养医链条中的一个一个环节。现在医院这个层面的链条是打断了,但其他层面的链条还得去打断,这个事情还没有完。医生的阳光收入提高后,大家觉得特别有干劲。过去一年,我们的医务人员个人收入增加了 27%。所以大家觉得改革是一种增量改革,积极性很高。

实行医药分开后,出现了病人过度向三级医院集中的现象,来我们医院就诊的医保病人增加了 20% 左右。但实际上,三级医院的主要功能应该是治疗急难重危的病人。我们现在开始搞区域间医疗合作,成立了共同体,希望将来相互间的联系更为紧密,甚至成为医疗集团。这样患者可以分层级就医,让三级医院、社区医疗机构各自的功能都能发挥好。通过这几年的基础建设和人员培训,社区医疗机构已能承担起自身的功能,下一步主要是建立秩序、有序就医。这样,对进一步解决看病难、看病贵问题能够发挥更大作用。

取消以药补医后,财政支持力度还需加大。医事服务费可以冲平药品让利,但医院还要发展。现在收入增加是靠医保病人明显增加,全面推开后就不一定有这个效应了。

朝阳医院执行院长陈勇的发言:

刚才刘院长已经介绍很多了,我向克强副总理说点具体情况。北京市的医药分开改革之前，我们先试行了医保支付的改革，就是总额预付和单病种付费（DRG）。这实际上是一套组合拳。医药分开，友谊医院试了半年，我们医院试了4个月，总体说友谊医院出现的积极变化在我们医院也同样出现了。这表明，改革的制度设计是可复制的。4个月来我们的数据非常平稳，没有出现波动，说明改革可持续。

从改革试点看，实现了最初设计的目标，也就是患者负担要减轻，医保基金能承受，医院收入不减少。先看患者负担。两个指标，一是患者自负费用。改革后患者自负费用每人次下降80多元，降幅是42%；次均看病费用从393元下降到354元，也下降了。再看医保基金。医保要报40块钱的医事服务费，不受起付线限制，刷卡就报了，患者只花2块钱，所以刚开始时有理由担心医保负担会增加。但试行中我们发现医保负担没有明显增加。这也有两个数字。一个是宏观数字。门诊的医保病人增加了23%—24%，而同期医保总额增加17%，明显低于患者增加的幅度。我不敢说医保支出减少了，但这个宏观数字告诉我们人均医保支出没有增加。另一个是细账。医药分开后，医院补偿渠道变了，不再关注卖药。通过合理用药，友谊医院次均药费下降100元，我们下降的比他们少，因为基数低，我们次均药费下降70元。就用下降70元、按70%报销比例计算，等于节省了50元的医保药费支出，虽然医保增加了40元的医事服务费支出，但两相比较还是少支了10元。另外，患者自负药费也少花了20元。最后看医院收益。改革4个月来，每个月增收200—300万元，实现了平移增长。这是经济账，还有政治账。我觉得，医药分开带来的最大实惠还不是患者省20、30元钱，而是用药更合理了、更安全了。

这些数据给我们两点启示。第一，算账要用发展的眼光、动态的眼光算。如果静态算，取消药品加成，挪到医事服务费，医保要报销，大家觉得很难承受。动态算，由于利益机制变了，药品过度使用减少了。这个水分挤出后，总费用会降低，支出不一定增加。先前担心政府一定要拿出很多钱来养医院，现在看这种担心有点过了。

第二，药品购销领域一定要整顿。医药分开对这种整顿是非常有利的。药品价格之所以虚高，原因很多。站在医院的角度，医药分开之前，院长经营医院要挣15块钱，就必须卖115块钱的药。这115块钱，从支出的角度看，医保要承担80多块，老百姓承担30多块；从收益的角度看，医院才拿15块，大头被药商拿走了。过去以药养医的利益机制，实际上是医院被绑着给药厂打工，我们不这么做就拿不到钱。这就是为什么刘院长说我们真心拥护医改、真心拥护医药分开，因为我们不再为药厂打工了。现在，老百姓想省钱，医保想节约资金，对我们来说药品收入不再是收入而是成本，我们也想降低成本。这样，患者、医保、医院利益趋同了，站在一起了，所以这个机制非常好。过去药品加成时，院长从心底里不希望药品太便宜，因为基数越大加成越高，药品购销领域市场机制失灵了，买方卖方都想把东西卖贵，这价格就便宜不了。现在好了，市场机制恢复了，我们有压低成本的积极性和动力，我们希望在保证疗效的同时买便宜药。当然，药商还想把药卖贵，但买卖双方可以通过市场博弈使价格回归理性。这是行政手段很难达到的。

大医院与社区医院的合作，期望能够更加紧密。现在只是你情我愿，更紧密的合作才能更有作为。现在市级医院与社区医院彼此在财政上分灶吃饭，人、财是两个渠道，合作中存在障碍。

2013年1月8日

深化监管体制改革　防范药品安全风险

——深化药品监管体制改革主报告

范　必　孙国君　冷云生　郭立仕　王　飞　左　惠　颜少君

改革开放以来,我国已建立起覆盖大部分健康产品的安全监管体系,为保障公众健康做出了贡献。在所有健康产品中,药品科技含量最高,存在的风险隐患也最大。我国部分药品疗效不明、质量不高的问题,不仅让人民群众不满意,国际形象也受到很大影响。考虑到我国食品安全已建立起分段监管、分级负责的工作机制,药品与食品同属健康产品,建议统筹考虑药品与食品安全监管机构改革,从审批制度、人才队伍、科学生产许可、国际合作等方面入手,深化药品监管体制改革,全面提高风险防范能力。

一、我国药品安全主要隐患

历史地看,我国药品安全保障水平在不断提高,尤其是近年来,药品安全监管工作持续加强,做了大量工作。包括多次开展大范围专项整治,解决药品名称混乱、虚假药品广告泛滥等社会反响强烈的问题;服务医药卫生体制改革大局,加强基本药物安全监管,保障基本药物安全;修订完善药品生产经营质量管理规范,实行药品质量受权人、药品电子监管等新制度,提高药品生产质量管理水平;提高药品标准,加强检验检测、审评审批、认证检查、评价监测等技术手段的运用,增强药品安全、有效和可控性的技术含量。医药产业也在近年来实现了跨越式发展,"十一五"以来的医药工业总产值年均增长超过23%,2012年近2万亿元,预计2015年市场规模将超过日本达到世界第二。

总体上,我国药品质量安全在提高,普通药品已能够自给自足,但专利药、大型医疗设备、关键诊断试剂等还大量依靠合资生产或者进口。随着医药产品全球化分工日趋细化、市场竞争日趋激烈,我国创新药"不新"、仿制药水平低、专利药靠进口、"中国制药"走不出国门的问题日益突出。

药品总体质量不高。我国现有药品批准文号超过18.7万个。美国FDA2011年新批准上市的药品不到300个,其中拥有专利的新药只有30多个。事实上,除近年批准上市的药品按国际标准进行了审评,我国大部分药未经过临床验证或质量一致性评价。在全部药品中,很大一部分是1997年前由地方批准,后转为国家认可的国药准字号,标准和生产工艺比较低,存在一定质量安全隐患;中成药基础研究薄弱,审批数据支持不足;仿制药虽然化学成分与原研药相同,但缺乏临床验证,部分生物等效性未得到验证,出现所谓"合格的无效药"。

"劣药驱逐良药"现象突出。一些存在质量安全风险的产品甚至假劣药品,通过地方保护、商业贿赂、虚假广告等不正当手段进入正规渠道,包括进入国家基本药物目录和医保报销目录。部分产品为了中标,价格降到成本之下,药品质量缺乏保障。而疗效确切、经过严格科学验证的药品,如不适应医药行业的"潜规则",很难推广应用。劣药挤压良药生存空间,浪费了大量的医疗支出。

制药企业"多、小、散、乱"。我国现有药品生产企业4867家,其中75%为年销售额不足5000万元的小企业。多数企业热衷投入大量资金用于市场营销,研发投入严重不足,同质化竞争严重,质量管理水平普遍较低,导致药害事件频发。近年发生的"齐二药"、"欣弗"、"佰易"等事件,致残数百人,数十人死亡,2012年4月发生铬超标药用胶囊事件,这些已经引起社会各界高度关注。

国外新药在我国上市滞后。我国临床使用的化学药大都是国外过了专利保护期的仿制药。发达国家研发出的新药,一般要在国外上市10年后才能在中国上市。影响中国公众健康的几类重要疾病,如肝炎、糖尿病、心血管病、恶性肿瘤等,国外不断有重大突破,但这些成果不能及时应用到我国临床,不仅延误了患者治疗,而且增加了医保负担。

中国制药得不到国际认可。“Made in China”的工业品遍布世界，但在国外几乎找不到“中国制药”。在世界卫生组织国际药品招标采购中，我国仅有6个品种中标，而印度企业中标120个。现代制药业已实现供应链全球化，中国主要出口低端的原料药，成药市场占有率很低。由于监管制度不接轨，产品标准不一致，中国药品质量在国际上屡受质疑。

二、药品安全风险原因分析

药品安全水平取决于药品监管水平。欧美发达国家在经济快速发展阶段，都出现过严重的药害事件，但随着监管制度逐步健全，使药品风险得到有效控制。我国政府对药品的管理，从计划经济下的生产管理、行业管理，转化为市场经济条件下对多元主体的专业化监管，这一任务远未完成。当前出现的药品安全风险，很大程度上源于药品监管体制改革滞后。

一是多种因素干扰监管的科学性。药品是预防、诊断和治疗疾病的特殊商品，对药品的监管本质上风险管理，科学标准是评判药品安全性、有效性的唯一标准。但在实际工作中，很多因素都不同程度地影响了药品标准制定、审评审批、执法监督。过去由于把关不严，使大量没有临床价值的药品由“地标"转为了“国标”。有些民族医药并不符合科学标准，但为照顾民族感情，给予了宽松政策。有的地方考虑社会稳定，担心企业倒闭引起社会影响，对那些不达标、不合格的药企从轻处罚。更有甚者，只顾本地经济发展指标，不顾群众健康安全，对制造假冒伪劣的企业听之任之、包庇保护。这些“场外因素”严重破坏了药品监管的独立性和权威性，客观上也助长了不良药企违法违规的行为。

二是监管事权划分不够合理。(1)部门之间职能配置没有理顺。药品监管部门隶属于卫生部门，难以直接查处同属卫生部门的医疗机构，近年来办案数量直线下降。与工信、工商、质检、公安等部门都存在职能交叉，没有形成多部门协调配合机制。(2)地方监管责任难以落实。药品、医疗器械的生产监管权在地方，但监管资源有限，无法承担药品安全的监管责任。药品和医疗器械生产企业往往是各地的税收大户，将安全检查的责任赋予地方，难以避免出现地方保护。(3)地、县级检验机构数量较多，人才、装备水平不高，基本不能发挥识别风险的作用。而国家级的技术支撑机构存在严重的人才、装备、经费不足的问题。

三是药品审批制度不完善。(1)药品审评采用“双审双报”制度,企业申报产品先由省级初审,再报国家局进行审评。初审只是形式审查,没有实际意义。技术审评结束后,还要进行行政审批,二者完全可以合并。过多的审批环节,降低了审评效率,影响了新药上市的进度。在这种制度下,仿制药报批一次需半年左右,配方调整仍需再报。许多药企为尽早占领市场,有时明知同一性不够也不作调整。造成药品市场良莠不齐,疗效好的药品由于上市周期长,反而缺少竞争力。(2)分类审评制度不够完善,临床急需、确有创新的药品难以得到及时审评。比如癌症中唯一实现突破的宫颈癌疫苗,2006 年即在美国上市,随后陆续登陆全球 100 多个国家和地区,包括中国香港、澳门和台湾。但由于缺乏特殊审批渠道,一直未通过中国大陆注册,上市时间将晚 7 至 8 年。(3)在对药号的审批中,法律规定申请单位必须是生产单位。相当一批有先进生产能力的企业,只能生产自己研发、获得批号的产品,大量生产能力闲置。而研发能力较强的企业,为获取药品批准文号,又必须投巨资兴建新的、符合 GMP 标准的生产线,影响了研发投入,制约了创新能力提高。这种研发与生产捆绑的管理方式,限制了专业化分工,遏制了产业竞争力的提升,是药品产业同质化、低水平竞争的重要原因。

四是监管队伍素质不高。药品监管专业性、技术性较强,目前主要缺少药品上市审评人才和从事现场检查稽查的专职检查员。监管队伍准入门槛不高,学历结构偏低,基层人员过多,不能适应集中监管的需要。地市级以下机构领导班子成员大部分是非专业人员。国家局的专业人员数量少,编制不足。审评员、检查员个人发展主要依靠行政职务晋升,缺少职业上升渠道。薪酬偏低,队伍不稳定。

五是监管体制与国际不接轨。国际上针对药品研发、生产、流通制定了公认的标准和规范。我国现行技术标准、规范与国际通用标准差距较大,难以与发达国家建立起审评和检查的互认机制,影响了医药产品打开国际市场。境外药品生产检查几乎是空白。中国药监在国际监管事务中参与度较低,有些国际组织虽已加入,但没有建立起实质性工作关系,难以参与国际规则和标准的制定。

三、国际药品监管的一般原则

药品安全是重大民生和公共安全问题，存在市场失灵现象，国际上普遍对此实行严格监管。近年来，各国对药品监管问题更加重视，机构不断强化，制度日益完善，逐步形成了一些规律性的做法，可概括为三个原则。

一是独立性原则。独立是监管的灵魂。为保证监管机构能不受政治和商业利益的干预，根据专业判断依法行使职权，发达国家一般都通过立法，设置专门的药品监管机构进行监管。有的国家药监机构虽隶属于某个行政部门，但在人事、财务等方面由立法机构直管，行政部门很难干涉。例如，美国 FDA 的独立性很强。一是独立于政治，不受选举官员短期目标的影响；二是与宏观政策制定部门保持适度分离，独立执行监管政策；三是与监管对象保持距离，避免被利益集团“俘获”。由于我国实行高度集中的行政管理体制，药品监管部门隶属于卫生部门，监管缺乏独立性。特别是分级管理后，各层级监管机构下放地方，无法避免地方政府的政治干预，执行力和公信力难以保证。

二是专业性原则。专业是监管的根本依据。由于药品具有较高的专业性和复杂性，发达国家一般都设置较高的专业门槛，实行专门的职业资质，保证药品监管人员的专业素质。除此之外，雇佣大量社会专业人士，包括医生、药学专家、科学家、数理统计专家等，确保监管的专业化水平。例如，FDA 药品检查员的最低门槛是：具有药学、医学等学科大学以上学历，学习科目必须包括与药品生产相关的专业知识；具有 6 个月以上的药房培训经历；具有 2 年以上药品生产企业工作经验，并参与药品检验和检查工作。我国药监部门的专业性本来就不高，一些地方准入门槛不断降低，专业人才比例下降，工作经费难以保障，技术装备日益落后，这种状况难以适应药品监管专业化的要求。

三是效率性原则。效率是衡量监管好坏的一个重要指标。实行什么样的监管体制，是综合考察成本与效果后的理性选择。近年来，各国根据自身实际，不断调整监管制度架构，逐步形成了高效集中的监管体制。总的看，主要有两种。一种是英国、日本、韩国等单一制国家，只在中央设立统一的药品监管机构。另一种是美国、澳大利亚、印度等联邦制国家，在中央和地方各设一套药品监管体系。上市许可、技术审评和上市后质量监控等事务，由于复杂性、系统性风险较高，主要由中央负责；药品生产、销售、药师执业监管等事务，由于需要实地调查和定期检查，主要由地方（一般在州层次）负责。而我国监管机构则是上下一般粗，中央地方权责不清。中央权威性不够、人手不足，地方层层设置机构、重复检验。不仅监管成本很高，而且相互掣肘、人浮于事，效率很差。

实践证明，发达国家探索总结出的独立性、专业性、效率性原则，符合药品监管的客观规律，在实践中行之有效。我国由于历史原因，药品监管体制相对落后，亟须借鉴国际先进经验，深化药品监管体制改革。

四、深化药品监管体制改革的建议

当前，我国已进入药品安全风险的高发期，改革完善药品监管体制迫在眉睫。药监工作应切实转变观念，把让人民群众用上好药、新药、放心药置于首位，坚持科学的评判标准，统筹评价药品的安全性与社会效益，不照顾、不迁就、不搞平衡，坚决不允许疗效不明甚至有害的药物在市场上流通。改革应按照独立、专业、高效的原则，进一步理顺中央部门之间的职能，合理划分中央与地方的事权，深化机构、人事、审评等方面的改革。力争经过5至8年的努力，在全面建成小康社会的时候，使中国成为世界上用药最安全的国家之一。

第一，统筹推进药品和食品安全监管机构改革。考虑到食品安全工作已经建立起完善的部际协调机制，各地也已建立起相应的组织机构。食品与药品同属健康产品，在监管中有相似性，很多资源可以共享。建议：

（1）将国务院食品安全委员会办公室与国家食品药品监督管理局合并，组建新的食品药品监管部门，统筹协调食品、药品及医疗器械、保健食品、化妆品等健康产品的安全监管。

（2）药品、医疗器械的主要监管职能收归中央，新建立的食品药品监管部门，在全国设置若干派出机构，开展执法检查。食品、保健食品、化妆品监管主要由地方负责。

第二，建立最严格最高效的审评制度。建议将药品审评权集中在中央，取消地方的药物初审权。把技术审评与行政审批程序合二为一，减少审批环节。放开上市许可与生产许可的捆绑,修改《药品管理法》,建立上市许可人制度。建立审评对象付费制度。

第三,清理现有药品批准文号,建立新的药品文号序列。建议凡经过临床研究、确有疗效的创新药可以直接取得新药号;所有仿制药需经过质量一致性评价,所有中成药均要按照新的标准开展临床研究,符合审评标准的可以授予新药号。设置3—5年的过渡期,到期后旧的药号将不再使用。

第四,建立以专家为主的药品监管队伍。建议针对审评、检查工作的特点,设置兼有技术等级、行政职级功能的新的职位序列。每一等级既代表专业水平,也代表国家授予的权限。审评、检查工作人员的薪酬应与同等资历、学历、能力的企业人员相当。

第五,建立与国际接轨的药品监管体系。建议全面推进国内监管体制机制、标准规范与国际通行规则的衔接;建立国际检查员队伍,开展全球监管;积极参与和影响国际药品监管事务。

通过深化改革,有利于增强药品监管部门的独立性,提高食安办的统筹协调和直接监管能力。国家一级药品监管将进一步充实力量,提高能力。地方整合有关执法力量、检验检测资源,加强食品、药品、保健食品、医疗器械、化妆品的监管,确保人民群众利益。改革也将有力地促进药品产业的结构调整、转型升级,一大批落后产能将被淘汰,具有竞争力的企业将脱颖而出,走向国际市场。由于我国药品产能整体过剩,这种调整不会造成药品短缺。改革还将提高好药、新药上市的步伐,逐步解决“劣药驱逐良药”的现象。在降低药品安全风险的同时,降低医保支出。

2013年2月17日

(左惠　天津工业大学　颜少君　中国劳动关系学院)

统筹推进药品和食品安全监管机构改革

——深化药品监管体制改革专题报告之一

范　必　孙国君　冷云生　郭立仕　王　飞　左　惠　颜少君

近年来，我国食品安全监管工作得到很大加强，已形成跨部门的协调机制。但其它涉及公众健康的产品风险尚未引起足够重视，特别是药品和医疗器械的安全隐患远远高于食品。我国药品安全监管体制严重滞后于药品产业的发展，与国际通行的监管模式有很大差距。建议国家统筹考虑药品和食品安全监管体制改革，统一归并一个部门进行管理。合理界定各部门之间、中央与地方的事权，针对监管产品的不同特点建立相应的监管制度。

一、我国健康产品监管的体制问题

很多发达国家在工业化与城市化过程中，都出现过严重的食品药品安全问题。美国 1937 年发生了二甘醇污染“磺胺酏剂”事件，造成了 107 人死亡，催生了美国《食品、药品和化妆品法》，使 FDA 的职能得到空前加强。上世纪以来，各国政府不断改革食品药品监管体制，且方向趋同。一是监管职能从地方向中央集中、从分散向一个部门集中。美国 FDA 是联邦机构，各州有它的派出机构，有效克服了地方保护主义。二是监管范围从药品扩大到大多数与健康有关的产品，甚至包括烟草、牙膏、漱口水、婴儿用品。即凡是有可能对人体产生功能性改变的产品，都在监管范围内。三是监管方式从注重生产经营环节发展到全球、全产业链的围绕产品生命周期的无缝隙监管。四是保持监管机构的科学性、独立性和权威性，通过立法不断扩大监管权限，保证监管绩效。与之相比，我国现行食品药品监管体制差距较大。

部门之间职能配置不合理。一是药监部门难以独立行使监管权。我国80%的药品和绝大部分医疗器械在医院使用，但药监部门与医院都由卫生部门管理，同属一个“婆婆”，发生事故后药监人员难以进医院稽查办案。据各地典型调查，药监部门划入卫生部门后，办案数量下降了90%以上，很多事故责任无法追究。二是食安办与食药监部门分开设置，未能有效发挥监管资源的作用。食品与药品同属健康产品，药品监管的技术装备、人才资源最强，但只负责餐饮一个环节的监管。食品安全由十多个部门分段监管，食安办进行综合协调。由于监管存在交叉或空白环节，食安办缺少有效的技术和监管手段，因此很难解决“十几个部门管不好一桌菜”、“七八个部门管不好一头猪”的问题。目前一些地方将食安办直接设置在食药监部门，有效提高了监管能力。

中央与地方监管责权不清。一是药品、医疗器械的生产监管权在地方，地方保护严重干扰了日常监管执法。药品、医疗器械生产企业往往是各地的税收大户。在查处药品案件中，地方久拖不决，失之于宽。药品、医疗器械产品在全国乃至全球流通使用，现行体制下，国家药监局对跨区域案件的查处缺乏有效的协调手段。二是地方食药监局不是地方政府组成部门，除食品外，其它健康产品安全未能纳入地方工作重要议程，国家局的政策要求也得不到有效贯彻执行。地方食药监局隶属于地方卫生部门，监管资源有限，无法承担药品安全的监管责任。

技术支撑体系低水平重复。食品药品监管科技含量较高，需要高素质人才和尖端装备的支撑。目前，食药监部门共有技术监督单位1687个，数量较多，但资源分布不够合理。地、县级检验机构数量较多，人才、装备水平不高，基本不能发挥识别风险的作用。据典型调查，地级市检验机构一年可抽检上千批次药品，检出不合格率仅为千分之二、三，其中包括不同地方的重复抽检，没有主动发现一起系统性风险。地、县两级检验机构占用了全国80%以上的检验经费，但没有达到应有的绩效，而国家级的技术支撑机构存在严重的人才、装备、经费不足的问题。随着电子监管信息化水平的提升，对药品质量能够实现全国范围内的有效追溯，大部分地市以下药品检验机构可以精简合并。

二、食品药品监管机构改革的思路和建议

食品药品监管部门是保护公众健康的政府部门,建议按照国际上普遍的健康产品监管模式,将健康产品的监管职能交由一个部门承担,建立集中、独立、专业的食品药品监管体制。坚持权责一致、精简效能的原则,针对不同健康产品的风险特征,合理划分中央与地方的监管事权,科学配置监管资源,优化内部组织结构,提高监管绩效。

对下一步食品药品监管体制改革有以下几点建议:

*第一,统筹考虑食品与药品监管机构改革。*考虑到食品安全工作已经建立起完善的部际协调机制,各地也已建立起相应的组织机构,食品与药品同属健康产品,在监管中有相似性,很多资源可以共享。建议将国务院食品安全委员会办公室与国家食品药品监督管理局合并,组建新的食品药品监管部门,统筹协调食品、药品、医疗器械、保健食品、化妆品等健康产品的安全监管。

*第二,合理划分中央与地方的监管事权。*针对健康产品的风险程度,建议:(1)药品、医疗器械的研制、生产环节由中央监管,经营和使用环节由地方监管。为了保证中央监管的集中、统一、高效,新的食品药品监管部门可以在全国设置若干派出机构。主要从事药品、医疗器械生产环节的执法检查,组织跨区域风险监测,监督地方监管工作。(2)食品安全标准、风险评估由中央负责,监管由地方负责,省以下分级管理。(3)保健品、化妆品安全标准由中央制定,准入和监管由地方负责。

*第三,优化监管技术力量配置。*加强中央和派出机构的技术支撑单位建设。大幅精简、整合市、县基层技术支撑机构,在有产业优势和技术优势的中心城市建立高水平的区域技术机构。基层食品药品监管机构主要在于及时发现问题,要提高它们的机动能力和快速检验能力。鼓励有条件的地方用购买服务的方式,由第三方承担检验任务,利用社会资源加强监管力量。

2013 年 2 月 18 日

(左　惠　天津工业大学　颜少君　中国劳动关系学院)

建立严格高效的审评制度

——深化药品监管体制改革专题报告之二

范　必　孙国君　冷云生　郭立仕　王　飞　左　惠　颜少君

为了保证公众用药安全,借鉴国外先进经验,建立比较严格的药品审评制度,只有经过科学评估的药品才能进入市场。目前,我国药品审评制度不够合理,且审评效率较低;国内市场流通的药品有害的不多,但疗效不明、质量不高的不少;人民群众用不上世界先进的好药、新药,浪费了巨额医疗支出,影响了企业的创新积极性。我国应加快建立严格高效的药品审评制度,坚决清理不合格药品,全面提升药品的质量安全水平。

一、我国药品现状堪忧

药品疗效和质量有待提高。为保证药品安全,国际上普遍建立了以临床试验为核心的药品审评制度。1987 年开始,我国正式实施药品审评审批制度,新药由国家审批,仿制药由地方审批,造成批准文号众多的情况。1998 年国家药品监管局成立,2001 年开始批准文号清理,建立了全国统一序列(即国药准字号)。但由于把关不严,一些没有临床价值的药品从“地标”转为“国标”。目前,我国有药品批准文号 18.7 万个,其中有 16.8 万个药号是 2007 年以前审批的,大部分是没有生产的沉睡文号。

国际上最新药物无法进入中国。发达国家最新研制的药品,一般要上市 10 年以后才能获准在中国上市。推广疗效确切的新药,可以有效提高健康水平,降低医疗成本。据美国统计,使用一种新药,可以为每位患者每年降低医疗费用 89 美元。现在，中国患者不但享受不到世界先进的医疗成果，还要付出较高的经济代价。譬如，美国发明宫颈癌疫苗已近 7 年，至今没有引入中国。我国有宫颈癌病人 40 万人，每年新发病 13.2 万人，占世界新发病例的 1/4。早期诊治费用不足万元，晚期高达 10 万元以上，每年有 3 万名妇女死于宫颈癌。全国每年用于宫颈癌支出医疗费基本要由医保负担，而患病所带来家庭情感付出和其它社会成本则无法计算。

仿制药质量不容乐观。与原研药相比，仿制药价格低廉，安全更有保障。生产仿制药应该与原研药具有相同治疗作用和生物等效性。但是，我国药品审批仅进行“质量标准”的控制，未进行生物等效性验证。国际上对产自我国的仿制药基本不认可。譬如，权威的学术刊物对使用中国仿制药作出的研究成果不予发表。

药物创新能力严重不足。过去 15 年，全球上市新药 540 个，我国完全拥有自主知识产权的创新药只有 5 个。年销售额超过 10 亿美元药品国际上称为“重磅炸弹”，全球已有 100 多个。我国自主研发的药物中，年销售额最高的接近 2 亿美元。国际上大型医药跨国公司的研发投入占销售收入的 15% ~20% 左右，我国药品企业约占 2% ~3% 。全国百强药品生产企业的销售额仅和美国辉瑞 1 家企业相当。

二、原因分析

我国药品存在的这些问题与审评制度有着直接关系。在计划经济体制下，国家对药品管理主要是生产管理。在市场经济条件下，对药品进行审评监管的时间还不长，很多制度不够完善，难以满足市场主体多元化、医药科技推陈出新的步伐。主要存在以下几个问题：

审评理念滞后。建立新的药品审评制度以来，经过严格验证，一批确有疗效的新药得到国际医学界认可。但也要看到，我们在审评理念上并没完全坚持科学标准，让相当一部分没有经过临床验证的药品通过了审评。一些化学药的评审中，有的过度强调安全，造成一些国外已经上市、中国患者迫切需要药品在国内不能及时上市。

审评程序不够合理。一是中央与地方事权划分不合理。我国药品审评分两级，省一级负责初审，再报到国家局进行审评。由于各地不具备专业能力，所谓初审基本上流于形式，起不到把关作用。但增加了环节，降低了效率。美国、欧盟对药品审批都是实行中央一级审评。二是技术审评与行政审批割裂。由于审评机构是事业单位，不具有行政职能。审评通过后还要经药监行政部门行政审批，二者完全可以合并。三是分类审评制度不够完善，临床急需、确有创新的药品难以得到及时审评。

*审评力量严重不足。*国家食药监局药品审评中心是我国药品审评的唯一技术机构，1998 年定编为 120 人，10 多年未增加编制。其中，技术审评人员仅有 80 人，每年要完成 6000 个注册申请的审评，平均每人要负责近 80 个审评项目，相当于 3 天审一个药品。美国 FDA 化学药品审评中心有 3000 多人，每年仅需完成不到 3000 个技术审评任务。多年来，因评审力量所限，大量药品审评任务排队积压，审评人员不堪重负。审评人员专业素质要求很高，但薪酬大大低于同资历企业工作人员，队伍不够稳定，审评质量难以保证。

*审评效率不高。*我国新药审评排队时间过长，从 4 个月到 21 个月不等，往往阻碍了新药上市的进程。除了审评力量不足、程序不合理的因素外，大量低水平重复申报的药品占用了审评资源。很多国外权威机构已经进行过的审评，到中国又进行重复审评。

*审评收费制度不合理。*我国药品审评的申请门槛较低，收费标准依据 1995 年国家计委和财政部的规定，每个品种只收取 3500 到 28500 元审批费，低水平申请、重复申请泛滥。同时由于收费不足，限制了我国审评机构的能力提高。美国 FDA 对申请者收取高额费用，一般化学新药单件申请费为 200 万美元，仿制药每个 10 万美元，迫使企业谨慎申请。FDA 收取的费用主要用来增加雇员收入，建立信息系统，改进验证手段，从而提高审评效率。

三、政策建议

药品审评是药品监管工作的核心和源头。审评工作应当切实转变观念，把让人民群众用上好药、新药、放心药置于首位，坚持科学的评判标准，统筹评价药品安全性与社会效益，不照顾、不迁就、不搞平衡，坚决不允许疗效不明甚至有害的药物在市场上流通。建议比照发达国家的成熟模式和国际组织推荐的标准，健全审评流程，加强审评能力建设，提高审评的独立性和权威性。经过 5 至 8 年的努力，在全面实现小康社会的时候，使中国成为全世界用药最安全的国家之一，从根本上改变中国药品在国际上的形象。

第一，建立高度集中的审评制度。建议取消地方的药物初审权，实行由国家级机构集中统一的审评体制。在医药产业集中的地区设立国家局的派出机构，履行现场检查职能。将技术审评与行政审批程序合二为一，减少审批环节。完善分类审批制度，集中力量加快临床急需、重大创新药品的审评进度。

第二，充实审评队伍，提高审评能力。建议创新审评队伍的人才管理机制，设立单独的职位序列和薪酬制度，增加国家局药品评审中心人员编制，尽快解决药品评审人员严重不足与评审任务繁重的矛盾。

第三，建立审评对象付费制度。药品审评不是面向大众的公共服务，其直接经济受益人是企业。药品审评周期长、费用高昂，不应用纳税人的钱来支付审评费用。建议建立申请企业付费制度，根据审评实际需要、借鉴国外标准制定收费标准。收取的费用，主要用于解决审评机构经费和人员保障问题，这将有利于提高审评质量和速度。

第四，清理现有药品批准文号，建立新的药品文号序列。为了彻底改变药品文号鱼龙混杂的状况，建议制定新的《药品注册管理办法》和药号序列。对现存的批准文号进行甄别，凡经过临床研究、确有疗效的创新药可以直接取得新药号；所有仿制药需经过质量一致性评价，确认与原研药等效的可以授予新药号；所有中成药均要按照新的标准做临床试验，其它流通中的药品按类别进行相应的验证，符合审评标准的可以授予新药号。

为了使医药企业有足够的时间接受审评，建议设置 3—5 年的过渡期，过渡期内新旧药号可同时使用，到期后旧的药号将不再使用。为了在过渡期内鼓励企业生产、推广使用严格审评的药品，国家在进入基本药物目录、医保报销、价格制定方面，对新药号产品给予倾斜。如在基本药物招标中，可赋予取得新药号产品一定的排他性。

如实行这一改革，现有的 18.7 万个药品文号中，80% 以上将不会申请新的药号。目前尚在生产的 2 万多个药号，在扩大审评能力的情况下，可以在 5 年内完成审评。全国制药企业中，相当一批小规模、低水平的药品企业将被淘汰，医药行业多、小、散、乱的状况将会明显改观，不但药品质量安全水平会有明显改善，药品产业的国际竞争力将大大提高。

2013 年 2 月 18 日

（左　惠　天津工业大学　颜少君　中国劳动关系学院）

打造以专家为主的药品监管队伍

——深化药品监管体制改革专题报告之三

范　必　孙国君　冷云生　郭立仕　王　飞　左　惠　颜少君

药品监管主要是依靠科技手段，监管人员应当由较高专业素养的专家组成，关键岗位必须是相应领域的科技权威才能担任。我国药品监管队伍总量不小，但是总体素质不高，专业化程度差，高端人才严重匮乏。建议借鉴国外经验，创新药监人才体制，建立与现有行政事业单位不同的、单独的职位序列和薪酬制度。在用好现有人才的同时，吸引企业、高校、海外医药专业人才加入中国药监队伍。

一、存在的突出问题

药品监管工作具有专业性、技术性强的特点。监管人员主要从事药品审评审批、检验检测、检查认证、监测评价、标准制定工作，需要药学、医学、法学、机械工程、信息技术等方面的专业人才。目前我国药品监管人才在数量、结构、职业发展通道、激励机制等方面存在一些突出问题。

高素质人才严重不足。主要是缺少两类人才，一是决定药品上市的技术审评人才。美国FDA有审评人员5255人，占FDA总人数的45.6%，每年审批申请近3000件。我国国家药品审评中心共有120人，其中专业审评员87人，每年平均受理6000个审评申请，平均每人每年要完成近80个项目的审评。实际上根本无法完成，造成大量申请积压。

二是缺少从事现场检查、稽查的专职检查员。美国FDA建立了完备的专职检查员队伍体系，检查员人数达 3895 人，占 FDA 总人数的 33.8%。我国检查员数量严重不足，且大多数是兼职，专业素质不高，难以有效验证国内企业申报材料的真实性、质量管理的规范性，也无法发现系统性的安全问题，跨国检查基本是空白。

监管队伍结构不合理。一是学历结构偏低。美国 FDA 本科以上人员为 100%，具有博士学位人员占 19%。我国药品监管队伍本科学历人员仅占 54.65%，硕士研究生以上占 5.64%。

二是层级结构“头轻脚重”。发达国家药品监管多采用中央高度集中的体制。美国 FDA 有 14000 人的专业队伍，都属于联邦雇员。我国药品监管中央层面人员过少，仅 1667 人，占全系统技术人员的 4.6%，不能适应集中监管的需要。基层监管机构占用大量编制，安置学历低、年龄大、非专业的干部。地市级以下人员 2.4 万人，专业人员只有 55%。据典型调查，地方药监局班子大都超编制配备副职，有的达七八个甚至更多，基本为非专业人员。

专业人员缺少职业上升渠道。药监人才职业发展主要依靠行政职务晋升。审评员、检查员中的骨干往往晋升到管理岗位，不再从事一线审评、检查工作。未能晋升管理岗位又不想放弃技术工作的，很多到企业发展，导致成熟的专业人员大量流失。美国 FDA 为确保专业队伍稳定，设立了一套与管理岗位并列的技术职位序列，吸引了大量优秀人才安心从事审评和检查工作。

缺少有效的人才激励机制。监管人才素质要求高，培养周期长，应当有良好的薪酬待遇和职业荣誉。美国同类人才在企业的收入水平约是 FDA 雇员的 1.5 倍，FDA 雇员则在行业中享有较高的声望，对高素质人才有很强的吸引力。我国审评、检查队伍骨干人才的收入，与同等学历、资历、能力的企业人员相比，一般相差 10 倍以上。

二、加强药品监管人才队伍建设的建议

监管人员的素质决定了监管的质量和效率。建议借鉴国外管理方式，创新药品监管人才管理制度。

第一，探索建立审评、检查工作单独的职位序列。建议针对审评、检查

工作的特点，设置兼有技术等级、行政职级功能的新的职位序列，如药品审评员、药品检查员，每一序列分出若干等级。每一等级既代表专业水平，也代表国家授予的权限。譬如，初级检查员只可负责普通制剂的生产检查，中级检查员增设无菌制剂的生产检查权，高级检查员可检查包括生物制品在内的全系列产品。新职位序列的设立，可以使审评、检查人员有畅通的职业上升渠道，也可以使他们在工作中有充分的行政授权，同时也体现了他们的专业水准，增强从业人员的职业荣誉感。

第二，探索建立以岗位价值为基础的薪酬体系。建议综合考虑职级、责任、风险，制定不同岗位的薪酬标准。审评、检查工作人员的薪酬应与同等资历、学历、能力的企业人员相当。鼓励药监人才在机关、企业、科研和事业单位之间合理流动。

第三，探索药审、检查工作投入保障机制。参照美国 FDA 受益者付费模式，探索建立药审、检查的企业付费制度，收费标准应能满足实际支出需要，并有一定盈余，用于人员培训、更新装备。

2013 年 2 月 18 日

（左　惠　天津工业大学　颜少君　中国劳动关系学院）

改革药品研发与生产捆绑的管理方式

——深化药品监管体制改革专题报告之四

范　必　孙国君　冷云生　郭立仕　王　飞　左　惠　颜少君

我国医药产业经历了 30 多年快速发展,已具备保障居民基本用药的能力。但药品产业创新能力低,产品整体质量不高。我国完全拥有自主知识产权的创新药只有 5 种,国家一类新药仅 20 余种。出现了创新药"不新"、仿制药水平低、专利药靠进口、"中国制造"国外没市场的现象。药品行业同质化、低水平竞争严重,大多数企业利润在 3% 左右。这些问题反映出,现行监管制度不适应现代医药产业发展的需要,特别是药品研发与生产相捆绑,抑制了创新,浪费了资源。

根据现行法规,申请药品批准文号的单位必须是生产单位。我国有相当一批企业有先进生产能力,通过了 GMP 认证,但只能生产自己研发、获得批号的产品。而药品从研发到获取批号需要巨额投入和较长的周期,很多先进生产能力只能闲置。也有一部分企业研发能力较强,但为了获取药品批准文号,必须投巨资兴建新的、符合 GMP 标准的生产线,影响了研发投入,制约了创新能力提高。

美欧日等发达国家普遍采用上市许可人制度(MAH),即药品上市许可与生产许可相分离。上市许可持有人主要从事药品的研发,获得药品批准文号后,可以自己生产,也可以委托给不同的生产商生产。如,辉瑞、拜耳、葛兰素史克等企业,一般自己进行药品研发,把生产环节转移或委托加工。这使药品上市许可人更加专注研发,把控产业链高端,使研发与生产更好地结合。受委托的生产企业更加专注生产过程，实现了产业链的专业化分工。上市许可人制度类似电子、服装行业的代工生产（OEM）。

为了促进药品产业的健康发展，我国应实施鼓励专业分工的政策，放开上市许可与生产许可的捆绑，建立上市许可人制度。

一是修改《药品管理法》等相关法规中的条款，确立“资格准入型”药品上市许可人制度。即将药品上市许可证颁发给那些经过资格确认的上市许可人。上市许可人必须符合从事研发的标准，可以将研发的产品委托不同的生产商进行生产。而药品的质量、不良反应、召回等责任均由上市许可人承担，被委托生产企业只对上市许可人负责。

二是建立药品不良反应救助制度。药品研发与生产脱离后，为了保障消费者权益，建议由所有上市许可人出资建立药害救助基金，用于药品不良反应的救助和赔偿。同时进一步探索药害赔偿的商业保险机制，多层次、多渠道保证消费者权益。

2013 年 2 月 18 日

（左　惠　天津工业大学　颜少君　中国劳动关系学院）

加快与国际药品监管标准接轨

——深化药品监管体制改革专题报告之五

范　必　孙国君　冷云生　郭立仕　王　飞　左　惠　颜少君

随着药品生产与流通的全球化，药品监管体系也需要从立足国内转为面向全球。我国药品监管的国际化、专业化程度还比较低，监管水平与国际标准有明显差距，境外检查还刚刚起步，全产业链监管体系尚未形成。中国建立全方位对外开放格局，药品监管也不例外。药监部门应当积极参与国际药品监管事务，加快与国际标准、制度的互认衔接，打造与大国地位相适应的药品监管体系。

一、我国药品监管与国际先进水平的差距

当今国际药品市场主要由跨国公司主导，药品生产流通的全球化，使药品安全风险跨越了国界，成为世界各国需要共同面对的问题。中国药品监管机构脱胎于计划经济时期的行业主管部门，开展监管工作时间不长，对外开放度不够，理念、制度、标准、能力和国际先进水平有明显差距。

中国药监在国际监管事务中参与度较低。为共同应对药品安全风险，越来越多的国家在药品监管中采用世卫组织、美国 FDA、欧盟 EMA 等国际组织和国家的标准，推进结果互认和机制协同，药品监管的法规、规则、技术标准日趋统一。目前，我国与国际药品监管机构的合作交流方面还不够深入。一是一些重要的国际组织尚未加入。如我国还不是国际检查互认组织 PIC/S 的成员。美国 FDA 加入这一组织经过了 6 年谈判，我国这方面的谈

判工作还任重道远。二是在国际组织中的地位不高,缺少话语权。有些国际组织虽然已经加入,由于缺乏专门的机构、人才和经费支持,没有建立起实质性的工作关系,难以参与国际规则和标准的制定。

国内认证标准与国际标准难以衔接。国际上针对药品的研发、生产、流通制定了不同的标准和规范,主要是GLP(非临床研究质量管理规范)、GCP(临床试验质量管理规范)、GMP(生产质量管理规范)、GSP(经营质量管理规范)。我国除GCP、GMP修订后整体接近国际水平外,其它标准规范均有较大差距,无法得到OECD国家的认可。由于标准偏低,我国同其它发达国家难以建立审评和检查的互认机制,中国药品的质量在国际上饱受质疑,影响了医药产品打开国际市场。

开展境外药品生产检查难度较大。很多发达国家为保证本国公众使用进口药品的安全性,对境外生产企业实行GMP检查。美国FDA在全球8个国家或地区的13个地点设立了办公室,随时对境外生产企业进行检查。2011年FDA在华检查的制药企业数量接近100家。同年,我国首次派出33名药品GMP检查员,对美、日、韩、印、匈5个国家的7家药品生产企业进行了检查。我国开展境外检查存在很多挑战,一是人员严重缺乏。我国没有建立国际检查员培养机制,达到国际水平的检查员数量很少。二是检查收费制度尚未建立。按照国际惯例,GMP检查的费用由检查对象支付。我国的GMP检查主要由财政支付,只象征性地收取少量费用,不能体现出检查的人工成本。三是境外检查没有体现对等开放的原则。境外机构到我国检查一般比较顺利。中国检查员出境检查往往遇到签证困难、在外停留期短等问题,一定程度上影响了检查工作的充分开展。

二、提高监管国际化水平的几点建议

面对药品监管的新形势,必须转变传统的“关起门来搞监管”的思想,以更加开放的姿态,加强与发达国家和国际组织的合作,增强参与国际事务和海外监管的能力,尽快将监管制度、法规标准提高到国际先进水平。

第一,积极参与国际药品监管事务。建议将参与国际药品监管事务纳入我国经济外交战略的范畴,由药监、外交、商务部门相互配合,重点开展以下工作:一是抓紧加入尚未加入的国际组织,如PIC/S。在已加入的组织中积极参与国际规则和标准的制定。二是积极申请国际医药组织将协调中心或合作中心设在中国,并由中方担任主要负责人,扩大我国在国际药品监管事务中的影响力。三是将药品国际化监管有关问题纳入中美战略对话、WHO 合作、OECD 论坛等议程,开展高层对话协商。四是向国外输送高素质雇员,在国际组织和发达国家药监机构中形成一支为我所用的队伍。

第二,全面推进国内监管标准与国际标准的衔接。中国药品监管应当覆盖全产业链,并将每一个监管环节的标准与国际标准接轨。国际上药品 GLP、GCP、GSP、GMP 标准和医疗器械标准已非常成熟,并形成了定期更新的机制。建议我国不必对中国现有标准进行修订,直接将国外标准转化为中国标准,并保持更新的一致性。

第三,以全球监管应对药品生产供应全球化。一是建立国际检查员队伍。设立专门的国际检查技术职称等级体系,建立相关资质管理、职业培训、薪酬管理制度,以良好的待遇和职业荣誉吸引全球优秀人才包括外籍人才担任检查员。二是在我国药品主要进口国设立检查派出机构。三是与发达国家建立联合检查和互认机制,加强信息共享。四是建立境外检查收费制度,生产检查相关费用要由境外企业支付。五是提高境外检查外交保障能力。由外交部门牵头,与主要检查对象国谈判,在检查员签证、停留期方面给予方便,以顺利开展国际检查。

2013 年 2 月 18 日

(左　惠　天津工业大学　颜少君　中国劳动关系学院)

居家养老社会化服务的小创新大效益

——以苏州、兰州等地创办虚拟养老院为例

乔尚奎

在我国人口老龄化速度加快、而家庭养老功能又趋弱化的形势下，如何在居家养老中有效引入社会化专业养老服务，更好满足老年人多层次、多样化需求，提高服务质量和水平，苏州、兰州等地创办虚拟养老院，在创新居家养老社会化服务和管理方面作了有益探索。

一、居家养老需要引入社会化专业服务和管理创新

近10年来，我国老年人的数量正以每年超过3%的速度递增。2012年我国老年人口数量达到1.94亿，老龄化水平达到14.3%，养老服务需求巨大。据预测，2015年我国老年人护理服务和生活照料的潜在市场规模将超过4500亿元，养老服务就业岗位潜在需求将超过500万个。虽然近几年我国养老机构发展较快，但相对于人口老龄化速度和养老需求仍显严重不足，政府养老机构和服务短缺，民营养老机构发展缓慢。全国养老床位总数仅占老年人口总数的2%左右，远低于发达国家5%～7%的水平。居家养老社会化服务，以家庭为核心，以社区为依托，以老年人生活护理、家政服务为主要内容，以上门服务为主要形式，同时引入养老机构专业化服务，集中了传统家庭养老和机构养老的优点，是适合中国国情的养老模式。而目前我国居家养老社会服务的网络尚未普遍建立，随着老年人多层次、多方面、多样化的养老需求，现行的居家养老模式面临着一些新的困局，主要表现在社

区服务功能相对薄弱,服务内容较为单一,缺乏统一规范的服务标准和服务质量监督,服务人员专业化程度不高,服务信息不对称,难以提供及时高效服务,不能满足老年人多样化、个性化的需求,制约着居家养老社会化服务持续健康发展。苏州市沧浪区是全国较早探索社会化居家养老的地区,针对居家养老实践中的新课题,积极探索服务管理模式创新,于 2007 年底在全国率先创建了以信息技术为服务管理平台、链接各类专业服务机构向老年人提供服务的“虚拟养老院”(有的地方称“智能养老院”)。其后兰州、徐州、镇江、杭州、宁波、合肥、沈阳、辽阳、太原,以及北京、天津等地一些城区相继进行了探索实践。这种被称为“没有围墙的养老院”,投资少,容量大,使老年人在家就能享受到与在养老院同样及时周到的专业化服务,并能满足多样化养老服务需求。虚拟养老院兴起后得到社会的关注和认可,不少专家学者认为,发展虚拟养老院是当前突破居家养老瓶颈、破解养老难题的重要途径。

二、苏州、兰州等地发展虚拟养老院的创新实践

苏州沧浪区虚拟养老院,依托中国电信苏州分公司研发提供的“居家乐 221 服务系统”,由苏州市十佳物业公司之一的鼎盛物业管理有限公司作为主运营商,并整合优秀的社区服务企业加盟,发挥其 24 小时服务管理的优势,为居家老人提供统一规范的专业化、亲情化、全方位、全天候养老服务。一是依托科技支撑实施管理创新。居家乐 221 养老服务系统,通过语音程控交换系统、数字化信息传输系统和数据库终端处理系统对居家养老服务对象实行会员制管理。系统通过对客户生活需求分析,将自动生成客户所需服务项目,经客户确认后,养老服务中心指派服务商为客户提供上门服务。按照服务项目,系统每个月形成 1 份收费清单,养老服务中心按约定向客户收取服务费用。在整个过程中,系统从客户确认服务开始便对服务过程进行全程跟踪、回访、咨询和监督,并以客户的满意度来考核服务商提供的服务质量。这种信息化管理技术通过主动获取老人需求,快速编制计划,及时组织服务,使虚拟养老院既拥有机构养老所缺少的个性化管理,又实现了机构养老所具有的专业化服务。二是实施政府推动和市场化运作机制创新。首先是信息技术平台由政府支持,如场地的提供、系统开发等。其次是

政策扶持，政府一方面对虚拟养老院提供开办经费补贴，另一方面对养老救助对象提供政府团购服务。再就是创造良好的环境，根据老年人个性化养老服务需求，政府有效整合社会力量参与养老创新，鼓励和保护服务企业的积极性。但政府推动并不是“大包大揽”，而是更加注重社会化服务和市场化机制运作。居家乐养老服务中心作为提供服务和管理的平台，设有窗口接待、服务呼叫和职业培训3个中心，内设综合管理、家政服务、医疗保健、职业培训、物业维修、法律维权、项目开发等服务管理职能部门，并吸收了27家社区服务业加盟，产业化形态初步显现。三是实施分类服务和服务标准化创新。服务内容涉及家政便民、医疗保健、物业维修、人文关怀、娱乐学习、应急救助等多方面，几乎涵盖了日常生活照料的所有服务项目。需要服务的老人根据需要，只需一个电话随时下单，虚拟养老院便派服务人员提供相应的服务。在服务对象的覆盖上，凡年满60周岁的社区老人都纳入服务范围，并根据政府施保情况分A、B、C三种类型为老年人提供无偿、低偿、有偿服务。其中A类对象为政府重点救助的老人家庭，B类对象为政府一般救助的老人家庭，C类对象为自己付费的普通老人家庭。这种分类服务的方式，有效丰富了养老服务产品的供给，既保障了政府救助的困难老人基本养老需求，也满足了其他老人更高层次的消费需求。同时，虚拟养老院还引入国际质量管理体系认证标准，所提供的6大类53项服务项目均已实现标准化。5年多来，苏州沧浪区虚拟养老院所服务的对象从300多户发展到目前的6000多位老人，累计提供常态化的上门生活照料服务44万余人次。

兰州市城关区投入3400万元创办的虚拟养老院下设老人接待、加盟企业管理、呼叫指挥和咨询投诉4个中心，组成一套完整的服务系统，对服务客户过程进行全程跟踪和监督管理。目前已有90多家企业、40多家社区卫生服务中心和社区卫生服务站经过资格认证加盟提供服务。老年人通过注册纳入虚拟养老院，由加盟企业为老人提供生活照料、医疗保健、物业维修、娱乐学习、应急救助等9大类400多项服务，并制定了每项服务的收费标准，政府对纳入服务的老人分类核拨政府补贴。目前已注册入院老人4万多人，服务网点发展到16个，专业服务人员560人。同时，兰州市还配套发展“虚拟养老院餐厅”，目前已有50多家酒店餐饮企业加盟提供服务，上午10点前老人拨打服务热线订餐，就可享受在酒店和餐厅吃“老年套餐”或送饭、做饭等服务，去年共接待老人20多万人次。

从苏州、兰州等地的创新实践看，虚拟养老院利用信息技术和信息化网络，建立了开放的服务管理平台，有效整合了社会养老服务资源，实现了老年人与有关服务机构的及时畅通链接，提高了养老服务的社会化、专业化水平，缓解了养老服务供需矛盾，培育了养老服务消费市场，并带动了大量就业。虚拟养老院还避免了机构养老在场所、设施、设备等方面的限制，根据需求为老年人制订个性化的服务计划，通过信息系统和服务网点，实现对老年人各类需求的快速响应和专业化服务，提升了居家养老服务的品质。同时，虚拟养老院的投入产出效益较高，性价比远高于实体养老机构。据测算，投资建设实体养老院，按床位折算每张床位一般需要10万元~25万元，这也意味着1000万元的投资仅能满足最多100位老人的养老需求。相比之下，同样规模的投入办虚拟养老院则可以覆盖超过6000位老年人，满足他们常态化的居家养老服务需求。

三、相关启示和建议

从苏州、兰州等地创新居家养老服务管理的实践看，有以下几方面启示：

第一，政府公共服务和管理必须创新。苏州、兰州等地创办虚拟养老院，创造性地在居家养老方面建立了政府购买服务、服务组织提供服务、居家老人享受服务的政府购买养老服务模式。实践表明，在公共服务领域，政府应当更多地利用社会力量，加大购买公共服务的力度，创新供给方式。凡适合市场、社会组织承担的，都可以通过委托、承包、采购等方式交给市场和社会组织承担。这既有利于加快解决公共服务产品短缺问题，又有利于形成公共服务发展新机制。同时，苏州、兰州等地在居家养老服务创新中成功运用现代信息技术手段和信息化平台，实现了居家养老服务的便捷化，提高了服务的时效性和针对性，其服务标准的明细化和服务管理的规范化，提高了服务质量和服务效率，为实施政府现代管理和智能控制提供了借鉴。

第二，大力推动社会力量进入养老服务产业。在现阶段，由于国家还没有足够的财力确保全体老人养老服务的基本需求，养老服务供给严重不足，远不能适应严峻的老龄化趋势和日益增加的社会化养老需求。国家应从放宽政策和降低准入门槛入手，并在土地、税收、用水、用电等方面研究采取一系列扶持政策，积极鼓励社会力量参与养老服务体系建设，引导鼓励社会力量兴办养老机构，支持养老产业发展，采取多种方式增加养老服务供给。

第三，加快研究和完善养老服务政策体系。当前，养老服务政策仍属于社会保障政策体系中较为薄弱的环节。苏州、兰州等地创办虚拟养老院的实践表明，居家养老需要更有力的社会保障和相关政策支持，要加快养老服务公共政策立法步伐，推动养老社会保障制度和服务体系建设。国际经验也表明，养老服务业的发展离不开国家养老保障和补贴制度的完善。特别对低收入的高龄、独居、失能等困难老年人，要采取政府补贴的形式，为他们入住养老机构或接受社区、居家养老服务提供支持。同时，老年护理支出是养老的主要费用负担，应探索建立由政府主导的长期护理保险制度，鼓励和引导商业保险机构开发长期护理保险业务，减轻老年人长期高额护理费用负担。

2013 年 6 月 13 日

中央电视台可在重要时段加播各地空气质量指标

李　伟

近年来,环境问题日益受到重视,但环保工作让位于经济增长的情况仍没有根本改观。今年初,我国中东部地区遭遇多轮严重雾霾天气,$PM_{2.5}$、空气质量成为热度最高的词语,社会各界对改善空气质量的呼声高涨,甚至有网民称,现在已进入 $PM_{2.5}$、GDP、CPI 并重的时代。为此,建议中央电视台在重要时段加播各地 $PM_{2.5}$、AQI 等空气质量指标,以此形成外部压力,推动地方政府做好环境保护工作。

中央电视台播报各地空气质量状况,可以对环境保护工作起到"四两拨千斤"的作用。目前,大力加强环保工作,已成为社会各界的共识。但由于地方政府绩效考核评估体系等深层次原因,环境保护对地方政府的激励远远不如 GDP。解决这一问题,必须从两方面入手:一是要改革体制机制,创新绩效评估体系,将环保工作化为地方政府的内生动力;二是要加强舆论宣传,提高环保信息透明度,将社会舆论监督变成地方政府的外在压力。当前,雾霾事件影响尚在,空气质量关注热度空前,由此入手构建外在压力可谓正当其时。而中央电视台受众面广,由其播发各地空气质量指数,则是构建外在压力的重要形式。这样做,一方面能够使尽可能多的群众了解相关知识,逐渐培养全社会集体监督空气质量的风尚,形成社会压力;另一方面能够通过各地之间空气质量的横向比较和各地自身空气质量的纵向比较,形成舆论压力。通过构建社会和舆论压力,形成倒逼机制,推动地方政府加强环境保护工作。

中央电视台在重要时段加播各地空气质量状况，还有助于提升我国政府形象。自美国大使馆发布北京 $PM_{2.5}$以来，社会上对空气质量的关注度逐渐升温，同时，群众对我国政府信息公开程度与公开信息准确程度不断提出质疑。近又有消息称，美国驻华大使馆及其在华各地领事馆可能将于近期公布当地空气质量状况和预报结果，并已制定应对恶劣污染状况的闭馆方案。对此，我们若不积极应对，局面将更加被动。如能在中央电视台播报各地空气质量状况，一则能有效应对美国大使馆公布我国空气质量的举动，摆脱一直以来的被动局面；二则能体现政府对群众关注问题的高度重视和积极回应，提高政府美誉度。

电视台播报空气质量状况技术上是完全可行的。首先，相关数据是现成的。2012 年 12 月 28 日，国家环保部城市空气质量实时发布平台正式运行，74 个城市、496 个国家环境空气监测网监测点位实时对外发布空气质量监测数据，监测信息包括 $PM_{2.5}$、PM_{10}等指标的实时浓度值和空气质量指数 AQI。公众通过网站或手机即可查询。其次，不少地方电视台已开始播报当地空气质量状况并取得良好效果。如北京电视台在《北京新闻》中增设了“空气质量播报”，赢得群众的广泛关注与高度肯定。

相关建议。一是要选好播报时段。可考虑安排在每天《新闻联播》之后，与天气预报一同播出，播报城市也与之相同。二是要提高数据准确度。与预报数据不同，现在国家环保部公布的空气质量数据是以实时监测数据为基础的“事后”数据，如果与群众感知度相差太远，将大大有损政府形象。为此，应当增加各地监测点位、加强数据比对，不断提高监测准确度。三是要尽快提供空气质量预报。目前，中央电视台已开始播发以能见度为指标的雾霾定性预报，还应增加 $PM_{2.5}$、AQI 等指标的定量预报。为此，应大力提高空气质量预报技术，构建和完善相关系统，尽快提供空气质量定量数据预报服务。

2013 年 6 月 13 日

新型农村社区建设要正确引导统筹规划

——山东省新型农村社区建设调查

乔尚奎　李　爱

新型农村社区建设是提高城镇化水平、改变农民生产生活方式的重大社会变革，是推进城乡一体化发展和公共服务均等化、加强和创新社会管理的重要任务。但如果缺乏正确引导、统筹规划和科学管理.，就不能有效保证新型农村社区建设健康发展，还会引发新的社会矛盾和问题，影响城镇化进程和经济社会发展。最近，我们对山东省部分地区新型农村社区建设进行调研，提出相关对策建议。

一、山东省新型农村社区建设的主要做法和成效

新型农村社区建设，是指以破除城乡二元结构、促进城乡基本公共服务均等化、提高农民生活水平为目标，以提高土地利用效率、实现集约化经营和农民自愿为原则，按照统一规划和要求，打破原来农村村庄的地域界限，将原有的村庄重新规划改造或者通过合村并居集中居住建设社区，形成新的现代社会生活共同体，促进居住方式与产业发展相协调，并逐步实现农村基础设施城镇化、生活服务社区化、生活方式市民化。实现农村社区化之后，农民既不远离土地，又能集中享受城市化的生活环境和公共服务，将极大改善农民生产生活条件。

2009 年以来，山东省结合农村危房改造、城乡建设用地增减挂勾、土地

复耕等政策的实施,积极稳妥地推进新型农村社区建设。

主要做法:一是整村搬迁。通过政策扶持、社会资助、群众自筹等方式,集中利用国家、省相关资金,选择条件较好的地方统一搬迁建设居住区。二是旧村改造。在传统村庄的基础上进行重新规划,对原来居住布局较分散、基础设施较落后的村庄进行就地拆旧建新,完善基础设施,农民按照规划自拆自建,形成新型农村社区。三是村庄合并。由政府制定优惠政策,统一规划、统一进行公共基础设施投入、统一整合土地,将几个地域相近的传统村庄通过整合形成一个新型农村社区。四是依托土地整理项目资金,捆绑使用相关涉农资金,通过村庄用地整理,促进农民居住向中心村镇集中、农业向适度规模经营集中、工业向园区集中。这既有利于增加耕地面积,提高耕地质量,也有利于改善村容村貌,拉动农村消费,促进土地较大规模流转。五是结合中心城镇建设,在镇区规划新型社区,完善基础设施,提高公共服务水平,吸引周边居民入住乡镇驻地新型社区。六是统筹规划产业聚集区、“园中村”和园区近邻村建设,统筹布局园区基础设施建设,集中建设住宅小区,促进产业发展与农民生活条件同步改善。

主要成效:到2012年底,山东省已建成新型农村社区2645个,共入住219.6万户,总建筑面积1.9亿平方米;正在建设中的新型农村社区有1397个,规划入住户数为167.9万户,总建筑面积预计为1.74亿平方米。

具体成效有以下方面:一是基本建立起社区管理体制框架。各社区普遍建立了以基层党组织为核心、自治组织为主体、群团组织为纽带、各类经济社会组织为补充的社区管理组织体系以及以社区民主选举、民主决策、民主管理、民主监督为主要内容的社区管理制度体系框架。如潍坊、泰安、莱芜等市在社区创建了民主共治性质的利益协商组织——发展协调委员会。德州市在取消原村“两委”的基础上,成立社区党支部,选举产生“大村”村委会。二是推动基础设施和基本公共服务向农村延伸。新型社区的水、电、通讯、垃圾污水处理等配套设施逐步完善,有条件的社区还通了暖气和天然气。在教育、卫生、文化、社会保障等方面逐步建立起县、乡、社区三级公共服务网络,每个社区都建有社区办公服务中心、幼儿园、卫生室、图书室、健身广场、便民超市等,公共服务设施条件大为改善,提高了居民生活质量。诸城市、青岛市城阳区等不少地方建立了城乡统一的公共服务体系。三是推动工业化、信息化、城镇化和农业现代化同步发展。许多市县在进行社区规划时同步进行经济发展规划，如德州市实施农村社区和经济园区同步建设，烟台市实施生态文明示范区建设规划。多数市县充分利用合村并点节约的土地发展合作经济和高效农业。四是促进了基层组织建设和农村社会和谐稳定。济宁市在合村并点的基础上成立社区党总支，乡镇干部兼任总支书记，各合并进入的村支部书记任委员，使基层党组织得到健全和发展，党员队伍建设得到加强，创新了工作方式方法。泰安、诸城等市对社区实行网格化管理，强化社会治安，维护了社会稳定。

二、存在的主要问题

从山东省新型农村社区建设情况看，主要存在以下问题：

（一）新型农村社区建设缺乏全域规划。目前，新型农村社区建设多来自行政力量的推动，部分社区建设存在着操之过急、规划不完善、规划不能指导建设实践等问题。有的新型农村社区建设选址不科学，设计水平低，建筑质量差；有的社区定位不合理，开发商只顾开发建设，获取利益，对农民居住的周围环境，如垃圾处理、休闲娱乐等因素缺乏长远规划打算，有的服务设施跟不上。随着农村居民向社区集中，衣食住行等生活配套设施缺乏，不能满足社区居民物质文化生活的需求。

（二）新型农村社区建设经济支撑不够强。城乡公共设施资金投入差距较大，新型农村社区公共设施投入严重不足，渠道不宽。许多农村集体经济名存实亡，且负债累累。村庄合并后社区设置的商业设施，收益多用于社区运转，原有的经济债务如何处理，以及合并后各村庄利益如何分割，都是需要进一步解决的问题。

（三）土地流转后农民收入和就业无法得到有效保障。土地作为农民重要的生活保障以较低的价格被流转，政府的补偿较为微薄。有些社区土地实行集体统一经营，农民以入股方式参与年度分红，但多数流转出的土地却集中在少数人手里，很容易形成新的贫富差距甚至两极分化。目前看这种做法短期内农民似乎得到一些利益，但较长的土地转包期内，不可预知因素太多，在面对市场经济风险变化较多的情况下，组织化程度较低的农民就业和收入均无有效保障。另外，农民养老、医疗和低保等社会保障未因社区建设而有所提高或改善；新建社区房屋产权问题未从根本上得到解决。在社会保障不完善、农民收入和就业不稳定情况下，大规模并村可能带来很多社会问题。

（四）新型农村社区各种组织功能不到位。一些村庄合并后，公共事务和矛盾纠纷随之增多，基层民主工作需要一定的适应期。原有村庄的各种经济组织、服务组织及社会团体等，需要进一步整合和优化。

三、几点建议

第一，坚持统筹规划，科学布局，突出特色。应详细编制全域内城、镇、村社区体系规划，制定新型农村社区建设近期和中长期规划、目标任务、政策措施，明确农村社区的设置、数量以及基础设施、公共服务配置等标准和内容，理顺农村社区规划和村庄规划的关系；同时做好社区内产业项目规划。规划实施中应坚持高水平设计、高质量建设。社区基础设施及公共服务设施建设要尊重民意、适度超前，适当增加庭院生产功能，增强实用性和便利性，避免前建后拆、造成浪费。注重突出特点，保留传统文化、民风民俗，因地制宜建设食品乡、果蔬乡、商贸镇等特色城镇或农村社区，避免模式雷同、千村一面。新型农村社区建设还应在试点的基础上逐步推进，可先在城镇郊区和经济发达地区起步，分批分层次向农村扩展。要研究制定新型农村社区建设的激励机制和政策。

第二，完善投融资机制，促进城乡一体化和公共服务均等化。针对城乡之间基本公共服务严重失衡问题，迫切需要制定省市县三级财政对农村社会事业投入的具体政策，各级财政对农村社会事业投入的增长速度应不低于财政经常性支出的增长速度。改进资金使用扶持方式，公共资源分配上要改零散为集中，以社区为单位进行重点扶持；同时要改单项为综合，针对新型农村社区应具有的功能，统筹项目规划，促进农村社区各类事业全面发展。要建立多元化投融资渠道，鼓励社区内外企业和组织投资捐资改善社区建设。

第三，实施“三集中原则”，为新型农村社区建设创造良好的外部条件。工业向园区集中，人口向城镇集中，土地向规模经营集中的“三集中原则”，是推进城乡一体化发展的有效途径。因此，要在新型农村社区建设中，制定优惠政策促进工业项目向园区集中，并注重产业的科学合理布局；要分步骤、有组织地实施腾地并村，推动人口向城镇或社区集中。加快出台相关房屋产权政策及配套政策，尝试建立宅基地退出的政策机制。在保障农民土地权益、完善社会保障的前提下，探索土地流转的多种新形式，一方面，探索实现土地使用权的合理流转和有效配置；另一方面，以逐步偿还原有债务为条件，对农村集体经济实行股份合作制改造的方式，使农民权益得到切实保障。

第四，加强组织培育，健全新型农村社区服务体系。在新型农村社区建设中应注重鼓励和扶持发展三类社区组织：一是合作经济组织，如公司 + 农户，公司 + 专业合作社 + 农户等；二是政府或民间举办的非赢利服务组织，如“五保”集中供养、就业服务、保障救助、慈善服务、城乡公交一体化服务、建立服务热线等；三是民营服务公司，如保安、道路与村庄保洁、绿化养护、家政服务等。

第五，完善民主制度，规范新型农村社区管理。认真执行《村民委员会组织法》整合后的村庄应逐步规范村（社区）党组织领导下的村民自治运行机制，落实保障村民的民主权利。依法修订《村民自治章程》、《村规民约》，提升社区文明程度和管理水平；健全和完善村民会议制度、民主理财制度，让群众真正参与村级事务管理；拓展村务公开范围，规范村务公开监督管理等；完善议事协商机制，让群众参与共同解决农村社区建设中的热点、难点问题。

2013年6月24日

（李　爱　山东社科院）

建议采用中位数度量居民收入水平

孙国君

居民收入水平是衡量一个国家或地区人民生活水平的重要指标。党的十八大报告提出，到2020年全面建成小康社会，实现国内生产总值和城乡居民人均收入比2010年翻一番。国内生产总值的测算相对比较容易，只要保持年均7.2%的增长速度即可实现目标。而人均收入翻番的测算，则相对复杂，建议采用中位数度量居民收入水平。

一、中位数能够客观反映一般居民家庭收入水平

我国现行关于居民收入水平的统计指标，主要使用城镇居民人均可支配收入和农村居民人均纯收入，也就是“均值”或“平均数”。使用平均指标，掩盖了居民收入差距问题，不能科学地反映普通居民的真实收入水平。根据国家统计局今年1月份公布的数据，自2008年以来我国基尼系数，虽逐年回落，但2012年仍高达0.474，明显高于世界平均0.44的水平。一些社会机构的调查数据则更高。这说明我国急需缩小社会收入分配差距。

中位数选取调查样本分布的中间值，能够客观地反映一般收入水平，可以避免少数高收入群体对调查数据的影响。根据中国人民大学“中国综合社会调查”对全国1.2万户居民家庭的调查结果，2010年我国家庭收入中位数为24933元，均值为41017元，均值相当于70%的分位数。其中，城镇家庭收入的中位数为30000元，均值为53023元，均值相当于75%的分位数；农村居民家庭收入的中位数为15048元，均值为22559元，均值相当于65%的分位数。据此估算，全国只有30%左右的家庭能够达到统计部门公

布的收入水平。

二、采用中位数反映收入水平已成国际通行做法

从世界各国家庭收入分布的规律来看，均值都明显高于中位数。收入分配差距越大，两者相差越多。因此，发达国家和国际组织一般都采用中位数反映居民收入水平。例如，根据美国人口普查局的统计，2010 年美国家庭收入中位数为 49445 美元，同比下降 2.3%，比 2007 年的 51965 美元减少了 4.9%。瑞士联邦统计局的数据显示，2010 年瑞士月收入中位数高达 5979 瑞士法郎。世界银行或国际货币基金组织的统计报告里，经过提到收入的中位数。很多国家的政策制定，也是基于中位数的统计数据。例如，英国的贫困线划定采取中位数计算方法，以全国居民收入中位数的 60% 作为贫困线，如果低于这个标准，该家庭就会被认为处于贫困之中。

三、建议以中位数为主反映居民收入水平

全国建成小康社会，关键看人民生活水平的提高。采用中位数作为度量居民收入水平的主要指标，更加符合科学发展的理念。建议在人均收入翻番的度量上使用中位数，今后只公布城乡居民收入的中位数，收入的平均值和标准差等数据仅作为内部研究使用。这样不仅能够反映居民收入的真实水平，也可以避免不必要的质疑，让老百姓切实感受到收入水平的变化与数字相符。同时，使用中位数也有利于促进科学决策，引导各级政府更加关注和解决收入分配差距问题。

2013 年 2 月 19 日

（孙国君　根据人民大学专家材料整理）

六、进一步深化改革扩大开放

采取一揽子措施冲抵全球货币注水

陈文玲

2013年世界经济“阴霾”远未散去。仍在世界经济中起重要作用的美日欧三大经济体，主权债务困境、财政困境、失业困境和经济减速困境没有缓解，新的危机因素又不断出现。特别值得警惕的是：主要经济体向货币体系中大量注水，必将导致“流动性泛滥”，使我国经济处于充满更大风险的国际货币环境。应当采取一揽子政策措施，争取战略主动，避免在新一轮货币战中处于被动。

一、美日欧带头向货币体系放水，全球“宽松货币时代”或将来临

1.“量化宽松”是美国在国际金融危机后使用最频繁、力度最大、延续时间最长的货币政策，目前进一步从“量化宽松”转向“无限期宽松”和“无限量宽松”

过去30年，美国曾经40次提高债务上限。在纽约时代广场上原来有一个钟，上面即时显示美国国债规模，钟的设计最高限是10万亿美元，现在那个钟早就作废了。可以预计，美国的债务风险将不断加大，其经济和就业形势短期内不会有大的逆转。从2009年3月18日到目前，美国先后推出了四轮宽松货币政策。前三轮是“犹抱琵琶半遮面”，还有点羞答答地实行“量化宽松货币”政策，还有起止的时限。这一轮则来势凶猛，货币政策导向发生了很大变化，不仅今年要购买上万亿长期国债，而且美联储把利率政策与失业率及通胀挂钩，为未来利率的变动设立“门坎”，只要失业率在6.5%以上，未来一、二年的通胀预期不超过2.5%，就会维持现有接近于零的超低

利率水平。过去几年美国每次推出宽松货币政策时,都有一定理由和程序,而这次掀起的"货币海啸"打破常规,流动性声势骇人。美国联邦市场委员会表示,零利率政策至少要持续到2015年中期,而且将来不再以时间、而是以失业率作为实行货币政策的基准。

众所周知,2008年国际金融危机以后,美国失业率一直居高不下,高时在10%左右,低时也在7%以上,可以预见未来相当长的一段时间,都将在6.5%以上。这意味着,美国宽松货币政策将长期坚持下去。可以说从现在起,美国货币政策不是"量化宽松",而是持续性宽松,无限度宽松,无限期宽松。这种货币政策,在全球货币政策史上可说是绝无仅有的创举,不仅对美国,而且将对国际金融市场、资本市场、债务市场、大宗商品市场都会产生很大影响。

2. 日本至去年底已推出了11轮量化宽松货币政策,向市场注资总规模已超过9万亿日元,安倍上台后经济上第一张牌,就是实行宽松货币政策和财政政策

日本经济自1991年开始衰退,已经"收获"了两个"失去的10年",现在又开始了第三个"失去的10年"。去年一季度日本经济增长速度是-4.7%,三季度是-3.4%,全年经济增长是负数,今年还有可能是负数。日本目前产业发展确实没有亮点,全球最大的电子企业风光不再,美国苹果和韩国三星独领风骚;汽车产业在地震和海啸中遭受重创,产业链模式遭遇挑战,全球最大的生产国和消费国转移到中国。

日本这一轮拿出20万亿日元刺激经济,今年1月22日日本央行实施"开放式"货币宽松政策,维持基准利率0~0.1%不变,并宣布采取无限量购债计划,同时将通胀目标从1%提高到2%。日本债务规模占GDP比重目前高达230%,已连续15年实行超低利率甚至负利率,若采取这种经济政策的搭配,不仅会使国家债务规模和风险继续加大,而且会使其货币大幅贬值,风险陡增。

3. 长期受主权债务危机困扰的欧元区,直接货币计划(OMT)从欧洲金融稳定机制(EFSF)向欧洲稳定机制(ESM)永久救助机制过渡,将向市场释放大量的流动性

美国推出第三轮量化宽松货币政策之后,欧元区和英国紧随其后,都推出了量化宽松货币政策。欧洲从去年开始,持续实施宽松货币政策,包括5大银行与美联储联合推出宽松货币政策。去年欧洲央行向银行系统两次注资超过1万亿欧元。欧元区基础货币近几年年均增长幅度高达50%以上。欧洲债务风险原本就很严重,今年也看不出向好的可能。西班牙债务总规模占GDP比重高达300%以上,希腊债务总规模占GDP的165%,“欧猪五国”的其他国家债务总规模占GDP的比重都超过50%,这种状况已蔓延到欧元区的8个经济体,将继续推高债务风险。在这种情况下,欧元区其他国家被迫不断向希腊提供援助基金,采取购买债券与低息相结合的政策,直接货币计划(OMT)从EFSF向ESM永久救助机制过渡。欧洲央行近期召开会议,维持利率0.75%不变,并表示看淡2013年经济,讨论是否继续调低利率。英国央行已实行四轮量化宽松货币政策,规模达3750亿英镑,今年有可能继续扩大规模。

美日欧带头向货币体系放水,其他一些地区和国家也跟着采取新动作。如澳洲去年10月3日和12月4日两度宣布降息0.25%,印度等国也加入其中,追随全球货币宽松步伐。

主要经济体纷纷推出过激的宽松货币政策,加剧金融市场流动性泛滥,国际资本中的热钱将重返新兴市场经济体,也将会推动大宗商品价格进一步上涨。最近几个月铁矿石价格急转直上,全球粮食价格也出现上涨趋势,石油恐怕也会紧随其后。大宗商品价格上涨,必然带来工业原材料的价格上升,导致工业制成品和出口商品价格的上升。这些链条一环扣着一环,最后有可能引发新一轮全球性通胀乃至经济危机。

二、突破传统思维和做法,采取“一个容忍、四个适度”一揽子政策措施,争取战略主动

世界经济寒冬季节延长,在冷风中如果全球流动性过剩加剧,中国将面临更加复杂的国际经济环境。如何适应这一已经看清楚了的情况,在国际竞争中斗智斗勇,需要转换传统思路和做法,不能在货币政策上以不变应万变,应从以国内制定战略和政策为主,转向以争取我在国际竞争中更大权益为重。我认为,当前应采取“四个适度”的一揽子政策措施,快速进行战略选择和政策跟进。

适度宽松。为了稳增长，我国 2012 年下半年适度放松了货币政策。2013 年稳增长任务仍然艰巨，在全球性宽松货币时代到来的时候，我们不必为全球货币体系约束自己。应考虑适当加大放松货币政策的力度，包括降低存款准备金率，降低贷款的基准利率，降低存贷款差率、降低银行利润让利给企业等。2013 年放松货币政策的力度，总体上应大于 2012 年。“布雷顿森林”体系瓦解后，各国货币发放规模和币值确定不再受其他国家约束，货币从过去代表一定实物量、与黄金或美元挂钩的实物货币变成了信用货币，国家经济实力和政府信用是货币发放的基础性力量。因此，我国货币政策不必拘泥于传统理论和传统方式。放松货币政策有利于我国企业获得更多流动资本，解开融资难、融资贵的“紧箍咒”，特别是缓解中小企业贷款困难，提高企业适应国际市场变化的能力。

适度通胀。稳物价是宏观经济调控的重要任务，但也要根据国际经济形势变化以及国内经济形势运行的态势，今年允许适度通胀。不应再采用传统的宏观调控手法，只将物价水平与货币政策挂钩。实际上这几年价格指数比较高的时段，在价格上涨因素中，农产品和房地产价格上涨占的比重最大。允许适度通胀，比如通胀可以在 3% ~5% 区间，食品价格上涨较快时，可以拿出一部分钱补贴穷人和特定人群，其余的部分则靠市场逐步消化。这样做还可以通过市场发现价格，提高农民通过市场获得经济收益的能力。这既比我们用僵硬的限价、约谈、管制、处罚等办法容易，也符合市场配置资源基础性作用发挥的要求。还应提高存款利息率，与通胀率变动挂钩。住房价格则应保一头、稳一头，即提高保障房、公租房和经济适用房比重，稳定大城市商品住房价格。同时应加快制定《价格竞争法》，特别要明确房地产价格构成与利润的合理区间，以法律手段规制微观主体的市场经济行为。

适度转移。去年，我国全年外贸进出口增速下降为 6.2%，这和国际经济形势不好关系很大，也和我国贸易逐渐转移有关。我国国际贸易调整中一个重要战略选择，应把实施“走出去”战略作为基点，加快转移过剩生产能力。和当初一些国家通过贸易转移带动产业转移和要素重组、在中国搭载平台向世界出口一样，世界产业转移和要素重组绝不会、也不可能永远停留在中国，还将按照其规律性继续寻找低成本、高回报的国家和地域。在全球流动性泛滥情况下，这个过程可能加快，对此我们可以因势利导，鼓励企业提高国际竞争力，学会在全球配置资源。创造条件支持企业“走出去”创造贸易量，同时改变贸易统计方式，把我国企业在境外创造的贸易量，统计到企业国际贸易总额中。若干年之后，有可能我国企业在境外创造的贸易量，超过在境内的总量。

适度减税。目前，中国的宏观税负水平已经接近发达国家，中国2000年的税收收入占GDP比重为12.8%，此后税收占比逐年增加，即使在国际金融危机期间，中国税收年增速也接近20%。2011年全国税收总收入已达到89720亿元，同比增长22.6%。去年我国进行了结构性减税，在新的国际形势下，税收政策的基点必须转向支持企业提高竞争力上，应围绕支持实体经济、扩大国内需求、减轻企业负担和促进战略性新兴产业发展，把适度减税与抵御货币注水带来的冲击结合起来。最好和推进财税体制改革结合，对看准了的上升为税收制度安排。

2013年2月17日

日本量化宽松货币政策的影响值得关注

沈晓晖　史德信

日本首相安倍晋三 2012 年底上任后，提出实施更为激进的货币政策，拉开了新一轮量化宽松货币政策的序幕，与更灵活的财政政策、着眼于结构改革的经济增长战略一起，构成“安倍经济学”的三大支柱。尽管政策短期刺激效应开始显现，但能否解决日本经济的结构性难题令人怀疑，其外溢效应特别是对我国经济的影响不容忽视。

一、日本此次量化宽松规模空前

日本是量化宽松货币政策的始作俑者。上世纪 90 年代，日本为应对通缩和经济低迷，把隔夜拆借利率从最高点的 8.6% 降至 1% 以下，此后低利率成为常态。2001 年小泉纯一郎执政后，推出第一轮大规模量化宽松政策，通过购买国债和长期债券，把基础货币扩大了 60% 以上。2010 年 10 月，日本又推出第二轮量化宽松政策，即“全面货币宽松”措施，到去年底基础货币累计增加了 33.6%。

今年以来，日本央行在无担保隔夜拆借利率 0 ~ 0.1% 的情况下，不断加大量化宽松力度。3 月 20 日，黑田东彦就任新一任行长，4 月 4 日即推出新一轮“量化和质化”宽松政策，决定用基础货币量取代无担保隔夜拆借利率作为央行货币市场操作的主体目标，两年内把基础货币规模扩大一倍，从 135 万亿日元扩大到 270 万亿日元，把持有的国债平均到期期限从 3 年增至 7 年，通胀率达到 2%。照此计划，基础货币同比增速最高将飙升至 60% 以上，力度远远大于前两次（如图1，2013年6月后为预测值），为日本有史以来规模最大的量化宽松措施。

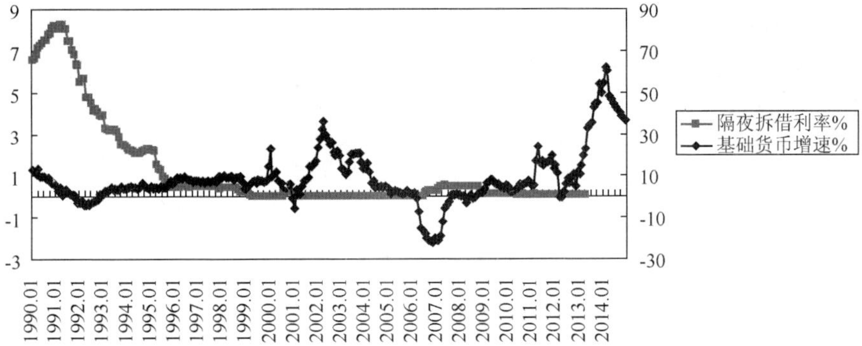

图1　1990年以来日本隔夜拆借利率和基础货币增速

二、短期效果初现，但解决结构性难题并非易事

当前，日本经济出现向好迹象，特别是出口、消费增长较快，原因是多方面的，其中量化宽松政策起到了一定作用。一是推动日元走软，对出口形成有力支撑。今年前5个月，日元对美元汇率下跌14.3%。一季度日本出口环比折年率增长16.1%。与上财年相比，日本八大汽车制造商因为日元贬值多增加利润约1万亿日元。二是刺激股市上涨，有利于私人消费扩张。今年前5个月，日经225指数上涨32.5%，一季度私人消费环比折年率增长3.7%。三是消费和出口好转带动经济复苏。一季度，日本GDP环比折年率增长3.5%，为2012年以来最快增速。

但要看到，日本经济15年通缩、20年停滞的困境，主要源于自身人口、产业、政府债务等结构性问题。经济增长战略是“安倍经济学”能否成功的关键，目前看缺乏实质性举措，市场不认可。如结构改革不及时跟进，量化宽松不但无助于问题的解决，反而会产生新的风险隐患。

*一是人口减少和老龄化造成消费不振。*上世纪90年代以来，日本人口增长放缓和老龄化“双碰头”，制约了消费增长。1991—2012年，日本人口增长率从0.38%降至-0.22%，15—64岁人口比重从69.8%降至62.9%，私人消费年均增速也从此前10年的3.7%回落至1.2%（如图2，为便于观察，把人口增长率放大了10倍）。还要看到，老龄人群消费行为趋于保守，如果量化宽松推高通胀预期，会更加节俭以应对财富缩水，反而不利于扩大消费。

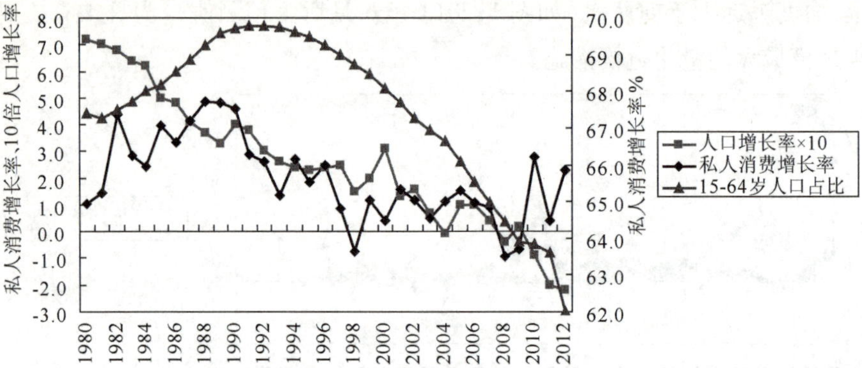

图 2　日本人口增长、老龄化与私人消费

二是产业转移导致内外部投资失衡。为应对国内高地价、高工资和需求不振,上世纪 90 年代以来,越来越多的日本企业选择向海外投资,国内制造业空心化问题严重。1993—2008 年,日本对外直接投资占国内私人资本形成的比重从 1.6% 攀升到 14.5%,国际金融危机后有所下降,2011 年又迅速反弹到 15.2%。同时,国内固定资产存量则增长缓慢,个别年份甚至出现负增长(如图 3)。最近《日本经济新闻》对日本 102 家企业高层的调查显示,62.7% 的人对在日本国内扩大投资表示慎重。

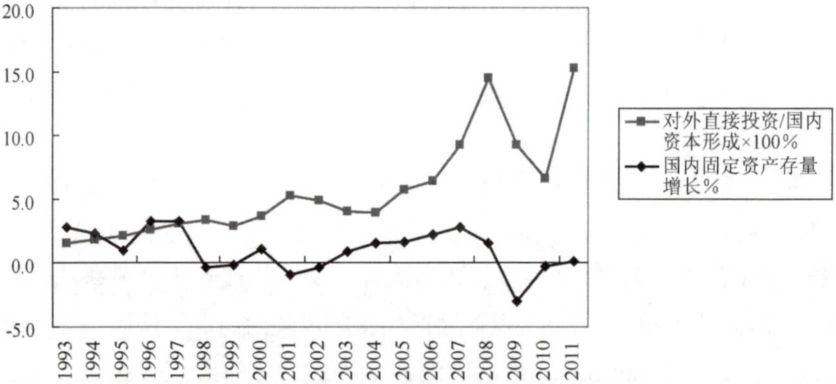

图 3　1993 年以来日本国内外投资对比

三是长期赤字使财政不堪重负。日本财政已连续 20 年赤字,2012 年底政府债务 1043 万亿日元,负债率 219.3%,在主要经济体中最高(如图 4)。央行此次计划每年增持 50 万亿日元长期国债,将进一步推高政府债务。加之近期长期国债利率大幅上升,加重了还债负担。

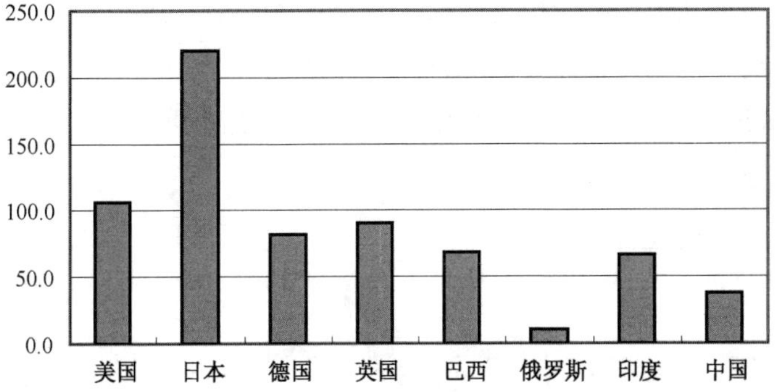

图4　2012年底主要国家政府负债率

四是资产泡沫蕴藏着新的风险。5月22日后日本股市暴跌，表明没有实体经济支撑，仅仅依靠量化宽松货币政策推动资产价格上涨是比较脆弱的。一旦量化宽松政策退出失当，还极有可能引发资产市场大起大落，影响金融系统稳定，甚至波及实体经济。

三、量化宽松政策的外溢效应不容忽视

日本是世界第三大经济体和重要的贸易、投资大国，日元是国际储备货币，在亚洲特别是东亚地区处于重要地位。量化宽松导致日元流动性泛滥，可能冲击国际和区域贸易、跨境资本流动等，对各国特别是周边国家产生多方面影响。

一是助长日元套利行为。近20年来，日本利率一直保持在较低水平，同时国内投资机会缺乏，使日元成为重要国际套利货币。目前日元基本贷款利率仅0.3%，在全球主要经济体中是最低的。此次量化宽松进一步增加了货币供应，会加剧日元跨境套利活动。

二是可能诱发竞争性货币贬值。日元贬值导致与日本产品存在竞争的国家出口面临较大压力。以汽车业为例，今年一季度美、欧汽车出口额同比分别增长0.1%和0.2%，比去年回落10.6和5.4个百分点；韩国汽车出口额下降0.01%，而去年同比增长4.4%。美国汽车政策会议发表声明，批评日本政府操纵日元汇率，给美国汽车业带来不利影响。一些学者警告，如果放任日元继续贬值，有爆发“货币战”危险。

三是造成国际大宗商品价格波动。2007年底到2012年底，英、美、欧、

日央行资产分别扩张了 3 倍、2.5 倍、1 倍和 42.3%。全球流动性泛滥导致石油、粮食、金属等大宗商品国际市场价格剧烈波动，2007 年之后波动性明显变大（如图 5）。此次量化宽松将使日本央行资产再扩大 1 倍左右，全球流动性会进一步增加。

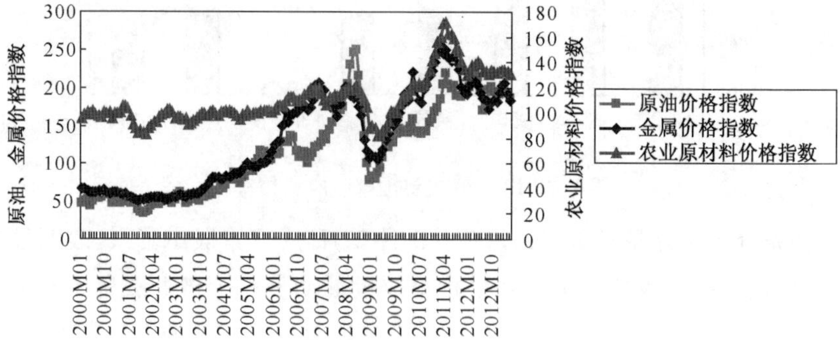

图 5　2000 年以来国际市场大宗商品价格指数

四是导致日元资产缩水。日元是仅次于美元、欧元和英镑的第四大国际储备货币，占各国已确认外汇储备的 3.94%。截至 2012 年底，外国央行共持有 84 万亿日元的日本国债。日元贬值导致日元资产缩水，如果此次量化宽松不能重振日本经济，大量流动性难以及时收回，可能进一步削弱日元的国际地位。

四、几点建议

日本是我第五大贸易伙伴和第二大外资来源地，中日在东亚地区既合作又竞争，日本量化宽松政策将对我造成多方面影响。建议抓紧研究制定应对预案，趋利避害。

（一）防范日元可能带来的跨境资本大进大出。人民币一年期存款利率高达 3%，加之人民币存在升值预期，大量低息日元可能流入我国套利。当前，全球跨境资本流动的变数增多，如新兴市场在前期热钱大量流入的情况下，又出现大规模流出迹象。我国 5 月新增外汇占款仅 669 亿元，远低于 4 月的 2944 亿元。建议密切监控跨境资金流动的规模、渠道和投向，加大监管力度，防止跨境资本大进大出对金融市场和实体经济造成大的冲击。

（二）加强宏观经济政策的国际协调。日本量化宽松给各国特别是新兴市场带来较大压力，许多国家对此严重关切。我应加强与印度、巴西、俄罗斯以及其他立场相近国家的沟通协调，利用 IMF、G20 等多边机制，发挥好亚行、中日经济高层对话等区域和双边平台作用，敦促日本等主要货币发行国加强货币纪律，减少宏观经济政策负面外溢性。

（三）促进对日贸易平稳发展。尽管中日产品在国际市场上的相互竞争性不大，但在人民币对美元升值的情况下，日元大幅贬值影响我对日出口。今年前 5 个月，人民币对日元累计升值 19.8%，我对日出口同比下降3.6%，而同期我国总出口增长 13.5%。建议加大出口信贷、信用保险、市场开拓等支持力度，避免对日出口出现大的回落，稳定日本市场的出口份额。

（四）抓住时机扩大对日投资。人民币对日元升值为我扩大对日投资提供了新的契机。建议加大金融、信息等支持力度，引导国内企业有针对性地并购日本先进技术、营销网络等。同时，日本经济增长战略提出对投资减税、创设“国家战略特区”、推进社会基础设施建设等措施，其中可能蕴藏着新的投资机遇，我应密切关注。

2013 年 6 月 18 日

美国卫生体制、世界卫生发展趋势及启示

——第七期赴哈佛大学“中国卫生发展与改革高级研修班”总报告

刘文海 薛海宁 聂春雷 周 军 朱洪彪 钟东波

按语:2012 年 12 月 2 日到 22 日,第七期“中国卫生发展与改革研修班”学员在清华大学研修 1 周后,赴美国哈佛大学公共卫生学院进行了为期 3 周的研修。本次研修活动由卫生部牵头,国研室、财政部、部分地方卫生厅局及医院有关司处级负责同志共 25 人参加。研修内容包括 4 个部分:卫生体系学与卫生改革;卫生政策分析和制订;医院管理者视野、技能与素质;卫生发展与改革全球大趋势。除课堂研修讨论外,学员们还拜访了马萨诸塞州议会,参观了麻省总医院、布莱根和妇女医院和匹兹堡医疗中心等。根据研修收获,结合我国医改重点、难点问题,形成此总报告,同时形成了若干专题分报告。

一、美国医疗卫生体制的突出特点

关于美国医疗卫生体制和医改情况,国内一些赴外考察报告和研究资料多有述及,这里不作全面展开。我们认为,其有六大突出特点:

一是多元化、市场化的医疗服务供给体系。美国医疗服务的市场化程度是世界上最高的。在美国的医院体系中,政府公立医院约占 20%,私立非营利性医院约占 60%,私立营利性医院约占 20%。也就是说,美国医疗体

系呈现两个“二八开”结构：一个是，美国私立医院占全部医院的八成，公立医院占两成；另一个是，美国非营利性医院占八成，营利性医院占两成。在美国，医疗供给服务虽然以市场为主导，但举办公立医院仍是各级政府的重要职责，联邦政府、州政府都举办一定数量的公立医院，特别是由联邦政府直接举办的全国性退伍军人医院系统运作是比较成功的。可见，不管医院是政府来办还是社会资本来办，但绝大多数医院仍应当保持公益性、非营利性。

二是多层次、竞争性的医疗保障体系。一般认为，美国医疗保障是以商业保险为主要筹资方式的国家。但其实，它是一种典型的多层次、竞争性体系，而且近些年有逐步强化政府责任的明显趋势。目前美国医疗保障制度的覆盖面，主要是两大块：一是商业性的医疗保险（也叫私人保险）覆盖58%的人群。其中，雇主保险覆盖1.58亿人，约占全美总人口53%，1/3为HMO（健康维护组织，这是一种医疗服务、医疗保险合而为一的一体化机构，也是美国的一大特色）所覆盖。雇主保险在美国虽然界定为商业保险，但其实类似我国的社会医疗保险，一般也由雇主雇员共同缴费或雇主单独缴费，所不同的是非立法强制、非政府举办。个人保险，也即商业健康保险，由个人自主自愿购买，覆盖1360人，占5%。二是政府医疗保障，总计覆盖约27%的人口。具体又分三块：第一块是Medicare，即社会医疗保险，俗称“老人医疗保险”，主要覆盖65岁以上老人及残疾人，覆盖人口4400万人，占总人口14%；第二块是Medicaid，即社会医疗救助，俗称“穷人医疗保险”，主要覆盖贫困线以下家庭，覆盖人口3600万，占总人口12%；第三块是政府医疗补助项目，包括偿付医院无主债务等，覆盖300万人，占总人口1%。在上述保障覆盖范围外，全美约4500万人没有制度性的医疗保障，主要是高收入者、无业或低收入年轻人等，占总人口15%。当然，在美国根据法律规定，任何医院都不能拒收病人，都必须先治病、后结算，看完病后该由哪个保险埋单就由其埋单，病人没有医疗保险、个人又付不起单是可以赖账“拍屁股走人”的，由医院随后向政府申请费用补贴。因此，严格意义上说，在美国即使没有任何医疗保险的人，也是有一定保障的。在筹资方面，美国医疗费用支出约三成来自商业保险，不到15%来自个人自付，其余都来自联邦或州政府财政，也即一半以上的资金还是来自政府。可见，不管是政府主导的社会医疗保险模式，还是市场主导的商业医疗保险模式，政府“掏钱”的责任是免除不了的。

三是严格的医疗服务规制与监管。美国对医疗服务提供者制定严格的标准规范。如规定，所有的医疗机构都不得拒绝收治穷人患者。对非营利性医院的规制则更为严格，如规定：经营结余不得用于投资者分红；董事会成员一半以上必须来自于所在社区；必须为没保险的穷人提供医疗服务等。同时，注重发挥行业协会/学会的重要作用，是美国医疗服务规制的显著特点。行业协会/学会对医疗质量、教育培训、招生数量、学科发展等提出报告，并以此作为规制管理的依据。所有医院只有通过美国医疗机构评审联合委员会（JCAHO）的认证，才能获得保险公司的认可，才能纳入其购买服务和支付医疗费用的对象。启示是，我国在鼓励发展私立医疗机构的同时，必须同步重视建立相应的监管制度。

四是医院管理自治化、精细化。美国医院大多设有董事会，并聘请 CEO 全权负责医院管理。在医疗质量管理方面，成立了所有医院参加的医院质量联盟，定期收集相关数据，评价各医院的服务质量，并选择相关指标定期向社会公布。美国极其强调医疗质量的持续改进，不断强化细节管理，制定了“傻子”安全系统，从管理流程上多设关口，确保质量不出问题。建立量化指标和标准体系，严格进行手术前核对，实施多学科会诊，制定针对性强的个性化治疗护理方案，严格防范差错风险。同时注重医患沟通，术前充分与患者及家属进行交流，在使医生成为医疗质量捍卫者同时，强调建立医生和病人之间的伙伴关系。对于防范可能出现的医疗事故和医疗纠纷，则通过普遍建立医生自愿参保的医疗事故保险制度来支付高额赔偿金，化解医疗事故风险。启示是，我国也有必要尽快建立医疗事故保险制度。

五是越来越重视医疗费用控制。美国的医疗服务及医疗保障体系是世界上最为昂贵的，2011 年医疗卫生开支约占 GDP 的近 18%。美国医疗费用畸高有些特殊情况：一是有着世界上最高水平的医生、医疗技术和药品服务；二是有着全世界最大规模的健康产业，供给过于充分，创造了需求；三是医疗服务可及性强，医疗费用个人自付比例低，导致一定程度的过度医疗问题。但是，严重的人口老龄化和不断上涨的医疗费用，使得控制费用成为一个重要议题。不久前，奥巴马政府投入 30 亿美元，成立专门研究中心，开展比较成本效益分析，对纳入医疗保险支付范围的药品和医疗服务进行分析。积极推进按照绩效付费的支付方式改革，对医生、医院及其他医疗服务供应者，根据其提供服务是否达到一定的质量和效率的标准进行支付。这一支付方式已经覆盖美国医疗体系的绝大部分。这是对按项目付费、按人头付费、按病种付费等传统支付方式的一个重要创新。启示是，医疗费用支付制度是医疗费用控制的关键，支付制度需要不断改革和完善，而注重医疗绩效是改革的一个重要方向。

六是医疗管理与服务信息化。美国将信息化作为医疗卫生改革与发展的一个重要内容，要求所有医院都要建立电子病历系统，通过该系统将医院和社区医生连接起来，实现数据信息共享，病人也可查询自己的健康档案。同时注重信息反馈和公示，建立同行审查机制，促进医院改革服务质量和绩效。通过建立电子信息系统，匹兹堡医疗集团所属“东区医院”已经全部实现无纸化办公。全美退休军人医院系统也已全部实现信息化。

世界上没有一个完美的医疗卫生体制，各国都在不断改革完善。美国现行医疗卫生体制面临的最大挑战：一是缺乏覆盖全民的、统一的医疗保障制度，仍有一部分人没有制度性医疗保障。这正是奥巴马“新医改”所要解决的核心问题。二是不断上涨的医疗费用和日益庞大的医疗卫生支出，正在成为社会无法承受的沉重负担。三是医疗卫生体系复杂，结构重叠、资源配置不合理和浪费问题也比较突出。四是医院的集团化趋势，不可避免地带来医疗服务的垄断。五是政治体制问题。美国是联邦制国家且有两大政党，各州有自己的立法权，不同州有不同的执政党，这就导致各州法律不一，医改政策和推进效果也有差异。我们要全面认识美国医疗卫生体制的优劣，不必言必称美国，要看到我们自己的优势。

二、国际卫生改革与发展新趋势

在研修中，我们不但了解了美国的医疗卫生体制及医改，也了解了墨西哥等国的医改情况。当前，国际卫生改革与发展呈现以下新趋势：

一是国民健康在国家经济社会发展中的地位日益提高。从国际经验看，医疗费用增长速度超过经济增长速度是一个普遍现象，国民收入越高，医疗费用占 GDP 的比重也越高。这是以人为本的体现。各国控制医疗费用，主要还是针对浪费、低效和不合理增长部分。我国作为经济社会快速发展的国家，医疗费用上涨有一定的必然性、合理性，关键是控制过快的不合理增长。同时，健康产业作为“朝阳产业”，在我国的发展前景十分广阔。

二是社会筹资占整个医疗支出的比重不断提高。患病虽然是个体的事，但理论上是一种社会的风险，因为每个人都可能患病。由于医疗费用的开支越来越大，而个人的支付能力又有限，常常会“因病致贫”，因此，政府理应为全体国民(特别是弱势人群)提供基本的医疗保障。当然，从国际经验看，实行全民免费医疗制度，也不是福利最大化的首选。从平衡公平与效率的角度看，个人与社会的责任应当在医疗费用分摊上，保持适当的比重。国外的情况是，国民收入越高，卫生总费用中社会分摊的比例越高，且社会分摊方式呈现多样化趋势。

三是医疗服务体系协同化趋势加剧。1989—2009年美国医院数量变化不大，但集团化医院数量增加很快。集团化有多种模式，其中最普遍的有两种：一种形象地说是“连锁化”模式。其特点是医院之间相对独立，每家医院有自己的董事会和院长，院长既对医院的董事会负责，同时也对集团董事会负责。但集团内实施统一的财务制度和信息化管理系统。如哈佛医学院所属两大医疗集团之一的“伙伴医疗集团”，以麻省总医院、布莱根和妇女医院等大型医院作为住院医院，并与社区医疗中心和个体执业医生组织通过合同建立联系，组成一个整合型的医疗服务系统。这种方式通过资源整合共享，可以降低成本、提高效率，有效弥补不同医疗机构之间、同一医疗机构不同科室之间的信息孤岛、服务孤岛、盲目无序竞争等碎片化管理弊端，同时集团也可以提高与医疗保险机构谈判的主动性和筹码。另一种是“集团化”(一体化)模式。如贝斯以色列医院集团将原来五个医院的外科整合成一个大外科，便于资源的统一调配和紧密合作。目前这两种模式都在改进完善之中。

四是政府与市场的合作化、互补性加强。在医疗服务领域，政府主导与市场竞争机制各有所长，但都不是万能的，需要加以平衡，使其互为补充。在医疗监管、医疗保障、服务提供、要素配置等不同的领域，政府和市场发挥作用的范围、重点和形式应有所不同。

三、美国及国际经验对我国医改的几点启示

第一，医疗卫生制度有其赖以生存的制度土壤和价值取向，深化医改必须从国情出发。任何一项医疗卫生制度，都与所在国家的政治、经济、文化、历史背景有关，都有支撑其存在的价值观、伦理观，也取决于不同国家的国情。中国最大的国情是人口众多、资源相对匮乏、经济发展水平不高，这就决定了我们不能照搬照抄国外的现成经验。我们既要学习借鉴国外先进经验和做法，也要充分考虑我国的现实发展阶段、人民群众接受程度、决策风险程度等多种因素，走出一条适合自己的道路。

第二，医疗卫生行业的宗旨是为人民健康服务，必须强化公益性。即使在美国这样多元化、市场化的医疗服务供给体系中，非营利性医院仍占80%以上，且任何医院都不能拒收急诊病人或穷人。这启示我们，无论哪一种所有制形式和经营性质的医疗机构，都必须坚持公益性的基本原则和基本属性，决不能把医院变成单纯赚钱的工具。要合理界定营利性医院和非营利性医院的界限，非营利性医院也要强调成本意识、经营意识、管理意识，通过严格的规制，使非营利性医院收支结余真正用于事业发展和改善服务。

第三，医疗卫生行业有其自身的规律性和特殊性，必须坚持政府、市场和社会共同发挥作用。美国是市场经济高度发达的国家，政府责任边界非常清晰，市场作用无处不在，行业协会、中介组织等社会力量也发挥着至关重要的作用。这启示我们，我国政府必须转变职能，有所为、有所不为，能交给市场的就交给市场，能放给社会的放给社会，要积极培育社会中介组织，发挥学会、协会等在行业引导、规范、标准、自律等方面的重要作用。

第四，健康产业方兴未艾，应将推进卫生事业发展与引导健康产业有机结合。世界银行早些时间的报告指出，发达国家卫生总费用占GDP的比重约为10%，美国达16%，一些发展中国家也达到了6%～8%，而中国不到5%。我国随着居民消费结构升级，用于医疗卫生等健康的投入明显增加，多样化、个性化的健康服务需求也将呈现出快速增长，健康产业市场有着广阔的发展前景，面临大好发展机遇。因此，要在加快发展卫生事业的同时，做大做好增量，积极引导健康产业发展，满足人民群众多样化、多层次的医疗卫生需求。

第五，基层卫生服务体系具有重要作用，应加大力度做强基层。基层在整个医疗服务体系中发挥“守门人”作用，更加贴近群众，了解群众需求；同时也是控制费用的重要一环，可以通过做好预防和健康管理，使群众少得病、不得病、不得大病，减少医疗费用支出。“保基本、强基层、建机制”是我国深化医改的基本原则和成功经验，必须进一步加大力度做强基层，特别是提升基层的服务能力和水平。要通过完善医疗保险支付政策等手段，使群众首选在基层医疗机构就医。

第六，医务人员是医疗卫生改革的主力军，要千方百计调动他们的积极性。美国高度重视人力价值，医生的社会地位和劳动报酬很高，能达到社会平均工资的3~5倍。美国的医疗服务收费分为医院收费、医生服务收费和药品费用，分别由不同的医疗保险项目支付。大多数医生还有自己的私人诊所。医生作为自由职业者可以在不同医疗机构执业，多劳多得。这启示我们，要充分认识医务人员的劳动价值，要在物质精神待遇、职业发展空间、工作条件环境等方面为医务人员营造良好的发展氛围。

2013年1月30日

（薛海宁　聂春雷　周　军　朱洪彪　卫生部，钟东波　北京市卫生局）

大力发展健康产业

——第七期赴哈佛大学“中国卫生发展与改革高级研修班”分报告一

刘文海　张　平

一、什么是健康产业？

健康产业是指与维持健康、恢复健康、促进健康相关的一系列有规模的产品生产、服务提供及信息传播等相关产业的统称。健康产业是当代世界经济体系中的“朝阳产业”。美国著名经济学家保罗·皮尔泽在《财富第五波》中将健康产业称为继 IT 产业之后的全球“财富第五波”。

关于健康产业的范畴，学术上有狭义和广义之争。狭义的健康产业，主要涉及医药产品、保健用品、营养食品、医疗器械、休闲健身、健康管理、健康咨询等与人类健康直接相关的生产和服务领域。而广义的健康产业，延伸到与健康直接或间接相关的产业链和产业体系，比如包括饮品工业、食品工业，甚至有机农业、环保家居及建材业等。

一般认为，狭义的健康产业范围过窄，而广义的健康产业范围又过宽，都不太适宜中国健康产业目前和未来发展的实际状况，而应该取两者之间的一个范围。具体说，健康产业应由四大基本产业群构成：一是以医疗服务，药品、医疗器械以及其他耗材产销、应用为主体的医疗产业；二是以健康理疗、康复调理、生殖护理、美容化妆为主体的非（跨）医疗产业；三是以保健食品、功能性饮品、健康用品产销为主体的传统保健品产业；四是以个性化健康检测评估、咨询顾问、调理康复、保障促进和养生文化机构等为主体的健康管理产业。随着社会发展、科技进步及人类对健康生活品质的追求，健康产业的外延也将不断延伸和扩展。

健康产业的基本属性：一是具有多重产业属性。它在一、二、三产业均有分布。二是既是消费，也是投资。健康产品与服务的提供，一方面创造了社会财富，为经济增长作出直接贡献，另一方面通过健康的改善带来巨大的间接效益。健康对经济的促进作用已影响到传统的经济核算方式，"全面收入理论"认为，应将健康改善带来的福利价值纳入经济核算，以全面反映健康的实际影响。三是在健康产业领域内，公共产品、准公共产品、私人产品并存，政府和市场都可以大有作为。

二、大力发展健康产业的必然性和重要性

第一，健康产业的兴起是经济发展的客观规律。国内外的实践均表明，人均GDP与人均健康（医药）费用支出呈正相关关系。国民收入越高，医药费用占GDP的比重越高。健医药费用增长速度超过经济增长速度是一个普遍现象。例如，"十一五"期间，我国卫生总费用年均增长13%，而同期GDP的年均增长是11.2%。国际经验表明：当人均GDP达到3000美元以上，居民消费结构出现升级，用于医疗卫生等健康的投入明显增加，多样化、个性化的健康服务需求也将快速增长。2011年底，我国人均GDP已超过5400美元，人口期望寿命达到73.5岁，意味着健康正在成为人们的优先选择。近几十年来，发达国家人力资本对经济发展的贡献率高达70%以上，而我国目前大体为35%，说明我国人力资本对经济增长的贡献存在着很大的发展空间。而改善国民的健康状况，是提高人力资源素质的重要方面。

第二，健康产业的发展是促进国民健康的必然要求。一是全球性人口老龄化趋势不可阻挡，中国老龄化速度远快于其他国家，老龄人口总数居世界首位。据联合国人口基金会预测，未来5年全球65岁及以上人口总数将在人类历史上首次超过5岁及以下儿童总数；到2050年，甚至会超过14岁以下人口总数。截至2011年底，我国65岁及以上人口达1.23亿人，约占总人口的9.1%。其中，生活不能自理、需要照料的老人约1500万人，预计到2020年该数字为2500万人，2050年为4000万人。而目前我国各类养老服务机构床位仅

有149.7万张，老年护理人力资源更是严重不足。二是全球疾病谱发生重大变化，从营养不良、感染性疾病为主转向不良生活行为方式、老年病为主，慢性非传染性疾病发病快速上升，已成为主要死因和健康威胁。我国现在有70%的人处于不健康、亚健康状态，其中慢性病患病人数2.7亿、高血压患者2亿、肝病患者上亿、糖尿病患者9700万、高血脂患者3300万、精神病患者2000万。老龄化加剧和疾病谱变化两个因素叠加，会大大增加医疗费用开支，特别是用于老年慢性病方面的开支。2011年我国医疗卫生费用开支中约四成用于60岁以上老人，到2030年，这个比例会超过六成。

第三，健康产业的发展是经济转型升级的有效途径。党的十八大报告提出，要建设生态文明，发展绿色产业与低碳经济，实现经济社会发展可持续、更健康。一是发展健康产业是扩大内需的重要方面。随着国民收入增加、支付能力及生活水平的提高，人群的健康需求会进一步释放。世行数据表明，发达国家健康产业占GDP的比重为10%，美国达16%，一些发展中国家也达到了6%~8%，而中国仅为5%。同时，资本的需求（健康投资）也是推动健康产业发展的重要力量。据WHO推算，在中低收入国家，对基本医疗卫生服务每投入1美元，直接经济效益可达3美元~6美元。全球健康产业市场规模从1998年的3301亿美元增加到2009年的7730亿美元，10年增长了1.34倍。二是发展健康产业是产业结构调整的重要方向。健康产业具有产业链长（涵盖一、二、三产业）、覆盖面广、附加值高、知识密集、劳动密集、低能耗高产出等特点，是产业结构调整的重要抓手。健康产业在促进就业方面的作用也十分明显。如英国健康产业就业人口达6%，美国4%，中国不足2%。据估算，我国健康服务业从业人员的比重每提高一个百分点，可增加就业800万人。三是发展健康产业是技术进步与创新的重要引擎。健康产业特别是医疗服务和制药业等，通常是高度的知识密集、技术密集、资金密集，这恰也是其竞争力所在。例如，2010年在世界500强企业中，12家制药和医疗器械企业利润率为18%，是利润率最高、受金融危机冲击最小的企业。

三、我国健康产业发展尚属起步但前景广阔

我国健康产业已经形成一个包括医疗、医药、医保、保健品、健康食品、健康管理、美容养生、健康信息、健康文化等各个基本方面的、相对完整的产

业体系。由于缺乏科学准确的统计口径,健康产业总产值只能作大概估值,约 2.5 万亿元,约占 GDP 的 5%。其中仅保健品行业,年产值就达 7000 亿元。截至 2011 年底,我国已审批保健食品 11862 个,其中国产 11197 个,进 665 个。按照国家发改委、工信部联合印发的《食品工业“十二五”发展规划》,“营养与保健食品制造业”首次被列为我国重点发展的行业,到 2015 年,我国营养与保健食品产业将达到 1 万亿元,年均增长 20%,形成 10 家以上产品销售收入在 100 亿元以上的企业。

目前存在的主要问题:一是产业发育程度低。如在制药行业,工信部数据显示,2011 年我国制药企业共计 6154 家,药品批发企业 1.3 万多家,呈现“多、小、散、乱”的局面,市场集中度低,企业竞争力差。在保健品行业的情况更糟。二是产业创新能力弱。同样以制药行业为例,我国的自主品牌少,对外依赖度高,97% 以上为仿制药。几乎所有先进的制药技术都来自国外,新药市场基本为外资公司控制。高技术、高附加值医疗器械 80% 为洋品牌占据或垄断。三是产业规划、政策和法律法规不完善。在产业界定方面,相关研究滞后,缺乏统一、公认、规范的产业范围和属性界定。在产业规划方面,国家层面尚无明确的健康产业发展规划。产业政策也不健全,存在部门分割、各自为政、缺乏协同等问题,市场主体作用不能有效发挥。

我国健康产业的发展前景:一是市场潜力巨大。目前我国的卫生总费用仍处于世界平均水平以下,2011 年人均年卫生费用 1820 元,约为 285 美元,而世界人均年卫生费用 2008 年已达 854 美元。预计今后一个时期,我国卫生总费用仍将保持较高速度的增长。有研究表明,我国因供给和需求能力不足而被抑制的医疗服务需求达 4400 亿元,保健需求达 2000 亿元。二是人类健康模式面临三大转型,会释放出巨大的健康需求。即由生物疾病医学模式向生态健康医学模式转变;由疾病医疗产业向健康养生产业转变;由医学类“治已病”消费向保健类“治未病”消费转变。三是快速的老龄化、城市化,会催生出巨大的健康人力资源需求。据有关预测,今后一个时期我国短缺老年人健康护理人员 400 万人,短缺医疗机构护理人员 400 万人,短缺基层医疗机构助理医师和全科医师 160 万人,短缺精神卫生专业人士 30 万人。这些人力资源的投放,必然伴随着相关产业容量的扩大。《财富第五波》一书断言:“中国是世界上最大的健康产业市场,有着广阔的发展前景，面临着引领全世界健康产业发展的大好时机。”

四、政策建议

第一，加快医改进程，充分释放群众合理的医疗和保健需求。加强公共卫生体系、医疗卫生服务体系、医疗保障体系和药品供应保障体系建设，为群众提供更多更好的产品和服务，提高社会医疗保障水平，提高基本医疗卫生服务的可及性，满足群众基本卫生服务需求，促进社会多层次、多样化的健康需求。特别要加快医疗卫生领域的各项基本建设，重点加强农村环境卫生设施建设和城乡基层卫生机构建设投入，迅速释放健康领域的投资需求。

第二，加快健康产业发展科学规划和合理布局。加快制定扶持健康产业发展的各项政策措施，国家层面上应尽快出台健康产业发展规划。要以市场为主导，对现有的医药生产和流通企业进行适当合并重组，提高市场集中度，提高企业竞争力，加快民族医药产业振兴步伐。增强医药企业自主创新能力，开发重大产品、创新重大技术、布局重大项目，支持企业在生物医药、大型医用设备等方面开展研发和推进产业化。要对传统保健品行业、传统保健服务行业进行全面升级换代，规范市场秩序，提高市场准入门槛，提高产品质量和服务水平。要加快包括社会医疗保险和商业医疗保险在内的医疗保险业发展，提高人民群众对医疗服务的支付能力。要加快发展家庭康复护理、社会养老服务、体育健身等新兴健康产业领域，培育新的增长点。

第三，加强健康产业人力资源开发。健康产业发展的关键在人。制约当前我国健康产业发展的一大“瓶颈”，就是人才短缺，特别是基层优质人才更加匮乏。今后一个时期，要以住院医师规范化培训为突破口，通过建立健全培训基地、师资队伍、考核办法等，解决基层卫生人才不足的问题。要从制度和机制上促进我国扩大临床护理队伍，争取用 5 年多时间，培养安置 260 万名护士，把我国数百万护理岗位的潜在需要变成现实需求。

第四，大力倡导健康文化。要通过教育培训、新闻出版、大众媒体等途径，在全社会大力弘扬健康文化，倡导健康行为，引导健康消费，促进全民健康意识和健康水平的提高。

2013 年 1 月 30 日

（张　平　浙江省卫生厅）

加快健全公立医院治理结构

——第七期赴哈佛大学"中国卫生发展与改革高级研修班"分报告二

刘文海　薛海宁

公立医院治理是公立医院改革的重要内容，也是当前我国理论和实践中存在较多争议的话题。能否健全公立医院治理结构，决定着公立医院改革的成败。

一、美国公立医院治理的经验和启示

举办公立医院是各国政府的普遍做法。在美国这样高度发达的市场经济国家，也举办了占全部医院总量约两成的公立医院。美国实行的也是多级医疗体系，按医疗服务机构的规模划分，典型的是三级医疗体系，包括医院、社区卫生服务中心和独立执业医生诊所（私人诊所）。其中，多数社区卫生服务中心是公立医院，也有少部分医院是公立医院。另有一类公立医院，是由教会或慈善组织举办的专门为穷人服务的公立医院。社区卫生服务中心的病人可以向医院转诊；私人诊所的病人可以向医院转诊，也可以向社区卫生服务中心转诊。在公立医院的治理方面，也有三种方式：一是实行理事会这样的独立法人治理结构，但院长由州、地区卫生行政长官或城市市长签发委任书，这是主要方式。二是少量公立医院由各级政府卫生行政部门直管直办，典型的如全美退伍军人医院系统。这类似我国目前情况。三是还

有少量的公立医院被托管出去。美国的许多做法,对推进我国公立医院改革具有一定的启示和借鉴意义。

*一要坚持医疗卫生事业的公益性。*美国非营利性医院占80%以上,无论是哪一种属性的医院,都不能拒绝诊疗急诊病人或穷人。美国有专门的医疗保险制度覆盖老人和穷人,有专门的医疗服务体系覆盖退伍军人。启示是,公益性是医疗卫生事业的基本属性,不能把医院全部变成赚钱的工具。

*二要合理界定政府职能。*美国是市场经济高度发达的国家,政府责任边界非常清晰,市场作用无处不在,行业协会、中介组织等社会力量也发挥着至关重要的作用。启示是,我国政府应当转变职能,有所为、有所不为,能交给市场的就交给市场,能放给社会的就放给社会,要重视和积极培育社会中介组织,发挥第三方的作用。

*三要坚持充分发挥市场机制作用。*在美国,市场对医疗资源配置起基础性作用,在医疗保险、医疗服务提供、药品定价等方面皆是如此。通过有效的市场机制和公平竞争,促进医疗服务绩效的提升。启示是,要满足当前居民日益增长的医疗服务需求,迎接老龄化、城镇化和疾病谱变化等多重挑战,就应当做大增量,积极鼓励社会力量举办医疗卫生事业和产业。

*四要建立统一高效的监管机制。*美国充分重视规制的作用,通过政府或行业协会制定全面且易于操作的规范标准,利用信息化手段广泛开展监督检查,并严格执法,约束市场主体充分自律。启示是,我国的卫生监管要在标准化、规范化、信息化和注重实效等方面,下更大的功夫。

*五要立足本国国情。*任何国家、任何一项卫生政策,背后都有支撑其存在的价值观、伦理观,也取决于各国现实的国情。我国最大的国情是人口众多、资源相对不足、经济发展水平不高,这就决定了我们不能人云亦云、生搬硬套国外的现成经验。必须考虑中国的现实情况、文化背景、经济社会发展要求,人民群众接受程度、政策决策风险程度等多种因素,学习借鉴国外好的经验做法,走出一条属于自己的路子。

二、我国公立医院治理的主要问题及成因

关于“公立医院治理”的概念界定,各地实践中理解和做法不一。比较公认的是指“关于政府、公立医院及公立医院管理者之间的职责、权利和义

务的制度化安排。”这里，“治理”具有外部性、宏观性，公立医院内部管理不是治理。国务院医改文件已经明确，政事分开、管办分开、医药分开、营利性和非营利性分开这“四个分开”，是对公立医院治理的总体要求。

目前我国公立医院治理存在三个主要问题：

一是“委托/代理”链过长，代理人制度缺失。从法理上看，公立医院应属全民所有，由政府代行出资人职责，政府将其职责委托给相关部门，又通过卫生、发展改革、财政、人力资源和社保、组织、人事等部门，层层委托给医院管理者。这就产生了一系列问题，包括：委托层级多，所有者权益难以实现；受托主体多，不同部门间协调成本大；委托关系复杂，难以实现有效监管等。

二是治理形式混乱，运转机制不灵活。世界银行将公立医院治理分为自主化、公司化和民营化三种主要做法，其决策权分配、问责方式、筹资渠道、盈余索取、社会职责等方面，随着政府放权程度不断加大、市场参与程度逐步提高，而渐次发展变化。而国内公立医院治理形式五花八门，从管理体制看，有的成立行政性质的独立机构，如北京、成都；有的成立议事协调性质的管理委员会，如陕西、安徽；有的成立事业单位性质的管理中心，如上海、无锡。从运行方式看，有的将医院集团化，有的将医院托管，有的实行购买服务等。但这些做法实质上都没有真正将办医职责整合，仅限于现有部门管理职责的分权。由此带来行政成本和协调成本更高，公立医院受多头管理，效率低下，运转缺乏灵活性等问题。

三是权利责任不对等，缺乏有效问责机制。有效治理的基本原则是，坚持责权对等和可问责性。但我国的实际情况是，公立医院的举办权力高度分散，且权利和责任不对等。一方面，当公立医院出现投资失误、管理失策、用人失查等问题时，没有一个独立的、中立的第三方机构来进行评估和监督，也没有人去问责。另一方面，违法违规几乎没有成本或者成本很小，缺乏有效的激励约束和监督制约机制。

产生上述问题的主要原因：一是政事不分。在计划经济背景下，公立医院作为卫生行政部门职能延伸的事业单位，完全按照卫生行政部门的指令被动地完成计划性任务，一般不作为独立法人独立经营管理医院。卫生局长是公立医院的总院长，“局长干了院长的活”。二是监管不到位。国内外经验均已表明，公立医院在获得经营自主权的同时，如果没有相应的、有效的约束监管机制，必然会出现损害公益而趋利的现象。目前，政府对公立医院的监管范围过窄，还仅限于服务行为的监管；监管手段单一，缺乏有效的监管形式;监管内容过宽,缺乏精细化、标准化;监管法规存在空白,如对过度医疗约束等缺乏相应规定。三是竞争不充分。尽管国家出台了发展社会办医的政策文件,但在思想认识上,对市场机制发挥作用的方式和范围仍没有达成统一;在政策落实上,对引入社会力量参与医疗服务提供的措施仍不够细化,存在"玻璃门"、"弹簧门"的障碍。民办医院进入医疗服务领域仍有较高"门槛",公立医院与社会办医竞争不充分,医疗服务供给总量仍显不足,不能满足群众多层次、多样化的医疗服务需求。

三、政策建议

第一,厘清政府与公立医院的关系。目标是通过科学合理界定政府对公立医院的举办监管职责和公立医院自身作为事业单位的自我运营管理权限,实现政事分开,政府职责不缺位、不越位,事业单位运行有活力、有激励。为此,一要界定政府的基本职责,在对公立医院管理方面,政府应主要负责制定法律法规和规划政策,加强全行业监督管理,要管规划、管标准、管政策、管信息。二要明晰公立医院的权限。落实公立医院独立法人地位,明确院长作为医院经营者,对医院的日常管理、资产运作、医疗行为负有管理责任,使公立医院得以真正成为自主管理、自主运营的竞争主体。

第二,选择适宜的治理模式。目标是通过建立清晰的委托/代理链条,落实管办分开,合理配置、科学界定政府及相关部门对公立医院的管理权力和责任,实现管有力度、办有权力。建议按照精简、统一、效能的原则,推进"大部制"改革,明确由一个部门或机构负责公立医院管理。考虑到地区间经济社会发展水平和公立医院在级别、规模、水平、特色等方面的差异,结合前一阶段各地改革实践,应该鼓励各地在"大卫生"框架下采用不同的治理模式,而不宜"一刀切"。公立医院治理大体有三条路径,各地可试点,可自主选择。一是政府直接办。在中等及以下城市,考虑到当地政府组织动员能力较强,卫生行政职能相对单一,辖区内医疗卫生资源和公立医院数量较少、规模较小,管理经办关系相对单一,可不另设专门办医机构。由政府授权当地卫生行政部门代行出资人职责,实现卫生行政部门与办医机构合并设置。二是委托授权管理。在特大城市和大城市,考虑到公立医院资源在隶属关系、行业管理、资产规模、监督管理等方面的复杂性,为实现政府办医的统一高效,可成立实体化的办医机构,如成立医管局等。三是医院实行高度自治。也就是实现公立医院名副其实的法人化。公立医院作为自主决策、自主发展、自我约束的法人实体,建立决策、执行、监督分开的现代医院管理制度。无论采取哪一种形式,都应当坚持责权利相统一;都应当坚持问责对象单一化和清晰化;都应当坚持保证公立医院的公益性和非营利性;都应当强化科学高效监管。

第三,大力支持和发展社会办医。社会办医既是对医疗服务总量的有效扩大,也形成一种“倒逼”机制,打破公立医院的垄断,对公立医院产生有效的竞争压力。国务院“十二五”医改规划提出,到 2015 年非公立医疗机构床位数和服务量达到总量的 20% 左右。目前,我国非公立医疗机构发展的规模、质量和速度距“十二五”医改规划的要求,尚有较大差距,地区间发展很不平衡,在人才、监管、竞争环境等方面还存在一些制约发展的关键性问题。建议:一要严格控制公立医院无序扩张。对于每千常住人口医疗卫生机构床位数达到 4 张的,原则上不再扩大公立医院规模,新增卫生资源优先考虑引进社会资本。鼓励发展康复医疗和长期护理。二要扶持一批大型非公立医疗机构发展。重点发展非营利性非公立医疗机构,特别是上规模、上水平的民营医院,降低短期趋利风险,形成以公立医院为主导、民营医院以非营利性为主的办医格局。三要着力加强非公立医疗机构服务能力和诚信建设。鼓励三甲公立医院对口支援综合实力较弱的民营医院,帮助其提高管理水平和专业服务能力。鼓励民营医院采用设立救助基金、开展义诊等多种方式回报社会,提高自身知名度和影响力,塑造更好的社会形象。四要完善落实相关政策。继续完善民营医院准入、医院评审、医保定点资格、职称评审等方面的政策,切实做到和公立医院一视同仁。加大协调力度,破除土地、税收、医保定点等方面的政策阻碍,为民营医疗机构发展营造公平竞争环境。五要加强对民营医疗机构监管。将民营医疗机构纳入统一的医疗机构评审评价体系和医疗质量控制评价体系,实行动态管理,对其执业活动进行指导和监督。

2013 年 1 月 30 日

(执笔:薛海宁　卫生部)

重庆五条举措调控房地产市场

李攀辉

近年来,重庆市政府严格贯彻国家宏观调控精神,努力推动房地产市场平稳、规范、健康发展。在城市人口大量增加的情况下,重庆房地产价格明显低于同类城市。2012 年,重庆主城区商品住房成交均价为每平方米 6389 元,分别比同处西部地区的成都、昆明和西安低 2000 元、1000 元和 600 元左右。另据 2012 年全国主要城市房价指数推算,重庆房价指数在全国 70 个大中城市中排 57 位、在 35 个重点城市中排 33 位。重庆加强房地产市场管理的做法和成效得到了中央部委联合督查组的肯定。

一、针对住房的消费品属性,实施供需调控

住房作为耐用消费品,须按照供求规律,调控好供需两端,使其大致平衡。西方发达国家人均住房面积一般 40—50 平方米。我国人多地少,人均住房面积 30 平方米左声较切合实际。人均面积过低,会影响群众的生活质量,还将造成供给不足;过高,易出现闲置,形成泡沫。基于此,2001 年以来,重庆结合城市总规设定的人口规模和城镇化、工业化实际进程,始终按人均 30 平方米标准控制商品房建设总量和实施进度。重点控制两个指标:一是投资量,将每年房地产投资保持在全社会固定资产总投资的 25% 左右;二是开工量,每年的新开工量按规划的年度分摊量控制,使住房建设与经济社会发展形成了比较平衡的比例关系。近五年,在全市城镇常住人口增加 320 万的情况下,没有出现供需脱节、房价大涨大跌的状况。

二、针对住房的不动产属性，实施地价调控

地价必然影响房价。房地产作为不动产，随时间推移，所处地块价值呈刚性升值。政府对地价的调控，既不能刻意压低地价，造成国有资产向开发商流失，也不能“炒地皮”把地价抬高，进而推高房价。关键要按照市场规律，将地价调控在合理范围。为此，重庆采取了五条措施：一是建立土地储备制度，形成“一个池子蓄水、一个龙头放水”的土地储备和供应体系。10年前，重庆就将主城拓展区域60%的可建设用地，纳入政府土地储备体系。二是根据房地产开发周期和市场需求，把握供地节奏和批量，调节土地价格走势。地价偏低，就放慢供地节奏；偏高，就增加供地满足需求，平抑地价。三是实施差别化供地，优化土地利用结构，确保保障性住房、满足普通商品房、控制高档商品房的用地需求。四是根据经济社会发展水平，适时调整土地等级和基准地价。五是加强用地监管，打击开发商恶意囤积土地，提高土地调控的有效性。近10年，重庆房地产楼面地价始终控制在当期房价1/3以内，实现了商品房合理盈利与房价理性可控的有效平衡。

三、针对住房的金融属性，实施按揭调控

对房地产最直接有效的信贷调控，是合理设定首付与按揭之间的杠杆比。杠杆比过低，容易造成房地产泡沫，引发金融风险；过高，既增加居民购房难度，宏观上也会抑制需求，导致楼市低迷，制约房地产市场健康发展。为寻求平衡，重庆根据不同需求层次和房价走势，实施差别化购房按揭制度。原则上，首套房可按揭70%～80%、二套房最多只能按揭50%、三套房及以上实行零按揭。这既鼓励和支持了自住型、改善型购房的合理需求，又形成了抑制投机、控制泡沫的防护网，促进理性消费。得益于此，重庆成为目前少数几个没有动用行政手段干预房价的重点城市。

四、针对住房的资本属性，实施税收调控

抑制投机炒房，必须交易环节和持有环节“双管齐下”。商品房交易环节征税，是一次性的间接税，对投机炒房的约束效力非常有限。若持有环节年年征收直接税，就会增大持有成本，有效抑制房屋空置和投机牟利。目

前,国内房地产税收以交易契税、增值税、营业税、所得税等生产环节税为主,而发达国家以房产税、物业税等持有环节税为主。为促进住房理性消费,重庆按"低端有保障、中端有市场、高端有约束"的策略,实施税收调控。对公租房、安置房等低端住房,不但不收税,还保障投入;对普通商品房等中端住房,按常规水平收税;对高档商品房、别墅等高端住房或多次购房,不但交易环节征收较高的契税和土地增值税,还征收持有环节的房产税。2011年初在财政部指导下,重庆率先进行房产税改革试点。两年来,重庆主城区高档住房建面均价年均下降6%,成交面积占比也由9.2%降为2.2%,房地产资源配置和住房消费更趋理性、合理。

五、针对住房的民生保障属性,实施双轨调控

住房是最基本的民生需求,也是差异性较大的需求。单单靠政府保障或完全靠市场调节,都存在缺陷。社会人群中总有30% ~40%的中低收入群体,其收入只能保障日常基本生活,一定时期内根本无力购房。实现他们"住有所居",靠市场这只"看不见的手"存在"盲区"。因此,还要用政府"看得见的手"发挥托底保障作用。为此,重庆在调研论证基础上,构建了60% ~70%需求由市场调节、30% ~40%需求由政府保障的"双轨"住房供应体系。为了弥补市场化配置的不足,重庆自2010年开始,实施以公租房为主体的保障性住房建设计划,规划建设4000万平方米公租房,加上廉租房和各类安置性住房,保障覆盖的群体达300多万人,大约占城镇人口的33%,可基本实现应保尽保。

实施中,重点把握了五点:一是按照"三年开工、五年建成、七年配套成熟"的要求,同步推进公租房的开工率、竣工率和配套率,使保障群众真正实现安居。目前,已累计开工4530万平方米,竣工1315万平方米,配租21万套、惠及58万人。二是合理规划布局,将公租房项目与21个大型商品房楼盘有机"混建",共享交通、教育、医疗、商贸等基础设施和公共设施体系,促进各类群体的和谐共融,避免贫富群体之间的隔离。三是明确保障对象,主要针对进城农民工、新生代大中专毕业生和城市原住民中的住房困难家庭等三类群体,租金仅为市场房屋租金的60%左右。四是防止利益输送和无休止建造公租房的"黑洞"。承租户中途要搬家、换房,只能将房源退给公租

房管理机构,不得转租他人,更不允许出售。租住满 5 年后,承租户也可按成本价购买有限产权公租房,但要转让,也只能由公租房管理机构按获得价格 + 银行利息回购,形成公租房体系的良性循环。五是利用公租房的不动产属性,采取政府主导、社会补充的投融资方式,并通过出售附属商业设施、出售有限产权公租房和收取租金等渠道平衡公租房建设管理的融资成本。

公租房在改善民生的同时,对政府调节房地产市场也产生了积极作用:一是缓解了房价上涨压力。公租房为购房困难群体提供租住渠道,分流了住房需求,优化了住房供需结构,避免了租住者因负债陷入“房奴”境地,还避免了商品房因供不应求而出现房价过快上涨。二是过滤了无效的市场需求。一时买不起房的人群,由政府提供保障,这部分暂时无效的市场需求被剥离出来,挤除了需求泡沫,能促进市场主体的理性判断。三是培育了有效购房需求。较低的公租房租金,减轻了租住者的购房压力。通过一定时间的财富积累,这部分群体将逐步形成对商品房的有效需求,促进房地产市场可持续发展。四是保持对经济的拉动。国际金融危机背景下,上千亿元公租房投资,有效填补了商品房投资的拉动不足。公租房承租户的入住,还带动家具、电器等家居消费,促进了关联产业发展,为保投资、稳增长注入了活力。

2013 年 6 月 8 日

(李攀辉　根据重庆市政府研究室提供的材料摘编)

一季度对港出口超常增长的原因及建议

王检贵

一季度,内地对香港出口1056亿美元,同比增长74.2%,占全国出口增量的57%,引起业界广泛质疑。对此,我们听取了商务、海关、税务、央行、外汇、发改委等部门有关同志的意见,并赴粤、苏、沪、浙、闽五省调研。初步分析,对港出口超常增长,主要是企业以加工贸易方式在保税区与香港之间反复进出口所致(也叫国货复进口,俗称“香港一日游”),目的是使境外廉价外汇潜入境内套取利差。虽然这种做法不违反现行政策和法规,但潜在危害不容忽视。表面看问题发生在进出口环节,实质上是我国资本项目对外开放滞后于经常项目的结果。建议采取疏堵结合、标本兼治的应对策略。治本之策在于加快资本项目对外开放进程,构建适应我国发展阶段和市场经济规律的涉外经济和金融体制。

一、“香港一日游”的动因:人民币回流套利?骗取出口退税?地方政府博取出口业绩?

——“人民币回流套利说”,值得商榷。这是因为:(1)香港离岸市场的人民币存款有增无减。截止今年2月末,香港的人民币存款已达6517亿元,创历史新高,并没有大量回流境内的迹象。(2)人民币结算的贸易量不大。一季度深圳特殊监管区进出口贸易超过700亿美元,而以人民币结算的贸易额不足1300亿人民币(约200亿美元),并且人民币的收付是基本平衡的。(3)人民币正常的回流渠道很多,用不着大费周折。香港居民每人每天可向大陆汇款 8 万元;香港企业可用人民币到内地直接投资;香港合格的机构投资者(RQFII)可用人民币投资境内证券市场。

——“骗税说”,论据不足。根据现行政策,货物在保税区与香港之间反复进出口(一季度这种方式对港出口 350 亿美元,增长 6.8 倍)是不涉税的,不存在骗税问题。“香港一日游”的主要产品是集成电路(一季度出口增长 5.9 倍)和黄金首饰(出口增长 1.4 倍)。根据现行政策,黄金首饰的出口退税率为零。如果单纯为了骗税,不会选择这种产品。

——“地方政府奖励出口说”是站不住脚的。有人爆料,去年为了完成 10% 的进出口任务,个别地方政府支付运费,知会保税区内的企业将仓储商品运往香港,隔日再运回保税区。通过这种方式,一天就能完成 16 亿美元的“贸易额”。据我们调查,地方政府并没有采取类似措施,即使有一点出口奖励,也不足以弥补“香港一日游”的成本。特别是今年出口形势明显好转,完全没有必要采取这样的措施。

二、廉价外汇通过贸易项下潜入境内套取利差,是导致出口异常增长的真实原因

境外“热钱”通过“香港一日游”流入境内套利,不是今年才出现的。近 10 年来,深圳海关统计的国货复进口节节攀升(见表 1),其中包含着正常的贸易,也夹带着不正常的“热钱”。从历史数据分析,境内外息差和人民币汇率升值预期,是“热钱”流入的主要诱因。2005 ~ 2007 年,我国实施汇率形成机制改革,又连续进行了多轮加息,因此,国货复进口持续 3 年快速增长。2008 ~ 2009 年,人民币汇率保持稳定,国货复进口增速大幅回落。2010 年 6 月我国再次实施汇率形成机制改革,国货复进口又开始抬头。2011 年下半年起,人民币汇率出现贬值预期,国货复进口又显著降温。(见表 1)

表 1　2003 ~ 2012 年深圳国货复进口情况

(单位:亿美元;%)

年份	03	04	05	06	07	08	09	10	11	12
金额	94	144	200	288	357	373	335	435	495	565
增幅	65.2	53.6	38.7	43.8	23.8	4.6	-10	29.9	13.7	14.1

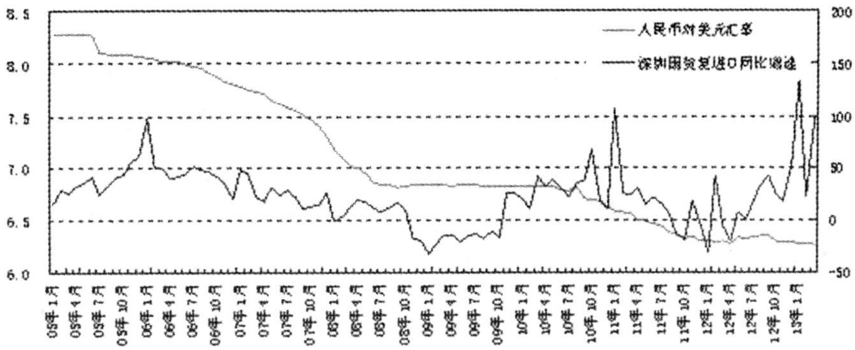

去年四季度以来,由于发达国家实行量化宽松货币政策,加上国内经济企稳回升,给境外资金套利提供了两个重要条件:一是主要外汇的利率水平走低。比如,4 月 12 日工银(香港分行)对外公布的 1 年期美元存款利率仅为 0.48%,优惠贷款利率为 3.25%(还可向下浮动)。二是人民币升值预期强化。去年四季度以来,人民币实际有效汇率累计升值 5.8%,人民币兑美元汇率连创新高,对日元升值幅度超过 10%。

在这种情况下,境内外关联企业通过创造"真实"贸易背景,绕过资本项目管制,将从香港取得的廉价美元(拿信用证贴现的年利率为 3% 左右),用于投资境内收益较高的银行理财产品(平均年收益率接近 5%),就能获得 2% 左右的息差。扣除银行手续费、进出口检验检疫费、物流费等,目前平均收益率在 5‰左右。主要做法是:关联公司签订加工贸易合同→内地企业(进口方)到银行开具信用证→香港企业(出口方)拿信用证到银行贴现→货物从香港拉到保税区→保税区内简单加工复出口→香港贴现的资金流入境内→购买短期理财产品→签订新的加工贸易合同→货物在香港换个包装再进口……,如此循环往复。

值得注意的是,也是从去年四季度开始,我国外汇净流入再度呈现飙升的势头。今年一季度,银行结售汇顺差高达 1693 亿元,增长 435%。其中,货物贸易结售汇顺差达 1578 亿美元,而全国货物贸易顺差只有 431 亿元。这从另一个侧面证明潜入境内套利的资金不在少数。

三、保税区是套利行为的理想场所

根据我们这些年的跟踪研究,套利资金流入的渠道很多,但通过保税贸

易潜入是常用手法。这是因为:

1. 保税区进出口通关便利。特别是深圳福田保税区1号专用通道经过落马洲大桥直通香港,区内企业拥有的香港货柜车可自由进出。由此出入境,不仅路程最短,而且社会车辆少,“一日游”的成本最低。

2. 香港与保税区之间的进出货物实施备案制监管,不实行进出口配额和许可证件管理。即使近几个月深圳海关大幅度提高抽查比例,地方政府也下了很大功夫,也无法遏制这种套利行为,因为它们都有真实的货物往来,且所有贸易单证齐全。

3. 与区外企业相比,金融监管部门对区内企业的贸易结算账户监控力度更宽松。

4. 货物在保税区与香港之间的进出口,免征关税和进口环节税,也不用出口退税,因而也不会受到税务部门的严格稽查。

5. 经过多年的发展,深圳市福田保税区聚集了一批集成电路加工企业,沙头角保税区则聚集了一批黄金首饰加工企业,这两种产品的共同特点是体积小、价值高,物流成本低,最适合开展“香港一日游”。

四、可能产生的负面影响

虽然“香港一日游”是企业行为,也没有违反国家政策和法规,但其潜在危害是不容忽视的。

一是扭曲外贸数字。如果把今年和去年一季度深圳市的出口都剔除,那么一季度广东出口增速将由34.3%下降为5.6%,全国出口增速将由18.4%下降为11%。如果把今年和去年一季度内地对香港的出口都剔除,那么今年一季度全国出口增速仅有9.2%。统计数据与实际情况相差如此之大,足以干扰政府和市场对经济形势的判断,这也是社会反应最为强烈的。

二是浪费国家资源。保税区是借鉴国际自由贸易区成功经验而成立的特殊经济区域,初衷是“再造几个香港”,政府投入了大量的人力、物力和财力。如今保税区变为少数企业明目张胆进行套利的“绿色通道”,是值得在管理体制上进行反思的。

三是引发连锁反应。如果不能及时遏制个别地方的套利行为,很可能向更多地方、更多企业蔓延。1—2 月,对香港出口超常增长还主要发生在深圳、梅州等个别地方。进入 3 月以后,福建、山东、云南对港出口增幅也都超过 100% 。

四是干扰货币政策。根据蒙代尔三角理论,如果境外资金源源不断流入,那么保持人民币汇率基本稳定和维护货币政策的独立性这两个目标是不能同时实现的。最终只能有三个结果:要么人民币汇率加快升值直至单边升值预期消失,要么国内流动性过剩加剧通胀压力,要么人民币对外升值和对内贬值并存。

五、推进资本项目对外开放是治本之策

“热钱”借道贸易项下流入境内套利,表面上看问题发生在进出口环节,实质上是我国资本项目对外开放滞后于经常项目的结果。仅从进出口环节想办法,很难完全奏效。即使让深圳市三个保税区都停业整顿,“热钱”仍有其他办法入境,充其量是成本高一些。建议采取疏堵结合、标本兼治的办法,尽快遏制“香港一日游”愈演愈烈的势头,同时加快构建适应我国发展阶段和市场经济规律的涉外经济管理体制。

从治标看,就是要从保税区入手,综合施策,尽快解决对港出口超常增长的问题。主要建议是:(1)商务部门重点加强对保税区内集成电路和贵金属加工贸易企业进出口合同的审查,必要时逐单进行数量和价格比对。(2)海关及时启动现场核查,提高开箱比例,延长通关时间,提高物流成本。(3)外汇部门可加强对结汇规模过大、资金进出频繁企业的核查,严格出口预付、进口延付等行为的管理。(4)金融监管部门要严格管制外贸企业大量运用金融衍生产品放大套利规模的行为。(5)有关部门要与香港海关、统计等部门合作,挤出一季度对港进出口贸易中的“水分”,及时修正我国进出口数据,维护政府公信力。

从治本看,就是要按照十八大和“十二五”规划的部署,逐步实现人民币资本项目可兑换。我国已经是世界经济大国、贸易大国和投资大国,开放资本项目的内在要求日益迫切,主要条件也基本具备,包括稳定的宏观环境、优良的金融资产和健康的国际收支。应当以更大的决心和勇气,借鉴国际

经验,尽快制定并公布人民币资本项目可兑换的路线图和时间表,释放政策信号,引导市场预期,激发改革热情,凝聚社会共识。应重点推动以下工作:

第一,积极推进利率市场化。这是一个十分重要的环节,其中最关键的措施有四项:一是增加国债的发行种类和规模,形成有效的“无风险”收益率曲线。二是发展银行间拆借市场,包括扩大参与机构的数量和增加市场交易的深度。三是放弃对商业银行基准存贷款利率的直接干预。四是宏观调控更多地依赖利率等间接货币政策手段。

第二,进一步增强汇率弹性。国际经验表明,对汇率进行过多干预和管理,等于给企业提供汇率担保,在保护外贸企业免受汇率波动之苦的同时,会强化汇率单边升值预期,刺激各类投机资金和避险资金流入。应进一步完善汇率形成机制,在坚持主动、渐进、可控的基本原则和保持人民币实际有效汇率基本稳定的前提下,减少央行干预,扩大人民币汇率浮动区间。根据我们长期跟踪调查,外贸企业已在不同程度上具备了汇率风险意识,采取了提高出口价格、附加汇率条款、购买外汇避险产品等措施。适当扩大汇率浮动区间,风险是可控的。

第三,积极推进资本项目对外开放。过去十几年,我国一直在推进资本项目的开放,已经在大部分项目中实现了局部、基本或者完全开放。但对居民跨境投资债券、股票、衍生品、货币等证券业务,以及企业债务融资和对外投资等,仍实行较为严格的管制。主要建议是:(1)进一步推进企业对外投资便利化。目前对外投资仍由发改委审批项目,商务部审批企业,外管局登记资金,企业叫苦不迭。建议以国务院机构改革为契机,统一由一个部门负责对外投资事务管理,并由事前备案改为事后备案。(2)进一步取消对跨境债务融资的管制。既包括跨境银行借贷,也包括跨境发债。可考虑允许符合条件的境外机构和信用级别较高的境外企业在境内发行人民币债券。监管当局可通过资产负债率来检测各融资机构的风险。(3)进一步减少对证券投资的限制。可保留现有的 QFII 和 QDII 框架,允许个人和机构做跨境投资,但要大幅度增加规模并尽量减少限制。建议推出“合格境内个人投资者”境外投资试点,允许有资质的个人到境外从事实业、金融和房地产投资。通过适当方式,建立香港交易所和上海交易所之间的互联互通机制,两地投资者可在一定额度内买卖对方交易所的挂牌证券。(4)允许地方先行先试。抓住建设深圳前海现代服务业合作区和上海自由贸易区的有利时机,在资本项目可兑换方面大胆探索,积累经验。

2013 年 4 月 16 日

探索全球合作新思维

——新时期我国对外战略的思考

王　敏

党的十八大报告指出："我国发展仍处于可以大有作为的重要战略机遇期。""我们面临的发展机遇和风险挑战前所未有。""要坚持开放的发展、合作的发展、共赢的发展"，推动"全球合作向多层次全方位拓展"。21 世纪第二个 10 年，我国外部的经济、政治、安全环境正在发生重大变化。为抓住机遇、迎接挑战，需要创新战略思维，以更高智慧赢得主动。

一、趋利避害应对外部环境新变化

从外部经济环境看，一是世界经济复苏脆弱缓慢，随时面临下行风险。国际金融危机尚未结束，发达经济体的财政紧缩、"去杠杆化"仍在持续，美国"财政悬崖"、欧洲债务危机都远未解决。最近塞浦路斯银行业危机进一步暴露了欧元区货币联盟内在缺陷，使欧洲经济复苏增添阴影。二是国际贸易投资保护主义强化，区域自由贸易体正在形成。针对中国的反倾销、反补贴和投资审查大量增多，一些中国公司海外投资屡屡受阻。同时，欧盟、东亚、北美等区域内贸易增长迅猛。欧盟将分别与美国、日本开启自由贸易谈判，未来，美国将在西太平洋加强 TPP（Trans - Pacifc Partnership Agreement 跨太平洋伙伴关系协议），美欧、欧日将在大西洋、太平洋建设自由贸易区，一些贸易新规则将对全球产生重要影响。三是美国实施"再工业化"和出口倍增计划，对国外市场依赖性下降。美国已超过沙特成为全球最大液体燃料生产国,页岩气、页岩油开采世界领先。2010、2011 年美国出口分别增长 16.6%、17%。一些美国公司开始把海外工厂迁回本土。奥巴马总统誓言:“要让美国成为吸引新就业岗位和制造业的地方”,“确保下一次制造业革命在美国发生”。

从外部政治环境看,一是美国等西方国家推行以价值观为核心的全球战略,对我国构成长期压力和挑战。二是美国实施亚太“再平衡”战略,应对中国崛起。三是我国作为国际事务中的利益攸关方,面临多重身份的定位与平衡。以往发展中国家的单一身份,正在转变为兼具发展中大国、经济大国和地区大国的多重身份。虽然我们坚持认为自己仍是发展中国家,并在国际事务中坚定维护发展中国家权益,但由于经济体量增大并将继续增大,不得不面对如何既以发展中国家身份发挥作用、又以拥有较强综合国力国家身份发挥作用的平衡。

从外部安全环境看,我国周边安全环境复杂严峻。一些国家依据所谓“国强必霸”逻辑,质疑我国防御性的国防政策,渲染中国威胁论,公开主张围堵、遏制中国。我国一再郑重声明,坚定不移地走和平发展道路,坚持以和平手段解决领土、领海争端,但并未得到有关国家善意回应。相反,我国越是强调和平发展,某些国家就越是强调中国威胁,刻意在我国周边编织所谓“第一、第二岛链”包围圈,构筑“自由与繁荣之弧”,极力想使我国陷入战略困境,威胁我国安全。对此,我们必须高度警醒。

二、广结善缘扩大合作发展新空间

新时期,我国对外战略应更加强化和睦、和平、合作的意识,以更开放、更包容的姿态融入世界,以更富有亲和力的优雅形象活跃于国际舞台,争取更多朋友,赢得广泛尊重。

(一)*以和为贵,友善至上*。基于中华民族几千年传承的与人为善、亲仁善邻的世界观,我国要努力成为世界各国的好朋友、好邻居、好伙伴。发展是硬道理、硬实力。实现中华民族伟大复兴,最根本的要以经济建设为中心,保持经济长期持续稳定发展。正如邓小平同志在上世纪 80 年代所告诫:除了爆发大规模战争外,以经济建设为中心不受任何干扰。这是我国最重大、最核心的利益。我们应继续遵循邓小平同志教导,坚决维护发展复兴的大局。一切有利于中国发展复兴的事,坚决地、毫不犹豫地去做;一切不利于中国发展复兴的事,坚决不做。在国际事务中,无论国家大小、贫富、强弱,一视同仁,平等相待。加强与所有利益攸关方的战略互信,努力减少并消除战略互疑。巩固老朋友,结交新朋友,不断扩大朋友队伍,真正做到“我们的朋友遍天下”。

(二)包容互助,利益共享。中国现代化进程为全球发展带来机遇,应与各国共享。在参与全球资源配置与产业分工中,我国应当更加注意照顾他国利益,特别是广大发展中国家利益和周边国家利益,更加自觉地保护全球自然资源与生存环境。无论从别国进口能源原材料、向其他国家出口制造业产品,或企业对外投资,都要考虑对方利益,尊重别国合理关切,坚持平等互利共赢,绝不自私自利,使自身发展更多更好地惠及其他国家。

(三)力戒僵化,避免僵硬。中国正在国际舞台上扮演越来越重要的角色。虽然我们不同任何国家结盟,但必须与所有国家交好。在国际事务中应“因事结盟”,谁正义就支持谁,谁正确就和谁站在一起,按照事情本身的是非曲直选择“站队”,妥善处理复杂敏感问题。应增强中国对外交往的柔韧性,倾听不同声音,减少空话套话,不说生硬话。全面加强沟通对话,不仅加强政府对话,而且加强民间对话。在全球重大议题和地区热点问题上,提出更多受人尊敬的“中国倡议”、“中国方案”。

(四)谦虚自信,真诚豁达。我国完全实现现代化直至最终复兴,还有很长的路要走。目前我国经济转型处于决定性阶段,改革攻坚进入关键时期。我们必须头脑清醒、内外兼修,透彻认知中国国情,准确把握世界大势。正确宣传中国发展对世界的影响,学习借鉴人类文明的一切优秀成果,积极寻求中国价值观与西方价值观的共同点,深刻阐明中国全球合作战略的思想内涵。致力于减轻、消除国际社会对中国发展的困惑、误解和疑虑,树立大而不骄、强而不霸的形象。要把中国和平发展的真诚愿望,化为外部世界对中国的普遍信任,实现与世界的共同繁荣。

2013 年 4 月 11 日

纵横捭阖构建新型大国关系

——新时期我国与主要大国关系思考

王 敏

党的十八大报告指出,“推动建立长期稳定健康发展的新型大国关系”。作为正在复兴中的大国,处理好与其他大国的关系,是我国对外战略的重大课题。

中美关系是当今世界最重要的大国关系,也是最复杂的双边关系。我国提出与美国建立新型大国关系,是基于自身及整个世界和平发展的需要。其核心是,相互尊重,全面合作,互利共赢。中美建交30多年来,一路风风雨雨,但两国利益关系日益融合紧密。现在,越来越多的美国精英人士认识到,推动中美关系健康稳定发展,符合两国根本利益和世界发展大势。鉴于当前中美经贸摩擦频繁,我们在与美方对话接触中,应当突出强调摒弃4种陈旧思维:

第一,摒弃零和思维。零和思维最大的危险在于其具有“自我实现”预言的性质。“当一个守成大国与一个崛起大国相遇时是否必然发生冲突?”这是近几年中美关系中最流行的问题。美国新保守主义思想家把中国视为美国的“战略对手”,依据历史上大国之间碰撞、冲突的案例,推断中美关系也将循此定律。但中美两国主流民意对此并不认同。美国哈佛大学教授、著名战略分析家约瑟夫·奈指出:“相信冲突不可避免的想法,本身就是冲突的根源。美国若是把中国当成敌人,可能就为自己树立了一个敌人。”许多中方学者认为,中美两国并无大的利害冲突,而且,在维护全球经济稳定、应对气候变化、打击恐怖主义、制止大规模杀伤性武器扩散等方面，拥有巨大共同利益。双方都应客观理性地看待对方发展，防止出现所谓“修昔底德陷阱”。

第二，摒弃冷战思维。冷战思维源于不同政治社会制度和价值观的对立。美国对外战略是在长达50年的冷战期间形成的。时至今日，一些人仍然偏好以冷战思维看待中国与中美关系。他们一面臆断中国崛起带来威胁，一面贬评“中国是一个被动回应型的国家，缺乏真正的盟友”；“在安全防卫领域，中国没有全球范围的军事基地网络以及盟国”；“中国甚至未在自身所处区域建立起主导地位”，等等。冷战时代已经结束，冷战思维早已过时。中美两国不应以对立、排斥的眼光看待对方，更不应以敌视思维判断对方实力与发展趋势，避免战略对抗和误判。

第三，摒弃狭隘思维。中美作为两个世界大国，应当胸襟宽阔，包容豁达。处理双方关系应大度大气，善良睿智。战略互疑是思维狭隘的表现。应奉行“己所不欲、勿施于人”，不以一己私利处理两国关系。美国不应以牺牲别国安全保护本国的绝对安全。中美应相互尊重核心利益和各自在亚太地区的正当利益。无论公开或闭门接触，我们应坚持要求美方必须尊重中国在台湾、西藏、人权等问题上的核心利益。应反复阐释，一个成功的中国只会使美国更加繁荣。

第四，摒弃傲慢思维。中华民族和美利坚民族同为世界优秀民族，彼此都有许多优点和长处。中美两国应不断增强相互认同感。处理双边或国际事务，应平等相待，以谦虚态度讨论协商、协调立场。中国应当学习美国人民的创造精神，了解美国内外政策的客观原因与深层逻辑；美国也应当了解并尊重中国由本国国情所决定的发展道路，了解中华民族博大精深的历史、哲学与文化。应加强中美民间对话，“厚植中美互利合作最坚实的民意基础”，让“两国有更多的各界人士共同加入到中美友好事业中来”。

在呼吁摒弃陈旧思维的同时，积极倡导中美双方以创新思维构建新型大国关系：

第一，构建尊重差异、超越分歧的新型大国关系。尊重差异，就是尊重不同文化包括不同制度文化的差异。中美两国国情不同，处在不同发展阶段，彼此相处应以礼为重，和而不同，求同存异；超越分歧，就是中美双方在处理相互关系时,应当超越政治制度障碍,超越意识形态分歧,具体问题具体分析,不把一般分歧扩大化,不把经贸问题政治化。在利益一致时积极推动合作,在利益不一致时有效管控分歧。

第二,构建同舟共济、互利共赢的新型大国关系。同舟共济,就是中美双方共同维护两国关系大局,维护双方共同利益,不断扩大交汇利益,携手应对风险挑战;互利共赢,就是推动中美各领域开展全面、平衡、高效的合作,使双方共同受惠获利。经贸关系是中美关系的压舱石,应精心培育、构筑两国经贸合作新根基。一是自由贸易根基,应坚定奉行自由贸易原则,反对各种形式的保护主义;二是结构平衡根基,双方都要推进深层次结构改革,使各自国内经济和两国经贸关系更均衡、更可持续;三是平等公正根基,开展贸易投资合作要排除政治因素干扰,切实做到平等无排斥,公正无歧视。

第三,构建基于健康竞争而非战略博弈的新型大国关系。健康竞争,就是鉴于中美在经济和安全领域相互依赖程度很深,不应对抗。两国在政治、经贸、军事、外交等领域,应善意看待对方,不敌视、不损害对方,企业竞争应遵守世贸组织规则。非战略博弈,就是中美不作战略对手,不搞零和游戏,不搞针对对方的军事或政治同盟,不搞军事威胁,在国际事务中不给对方施加压力。总之,健康竞争应是非对抗性的、良性无害的竞争。

第四,构建与时俱进、前瞻未来的新型大国关系。与时俱进,就是顺应时代潮流,推动中美关系在变革和创新中发展。前瞻未来,就是双方要登高望远,以长远战略眼光把握两国关系大方向。应当看到,中美在战略上相互依存,任何旨在损害对方的行为结果也会损害自己。美国著名战略家布热津斯基指出,只有美中都"接受对方在全球事务中扮演中心角色的事实",两国关系才能持久稳定;"美中之间的关系必须真正是一种与美欧、美日关系类似的全面的全球伙伴关系"。对此,我们需强调,中美新型大国关系归根结底应当是相互尊重的朋友关系、合作共赢的伙伴关系。

中俄关系是与中美关系并驾齐驱、同等重要的大国关系。俄罗斯是中国最大的邻国,是当今世界的重要一极。上世纪 70 年代,美苏冷战、中苏对立,推动中美接触,联手抗衡苏联。斗转星移,今天中俄两国又走到一起。这是国际战略格局的重大变化,也是我国对外战略的现实选择。习近平主席上任后首访定在俄罗斯，将其作为中国外交的优先方向，突出俄罗斯在中国对外战略中的特殊重要地位，是非常正确和睿智的。我国与俄罗斯不存在重大政治分歧，在核心利益问题上相互支持，双方能够互为最主要、最重要的战略协作伙伴，成为新型大国关系的典范。

对我国而言，维护发展中美、中俄两组、三方大国关系，是 21 世纪第 2 个 10 年对外战略的基石。同时，高度重视与欧盟及其主要成员国德国、英国、法国发展战略合作关系，高度重视与其他金砖国家、与 20 国集团发展友好合作关系，支持金砖国家成为就重大国际问题开展对话与合作的新机制，支持二十国集团内部协调与合作。同时，与亚洲大国和其他地区大国构建不同模式的新型大国关系，实现全方位、多层次的互利共赢。

2013 年 4 月 11 日

后　记

本书收录的80篇文章,均为2013上半年国务院研究室的调研成果,作者大多是国务院研究室的同志,也有部分调研成果是与其他单位同志合作完成的。作为承担综合性政策研究和决策咨询任务、为国务院主要领导服务的办事机构,国务院研究室始终坚持围绕全国工作大局和国务院中心工作任务,针对经济社会发展中的全局性、战略性、前瞻性问题,深入开展调查研究,本书精选的这些文章,是国务院研究室调研成果的反映。

本书所收录的文章,大致分为六部分。每部分文章首先根据涉及的方面分类,然后再进行顺序排列。除对个别文字进行了必要的校改外,文章基本保留原貌。

中国言实出版社为本书的出版做了大量工作,在此表示感谢!

本书编委会

2013年7月